紫金社会学教程

社会问题

INTRODUCTION TO SOCIAL PROBLEM

朱 力●著

社会科学文献出版社
SOCIAL SCIENCES ACADEMIC PRESS (CHINA)

紫金教程编委会

总　序

2012 年，南京大学成立 110 周年的那一年，南京大学社会学院与社会科学文献出版社合作，出版了十卷本的《孙本文文集》，以及各一卷本的《柯象峰文集》和《乔启明文选》，用以接续南京大学之前身——中央大学和金陵大学 80 余年的社会学传统；同时与中国社会科学出版社合作，出版了十五卷本的《紫金社会学论丛》，汇聚了自 1980 年代社会学学科重建以来，南京大学的 15 位教授在各自领域内的代表性作品。我们在《紫金社会学论丛》的"序言"中写道："从更为深刻和广远的动因上说，编辑这样一套丛书其实不仅为了体现改革开放暨社会学重建 30 年来南京大学社会学学术共同体的锻造与学术思想的积累，也为了反映自 1928 年起南京大学社会学系之前身原中央大学社会学系和金陵大学社会学系的精神传承与学术脉络的延续。"

众所周知，《紫金社会学论丛》的"紫金"取意南京大学仙林校区所毗邻的紫金山麓，钟灵毓秀的中山陵和明孝陵静卧其间，是古都南京的标志与象征。在此之后，我们依旧以"紫金"为名，又编辑出版了《紫金社会学文库》，以期汇集南京大学社会学教授、年轻教师和优秀博士研究生撰写的学术专著。这些著作或论丛的出版，提升了南京大学社会学的学术品格和学科声望，但是我们同时也深知，仅此还不够，或者说还很不够，除了体现本学科的教授或教师的学术水准，一门学科的切实推进或者说真实体现，还在相当的程度上有赖于它如何能够通过一整套完善的学术传承机制，将学术思想传授给一代代莘莘学子，以保证学术思想的薪火传承以及新的增进。

早在 1980 年代，在社会学学科在中国大陆获得新的生命、开启重建之门时，费孝通教授就提出对这门学科的重建最为重要的是需要有"五脏六腑"："五脏"是指支撑这门学科的五大学术建制，包括学会、研究所、学系、图书资料和刊物；"六腑"则指的是社会学概论、社会学理论、社会调查研究方法、社会心理学、城乡社会学和比较社会学（文化人类学）六门课程。经过近40年的发展，社会学学科获得了长足的进步，包括南京大学在内的社会学系科教授的课程已经远远不止六门，但课程的建设及其主要的标志——教材的编撰，依旧落后于学科和学生的需要。尤其是近年以来，因为强调所谓"国际接轨"，学校里重视学术论文如 CSSCI 甚至 SSCI 或 SCI 的发表，教师们撰写学术著作的动机已经大减，更不要说撰写似乎学术含量不高的教材。大多数教师上课是没有教材的，他们讲授的内容主要是各领域新近发表的学术论文及其观点，这样做尽管能够比较快地反映一门学科的进展，但系统性和完备性则不免大打折扣。从这样的意义上说，编撰一套相对完整的教程对社会学学科以及本院另一个虽然新建但同样有着悠久历史的学科——心理学来说，就自然具有了无论怎样都不算高估的价值。

认定了编辑出版社会学与心理学两门一级学科的教材对学科建设的意义之后，社会学院组成了由所有教授参加的编辑委员会，并决定按本院的三个本科专业规划出版三个系列的教材，即《紫金社会学教程》《紫金心理学教程》和《紫金社会工作教程》（以下简称《教程》），配合南京大学三三制教学体系的建设工作，进一步推动和完善社会学院的教学体系，扩大南京大学社会学和心理学学科在高水平复合型人才培养方面的学术影响。

《教程》有着明确的入选标准：（1）凡南京大学社会学和心理学一级学科的教师都有资格申请本项出版计划，但要经2/3以上的编辑委员投票通过，同时作者本人应该接受编辑委员会提出的包括修改、编辑在内的各项建议，并按照《教程》的统一体例进行编辑；（2）申请《教程》出版计划的教材必须是作者个人在本院或者本校开设的课程（含专业课和通识课），字数在30万字左右；（3）为保证收入《教程》的教材的体例完整、质量上乘，《教程》明确不收入两人以上编辑撰写的教材。

方向确定之后，社会学院组成了由所有系科的教授组成的编辑委员会，并开始由以吴愈晓教授为首的教学委员会落实教材的申报和编撰。按照上述入选标准和基本程序，首先确定了以下8种教材作为第一批出版物并与社会科学文献出版社签订了出版协议，具体包括（1）《人口学》（郭未）、（2）《社会问题》（朱力）、（3）《社会统计学》（闵学勤）、（4）《中国社会学史》（陆远）、（5）《家庭社会学》（朱安新）、（6）《人类行为与社会环境》（徐愫）、（7）《医务社会工作》（沈晖）、（8）《心理学研究方法》（张洪）。在这8种教材完成并出版之后，其他诸种三个系列的教材也将陆续不断地纳入《教程》之中，使我们的教材建设日臻完善。

我们相信，《教程》的出版，不仅会促进南京大学社会学院各系科的教学改革与进步，而且将带动南京大学社会学院的学术研究，并最终推动南京大学社会学院各系科尤其是社会学学科的一流学科建设。在未来不太长的时间里，当我们在全体教师的共同努力下完成这一设想之时，将会看到今日起步之举成为未来发展之基。

周晓虹　成伯清

2017 年 10 月 10 日

目 录

CONTENTS

第一编
社会问题理论与方法

第二编
异常群体社会问题

第三编
越轨群体社会问题

第四编
弱势群体社会问题

第五编
边缘群体社会问题

第一编

社会问题理论与方法

第一章　社会问题概述

20世纪初，社会学者开始关注工业化社会中产生的大量的社会问题。他们分别从不同的视角，对形形色色的社会问题试图做出理论的解释。他们从社会问题的定义、社会问题产生的条件、社会问题研究的方法、社会问题产生的原因等方面进行了探索性的研究，在此基础上，逐渐形成了社会问题研究的体系。

第一节　社会问题的界定

社会问题是一个人们既熟悉又陌生的概念。所谓熟悉，是指每一个人都能感到社会问题的存在，多多少少能对社会问题发表一些议论，谈些见解；所谓陌生，是指许多人对社会问题的认识又是含糊不清的。有人认为社会问题就是社会热点、社会焦点问题，即人们高度关注的或与利益相关的社会现象就是社会问题；有人认为社会犯罪就是社会问题，即某些严重越轨的、侵犯他人生命或社会利益的社会现象就是社会问题；有人把一时无法解释的社会矛盾、社会冲突归结为社会问题；也有人将社会上的阴暗面、不健康现象都归结为社会问题。这些对社会问题的认识是不全面的，它们仅涉及社会问题某一个方面的特征，还没有深入到对社会问题本质的认识。

一　什么是社会问题

英文"Social Problems"被译为"社会问题"。在20世纪初，欧美国家也用"社会病态"、"社会解组"、"社会反常"或"社会失调"这些名词来指称社会问题。研究社会问题是社会学的传统主题。早期社会学产生的动因，就是研究和解决诸种社会问题，例如著名的美国芝加哥学派的生长与发展，与他们研究芝加哥这一城市社区中存在的社会问题是分不开的。从语义学上分析，日常生活中的"社会"一词是指一种公共的、许多人共处一起的环境。理论上的"社会"是一种特殊的群体，是指相当数量的人按照一定的规范发生交互行为与相互联系的生活共同体，也指一定时期与范围内各种人际关系和群际关系的总和。"问题"是指不符合社会中主导价值体系和规范体系的公共生活中的麻烦，是一个社会生活的共同体遇到的共同的麻烦。关于社会问题最简洁的定义莫过于美国社会学家米尔斯（C. Wright Mills）的论述：社会问题就是公众的问题，即不是个人的困扰，而是社会中许多人遇到的公众麻烦或公共麻烦。但这定义过于简单，有许多公众麻烦可能是经济问题、政治问题、文化问题，而不完全是社会问题。他在定义社会问题时写道："社会的公众问题常常包含着制度上、结构上的危机，也常常包含着马克思所说的'矛盾'和'斗争'。"（米尔斯等，1986：10）然而，问题并非如此简单，不同的学者由于研究的侧重点或研究兴趣的不同，从不同的角度对社会问题下了不尽相同的定义。

人物链接：C. 赖特·米尔斯

　　C. 赖特·米尔斯（Charles Wright Mills，1916～1962），美国社会学家，文化批判主义的主要代表人物之一，长期执教于哥伦比亚大学（1946～1962）。主要著作有《韦伯社会学文选》（与格斯合译，1946年）、《性格与社会结构》（与格斯合著，1953年）、《白领：美国中产阶级》（1953年）、《权力精英》（1956年）和《社会学的想象力》（1959年）等。在其代表作《社会学的想象力》中，米尔斯提出了"个人麻烦"（Private Troubles）和"公共问题"（Public Issues）概念。社会学想象力，就是要区分"个人麻烦"和"公众问题"，善于将个人行为放在社会结构中进行理解。1964年，美国社会问题研究会设立了"米尔斯奖"，奖励那些"在杰出社会学米尔斯研究传统指导下，致力于增进对人与社会的理解，最能代表优秀社会科学研究的著作"。

　　乔恩·谢泼德（Jon Shepard）和哈文·沃斯（Harwin Voss）在《美国社会问题》一书中认为："一个社会的大部分成员和社会一部分有影响的人

物认为不理想、不可取,因而需要社会给予关注并设法加以改变的那些社会情况即为社会问题。"(谢泼德、沃斯,1987:5)这一定义强调了主体的判断。

我国老一辈社会学者孙本文先生认为,"社会问题就是社会全体或一部分人的共同生活或进步发生障碍的问题"。当社会秩序安定,人与人之间的共同生活顺利安全,社会是没有问题的(孙本文,1947:167)。这一定义以社会秩序为中心。

人物链接:孙本文

孙本文(1892~1979),字时哲,江苏吴江人,我国著名社会学家、社会心理学家。1918年毕业于北京大学哲学系,1921~1926年留学美国,1922年获美国伊利诺大学硕士学位,1925年获纽约大学社会学博士学位。回国后,曾任复旦公学教授,中央大学教授、系主任、教务长、师范学院院长,国民政府教育部高等教育司司长。1926~1928年在复旦大学讲授社会学;1929~1949年任中央大学教授,并长期兼任社会学系主任。1928年与吴泽霖、吴景超等发起成立"东南社会学会"。1930年,发起成立中国社会学社,任理事一职,并主编《社会学刊》。1928年国立中央大学设社会学系后,孙本文任系主任。中华人民共和国成立后,他长期在南京大学任教,1979年2月21日逝世。孙本文既是中国社会学的奠基人之一,也是将西方社会学系统介绍到中国的主要学者。

北京大学袁方教授主编的《社会学百科辞典》中对社会问题是这样定义的:"社会中的一种综合现象,即社会环境失调,影响社会全体成员的共同生活,破坏社会正常运行,妨碍社会协调发展的社会现象。"(袁方,1990:49)这一定义强调问题就是失调。

王康教授主编的《社会学词典》中将社会问题定义为:"指在社会变迁过程中,某些社会活动和社会关系发生了与现实的社会环境失调(即相异或发生矛盾),并引起人们普遍注意,需要以社会的力量来解决的现象。"(王康等,1988:117)这一定义突出了变迁中的失调。

北京大学编写的《社会学教程》中则把社会问题定义为:"是社会中发生的被多数人认为是不合需要或不能容忍的事件或情况,这些事件或情况,影响到多数人的生活，而必须以社会群体的力量才能进行改进的问题。"（北京大学社会学系，1987：333）这一定义突出了多数人的体验与承受力。

陆学艺主编的《社会学》一书将社会问题定义为："凡是影响社会进步与发展，妨碍社会大部分成员的正常生活的公共问题就是社会问题。它是由社会结构本身的缺陷或社会变迁过程中社会结构内出现功能障碍、关系失调和整合错位等原因造成的；它为社会上相当多的人所共识，需要运用社会力量才能消除和解决。"（陆学艺，1996：78）这是一种结构缺陷的问题定义。

雷洪在其专著《社会问题——社会学的一个中层理论》中将社会问题界定为："在一定时期和一定范围中产生和客观存在的，影响（或妨碍）社会生活和社会机能，引起社会普遍关注并期望予以解决，目前需要和只有以社会力量解决的社会失调现象。"（雷洪，1999：8）这一定义强调了解决问题的必要性。

在众多的定义中，我们可以发现，对社会问题的界定，本身就是一个科学的认识过程。一般而言，人们往往是从以下几个方面去界定社会问题：社会功能上是否使社会运行、社会秩序失调；后果上是否影响多数社会成员的利益或生活；标准上是否符合社会的主导价值标准和规范标准；程度上是否有解决的迫切性。

具体而言，在对社会问题下定义的时候，又受到许多因素的影响，主要有以下几个因素。①国家或地区的社会发展水平。有些社会问题只有当生产力发展到一定程度时才会出现，人们才予以重视，如人口老龄化问题、贫困问题、离婚问题、青少年犯罪问题等。②国家和地区的文化背景。每个社会都有着不同的规范体系、价值观念和社会制度，因此每一个社会对具体的社会问题的看法会有所不同。某些现象在一国是社会问题而在另一国可能是正常的现象。在中国，数千万的婚龄期男子未婚，成为一种重大的社会问题，而在欧美社会中，独身主义是一种时尚或生活方式而不成为一个社会问题。文化的差异性会直接影响对社会问题的界定。③研究者本人的理论素养、兴趣、研究视角的差异。有的学者喜爱以理论模式解释社会问题，有的喜爱实证分析方法，有的偏爱从社会环境中找原因，有的愿意在问题界定者的主观方面挖掘原因。同时，由于研究者观察问题的角度不同，对同一种社会现象会有不同的认识。④社会观念的发展变化。社会是在不断地进步的，人们的观念在信息时代变化也非常之快，因此，评价社会问题的标准也在不断的变化之中。但这并不是说对社会问题的界定是任意的，我们在对上述定义的研究中也可发现某些具有共同性的要素，这些共同的要素也就是社会问题界定的基本条件。

综上所述，我们对社会问题的定义是：社会问题是违背社会主导价值、干扰社会成员健康生活、妨碍社会协调发展、引起社会成员普遍关注的一种公众问题。我们之所以把某一社会现象称作社会问题，是因为某种公众问题在空间上涉及的范围广大，在时间上延续了一定的时期，在后果上已经危害到社会中相当部分或大部分社会成员的利益和社会秩序。

二 社会问题界定的条件

1. 客观性的事实依据

社会问题具有客观意义，这种客观事实必然有其外在的表现形式，即一种现象、一个事件、一种行为，而且是十分具体的。社会问题的客观性，其一是指存在于我们的意识之外，不管我们承认与否，它都客观地存在着。社会问题是社会生活中确实存在的某种具体的客观事实，而不是存在于人们头脑中的臆想。对社会问题的认识，是以社会生活中存在某种与社会发展不相协调的社会现象为客观依据的。没有客观事实的存在，社会问题就无法确认。有的社会问题尽管一时还未被人觉察或认识，但它依然客观地存在于社会之中，对社会生活产生若有若无的影响。随着时间的推移，问题会逐步凸显，最终也将会为人们认识和接受。例如，人口膨胀成为我国的社会问题，是基于我国的人口已达 13 亿，而我国的可耕地只有 15 亿亩，庞大的人口已成为经济发展和提高人民生活水平的沉重负担这一客观事实。同样，我们讲贫困是社会问题，是基于农村还有 8200 万人生活在年均收入不足 2300 元的贫困线以下，城市还有 2000 多万人要最低生活保障帮助这一事实。一般而言，社会问题对广大社会成员来说，是一种消极性的社会事实。标示论认为偏差行为的原因在于人们的反应，如贝克（Howard S. Becker）认为："社会群体为构成偏差的违法者制定法规，以及将这些规则应用到一些特殊的人的身上，并且将他们指称为局外人，以造成偏差产生。"（Becker，1963：9）按此理解，就可以推导出"社会群体为犯罪的人制定法律，因此才会制造出犯罪"这种结论。这种理论在于因果倒置，就如同因为我们制造了

"强盗"这个概念，才有了真正的强盗，我们取消强盗的概念，强盗也就会消失。这是一种概念的游戏，完全不顾客观的事实。标示论在认识偏差行为的主观活动方面，给我们某些启示，但在寻找偏差行为的原因方面，忽视了客观性因素。因为，社会问题毕竟不是由观念决定的，而是由客观事实决定的。

2. 影响到许多人的公众问题

社会问题具有一种数量含义。引起社会问题的现象通常是一种"公众问题"而非"个人麻烦"。美国社会学家米尔斯很有见解地提出要区分这一现象。"个人麻烦"产生于个人性格，也同别人的直接接触有关，但它发生在有限生活领域内，麻烦属于个人的私事，它是个人感到自己的利益或生存条件以及所持有的价值观念遭受威胁时所产生的，需通过个人的行动加以克服。"公众问题"却是涉及整个社会的问题，是属于大众的事，它超越了个人狭小的生活环境，与全体社会成员或相当大部分社会成员生活密切相关。它对社会生活产生很大的影响。"公众问题"往往是社会的结构失调、行为规范失范和社会运行失控引起的。它的产生并不是少数人的责任，它的解决也要通过广大社会成员的集体努力，因而具有群体性。例如，在一个城市中，只有几个或几十个人找不到工作，这仅仅是少数人的个人麻烦，与该城市绝大多数人无关。麻烦的原因可能是个人的素质不佳、能力不强等，要解决只要从提高个人的素质入手即可。但若这个城市有成千上万人找不到工作，那就是由"个人麻烦"上升为"公众问题"了，其通常是社会结构性因素引起的，如产业结构调整、经济萧条、制度弊病等。社会问题威胁或触犯了社会中相当一部分人的利益，因而社会上大多数人或相当多的人对这种社会现象持否定态度，认为这种现象有问题，都感到社会必须加以关注和改变这些问题。公众问题一般涉及较大的规模、数量，也涉及社会结构因素。

3. 违背社会的主导价值与主导规范

社会问题也具有主观方面的意义，这是指社会成员的知觉判断对界定社会问题起着重要作用。将某种社会现象或社会行为定义为社会问题，是因为社会上绝大多数的社会成员认为这种现象或行为有悖于社会的主导价值和主导规范，正好反映出公众的价值观念和认识的标准。否则，一种现象或行为即使为某个人或某一集团所深恶痛绝，也不会被认为是社会问题。

以贫困为例，在早期西方社会中，人们并不将贫困视为一种社会问题。一般人和统治者认为，贫困是不可避免的社会现象，是穷人自己能力太差或本身就是社会竞争中的弱者导致的。随着社会的不断进步，一些理念被更多的人所接受，诸如平等、自由、博爱、人权等，贫困才开始被看作一种社会问题，政府才着手解决，实施了普遍的社会福利制度。还有如男女平等问题、种族歧视问题，在奴隶社会或封建社会中，人们并不将其视为社会问题，而是随着社会的不断进步，人类文明程度的不断提高，对人的基本权利的日益重视，这些问题才成为社会问题。假如婚姻不是基于永久结合的观念，基于男女平等的观念，则离婚、家庭暴力就不成为家庭问题。也就是说，一旦某种观念被许多人所接受并被作为判断事物的标准，某些原先违背这些价值的并不为人所重视的现象或行为，就成为社会问题。原来事实上存在的社会问题就由潜伏状态显现出来，成为现实的社会问题。反之，当社会的主导价值观念变化了，某些原本是社会问题的现象就不成为问题了。例如，当社会对同性恋群体有了科学的认识后，整个社会的态度变得宽容，不再将同性恋群体视为越轨群体。社会价值体系是社会制度存在的基本条件。社会问题常受不同的价值判断的影响而产生矛盾现象，我们在研究社会问题中应该注意这一特点。通常在社会中占主导地位的价值体系成为判断社会问题的标准，但反过来推论，没有价值判别标准就没有社会问题，则是不科学的。有的社会学者（如价值冲突论者）推而及至，认为社会问题是社会价值判断所造成的，没有社会价值观就没有社会问题的存在。这些学者的失误在于，将判别社会问题的价值标准视作判别社会问题的唯一标准，并忽视了社会问题的客观性意义。社会规范则是社会主要价值观念的体现，社会问题在实际社会生活中常常表现为与社会规范的冲突。

4. 与人的道德抉择有关

人们在现实生活中，行为具有社会目的性，行为是由主观意志支配的。同时人们也知道，为达到一定的行为目标，也必须支付一定的行为成本。有些问题虽然人们难以接受，但因它并非人的意志行为或它不一定是由人们有意识造成的，人们不易将它看作社会问题。因为这类问题的产生，不涉及人们的道德行为，不容易激发起人们的道德情感，也是社会规范无法包容的。也就是说，当有些问题是由自然因素所引起，或是人们无意中造成的，其社会的道德价值为零时，这类问题不易被定义为社会问题。诸如严重的自然灾害，人们一般不将它看作社会问题。相反，凡是具有明显的道德意志的抉择倾向，并违背社会规范的有意识的行动，则很容易被人们视为社会问题。同样是疾病，人们没有将心脏病视为社会问题，而将艾滋病视为社会问题，是因为艾滋病是由人们的性混乱和吸毒交叉感染引起的，是一种人为的越轨性行为。各国社会中存在的诸如吸毒贩毒、杀人抢劫等犯罪行为，没有一个社会学家，也没有一个政治学家、经济学家、伦理学家会否认它们是社会问题，绝大多数的社会成员也认定它们是社会问题。社会中有一种倾向，即当某一问题越是与人的行为选择中的道德价值有关，具有鲜明的道德意志抉择的行为，并且直接与公认的社会价值体系和社会规范体系所冲突、对立时，越是容易激起人们的道德情感，越是易被视作社会问题。

5. 社会问题具有可改变性

社会问题的认定也与社会成员的主观能动性有关。社会问题的发生是由社会结构性因素造成的，它所造成的后果是社会性的，涉及整个社会生活；它的消除和解决也不是个别人或少数人的努力可以做到的，对社会问题只有通过社会的力量才可能改善和解决。人类改善和解决社会问题的能力体现在两个方面。一是不断提高认识，如人们视污染为社会问题，表示了人对健康和保护自然环境这些方面的认识的进步。西方社会在理性主义占统治地位之前，对贫困的争论往往陷于传统宗教上的善恶之争，理性主义将其变成了可做实证主义分析并能解决的问题，创造了"社会控制"这一概念。此概念认为贫困是可以改变的，从而否定了这些问题是人类生活中不可改变的现象。"人类可能利用理性以增进人的生活条件与幸福，基于这种新的理性观念及其内涵，若干原来只被视为可悲可叹的社会情况才开始被视为问题。"（尼斯贝特，1961：5）二是不断提高解决社会问题的能力。在工业化和城市化之前，由于物质产品匮乏，人们无力改变贫困，将贫困当作一种无可奈何的自然现象。当工业化、城市化、现代化之后，人们有了消灭贫困的能力和条件，才将贫困视为社会问题。同样人口问题也是如此，当人们认识到无限膨胀的人口将带来沉重的负担，人们对待人口的态度才开始改变，中国人由崇尚多子多福到控制人口，西方多数人由反对堕胎到保护堕胎的权利。而且，现代的科学技术也为解决人口膨胀提供了条件。而当人们没有意识到或根本没有能力去改变它时，就不会将这一现象视为社会问题。

人们在日常社会生活中，扮演着多重角色。在政治领域、经济领域、文化教育领域都会碰到某些公共问题，但这些问题是否都是社会问题？我们的回答是否定的。经济领域中的就业问题、住房问题、贫困问题，由于涉及的人员太多，损害了相当部分社会成员的利益，产生了严重的后果，这些原本是经济领域的问题就转化成了社会问题，成为社会共同体遇到的公共问题。但同时，经济领域中的生产、技术、经营、分配、消费、金融、产业结构等许多问题，仍然是经济问题，并没有转化为社会问题。

一个社会现象或一种群体行为，在大致符合上面五个条件的情况下，我们才将其定义为社会问题。

第二节　社会问题界定的过程

对社会问题的界定，是人们对社会问题从常识性的理解逐步到科学认识的过程。在日常生活层面，人们对"问题"的理解一般是某个事件、某个社会现象为社会问题，一个社会现象由一般的事件、麻烦上升为社会问题，要经历一个较长时间的复杂的认识过程。

一　社会问题界定的过程

理查·富勒（Richard C. Fuller）和理查·麦尔兹（Richard R. Myers）在《社会问题的发展》一文中指出，所有社会问题都经过三个阶段，即警觉、政策决定与改革。①警觉：每一个社会问题的根源都是由于人们警醒与了解到一些他们所珍惜的价值已受到威胁，而这些情况亦越来越严重。只有在这些群体认为社会问题已涉及他们的团体价值时，他们才会产生警觉。②政策决定：在警觉出现之后，大家开始辩论问题解决办法的各种政策。有关的结果与方法都被讨论到，社会利益的冲突也逐渐增加，某些人所提议的解决办法有时并不为他人所接受。这个政策决定阶段与警觉阶段最大的不同是利益群体考虑较多"何人应该做"，而人们则建议"这个或那个必须做好"。大家的注意力集中在特殊的计划上，各种各样的抗议也在各种引导下有组织地形成了。③改革：在这一阶段里我们可以发觉行政单位已插手其间，并将有计划的政策化为行动。一般的政策由特殊利益团体与专家们辩论来确定（Fuller and Myers，1980：320 - 328）。

本书在中外学者论述的基础上，将社会问题的界定概括为以下几个环节。

1. 利益受损集团的强烈不满和呼吁

利益受损集团是指直接受到某类社会问题伤害的对象。他们对某种社会问题感受最深，往往最早发出呼吁。例如，当吸毒、赌博出现时，吸毒、赌博人员及其家属首当其冲，深受其害。于是他们首先议论纷纷，或向亲朋好友倾诉委屈，或向政府反映，或向社会传播媒介呼吁，希望得到社会的关注与帮助，希望政府来解决。但此时由于问题尚在萌芽期，其不良影响暂时还未显露出来，以潜在的形式存在，尚无普遍性和广泛性，因而，公众并不知道其危害性，这些不满和呼喊往往不被人们重视，而被淹没在信息洪流中，此时社会问题认定的条件还不成熟。在社会生活中，社会成员各自关心的事情是不同的，他们对事情的认识往往有多义性。社会成员个人的判断或非正式组织的判断不能作为衡量社会问题是否存在的标准。但是，随着某些现象的进一步恶化，涉及的人越来越多，利益受损集团的不满和呼吁强烈到一定的程度，并有许多社会成员都开始对某一现象表示不满、抗议时，说明某些客观存在的社会现象的确影响了他们的生存和利益，并引起了人们普遍的关注。这时大多数人比较容易地形成一致性的看法，达成对某些现象否定性的共识。

2. 社会敏感集团及社会上某些有识之士的呼唤

对社会问题敏感度较高的群体通常包括记者、报告文学作家、社会学家、伦理学家、政治学家、法学家等。普通公众对社会问题的关注与了解往往取决于日常生活中经验知识积累的程度和关注度。由于社会发展迅速多变，社会现象日益复杂，人们对社会问题的敏感度因利益和知识的局限而较低。而一些专家、学者和有识之士，对社会问题的敏感度较高，他们拥有较多的、较专门的专业知识和判断问题的丰富经验，具有抽象地分析问题的能力，能在社会公正价值观的基础上对社会发展中的各种问题做理性的思考，因而能够最先感知到社会问题。同时，专家学者群体具有知识分子勇于批评的特点，具有较强烈的社会责任感，敢于对社会问题的存在进行揭露和批评，敢于讲真话，传递出某些社会问题严重性的真实信息，能引起广大社会成员的警觉。例如，对我国社会生活中死灰复燃的丑恶现象，如卖淫嫖娼、吸毒贩毒、拐卖妇女儿童、赌博、封建迷信等，最先进行揭露和猛烈抨击的是记者和报告文学作家，然后是社会学家和伦理学家。这些人虽然没有权力，却有较大的话语权、较高的社会知名度和较大的社会影响，他们对某些问题的看法，比普通老百姓更深刻，他们的议论和观点，可以通过自己的文章、作品、讲话传播出去，传播媒介也比较重视他们的观点。他们的观点不仅可以影响普通的社会成员，对政治家和政府的管理者也会产生一定的影响，他们可以将某一社会现象直接上升到社会问题的高度，他们的呼唤容易被全社会所接受。

3. 社会舆论集团及大众传播媒介的宣扬和推动

某些社会现象能否被定为社会问题，或能否被当作社会问题看待，关键在于广大社会成员对这一问题的反映和看法。现代社会中公众获取信息的主要渠道是大众传播媒介，它是制造社会舆论的主要工具。大众传播媒介具有模拟环境和价值导向的功能，多数人依据大众传播媒介的价值导向对某一社会现象做出反应。大众传播媒介对某一现象、某一事件、某一问题的报道、渲染和评价，直接影响着公众的看法和态度。当某些社会现象被有识之士指明或判定为社会问题后，必然会在社会上引起各种反响和议论，问题越辩越明，最终为公众所认识并接受——承认某一现象是社会问题。虽然现代社会的公众对某一社会状况的感觉以及能否把它当作社会问题认识并不完全取决于舆论界对他们的影响，但传播媒介对公众产生的巨大影响是不可否认的。社会成员不可能一一亲身经历某种社会情况、经受某种痛苦，他们往往根据舆论对某些社会情况所做的报道和评价做出自己对这个问题的反应，形成自己对这一问题的看法和态度。传播媒介的宣传，将某一社会现象、社会事件置于社会公众视野和社会舆论的聚焦点之下，引起全社会各个阶层的关注，对人们平时议论的、不满的但又十分无奈的问题进行淋漓尽致的曝光。大众传播媒介在发现社会问题中的功能主要是向公众揭露社会问题的严重性。在一个短时期内对某一现象进行集中的报道无疑是一种信息的密集轰炸，具有对事件的放大效应，牵引全社会的注意力，给人们留下十分深刻的影响，也会对有关的管理者形成一定的社会舆论压力，促使他们表示态度和进行干预并最终向解决问题的方向迈进。传播媒介将利益受损集团的遭遇、将敏感集团的各种批评分析传递给社会公众，将某一社会问题提升到公共领域，成为公共问题。随着网络的普及化，在网络中活跃的意见领袖，他们对某一事件、某类现象、某个群体的报道和评论，也会形成较大的社会舆论，推动这些事物"问题化"。

4. 公众普遍的认识和接受

当某一社会现象被传播媒介渲染和烘托成公众关注的热门话题之后，大多数的社会成员才逐渐意识到确实存在某个问题。越来越多的人开始关注并议论这一问题的现状、形成的原因、产生的危害以及解决它的对策。随着人们对这一问题严重性的认识不断深入，焦虑和担忧便日渐加强，大多数社会成员意识到有必要通过共同的努力来消除这一问题对社会生活造成的危害，产生解决问题的共同责任感和义务感。也就是说，当某一社会现象被相当多的社会成员所认同为社会问题时，会在社会成员心理上产生巨大的压力和不安全感，产生解决这些问题的需要，形成解决问题的共识，并在社会各个利益群体的行动中汇成解决社会问题的一股强大的社会力量，这时，某一问题才真正算作一个社会问题。例如，当一种不良社会现象出现，有的人会写信给报刊、电台、电视台的编辑，向他们反映这一问题的严重性，有的人会在街头呼吁、请愿，以获取更多人的同情和支持，某些利益损失最大的人会组织起来，形成压力团体，以游行、示威、集会、抗议等集体行为的形式出现，要求政府出面解决这一社会问题。也有的人会通过法律途径，向立法机构提议颁布试图解决这一社会问题的相关法律。在社会学者的眼中，不仅把社会问题看作一种公共的麻烦，而且把它看成广大社会成员试图有所行动的信号，此时，众多的社会学者就会投入精力认真地研究这一社会问题。

5. 社会权力集团的认可与支持

最后将某一社会现象确定为社会问题，并会付诸行动准备解决的，通常是有组织的权力者群体，他们居于社会管理者的地位，在社会的政治、经济、文化等领域比别人拥有更多的权力。例如，每年我国召开的全国人民代表大会、全国政治协商会议，代表与委员就社会问题的解决提出议案，成为我国解决社会问题的一个重要路径。当然，具体解决社会问题的主要还是政府部门的各级官员，虽然他们未必充分了解某一问题的专门知识，但拥有解决社会问题的决策权和能力，可以直接调动解决社会问题所需的各种资源，这使他们在认定社会问题中处于某种特殊的地位。权力集团对社会问题定义的角度与利益受损集团、敏感集团和舆论集团有所不同，利益受损集团对社会问题的定义往往更多地从自身利益的角度出发，敏感集团往往从社会的公正价值原则出发，舆论集团往往从道德价值和新闻价值考虑，而权力集团则要从社会整体利益原则出发，对社会问题做全方位思考，既要考虑政治影响，又要考虑经济因素，还要顾及其他利益集团（如既得利益集团），考虑解决问题的能力及解决问题的程序等，对社会问题的考虑更为全面仔细。因为权力集团的公开承认，就意味着社会问题的公开确定和政府正式承担起解决问题的社会责任，所以对什么现象为社会问题，权力集团的表态比起其他集团来更为慎重。当权力集团正式介入对某一社会现象的讨论并表示他们的态度时，这就会使社会问题在社会生活中明确化和具体化，由于他们的认定、赞同，一个社会现象才会由少数人议论到公众舆论关注，到真正成为社会问题。在权力集团确认某一社会现象是社会问题后，权力集团将为解决社会问题提供各种相应的政策法规和策略，提供各种解决社会问题的物质条件，使解决社会问题由"纸上谈兵"到具体落实，逐步地制度化。权力集团将借助权力动员和组织社会的各种力量，发挥各种组织与社团的作用，动员社会成员，共同实施消除社会问题的各项政策和措施。

6. 解决社会问题开始

当某一社会问题被全社会认定为严重的、必须解决的问题，这一认识获得全社会或大多数社会成员的首肯，这时，解决社会问题的议事日程便提出，在利益受损集团的积极要求下、在敏感集团的积极促成下、在舆论集团的不断呼吁下、在社会广大成员的关注下，社会的权力集团将针对社会问题寻找对策，制定出相应的法规来解决面广量大的社会问题。当解决社会问题成为一种社会需要，这时"社会的迫切需要必然而且一定会得到满足，社会必然性所要求的变化一定会给自己开辟道路，并且迟早会使立法适应这些变化"（马克思，1964：65）。社会问题的解决是一个长期的过程，一般分两个阶段。第一阶段是遏制社会问题的发展。这一阶段是治标阶段，政府的有关部门将动员社会的各方面资源，集中力量来抑制社会问题的继续恶化。当越轨性社会问题如吸毒贩毒、卖淫嫖娼十分猖獗时，第一步是集中警力打击，用强制性的力量将其压下去。当贫困问题十分严重时，最要紧的是发放物品，赈济贫困者。在阻止了社会问题恶化后，第二阶段是治理社会问题。这一阶段是治本阶段，主要是消除产生社会问题的因素，瓦解产生社会问题的条件。这是一个艰难而复杂的过程，因为任何社会问题的形成不是一朝一夕的，而是长期累积的，是各种因素的纠合。要解决它不能依靠一次性的突击，只能依靠逐渐地疏导来消融不利因素。

社会问题的建构不仅需要公共话语和行动空间，同时需要经历一个时间过程才能获得足够的支撑，建构主义用社会问题生命周期的概念来描述这一过程。社会问题的生命周期是指社会问题活动在一定时空框架内表现出来的动态的模式特征。对社会问题进行生命周期的分析，就是具体描述和解释作为个案的某一个社会问题的成长历程，即它在社会公共空间的出现、鼎盛、消失的不同阶段，同时考虑社会问题成长环境（制度环境、文化环境）中不同社会行动者的介入及其发挥的影响力量。西方有很多学者利用这一概念工具研究某一具体社会问题活动在一定历史跨度上的起伏变化（Wilmoth and Ball，1995）。

二 社会热点与社会问题的区别

《现代汉语词典》（第6版）对"热点"的定义为："一个时期内引人注目的地方或问题。"由此，社会热点问题可理解为社会某一时期某些引起社会关注的事情或问题。在武汉社会学界举行的"1994社会热点研讨会"上，学者们将"社会热点"这个概念界定为：是表征一定时期、一定地域（社区）范围内，众多的社会成员所关注的与自身利益密切相关的社会问题。这一界定揭示了社会热点具有时间性、地域性和群众性的特点。社会热点作为主体的心理反映，具有明显的群体差异。不同的社会群体，所关注的社会问题各有不同，立场不同，关注的程度、重点以及持续的时间均有所不同（刘崇顺，1995）。本书认为，社会热点问题是社会成员所关注的某种社会现象，这些社会现象能够引起他们的好奇、关心、评论，一个时期成为社会舆论的中心。因此，社会热点有时也被称为社会焦点问题。社会热点问题的特征主要表现为以下几个方面。

1. 它是社会利益的聚焦点

社会热点问题往往是在社会生活中和社会发展中存在或产生的，是与相当多的社会成员利益相关的事情，如物价、就业、住房、社会治安等，利益相关度与人们对热点的关心度有正相关关系。社会热点经常会反映出某些社会矛盾和利益的冲突，具有敏感性和尖锐性。有些社会热点问题就是社会问题，本身就蕴含深刻的矛盾和冲突。社会热点问题发展时的摆动性非常大，人们一时判断不清楚，难以把握其本质属性。社会成员在社会热点问题发展趋势不明朗的情况下，十分希望了解它的趋势，据此来决定自己采取的对策。社会热点问题，处理不好会具有一定社会风险。

2. 它是社会成员的疑虑点

公众十分关心社会热点问题，对它的情况却不十分清楚，有许多疑问希望得到解答，需要从理论上、政策上、方法上给他们释疑解惑。许多社会热点与重大的社会事件有关，往往是社会改革中遇到的难点、关节点，而理论有一定程度的滞后期，原有的理论不能解释新产生的问题，社会热点问题恰恰是理论的空白点或难点，一时没有现成的或成熟的理论予以解答，所以经常使众人议论纷纷，却又无法寻找到正确的答案。这种感觉到又无法从理性上得到解决的热点问题经常牵动着众多人的心。在社会热点的舆论传播中，既有传播媒介的正式渠道，也有人际传播的非正式渠道，常常伴随着传闻甚至谣言，很容易引起人们的思想混乱，这给社会学者和其他社会科学工作者、思想教育工作者和政治宣传工作者提出了艰巨的任务。

3. 它具有多样性和周期性

社会热点涉及社会生活的各个方面，政治领域、经济领域、文化领域及社会生活层面都会产生热点问题。在同一时间内、同一空间中可以存在几个社会热点，例如 1998 年同时存在下岗失业（经济领域）、香港发展（政治领域）、贫富差距（社会领域）等热点问题。社会热点的生命周期往往不太长，随着社会热点反映的问题被解决，人们对此问题的关注逐渐淡薄，注意力转移到新的问题上，随着时间的推移逐步被新的社会热点所取代。例如通货膨胀一度是 1994 年、1995 年突出的社会热点问题，到 1996 年被反腐败、社会治安等问题替代。每年都会出现新的社会热点问题。

4. 它具有社会评价的多义性

不同的社会阶层、利益集团和职业群体会从不同的角度对同一事物做出不同的判断，并持有不同的议论、不同的心态和不同的看法，常常会褒贬不一，出现观点相异甚至观点相反的情况。而且对于某些社会热点一部分社会成员十分关心，如"下海""炒股"等，但另一些人可能并不关心。即使是相同阶层或利益群体的社会成员，关心的社会热点问题也有相异性。

社会热点的产生是正常的现象，是社会发展中的矛盾运动的表现形式。

它作为一种较为复杂的客观事实，总是产生于特定的社会条件中，有一个生长、发展的过程，并不是无规律可循的，只要我们注重调查研究，是可以探寻到它的本质属性的。通过科学的方法研究热点问题，做出符合客观实际的科学结论，给社会成员以理性的导向，这就是我们的最大愿望。许多社会热点的产生，往往是新生事物产生的前兆，对社会热点现象的研究，要比对其他研究对象的研究更困难，因为社会热点现象还正在发育之中，许多因素和条件还没有完全展开，研究属于探索性质，难免会有失误和偏差，这种理论探索中的失误为我们往后深刻地认识社会热点问题提供了路标。回答热点问题某种意义上做的就是探索者的工作，尽管它的答案还不尽完善，但它毕竟是理论探索的第一步，开辟了理论航道。所以理论工作者要有高度的使命感和责任心，要有理论勇气去碰社会热点问题，这种实事求是的态度是最珍贵的。如果抱着怕惹麻烦、怕负责任的心态，只会回避热点社会问题。研究社会热点是为了透过现象看本质，寻求热点问题的理论解释，从而理顺社会成员的情绪。对待社会热点，研究者恰恰应该持有冷静的态度，不能凭一时的热情解释，而要做出理性的分析。更不能为了出名，故意用浮夸的笔调渲染它，小题大做、耸人听闻、哗众取宠，以制造轰动效应。这是对社会和读者不负责任的态度。社会问题与社会热点问题有相似之处，有的社会热点问题是社会问题，有的社会热点问题不是社会问题。它们具有相当大的重合性（见图1-1）。

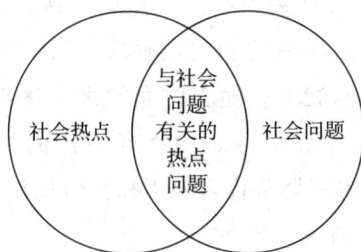

图1-1　社会热点与社会问题的关系

社会问题与社会热点问题的区别表现在以下五个方面。①受关注的时间长度不同。社会问题可以是也可以不是社会热点问题。只要它没有得到解决或缓解，就一直存在；而社会热点问题具有较明显的时效性，一旦问题解决或人们的注意力转移，就会被其他新的社会热点所取代。②性质不同。社会问题一般是对社会有一定危害性的社会现象；而社会热点问题可以是对社会发展有积极促进作用的新鲜事物，也可以是阻碍社会发展的消极、丑恶现象。③表现形式不同。社会问题可以是显性的，也可以是隐性的，即许多社会问题在客观上存在着，但还没有引起社会的重视，或者公众对此社会问题麻木了，如残疾人问题、自杀问题、艾滋病问题、污染问题等；社会热点问题则是显性的。④涉及范围不同。社会问题关注的是公共麻烦；社会热点问题关注的范围并不限于此，可以是个人事件，也可以是群体事件，可以是国内事件，也可以是国际事件，可以是明星、特殊人物的生活方式，也可以是新的价值观念、行为方式等。⑤研究者不同。推动社会热点舆论的是传播媒介，是新闻工作者，他们凭着敏锐的新闻嗅觉，感觉到某种社会现象或事件的重要性，会引起社会关注，便大量地报道，吸引人们的注意，形成社会热点。网络时代，某些网络活跃分子也可推动某些人物事件成为社会热点。而研究社会问题的主要是社会学者，社会学者凭着社会责任感和职业道德，凭着自己的专业兴趣，选择某一个社会问题进行深入持续的研究，并做出科学的解释。社会学者更加关注的是与社会问题有关的社会热点问题，或不是社会热点的社会问题。当然，对于不是社会问题的社会热点问题，社会学者也可以用社会学的理论与方法进行解释，但这与研究社会问题不是同一种工作。

社会链接：2013 年社会热点舆情事件排行榜

表 1-1　2013 年社会热点舆情事件排行榜

序号	地域	事件	领域分布	热度	时间
1	全国	人感染 H7N9 禽流感	社会管理	1591974.4	4 月
2	四川	雅安芦山强震	自然灾害	1070303.2	4 月
3	北京	4G 牌照正式发放	企业管理	929456.4	12 月
4	全国	中国大部分地区严重雾霾	环境灾害	886822.8	1 月
5	北京	李天一案开庭审理	法律纠纷	675253.6	2 月
6	全国	大黄鸭事件	社会管理	552650.8	2 月
7	上海	光大证券"乌龙"事件	企业管理	436151.0	8 月

续表

序号	地域	事件	领域分布	热度	时间
8	北京	冀中星首都机场爆炸案	法律纠纷	330068.0	7月
9	湖南	乙肝疫苗致婴儿死亡	社会管理	283624.0	12月
10	湖南	湖南瓜农被城管打死	社会管理	189880.4	7月
11	上海	复旦投毒案	法律纠纷	175531.4	5月
12	湖南	凤凰古城收费事件	社会管理	136767.6	1月
13	广州	新快报记者陈永洲事件	企业管理	94470.8	10月
14	北京	十八届三中全会开幕	社会管理	85240.0	11月
15	江西	嫦娥三号发射成功	科技发展	27788.8	12月
16	江苏	南京市副书记季建业被调查逮捕	社会管理	25518.0	10月
17	上海	葛兰素史克事件	企业管理	11000.6	6月
18	山东	青岛石油管道爆炸几十人遇难	企业管理	3579.8	11月
19	北京	人民日报新大楼"土豪金"	企业管理	2501.0	10月
20	北京	央视称房企欠缴税3.8万亿，任志强反驳	企业管理	2034.6	11月

资料来源：红麦舆情监测所，http：//www. soften. cn/research-65. html。

红麦舆情监测所统计的20起社会热点舆论事件，涉及政治、经济、环境、疾病、科技等多个方面。从表1-1中可以看出，这20起热点事件中，有的是社会问题，比如官员腐败、医疗腐败等，有的则不是社会问题，比如十八届三中全会开幕、嫦娥三号发射成功等。

三 与社会问题相关的概念

1. 社会问题与社会运动的关系

社会运动是改变社会制度的规模较大的群众运动。社会运动是集体行为发展的高级阶段，其特征是经历较长的时间，有完整的生命周期；有完善的组织形式，如领导机构、党派、小型组织等；有明确的目的，一般旨在实现社会改革；有初级的意识形态，具有一定的理论和价值观念，为社会运动提供理论依据。它通常代表了某些社会群体的利益和目标，动员大量社会资源。斯梅尔塞（Neil Smelser）认为，社会运动可以分成有价值取向目标的和具有规范取向目标的两类。价值取向的运动一般注重社会所关注的问题，如民主、和平、民族主义等。规范取向的运动所注意的焦点比较狭窄，它强调建立或改革某一特定的社会规范或做法，如妇女选举权、童工、生育控制等。社会活动为达到目的的手段有三类。①权力：以权力为中心的运动运用政治力量实现其目的，它通常以一个组织为其中心。②主张：以主张为中心的运动一般运用教育（包括宣传及合法手段）来达到目标。③参与：以参与为中心的运动，主要对其成员或潜在的成员感兴趣。运动的焦点是创建一个统一的群体。价值取向与规范取向的运动与这三种手段可以有不同的组合（布鲁姆等，1991：721）。许多社会运动是由于社会问题恶化且长期得不到解决或没有制度化的途径解决而引起的，社会问题常常是导致社会运动产生的原因，社会运动是为了解决某些社会问题而产生的群众运动。但也有许多社会运动的产生与社会问题的关系不大，而与政治问题或经济问题有关。

2. 社会问题与集体行为的关系

"集体行为"由英文"collective behavior"翻译而来，我国有的学者也将其译作"聚合行为""集合行为""集群行为""群动"等，基本的含义是指某种无组织、无计划、一哄而起、临时性、面对面的群众的乌合行为。赖特（Donald Light）与凯勒（Suzanne Keller）认为："所谓集体行为，系指一大群人以匿名方式从事非比寻常的活动。这种行为不同于惯常行为，惯常行为是指日常生活中所进行的遵守原有规范和模式的行为。"（凯勒，1987：782）戴维·波普诺（David Popenoe）则认为："集体行为是指那些相对自发的、无组织的和不稳定的情况下，因为某种普遍的影响和鼓舞而发生的行为。"（波普诺，1987：566）尹恩·罗伯逊（Ian H. Robertson）认为，"集体行为是指大批人相对的自发的和无结构的思维、情感和行为的方式"（罗伯逊，1988：765）。根据上述定义，可以概括出集体行为的构成要素有四个。①无组织结构，即自发的、无组织的、无计划的、不可预料的行为。②无规范或不受规范约束，即违反常规的、反常奇特的行为。③众多人共同的行为，即受到相互感染、影响、受到鼓舞的许多人的一致行为。④不能持久，即行为周期较短暂。可见，集体行为是指许多人共同发生的，却是无组织的、不受规范约束的行为。集体行为的主体是准群体，它是一种准群体的行为方式。在我国的社会管理中，通常以群体性事件来指称集体行为。群体性事件是指具有一定规模的人群，为了达到特定的目的，聚集在一起并采取非常规手段行动的事件。群体性事件具体表现形式有集体上访、集会、游行、罢工、静坐请愿等，严重的会发展到阻塞交通、围堵党政机关等，群体性事件对政府管理和社会秩序形成严重冲击，及时、和平、有效地解决群体性事件，成为维护社会稳定、缓解人民内部矛盾的重要内容。有些管理者将群体性事件归纳为社会问题，这种看法过于简单。群体性事件是一种集体行为，往往是由于个别的、具体的事件引起少数群众的不满而产生的，而社会问题有严格的界定，问题涉及的往往是成千上万人，两者在规模、影响程度上是有差别的。但这两者之间并不是没有联系，当某种类型的群体性事件频繁地发生，说明这类事件性质的严重性，日积月累而又处理不好，有可能转化为社会问题。如在社会转型过程中，大量的利益性冲突引起的群体性事件，正在转为社会问题。例如，城市的拆迁、农村的征地、环境污染等引起的群体性事件，严重地损害了群体的利益，有可能转化为社会问题。而不少的群体性事件，也是由于社会问题没有解决好，群众无法忍受而引起的。

3. 社会问题与突发事件的关系

《国家突发公共事件总体应急预案》规定："突发公共事件是指突然发生，造成或者可能造成重大人员伤亡、财产损失、生态环境破坏和严重社会危害，危及公共安全的紧急事件。"紧急事件（emergency events）是指紧急情况下发生的不测事件，习惯上也称为突发事件。需要说明的是，"emergency"在英文文献中是指个体面临的紧急事件，而在中文文献中则指群体、社会面临的紧急事件。紧急总是与时间上的突然性、应对上的紧迫性有关。突发事件与紧急事件在本质上是一回事情，只是说法不同，突发事件强调的是事件发生时间上的突然性，紧急事件强调的是主体应对突发事件时间上的有限性与紧迫性，两者没有实质性的区别。与之相关的还有危机事件（crisis），指事物具有高度危险性和高度不确定性的情形。危机的概念不强调即时性，而是强调即将到来的某种可能性、某种压迫性的后果，强调事件可能带来的负面的结果，它是个比突发事件更有弹性的概念。突发公共事件主要分为自然灾害、事故灾难、公共卫生事件和社会安全事件四个类型。① 依据突发

---

① 《国家突发公共事件总体应急预案》，国务院 2006 年 1 月 8 日发布。

事件的性质，我们将自然灾害、事故灾难、公共卫生型突发事件简称为自然性突发事件，将社会安全突发事件简称为社会性突发事件，它主要包括经济型（如征地、拆迁、失业等引发的）、政治型（如反日、反美游行等引发的）、文化型（如大型庙会、体育活动引发的）和社会治安型（如严重犯罪、恐怖活动引发的）四大类型。社会问题的形成有一个长期的积累过程，展现的形式可以是潜伏的，也可以是显现的，当某些社会问题十分严重而又得不到解决，也会以突发的形式爆发。社会问题成为某些突发事件产生的社会催化因素。而引起突发事件的原因不仅仅是社会问题，还有个别的、偶然的因素也会引起突发事件。社会问题的生命周期要比突发事件长，涉及的规模要比突发事件大。

4. 社会问题与灾难的关系

灾难（disaster），在英语中与灾难一词相对应的有三个单词："disaster"指不可预测的意外事件所造成的灾难或不幸；"calamity"指巨大而严重的不幸或灾难；"catastrophe"指突然造成极严重的灾难或异常的灾祸，含最终结局无法补偿之意（李中东，2003）。灾难强调的是事件具有的悲惨性的后果，并没有强调时间上的紧迫性。灾难的源泉主要地来自自然界或人为的事故，其发生具有不可预测与不可抗拒的含义。灾难是由外在因素决定的，先于人为决断所给定的损害，与人的意志无关，人们通常不将灾难看作社会问题。灾难主要是自然界的产物，而社会问题主要是人的群体性活动偏差、矛盾的产物，两者的内涵并不交叉。但是，灾难的某些后果处理不好会形成社会问题，如水灾后的大量难民。

第三节 社会问题基本理论

社会发展的不同阶段，产生了不同的社会问题，对这些问题的分析与解释，有着不同的理论。

一 早期社会问题的理论

在 20 世纪初期与中期，在西方社会学界形成了一些具有共识的解释社会问题的理论，有代表性的理论主要有以下几种。

1. 社会病态论（社会病理学，social pathology theory）

一般认为良好的社会状况（即具有正常的社会功能的社会）是健康的，而脱离道德期望的个人与情况（即妨碍到社会正常机能的个人或情况）则被认为有"毛病"，因此它是坏的。所以，从社会病理学的观点来看，社会问题就是违背了道德期望的社会现象与社会行为。造成社会问题的最大原因是社会化过程的失败。起初学者们以为它是遗传的结果，如精神不健全的人、依赖者或罪犯三种类型。后来则认为社会问题是社会环境造成的。社会化失败造成道德腐蚀，而解决办法则是施以道德教育。社会病理学观点是美国早期社会学者对社会问题进行思考后做出的整理，它来自有机体类比，基本上关心的是社会的疾病或社会的病态，认为凡是妨碍到正常社会机能的人们或情况皆可视为社会问题（鲁宾顿、温伯格，1988：29）。早期的社会病理学家既看到了个人功能的失调，也看到了制度失灵。他们认为不管是个人的失调还是制度的失灵都会影响社会的进步，都必须被清除。查尔斯·亨德森（Charles Henderson）和塞缪尔·史密斯（Samuel Smith）建立了社会病理学的基本框架，他们在书中呈现的推论的思路影响了至少一代的社会学家。社会病理学家可以根据他们所在的时期、态度、政治观点来划分。早期的病理学家倾向于保守的态度和政治观点，后期的病理学家倾向于自由和民主的观点。早期的病理学家认为遗传导致个体的缺陷，认为解决方法是提高生育质量；还有一些学者认为应该对中产阶级的道德产生冲击的人进行教育。后期的病理学家认为制度是病态的，而不是个人，他们认为解决病态的制度的方法是进行道德教育（Rubington and Weinberg，2011）。社会病态论在美国 1905～1918 年这一时期占主导地位。第一次世界大战之后陷于低迷。20 世纪 60 年代，随着一些社会学家重新提起社会的病态现状，该理论得以复兴。自由主义者和民主主义者也将社会看成病态的，且正是这些被早期社会病理学家认为是病态的反文化主义者给社会贴上了病态的标签。这两种截然相反的观点给试图客观化的社会病理学带来了困境（Rubington and Weinberg，2011）。

2. 社会解组论（social disorganization theory）

社会解组就是失去规则。解组的三种形式是：无规范，即社会生活中没有一个现存的社会规范可以指导人们应该如何行动；文化冲突，即社会生活中有两种相互对立的价值规范和规则同时并存，使人们无所适从；崩溃，即价值体系和规范体系完全混乱。在这样的情况下，人们的行动符合一方的期望，却也可能同时辜负另一方的期望。该理论认为造成社会解组的根本原因是社会变迁，最强有力的变量是工业化、都市化、移民、科技发展等。对个人来说，社会解组会对人产生压力，导致人格解体，比如精神疾病和酗酒。对于系统来说，社会解组会引起三个方面的后果：一是系统的改变（一些面对解组的回应和适应性变化会使系统的各个部分重新归于平衡）；二是系统继续稳定的运行（解组可能依然存在，但是系统可以以某种方式继续发挥功能）；三是系统解体（解组破坏了系统）（Rubington and Weinberg, 2011）。社会解组论把社会看成一个复杂而活力充沛的系统，在这个社会系统中的每个部分都相互调适。一旦某事件改变了系统中的一部分，其他部分便要重新适应来配合这项改变。社会解组也就是各个部分之间缺乏适应或适应不良。如美国社会学家奥格本（William Fielding Ogburn）认为社会问题起源于文化的变迁和失调。他认为文化的各个部分是相互依赖的，当各个部分以不同的速度改变时，其中的一部分可能脱离整体而造成混乱。他观察到人们通常比较容易接受新的工具而不是新的思想观念，因此，物质文化的变化也就比非物质文化的变化来得快。从另一方面讲，风俗习惯的变化和规则的变化比较容易落在科技的后面，这就是"文化脱节"（cultural iag），当这种文化脱节影响到大多数人时，就成了社会问题（Ogburn, 1922）。社会问题源于社会解组，而社会之所以解组是因为规范的欠缺和不一致，最主要的是源于社会的快速变迁。因此对社会问题最有效的解决办法就是尽快重建社会规范和秩序。只要能被正确的诊断，用于缓解社会解组的措施就会见效，脱离整体部分就会重新平衡（比如，技术上的变化可以被缓解）。库利（Charles Horton Cooley）认为，社会解组的最坏的情况就是，社会规范的缺失导致个人能力的降低，使个体更加情绪化、冲动化（Cooley, 1909：348）。社会解组论与社会病理学的区别表现在几个方面。首先，随着社会学学科的发展，社会解组论更加具有系统性。其次，社会病理学通过发现个人和制度的缺陷来研究社会问题，该理论所用的词汇和概念大多是从其他学科借用过来的，特别是医学。社会病理学倾向于行动，将发现的成果用于解决社会问题。社会解组论通过探讨社会规则来研究社会问题。他们自己提出一些专业的词汇和概念化的东西。他们更倾向于发展理论，而不是去发现解决社会问题的方法。另外，社会病理学家对组织和个人的道德判断是类似的，而社会解组论学者对道德判断更公正、客观（Rubington and Weinberg，2011）。社会解组论在美国 1918～1935 年占主导地位。

3. 价值冲突论（value conflict theory）

由于所处的社会地位和经济利益不同，人们对同一问题完全有不同的价值判断标准和不同的立场、态度，因而在采取某种措施改变某一社会现象时，常常会引起群体间无休止的冲突。社会问题是某些群体的价值不能相容共存的社会状况，而这些状况使群体中的成员认为有必要唤起大众来采取行动。价值冲突论认为，造成社会问题的根本原因是价值或兴趣上的冲突。因为不同的群体有不同的兴趣，他们发现彼此是对立的。一旦对立具体化变成了冲突，社会问题便产生。美国社会学家富勒和迈尔斯认为，社会问题是一种被相当多的人认为偏离于他们所持有的价值观念的社会状况。每个社会问题都包含客观存在和主观认定两个方面。客观存在是指社会生活中确实存在这种威胁社会公众的现象；主观认定是指这种社会现象的"问题"已为社会生活中相当多的人所认识（鲁宾顿、温伯格，1988：124～125）。价值冲突论是结合了英国和美国的冲突论发展而来的。富勒和迈尔斯认为价值冲突存在于社会问题的各个方面，不管是多么具体的问题。任何社会问题都有三个阶段，即警觉、政策制定、改革，每一个阶段都有不同组织间的价值和利益的冲突（Rubington and Weinberg，2011）。群体间的竞争和各种形式的接触是影响社会问题出现、发生频率、持续时间和结果的重要因素。当两个或更多的组织群体与另一个群体发生冲突或接触时，冲突是不可避免的。此时，就会产生社会问题。处于竞争中的群体陷入冲突，就不会去考虑如何解决社会问题。大多数学者认为社会问题包括客观条件和主观定义：客观条件是接触和竞争；主观定义是对接触和竞争的不同的定义和评估，以及商品和权力的分配。冲突是有摩擦和代价的。有时候它会牺牲高层次的价值，更多时候会陷入失败的僵局或导致冲突中的弱势群体的损失，也会使群体间产生负面的情绪。但是有乐观的人士指出价值冲突也有积极的影响，就是帮助群体澄清他们自己的价值观。

价值冲突论提出了三个方式解决由价值和利益冲突带来的社会问题。一是共识，如果群体间冲突的解决意味着两个群体接受更高层次的共同价值，那么共识就会有效。二是如果群体间可以交易，那么价值交易就有可能发生。三是如果共识和交易都不起作用，那么强有力的群体就会获得控制权（Rubington and Weinberg，2011）。价值冲突论在美国1935～1954年占主导地位。价值冲突论最早启发了人们对社会问题主观性质的思考。

4. 行为偏差论（deviant behavior theory）

该理论认为，社会问题违反规范期望，其行为或状况脱离规范者即是偏差。偏差行为的原因是不恰当的社会化，主要发生在初级群体中。限制学习所谓传统方式的机会，增加对偏差方式的学习，限制获取合法目标的机会，产生紧张、压迫感，并且导致以偏差方式来解除这些感觉，这些是造成偏差行为的重要背景。其主要代表罗伯特·墨顿（Robert K. Merton）在1938年发表的《社会结构与迷乱》论文中认为，当文化目标被过于强调，而且当获取这些目标的合法机制受到阻碍时，迷乱（anomie，又译作失范）对社会中某些特定区域里的人们而言是很平常的事情（Merton，1938）。爱德文·苏德兰（Edwin Sutherland）在差异关联论中提出，是社会过程而不是社会结构造成了个人的偏差行为。人是通过与"偏差行为者"模式的结合之后才学习到偏差行为（Sutherland，1939：4-9）。墨顿与尼斯贝特（Robert A. Nisbet）认为，社会问题之所以能区别于其他问题，是由于它们与道德价值及社会制度有关，就其中的"社会"二字，是指它属于人类关系及一切人类关系所存在的规范联系；就其中的"问题"而言，是表示人们所期望事物的运动中断，表示一个社会中所规定的正当东西的破坏，以及一个社会所珍视的社会规范与关系的脱节。墨顿认为，社会问题乃指社会标准与社会现实之间被视为无法接受的差距，恶性的不可容忍的差距（尼斯贝特等，1961：634）。解决偏差行为最好的办法是重新社会化，而重新社会化的较好对策是生活机会的重新分配。例如，增强个人与合法行为模式的联系，开放和创造达到成功社会目标的机会。偏差行为会建立一种不正当的社会世界，但是有些可以观察到的偏差行为也有有益的一面，因为偏差行为会受到惩罚，而这恰恰给人们做了榜样。解决偏差行为的原则就是再社会化。最好的再社会化的方式就是增加有意义的初级群体与合法的行为模式的接触，减少与非法的行为模式的接触。同时，机会结构必须向所有人开放，减轻使人们做出偏差行为的压力。这样的话，偏差行为就会减少（Rubington and Weinberg，2011：144）。行为偏差理论也被称作越轨理论，由于对犯罪等社会问题有很强的解释力，这一理论在美国从1938年创建起至今盛行不衰。

5. 标签论（标示论，labeling theory）

这一理论从观察者的角度对社会问题定义。这一理论注重的是过程而不是结构，是社会问题的主观方面而不是客观方面，是偏差行为所产生的反应而不是偏差的起因和由来。社会问题之所以成为社会问题，是因为受到大众或社会控制机构的注意，而社会反映只有在宣称的行为或状况被确认之后才可能发生。社会面对违反规则和期望的行为和情况时的反应就是将其定义为社会问题和社会偏差。该理论关注的是被定义为问题和偏差的行为和情况。通常标示是由社会控制机构、记者等群体来贴的。偶尔，人们会给自己贴上标示来使自己获利，比如有些人会宣称自己是同性恋免于服兵役。对于社会问题和偏差行为的定义可能会促使人际关系的调整，这样会导致进一步的偏差行为。当一个人被贴上偏差的标示时，人们会期待他继续违反正常的行为规范。这会限制人的生活机会，从而导致他接受这个标示，从此尽力扮演偏差者的角色。例如，一个曾经犯罪者很难找到一个常规的工作，为了生存就会回到犯罪的道路上。这些由于被社会贴上标示而成为偏差者的人被称为"次级越轨"（Lemert，1972：62 - 92）。其代表人物美国社会学家豪伟·贝克（Howard S. Becker）在 1963 年所写的《局外人》中论述道：在社会群体中，偏差的产生是为了替那些犯法、构成偏差的人制定规则，还将这些规则应用到那些特别的个人身上，并将他标示为外来者。从这个观点看，偏差并不是个人行动的本质，而是由于别人利用规则制裁犯罪者才产生的结果。偏差行为者即被标示之人，偏差行为即人们加以标示化（指称）的行为（Becker，1963：9）。标示论提出解决社会问题的方法：一是改变定义，希望社会更加宽容，停止给一些人和情况贴标示；二是消除指称所能带来的利益。标示论源于符号互动论，该理论是由米德（George Herbert Mead）提出的，舒茨（Alfred Schutz）将其发展完善（Rubington and Weinberg，2011：8）。

上述理论在西方社会仍然有着影响。这些理论主要是从社会越轨和社会失范的角度论述的，解释的是人们的行为与社会规范之间的不协调关系，对于社会犯罪的问题有较强的解释力，但是，对许多其他的社会问题解释力量就弱了。它们无法解释社会结构性问题与社会变迁性问题，例如人口问题、环境问题、贫富差距问题等，这些理论就有很大的局限性。每一种理论有其独特的视角，但也有其局限性。没有一种理论是万能的，可以为所有社会问题提供统一的理论基础。

6. 批判性视角（critical perspective）

危机、混乱、巨变频繁发生在都市化、工业化的现代社会。同样，这些危机也存在于社会学学科中，影响了当时社会问题的主流观点。因此，德国、英国、美国的社会学家发现他们的社会所经历的危机挑战了现存的社会问题理论的权威，对它的适用性产生了质疑，于是产生了批判性视角。批判性视角源于马克思主义思想。该理论认为社会问题是由于对工人阶级的剥削产生的，资产阶级通过牺牲和剥削无产阶级来维护他们自己的既得利益。从广义上来讲，社会问题的根源是阶级控制和阶级冲突。例如，资本家维持贫困，并且以他们自己的利益来制定和执行规则。阶级控制及冲突的程度，工人阶级的意识觉醒程度，经济周期中的波动幅度，这些因素影响着社会问题的产生。当经济处于上升时期，冲突较少，控制松散，大量工人没有意识到他们普遍的利益，这时人们很少意识到社会问题的潜在威胁。虽然资本主义的社会是一个循环周期，但在资本主义的发展过程中社会问题是呈比例上升的。因此，用批判的角度预测，犯罪率会随着资本主义的发展而升高。只有政治运动可以解决资本主义制度带来的问题。通过社会变革，工人阶级赢得阶级斗争的胜利，开创社会主义制度，建立无阶级差别的社会，这样才可以消除由于社会不平等带来的社会问题（Rubington and Weinberg，2011：245－246）。代表人物理查德·昆尼（Richard Quinney）在《阶级国家和犯罪》中提出，犯罪是资本主义环境中不可避免的。在经济、政治、文化不平等的情况下，两个阶级都会产生一系列的犯罪，资产阶级会滋生腐败，加强对工人阶级的剥削，同时，会引起工人阶级的反抗。理查德·昆尼认为只有工人阶级联合起来反抗，才能减少社会不平等带来的犯罪。威廉·钱布利斯（William J. Chambliss）在《犯罪的政治经济》中提到，资产阶级犯罪被惩罚的比例远远低于犯同样罪的工人阶级。他赞同马克思主义者所说的如果犯罪行为是符合统治阶级利益的就不会受到惩罚，相反，就会受到惩罚（Chambliss，1975）。艾伦·约翰逊（Allan G. Johnson）在《特权、权利及二者的区别》中讨论了资本主义与阶级、种族和性别等问题的关系。他认为资本主义加深了财产和苦难分配的不公，同时，这种不公也用到了种族和性别上（Rubington and Weinberg，2011：266－269）。

批判性视角将偏差看作冲突，用于调节资本主义社会和经济体系的矛盾。这个观点的优势是，他们着重研究政治、经济和社会结构是怎样塑造犯罪和偏差的。他们更关注社会组织如何掌控规则，而不是个人如何破坏规则。当下层阶级的公民犯罪时很有可能被逮捕、审判、惩罚，相反白领或者法人犯罪被惩罚的比例远低于前者。批判性视角的缺点主要有以下几个方面：一是并不是只有经济和政治导致犯罪，还有其他的因素；二是法律是对各阶级都有利的，不仅是统治阶级，也不会导致他们发生偏差行为和犯罪；三是实证主义研究者并不赞同批判性视角的观点；四是批判性视角对于一种思想来说更有意义而不是一种理论（Clinard and Meier，1985：90 - 93）。批判性视角不同于大多数的社会问题理论，而更像是一种政治思想。不管怎样，它都在社会问题研究中处于重要的地位。它在整体层面上对社会问题的产生做出了解释，并对社会问题提出了解决策略，就是依靠政治运动（Rubington and Weinberg，2011：244）。

二　现代社会问题的理论

到 20 世纪下半叶，一些新的理论开始产生，从哲学思辨角度对什么是社会问题进行思考。

1. 建构主义理论（the social constructionist perspective theory）

该理论对社会问题的研究提出了一套全新的概念范畴和分析框架。建构主义秉承现象学本体论的一个基本预设：社会现实是以解释过的事实（而非客观事实）呈现自身的，而对社会现实的解释在很大程度上就是不断建构新的社会现实（闫志刚，2006）。建构主义作为一种不同于传统的认识论和思维方式，它所传达的是这样一种思想，即人类不是静态地认识、发现外在的客体世界，而是经由认识发现过程本身，不断构造新的现实世界。其认为社会问题不是一种社会结构的对象存在物，而是在社会互动过程中构成的。斯柏克特（M. Spector）和基萨斯（I. J. Kitsuse）认为社会问题既不是一种问题自明的客观状态，也不是贴了问题标签的社会行为，应当从问题被定义的活动及其社会过程中进行说明。他们对社会问题进行了如下经典的界定：社会问题是个人或群体对其所认称的某些状况主张不满，做出宣称的活动。一种客观事实成为社会问题，不是由事实自身可以自我说明和解释的。社会问题理论研究的中心议题，是对宣称和回应宣称活动的出现、性质和持续过程做出解释（Spector and Kitsuse，1987：75－76）。"是集体定义，不是客观构成，决定了某一状况是否以社会问题的形式存在着。"（Blumer，1971）社会学家只有通过研究集体定义的过程，才能了解社会问题的起源。客观主义所关注的研究问题是：社会问题怎样在对象事实中客观存在着？它会造成什么样的危害？建构主义所关注的研究问题是：这个被指称为问题的事实或行为是怎样引起社会关注并进入公共话语空间的？它又是如何在不同的公共空间被宣称为一个社会问题的？它需要经历哪些阶段或过程的建构？成功的社会问题建构意味着社会问题的讨论进入公共空间，引起公众特别是政府机构的关注，从而进入政府的政策议程，有可能获得政策安排。我们每个人看到、听到、感触到所谓大量的社会问题，都是文本的、话语的、图像的，都是经过不断诠释和宣称的，其中有知识、权力、利益、资源、意识形态等各种社会、文化和制度等因素的介入。用现象学语言描述，客体世界至少经历过"一级建构"才呈现在我们面前。实证主义研究实际上进行着社会现实的"二级建构"，但研究者并不自觉。在这个意义上，建构主义理论体现了反思社会学的研究品格（闫志刚，2006）。

建构主义方法论启发我们：社会学研究社会问题时，除了考察社会问题的真相是什么外，还应当努力研究社会问题是怎样被定义出来的。但社会事实论范式采取实证主义的研究方法，一直是社会问题研究的主流范式。根据建构主义理论的主要观点，可以将社会问题分为几个不同的阶段。这几个阶段是：定义的澄清、获取，维持注意的策略与管理技巧，抗议者的相关能力以及他们寻求补偿的机构。但是只有实证主义研究可以对这些问题做出回答。建构主义理论认为解决社会问题需要研究生命历程的定义过程（Rubington and Weinberg，2011：297－298）。

2. 风险社会理论（risk society theory）

"风险社会"这一概念，是1986年德国著名社会学家、慕尼黑大学和伦敦政治经济学院社会学教授乌尔里希·贝克（Ulrich Beck）在《风险社会》（*Risk Society*）一书中首次提出的。在贝克看来，风险社会是现代化不可避免的产物，"风险社会是一种大灾变社会"（Beck，1992：24）。所谓风险，就是"一种应对现代化本身引致之危害和不安全的系统方式"（Beck，1992：21），"在发达的现代性中，财富的社会生产系统地伴随着风险的社会生产"（Beck，1992：19）。现代工业化文明在不遗余力地利用各种科技手段创造财富的同时，也处处产生和遗留了不可胜数的"潜在的副作用"（latent side effects），当这些副作用变得明显可见，并将当代社会置于一种无法逃避的结构情境时，风险社会也就登上了历史舞台。贝克认为，风险社会理论是对未来世界也是对现实世界将可能存在和业已存在的"社会疾病"经过详细地了解分析之后得出的一个诊断性结论。在今天看来，科技不仅仅具有正面作用，相伴而生的还有它的负面危害。"我所关心的是危害的特性，表现为显现的时间滞后性、发作的突发性和超越常规性（因为科技应用所带来的损害往往大过其功能）。故此，从这个角度说知识经济也是风险经济，知识社会也是风险社会。"（薛晓源、刘国良，2005）贝克认为今天的社会生活在文明的火山上，"在现代化进程中，生产力的指数式增长，使危险和潜在威胁的释放达到了一个我们前所未有的程度"（贝克，2004：15），"在现代化进程中，也有越来越多的破坏力量被释放出来，即使人类的想象力也不知所措"（贝克，2004：17）。他还认为：工业社会中的风险是大部分人口的贫困化的"贫穷风险"、"技能风险"和"健康风险"，是工业自动化过程以及相关的社会冲突、保护的主题。在风险社会中，不明的和无法预料的后果成为历史和社会的主宰力量（杨雪冬，2004）。今天的风险和危险，在一个关键的方面，即它们的威胁的全球性（人类、动物、植物）以及它们的现代起因，它们是现代化的风险。它们是工业化的一种大规模产品，而且系统地随着它的全球化而加剧（贝克，2004：19）。当代社会风险问题本质上体现为社会性、集团性、结构性。贝克说，他的风险理论是以资本主义工业社会为探讨基础的，他认为现代国家要面临的首要问题已经不是物质匮乏，而是风险前所未有的多样性以及风险所造成结果的严重性，也就是说，他的探讨前提是风险问题的扩大，物质分配问题已经不再是主要难题了，而风险分摊的逻辑才是所有国家必须费尽心思所要解决的问题，这也正是社会病因所在。他认为，所有民族国家由于科学技术的进步不可避免地会发生社会转型。因此，风险分摊问题已经跃升为民族国家乃至世界国家的首要矛盾。正是由于现有人类社会的工业生产逻辑基本上是自我毁灭式的、掠夺式的，才需要人类透过多方面的思考与实际行动努力去矫正当代的大量产生、大量消费的社会秩序（薛晓源、刘国良，2005）。贝克还认为，现代化风险的扩散具有一种"飞去来器效应"（boomerang effect），也就是说，制造风险并从中渔利的人，最终也会受到风险的回击。接着，安东尼·吉登斯（Anthony Giddens）和斯科特·拉什（Schott Lash）都对现代社会中的风险问题做出了类似的回应。在《现代性的后果》中，吉登斯这样描述："核战争的可能性，生态灾难，不可遏制的人口爆炸，全球经济交流的崩溃以及其他潜在的全球性灾难，为我们每个人都勾画出了风险社会的一幅令人不安的危险前景。"（Giddens，1990）拉什也表达了同样的担忧，"伴随风险文化时代而来的也许是人类许许多多的惶恐和战栗，并且不再有小规模的恐惧和焦虑"（拉什、王武龙，2002）。现代社会的风险又可分为两类：一类是外部风险，因为传统或者自然的不变性和固定性所带来的风险，如地震、海啸等，这种风险虽然严重，却由于经常发生而可以预料；另一类风险则是人造风险，所谓人造风险，指的是由于我们不断发展的知识对这个世界的影响所产生的风险，是指我们没有多少历史经验的情况下所产生的风险。"它存在于自然和传统消失之后，是由人的发展，特别是由科学技术的进步所造成的。对于人造风险，历史上没有为我们提供可资借鉴的经验和知识，我们甚至不知道这些风险是什么，就更不要说对风险的精确计算，也谈不上对风险结果的预测，这就使人们陷入到前所未有的风险环境之中。"（吉登斯，2001：112）

社会问题话语转化为社会风险话语，也同西方发达国家长期以来逐步解决了现代化初期的诸种社会问题有关，至少，他们在理论上和立法上解决了不少问题。当然，这并不是说社会不平等或严重的社会问题都消失了，事实上，它们不仅依然存在，某些方面甚至还被强化。问题的关键在于，它们已经明显需要以另外的眼光来重新审视。社会问题之所以是社会问题，肯定是由于某种特定的社会性和结构性因素。我们知道，在理解和解决社会问题时，社会学非常强调社会学想象力（sociological imagination）。所谓社会学想象力，就是要把个人麻烦和公共问题区分开来，要善于从个人的境遇中寻找到结构性因素的影响（米尔斯，2005）。随着社会风险或社会问题的全球化和个体化，原先的分析框架需要怎样的调整呢？在当前的格局下，必须对社会问题中的"社会"给予重新定位，至少不能将社会性局限在等同于民族国家（nation-state）的社会（society）范围之内。长期以来，社会学所关注的社会，不仅是在民族国家的地理容器之内，而且对于社会问题的解决，多数还是要仰仗国家机器。但是，当代社会的风险，根本就无视国界，也不是任何单一国家所能防范和消除的，根据风险分配的逻辑，所有的国家最终都将面临同样的境况。但毕竟，我们尚未进入一个纯粹的风险社会，至少就眼前来看，风险分配的均等化还没有彻底贯彻。贝克所谓的"财富分三六九等，而烟雾则一视同仁"的说法，更多的是指一种可能的趋势而不是目前的现实。事实是，我们现正处在一个工业社会和风险社会交叉重叠的时代。贝克为了说明财富分配逻辑和风险分配逻辑的区别，对它们进行了截然不同的刻画，但在目前，两种分配逻辑共同发挥着作用，比如财富累积在社会上层，而风险则聚积在社会底层，贫穷吸附了大量的风险，而财富则可以购买安全和避开风险。风险扩散虽然具有"飞去来器效应"，但目前的实际情况，则是发达国家和地区将风险系统地向发展中国家和地区转移，而处在发展中的人们又难以抗拒这种"危险的诱惑"，因为在极端贫困和极端风险之间存在系统的吸引力，在高失业的人群中，对能够创造就业机会的"新"技术具有"极高的接受性"。比如中国，现在已经成为世界的工厂，实际上也就是高污染、高能耗行业向中国的转移（外资企业中多数属于这种情况）。总之，目前所谓社会问题，其起因可能并不是自身社会的结构性因素，其解决也不能单凭一个社会的力量，而是需要从全球体系的结构中去寻找解答。而当代全球范围内日益加强的流动性，也很容易使社会问题演变为全球性事件，当然，更不用说，有些社会问题本身就是全球化的产物。风险社会理论启示我们以全球性的视野来看待社会问题、定义社会问题、预防社会问题。

理论链接：风险社会

    "风险社会"的概念，最初是由德国著名社会学家、慕尼黑大学和伦敦政治经济学院社会学教授乌尔里希·贝克（Ulrich Beck）在《风险社会》（1986）一书中首次提出的。在贝克看来，风险社会是现代化不可避免的产物，现代工业化文明在不遗余力地利用各种科技手段创造财富的同时，也处处产生和遗留了不可胜数的"潜在的副作用"（latent side effects），当这些副作用变得明显可见，并将当代社会置于一种无法逃避的结构情境时，风险社会也就登上了历史舞台。贝克认为，风险社会理论是对未来世界也是对现实世界将可能存在和业已存在的"社会疾病"

经过详细地了解分析之后得出的一个诊断性结论。在今天看来，科技不仅仅只具有正面作用，相伴而生的还有它的负面危害。当代社会风险问题本质上体现为社会性、集团性、结构性。关于这一话题，英国社会学家安东尼·吉登斯（Anthony Giddens）和斯科特·拉什（Schott Lash）都对现代社会中的风险问题做出了类似的回应。

3. 社会冲突论（social conflicts theory）

"社会冲突"这个概念是在1907年的美国社会学会第一次年会上提出的。此后，韦伯（M. Weber）、齐美尔（G. Simmel）、科塞（L. A. Coser）、达伦多夫（R. Dahrendorf）等学者都为冲突理论做出了重大的贡献。尽管这些理论强调了冲突的某个方面，而忽视了其他方面，有某些局限性，但对我们理解当前社会中的冲突现象具有启示意义。对冲突的理解有许多，"如敌对行为、战争、竞争、对抗、紧张、矛盾、争吵、意见不一、缺乏协调、论战、暴力行为、反抗、革命、争执以及其他许多词汇"。"达伦多夫和科塞都采用宽泛的定义，达伦多夫认为，'有明显抵触的社会力量之间的争夺、竞争、争执和紧张状态'。"（特纳，1987：211）达伦多夫的定义有较强的概括性。冲突就是不同的个体或群体双方或多方的行动方向、目标不一致，并且相互对抗的一种社会互动形式。冲突的主体较为复杂，有个体与个体之间的冲突，有群体与群体之间的冲突，也有个体与群体之间的冲突。而社会冲突一般情况下是指规模较大的群体之间的力量对抗。这里的群体有两个含义，一是某个具体的组织，二是准群体（具有某些相似性的、未认识到自身利益的、没有统一的行动目标的、没有组织起来的群众）发展而来的利益群体（具有某些相似属性、认识到自身利益的、有接近目标的、行动起来的群众）。社会矛盾、冲突是多方面的，利益矛盾冲突也是多方面的，社会问题是各种社会群体之间的利益相异而发生矛盾、冲突引起的。社会冲突理论对我们理解由于资源占有的不平等而引起的社会结构性的社会问题具有较强的解释力。它对于解释什么情况下社会冲突会产生，什么情况下社会冲突的强度、烈度会增加，什么情况下社会冲突可以化解等问题有较强的说服力。

4. 综合要素论（comprehensive elements theory）

任何一种理论在解释某一形态的社会问题时，较之其他形态的社会问题更有说服力。但是，任何一种理论都不能对所有形态的社会问题有解释能力，或者，各种理论并不都能对某一些形态的社会问题具有解释能力。因此，20世纪五六十年代，随着成熟起来的综合社会学学派影响的增加，产生了关于社会问题要素论的见解。这一理论认为，社会问题是由社会结构中的多种因素决定的，不能只用一个或几个因素来解释社会问题，而应该将社会问题放在整个社会结构的大系统中，去探寻发现影响社会问题的因素。对于社会问题，也需要依靠全社会力量才能解决。我国社会学中较流行的社会转型论，就是这一理论的演化与发展。

社会学在一百多年的发展中关于社会问题的论述有许多，创造了许多的理论，但囿于历史的局限性和其他原因，每一种社会学的理论，只是洞察社会问题的一个方面、一个侧面，而没有同时看到另一个方面、另一个侧面。每当一种理论的视角集中地反映了某一方面的事物的联系时，会忽略另一方面事物的联系。社会问题在本质上是复杂的、多侧面的，在揭示事物的规律方面，没有一种理论是穷尽真理的。在解释社会问题方面，西方社会学的理论较为丰富，但没有一种理论是万能的，也不可能解释全部的社会问题或各种类型的社会问题，而只能解释某一类社会问题、某一部分社会问题。同样没有一种理论是一无是处的，各种理论都有合理的成分。我们应该注意，某一种理论在西方国家中可能是一个有解释力的理论，但随着时间或地点的改变，该理论的解释力就会发生变化。因此，社会学中的某些具有真理性的命题或理论是有条件的，它会随着客观条件的变化而飘移。克服理论局限性的办法就是掌握各种理论来理解社会、解释社会问题，但最好的办法还是通过我们自己的调查研究，归纳出有生命力的理论。

本章要点：

   1. 什么是社会问题

   2. 社会问题界定的过程

   3. 社会热点与社会问题的区别

   4. 社会问题的基本理论

关键术语：

   社会问题　社会热点　社会病态论　社会解组论　价值冲突论　行为偏差论　标签

论 建构主义理论 风险社会 社会冲突论

推荐阅读文献：

乌尔里希·贝克，2004，《风险社会》，何博闻译，南京：译林出版社。

何雪松，2007，《社会问题导论：以转型为视角》，上海：华东理工大学出版社。

雷洪，1999，《社会问题——社会学的一个中层理论》，北京：社会科学文献出版社。

李迎生，2007，《转型时期的社会政策：问题与选择》，北京：中国人民大学出版社。

罗伯特·尼斯贝特等，1961，《当代社会问题》，郭振羽等译，台北："国立"编译馆出版。

尚重生，2007，《当代中国社会问题透视》，武汉：武汉大学出版社。

沈湘平主编，2003，《社会热点解读》，北京：北京出版社。

乔纳森·H. 特纳，2006，《社会学理论的结构》第 7 版，邱泽奇、张茂元等译，北京：华夏出版社。

乔恩·谢泼德、哈文·沃斯，1987，《美国社会问题》，乔寿宁、刘云霞合译，太原：山西人民出版社。

闫志刚，2006，《社会建构论：社会问题理论研究的一种新视角》，《社会》第 1 期。

第二章　社会问题的特征与类型

社会问题伴随着社会发展的每一个阶段。没有一种社会形态、一种社会制度不存在社会问题。任何社会都存在由其内部因素相互矛盾、冲突而引发的社会问题，社会问题几乎与人类社会同时存在，迄今为止的人类社会，还未出现过一种没有任何社会矛盾、社会冲突引起社会问题的完美无瑕的社会形态。就社会问题存在这一点而言，它具有无国界性、无制度性的特征。社会总是在解决社会问题的过程中前进和发展的，人们只能追求一种相对完满的社会形态，达到一种十分纯洁的社会和无社会问题的社会的期望，是不切实际的一种空想。社会问题的产生与发展，是不以人的意志为转移的，人们可以减低社会问题的危害程度，但无法完全制止社会问题的发生或杜绝社会问题的产生。从这一角度讲，社会问题的存在具有永恒的意义。

第一节　社会问题的特征与类型

并不是在经济社会发展中产生的所有问题都是社会问题，都得由社会学来研究。例如，住房、交通问题属于经济问题，主要由经济学来研究；入好学校难，属于教育问题；到好医院找好医生看病难，属于医疗卫生问题。而只有当这些问题引起了相当多的麻烦的时候，这些由每一个领域产生的问题，才有可能被社会学家视为社会问题。社会问题内容复杂、形式多样，要把握社会问题，有必要对其特征做一番了解。

一　社会问题的基本特征

1. *每一个时代都有自己特有的社会问题*

尽管在各个不同的社会里都有社会问题存在，但在不同的历史时期，产生的社会问题不尽相同，这是一种由时间序列不同而产生的差异性，即社会问题在时间上的特殊性，它是特定历史条件下的产物。生产力水平不同，产生的社会问题不同，社会问题具有鲜明的历史阶段性。当社会生产力尚处于较低的发展水平时，人们主要关注的是战争、贫困、失业、流浪等严重影响人们基本生存的社会问题；当社会生产力发展到一定程度时，人们关心的是贫富两极分化、受教育权利、家庭婚姻、社会犯罪等影响人们生存发展的权利、安全等社会问题；而当社会生产力发展到较高的程度，人们普遍富裕的时候，更多地关心人口膨胀、老龄化、环境污染、性别歧视、恐怖主义等影响生存质量的社会问题。每一个时代，都有着特有的社会问题和主要的社会问题。

2. 形成社会问题的原因是复杂的

社会问题是一种复杂的社会现象。其一，它的起因常常是多种多样的，既有历史因素，又有现实原因；既有宏观因素，又有微观因素；既有政治经济因素，又有文化心理因素。各种社会因素所导致的后果可能是相同的。一个社会问题的产生，往往由多种不同的因素所导致，同样是贫困问题，有的国家主要原因是殖民主义、帝国主义的压迫和剥削，有的国家主要是恶劣的自然环境，有的国家主要是腐朽的政治制度，有的国家主要是落后的历史文化。其二，一个社会问题往往与别的社会问题相关联。社会问题的性质及影响，都会随着时间的推移和条件的变化而相互转化。一个社会问题的产生会促使另一个社会问题的出现。如贫困导致无法受教育，低文化又使劳动者无法找到好的职业，经常处于失业的状态，这又可能引起家庭破裂或引起犯罪。在一定的条件下，社会问题会相互转化。有时，一个社会问题的解决，又会促使另一些问题的产生。例如，实行计划生育政策以控制人口增长是为了社会的长远利益，但又引起了人口老龄化、独生子女问题、性别比例失调、兵源短缺、人口素质逆淘汰等新的社会问题。一个社会问题的本身是"果"，亦可成为另一个社会问题的"因"。因此，社会问题有一"因"一"果"、一"因"多"果"、多"因"一"果"、多"因"多"果"的复杂局面。又如，都市急剧的发展，会使人口高度集中，这会引起住房紧张、交通拥挤、就业困难、犯罪上升，这些问题的发生是彼此关联、互为因果的。问题的关联性与复杂性是社会问题的一大特点。这就需要我们在进行社会问题研究时，从多视角来探求社会事实，在深入了解其复杂的相关联系的基础上，把握各个相关因素之间的联系。社会问题不仅在成因上具有复杂性，在时间上也有持续性。一个社会问题从酝酿、产生、发展到形成严重的后果，有一个生长周期，在时间上具有一定的持久性。社会问题的产生具有自发性，它是各种主客观因素交汇的结果，而它一旦形成，表明形成社会问题的各种因素已积蓄了相当的能量，我们试图解决它要花费极大的力量。社会问题不可能因为人们的不能容忍而在一夜之间获得解决。

3. 不同的文化背景下对某些社会问题的界定是不同的

同样一种社会现象，在某种文化背景下被认为是社会问题，而在另一种文化背景下却并不一定被认为是社会问题。例如，在某些国家由于宗教信仰和风俗习惯，允许存在一夫多妻的制度；而在大多数国家，这种现象是重婚，属于触犯法律的行为。在人口问题上，某些宗教国家并不把人口的膨胀作为社会问题，认为节育、堕胎是犯罪；而在大多数国家则提倡计划生育和控制人口。对同一社会现象的态度大相径庭。同一社会问题在不同的文化背景的社会里表现出很大的差异。在欧美国家中，独身者众多，由于社会成员重视个人的隐私权，对婚外性行为的容忍度较高，对个人私生活并不关注，认为独身是个人生活方式的一种选择，不把它视为一种社会问题；而在中国，人们对婚外性行为的容忍度较低，对大龄未婚者群体十分关注，把独身视为一种社会问题。在西方社会中，对性别的歧视和不平等问题较为重视，认为是一个始终未解决的重大社会问题；而在一些宗教国家和封建形态的国家中，将性别的不平等视为正常。因此，在研究社会问题时，必须了解某一社会的文化背景即该国的风俗、规范、道德、宗教、生活方式等，要与别的社会比较。必须注意一个国家的历史的演变，以及其社会结构与思想文化体系。因为社会问题与社会制度、社会结构、社会规范以及社会价值体系有密切的关系，研究社会问题不能忽视文化的差异性。社会问题是随时间、空间而变化并受到复杂的文化因素影响的。

二　对社会问题认识的相对性

社会问题的相对性是指社会问题会随着时代的不同、生产力发展水平的不同、文化背景的不同和阶级的不同，人们对社会问题的性质认定上，会产生不同的认识、不同的态度、不同的处理方法。社会问题有其文化差异性、时代性和群体差异性，这是它产生的相对性。从比较社会学的角度来看，在不同的国家和地区，生产力发展水平、社会结构、文化背景的不同，导致人们不同的价值观念、道德标准、行为规范、宗教信仰、风俗习惯、思维方式、生活方式、行为方式，因而，不同国家和地区的社会公众对社会问题的认识和界定的标准也就呈现很大的差异性。而本国、本地区的人们由于利益不同、社会地位不同，对社会问题的认识也是不同的，这些造成了对待社会问题认识的不一致性。这种不同表现在以下几个方面。

1. 时间差异性：人们评价社会问题的标准是变化的

人们对社会问题的认识有一个过程，对社会问题的认识总是在问题产生之后，而不可能在社会问题产生之前。人类的是非善恶观念本身是随着时代的进步而发生变化的，人们评价社会问题的标准也随着时代的变化而变化。不同时代都会产生这个社会的主流价值观念、道德观念和信仰系统，会影响人们对客观社会状况的看法。人们对某些社会状况在一个时期是可以接受的，而在另一个时期人们又不可容忍了，社会状况变成了社会问题；反之亦然。关键在于人们主观上评价社会问题的标准变了。如在对待人口问题上，在传统的农业社会中，多子多孙是正面的价值观念，在中国传统主导文化中认同多子多福这一观念；在西方，《圣经》以多子多孙为训，几千年来的高生育率使社会得以生存，这一现象也为民俗礼仪所维系。对于维护传统观念的人来说，节育倒是一个社会问题，荷兰也围绕是否允许堕胎展开了全国范围的大讨论。但是，在今天的社会中，过多的人口造成了就业的压力、资源的紧张，人口膨胀则成为人类最严重的社会问题之一，控制人口生育便成为一种新的观念，这时传统的多子多福的观念与现代的节制人口的观念出现了冲突。评价社会问题的标准具有典型的时代特点，往往是非常具体的，与当时人们的利益与观念密切相关。人们对社会问题的认识通常是被动的，有局限性的。

2. 国情差异性：不同文化背景下对社会问题的界定是有差别的

对社会问题有不同的看法，也是一种由空间不同而产生的差异性。文化背景不同，产生的社会问题和关注的社会问题都是不同的。这种文化的差异性，要求我们在研究同一种社会问题时，要注意它的文化背景。在研究中国的社会问题时，只能将其放在中国的文化背景中来研究，而不能简单地照搬欧美国家社会学者的研究结论来解释中国的社会问题。在不同社会制度的社会中，对社会问题的判断表现出较大的差异。如卖淫嫖娼、赌博等，在中国被视为有伤风化、妨碍社会治安、破坏道德风尚的社会问题，是政府明令禁止的；在有的国家中，却以"既不对财产也不对生命构成危害""没有受害者"为由，而采取放任不管或有限控制的宽容态度。这种对社会问题评价的国情差异，受到社会意识形态和社会制度的直接影响。国情不同，对社会问题关注的侧重点也不同。在社会主义国家，对道德颓丧、人际关系的功利化、贫富的两极分化、腐败、犯罪等社会问题比较关注，因为社会主义国家更注重道德的作用，社会成员对非道德的社会问题具有更高的敏感度。而在资本主义国家中，人们更多地关心与个性的自由发展、与个人的利益、个人的健康相关的问题，他们更为关注的是艾滋病、精神疾患、妇女解放、种族歧视、吸毒贩毒、财富的不平等问题。国情差异性还表现在一个国家国情的变化上。社会制度决定了一个社会的意识形态，而作为意识形态核心的价值判断体系，会直接影响管理者集团和社会成员对社会问题的判断。同样是吸毒、卖淫问题，在旧中国，政府对这类社会问题的态度是暧昧的，制止是乏力的，致使这类问题泛滥成灾；而在新中国，政府的态度是非常明朗的，采取严厉禁止的措施。由于意识形态不同，人们对同一社会现象所感受的刺激，以及做出的反应也不尽相同，因而对同一社会问题做出的价值判断有较大差异。

3. **群体差异性：不同社会群体（阶层、利益群体、职业群体等准群体）在对社会问题的认定上是有所不同的**

由于社会成员分别处于不同的社会阶层，有不同的职业背景、经济利益和道德观念，于是这些分别属于不同利益群体的社会成员的行为方向就发生了分化，对社会价值的判断和意见也持不同的立场。社会问题的判断标准是基于利益群体的价值标准，而价值标准在复杂的社会生活中是多元的、有差异的，有时甚至是相互冲突的。对同一社会问题，各个社会阶层有不同的看法，有的认为是社会问题，有的认为不是，有的认为问题很严重，有的认为无关紧要，变成了一种有争议的问题。例如，对于当前我国社会中产生的腐败，有人认为已经成为影响政治稳定的严重社会问题，而有的人认为这是发展市场经济的"赎买金"和"润滑剂"，是社会发展必要的成本。这种认识的多元化现象，根本的原因还在于群体利益的差异。不同的利益群体、不同阶层、不同阶级对同一社会问题的看法和判断带有鲜明的差异性。不同群体的社会心态和认识判断是不一致的，因而对社会问题的认识、评估和解释都蕴含相当浓厚的主观成分。人们这种矛盾的认识会直接影响到能否把某一客观上不合理的社会现象当作社会问题处理，会直接影响到为改变这一社会现象所做的各种努力。当然，也有可能存在同一利益群体中因认识不同而对社会问题有不同的判断。社会集团的利益矛盾，使人们对社会问题的认识有时并非一致，即使最严重的社会问题，也常常因对某些集团或利益群体有着某些正面的功能而产生不同的看法，或这种社会问题的形成正是某些集团的需要而推动的。

三 社会问题的类型

对社会问题的分类主要是对社会问题认识的条理化，这便于根据不同的社会问题来认识其发生和发展变化的规律性，寻找其背后隐藏着的社会根源，以作为制定解决这些社会问题的对策的依据。类型化是我们日常生活中解释事物的基本方式。亚历山大（Alexander）认为，人们之所以常常采用类型化方式来解释世界是"因为他们充分期望每一个新的印象都将是他已经发展起来的对世界所作的理解的一个类型。这种类型化方式不仅仅是在传统的总体水平上起作用。即使当我们遭遇到某些新的和令人激动的事物时我们也期望这种新的特性和令人激动的特性是可以被理解的：它将被我们在我们已拥有的参考词汇范围之内所认识。我们无法将自己从我们的分类系统中剥离出来"（杨善华，1999：144）。尽管我们力图将遇到的所有事物都概括到我们已有的分析框架中去，但真实的事物每每不同，我们总会遇到一些用现有的分析系统无法涵盖的新事物及其新性质，这时我们需要创造一些新的范畴或类型来标示它们。类型分析是一个有效的分析工具，将研究对象化繁为简，清晰地把握事物的特征。我们应用这一方法，通过对不同类型的社会问题的分析，深入研究社会问题。

我国学者雷洪提出分类的标准必须有如下特征：①目的性，能够体现基于一定认识内容和目的的分类角度，可以达到对社会问题现象的某种具体和深入的认识；②操作性，是依一定分类角度以操作化形成的、可以区分社会问题现象的一些概念及可行的方法，而且能够进一步操作化为若干可测量的指标；③社会性，是一种社会因素，并依此得以表现社会问题现象的社会特征、与社会的关系；④清晰性，有确定的内涵或意义，由此可以准确区分和说明不同类型社会问题的某些特征；⑤对应性，可将社会问题现象区分为两种及以上特征类型（雷洪，1999：60）。雷洪教授认为，若以社会问题的产生分类，则可分为以下几类。①依社会问题发生、发展的趋势或可能性来划分，可分为两类：一类是必发性的，如环境污染；另一类是偶发性的，如人口问题。②依社会问题产生的主导性或主要的原因来划分，可分为经济的、政治的、文化的等。③依社会问题产生与社会结构来划分，一类是结构性的，如城市与农村存在的二元结构问题；另一类是非结构性的，如犯罪。④依社会问题产生与社会存在的状态来划分，一类是稳定性社会问题，另一类是过程性社会问题，如下岗等。若以社会问题的内容、表现分类，则可分为以下几类。①依社会问题的本质社会失调的具体内容，分为社会自然环境问题、经济失调、人口失调、教育失调、社会安全失调、社会文化失调、社会心理失调。②依社会问题表现状态与主体人行为，一类是反常性的，另一类是社会解组性的。③依社会问题的表现程度，一类是显性的，另一类是隐性的。④依社会问题存在的空间范围，分为全球性的、区域性的。若以社会问题的影响及解决分类，则可分为两类：①依社会问题对社会影响的根本性质，一类是消极性的，另一类是积极性的；②依解决社会问题的条件，一类是一定时期内有条件解决的，另一类是一定时期内暂无条件解决的（雷洪，1999：60～70）。也就是说，标准不同，分类的情况就大不相同，而大多数社会学者主要根据社会问题的内容来分。

社会问题的主要分类形式有以下四种。

（1）二分法。墨顿与尼斯贝特在1978年合编的《当代社会问题》中将社会问题分为两大类：①偏差行为，包括犯罪、精神病、吸毒、自杀、嫖娼；②社会解组，包括世界人口危机、种族冲突、家庭解组、社区解组、都市交通问题、灾难等。

雷洪在《社会问题——社会学的一个中层理论》中，将社会问题分为：①显性社会问题；②隐性社会问题。

（2）三分法。中国台湾学者杨国枢、叶启政在1984年主编的《台湾社会问题》一书中，将社会问题分为三大类：①社会性的社会问题，如人口、贫穷、农村和都市发展、环境污染与保护、消费者问题、山地社会问题；②制度性的社会问题，如家庭与婚姻、老人与福利、升学主义下的教育问题、宗教问题、劳工问题、就业问题；③个人性的社会问题，如少年犯罪、成人犯罪、色情与娼妓、自杀现象与问题、心理或精神性疾病问题、药物泛用问题、医疗行为问题、休闲生活问题。

乔恩·谢泼德与哈文·沃斯于 1978 年所著的《美国社会问题》一书中的分类是：①结构性社会问题之一：不平等如贫富两极分化、偏见和种族歧视、政治与权力、教育不平等；②结构性社会问题之二：变化着的价值观如家庭危机、对工作的不满情绪、人口问题与都市化、环境危机；③过失性社会问题：犯罪与少年过失问题、酗酒和吸毒问题、性行为过失问题、精神问题。

弗·斯卡皮蒂（Frank R . Scarpitti）所著的《美国社会问题》一书中的分类是：①社会无组织状态，如都市化、家庭、偏见与歧视、贫穷、人口、教育、保健；②异端行为，如精神错乱、麻醉品与酒精中毒、犯罪、暴力、性行为；③技术与社会变迁，通信、大公司制下的政府、工作、环境。

理查·富勒和理查·麦尔兹在《价值冲突》一文中，把社会问题分为三个层次。第一层次是自然的问题（physical problem）。这是影响人们福利状况但不是价值判断造成的问题。一些自然灾难如地震、飓风、水灾、旱灾等被看作非人力的，是一种人类无法控制的自然力量造成的，是非文化或前文化的原因，有的人甚至不把其看作社会问题。第二层次是修正过的问题（ameliorative problem），这类问题就任何阶级而言是令人讨厌的，然而人们对于应该订立何种计划来修正这种情况却没有一致的意见。修正过的问题，其本质是一种解决办法和行政改革。这是由于个人触犯了统治社区的民德，如抢劫、谋杀、强奸、偷窃等。这类问题是令人无法忍受的，是一种人为的情境。第三层次的问题称为道德的问题（moral problem）。不管任何时期，道德问题的情况对于整个社会是绝对令人讨厌的（Fuller and Myers，1941）。

（3）四分法。奥杜姆（H. Audhum）在 1947 年所著的《了解社会》一书中，针对第二次世界大战后出现的各种社会病态现象，将社会问题分为：①个人病态问题，如酗酒、自杀、个人解组、心理缺陷、精神病残疾等；②社会病态问题，如离婚、遗弃、私生子、娼妓等；③经济病态问题，如贫穷、失业、分配不均、贫富悬殊等；④社会制度病态问题，如政治腐败、贫民、宗教中的病态等。

中国社会学家孙本文先生在《现代中国社会问题》一书中的分类是：①家庭问题，如家庭组织、家庭解组、妇女职业、儿童教养、婚姻等；②人口问题，如人口数量、分布、品质等；③农村问题，如农村经济、教育、卫生、组织等；④劳资问题，如工资、工时、童工、女工、失业、劳资争议、劳工福利等。

（4）五分法。兰迪士（P. H. Lands）在1959年出版的《社会问题和世界》一书中的分类是：①个人调适的失败，如过度社会中的人格、精神病的扩张及本质、精神错乱、自杀、酒精中毒及麻醉药品、性犯罪；②社会结构的缺憾，如边际人、种族、男女不平等、卖淫、乞丐与奴隶、社会阶级与等级；③个人对适应的失败，如为什么越轨、犯罪的预防与纠正、成年人犯罪、家庭在过渡期中、不完全的核心家庭、离婚与小家庭离散、离婚后的适应、个人主义社会的儿童训练、青年的危机、学校教育；④政治与经济问题，如政经制度的趋势、劳工的生活与工作、人口品质与生殖率；⑤社会政策与制度的失调，如自然资源的保存、工业社会的老人、战争与和平、卫生健康与长寿、社会福利、社会计划与政策的制定。

有的学者还采用多分法对社会问题进行分类，将众多的社会问题分列成十几种甚至几十种。上述几种分类方法的依据，主要有社会问题产生的原因、社会问题的行为主体、社会问题的个体性或群体性、社会问题分布的领域、社会问题的性质等。就是说，社会问题划分的标准不同，我们可以将社会问题做出不同的区分。以上几种分类，都可以做参考，但是，由于各个国家、地区的社会制度不同，情况不同，社会、经济、政治发展程度不同，历史不同，文化不同，各国有着自身特有的社会问题，用一个统一的标准试图概括各个国家的社会问题是一件十分吃力不讨好的事情，也是不科学的做法。用统一的类型较难概述，这就要求我们换一种思路，对具有一般性的社会问题，即世界共同面临的社会问题划分的标准可以粗一些，而各国、地区具体存在的社会问题划分时可以细一些。笔者曾提出，将社会问题分为三大类较为适宜（朱力，1994）。

第一类为结构性社会问题，这类社会问题主要不是由个人的原因造成的，而是由某些制度性、政策性的因素引起的。这类社会问题是各个国家都会遇到的，具有普遍的意义。主要有发展中国家的人口膨胀与发达国家的人口递减问题，我国实行独生子女政策后产生的独生子女问题，我国计划体制下的平均主义问题到市场社会中产生的贫富两极分化问题、失业问题、公务员腐败问题等。正是社会转型为这些社会问题的出现提供了某些客观条件。

第二类为变迁性社会问题，这类社会问题主要是社会发展中不可逾越的阶段性现象，在发展中国家从农业社会向工业社会变迁过程中都会出现的一些伴生现象。这类社会问题往往在发展中国家比较普遍，与本国的政治、经济问题纽结在一起，主要有以城乡差别为主的二元社会结构问题、农村剩余劳动力问题、农民进城问题、环境污染问题、家庭解体问题。当社会生产力尚处于较低的发展水平时，人们主要关注的是战争、贫困、失业等社会问题；当社会生产力发展到一定程度时，人们关心的是贫富两极分化、教育不公平、家庭破裂、青少年犯罪等社会问题；而当社会生产力发展到较高的程度，人们普遍富裕的时候，更多地关心人口膨胀、环境污染、性别歧视、恐怖主义等社会问题。每一个时代，都会产生每一个时代特有的社会问题。

第三类为越轨性社会问题，这类社会问题在西方学者眼中属于个人行为偏差，其诱发的原因主要是个人因素。因为在同样的社会环境下，某些人走上了越轨的道路主要是由个人的动机支配的。这类问题应该分为两个层次：一是一般性的越轨问题，如较为普遍的色情、卖淫嫖娼、赌博、吸毒、自杀、精神失常等；二是严重的越轨性社会问题，即社会犯罪，如青少年犯罪、黑社会性质犯罪等严重刑事犯罪等。

还有一种社会问题属浅层次的越轨行为，仅仅是偏离了某个具体的社会道德规范，在我国是指背离社会主义道德规范的社会颓风。由于我国对精神文明建设具有较高的要求，社会成员对这一类问题的敏感度较高，比别的社会更加看重这类社会问题，严格意义讲是道德问题，如关系网与走后门、集体性坐视不救、损害公物等。

对社会问题的分类只是为了认识和研究的方便，并不是说，这一类型的社会问题必定是按照本书所划分的主观标准发生的，只能属于结构性的、变迁性的或越轨性的。例如，腐败这一社会问题，既有社会结构性缺陷的因素，又有社会变迁性因素，也有个人越轨性因素，各个学者论述的角度不同，可以把它划分为不同的类型。

人物链接：罗伯特·墨顿 （Robert K. Merton）

罗伯特·墨顿（Robert K. Merton），美国著名的社会学家，科学社会学的奠基人和结构功能主义流派的代表性人物之一。1979 年在哥伦比亚大学退休并荣膺特殊服务教授和荣誉退休教授。2003 年 2 月 23 日在纽约逝世，享年 92 岁。先后担任过哥伦比亚大学社会学系的系主任、应用社会研究所副所长、美国社会学协会主席（1956 ~ 1957）、美国东部社会学协会主席（1968 ~ 1969）、美国科学社会学研究会主席（1975 ~ 1976）、社会科学研究院院长（1975）等职。主要作品有《17 世纪英国的科学、技术与社会》（1938）、《社会理论与社会结构》（1949）、《理论社会学》（1967）、《科学社会学》（1973）等。他对推进塔尔科特·帕森斯所开创的结构功能主义贡献巨大。

四 社会发展的不同阶段存在不同的社会问题

南京大学社会学院 2001 届硕士研究生朱缨，统计整理了 1980 ~ 2000 年《社会学》（中国人民大学复印资料转载）的有关"社会问题"这一主题的论文和索引的频数，并对此进行了排序。其论文《中国社会问题研究状况分析》中统计的社会问题类别见表 2 - 1。

表 2 - 1　1980 ~ 2000 年社会问题类别

单位：篇

	共计	20 世纪 80 年代	20 世纪 90 年代	转载	索引	排列顺序
社会保障	529	54	475	67	462	1
老龄人口	503	120	383	54	449	2
犯罪	154	71	83	26	128	3
离婚	148	74	74	17	131	4
贫困	133	9	124	26	107	5
贫富分化	95	1	94	16	79	6
失业下岗	84	2	82	17	67	7
收入分配	56	5	51	4	52	8
毒品	56	1	55	13	43	9

续表

	共计	20 世纪 80 年代	20 世纪 90 年代	转载	索引	排列顺序
社会治安	55	12	43	8	47	10
宗族	50	0	50	18	32	11
婚配难	49	40	9	5	44	12
腐败	40	3	37	4	36	13
残疾人	35	13	22	8	27	14
迷信	33	2	31	2	31	15

按照同一文献抽样对象与研究方法，南京大学社会学院 2014 届硕士屠飘萍的论文《本世纪以来社会问题研究状况》，对《社会学》（人大复印资料）中"社会问题"这一主题进行了检索，2001~2013 年的统计结果如下：13 年中，《社会学》（人大复印资料）转载的文章共 1996 篇，其中有关"社会问题"这一研究主题的共 469 篇，占文章总数的 23.5%；索引文章总数为 18694 篇，其中有关"社会问题"这一研究主题的共 5113 篇，占文章总数的 27.4%。两者总计 5582 篇。从收集的资料来看，13 年间，学者对我国社会问题的研究涉及内容相当广泛，包括社会问题总论性文章，以及各类具体社会问题研究文章，如农民工问题、老龄人口问题、弱势群体问题、社区社工和非政府组织发展问题、贫富差距问题、贫困与反贫困问题、公平与正义问题、性别不平等问题、农村建设问题、农民问题、征地拆迁和失地农民问题、离婚问题、家庭暴力问题、留守儿童问题、流动儿童问题、流浪儿童问题、失业与就业问题、社会排斥与社会冷漠问题、环境问题、卖淫嫖娼问题、媒体信息与公众困境、群体性事件、社会黑恶势力问题、毒品问题、住房问题、网络社会问题、非自愿性移民问题、未成年人犯罪问题、城中村棚户区治理问题、住房问题、腐败及职务犯罪问题、食品安全与风险感知问题、社会心态与社会情绪偏差问题、医患医闹与医疗制度改革问题、流动职业乞丐治理问题、邪教与迷信问题、宗族势力问题、慈善事业信任危机及监督问题、社会拥堵问题、社会失范与越轨问题、社会治安问题、残障人员问题、校园暴力及青少年安全问题、自杀问题等，共92 类具体社会问题。排序前 30 位的具体社会问题见表 2-2。

表 2-2 2001~2013 年社会问题研究类别

单位：篇，%

文献目录文章问题分类	转载数量	索引数量	总计	排列	占比
农民工新问题（福利、保障、健康、居住）	40	527	567	1	10.2
老龄人口问题	15	476	491	2	8.8
弱势群体问题	13	302	315	3	5.6
社区社工非政府组织发展问题	11	294	305	4	5.5
贫困与反贫困问题	41	243	284	5	5.1
社会问题总论	45	222	267	6	4.8
公平与正义问题	24	217	241	7	4.3
农民问题	26	169	195	8	3.5
农村建设问题	38	141	179	9	3.2
信任问题	22	132	154	10	2.8
婚姻家庭问题	3	150	153	11	2.7
环境问题	22	117	139	12	2.5
贫富差距问题	17	114	131	13	2.3
非自愿性移民问题	10	100	110	14	2.0
下岗与就业问题	5	97	102	15	1.8
新生代农民工问题	3	87	90	16	1.6
网络社会问题	4	84	88	17	1.6
农民工旧问题（薪酬、歧视等）	4	77	81	18	1.5
社会失范与越轨问题	4	66	70	19	1.3
家庭暴力	2	68	70	20	1.3
群体性事件	9	60	69	21	1.2
艾滋病	13	56	69	22	1.2
失地农民	1	63	64	23	1.1
社会救助、福利、保障	6	57	63	24	1.1
留守儿童问题	2	57	59	25	1.1
流动儿童问题	2	57	59	26	1.1
性别不平等	3	55	58	27	1.0
利益分化与矛盾	0	56	56	28	1.0

续表

文献目录文章问题分类	转载数量	索引数量	总计	排列	占比
未成年人犯罪	1	52	53	29	0.9
征地拆迁	6	43	49	30	0.9

进行比较分析，可以看出，21 世纪以来我国学者对社会问题的研究较多集中在农民工、弱势群体、老龄人口、社会公正、"三农"、婚姻家庭、社区社工和非政府组织发展、未成年人、社会治安和秩序、社会诚信和信任、环境、劳动与就业、土地流转和非自愿性移民问题上。这些社会问题的研究与以往的社会问题研究相比视角既有交叉重叠也有新视角的出现。21 世纪以来，对于社会问题的研究中既有传统研究领域的人口、婚姻家庭、越轨失范等问题，也有与 20 世纪八九十年代相同的因社会变迁而出现的下岗失业、贫富差距拉大、社会保障、离婚率上升、吸毒等问题，还有 21 世纪以来我国社会新出现的婚姻挤压、网络暴力、环境、群体性事件、征地拆迁、土地流转、留守儿童、利益分化与矛盾、失地农民等新问题，也有为解决社会问题而出现的社区社工和非政府组织发展问题。而 20 世纪普遍关注的问题，如毒品问题、腐败与职务犯罪问题、宗族势力问题、邪教与迷信问题等，在 21 世纪的研究相对较少。

在 21 世纪以来这 13 年的社会问题研究中，2004 年、2005 年和 2006 年研究社会问题的文章数量呈现一个峰值，其中 2005 年主题为"社会问题"的文章数量（共 648 篇）是 2013 年文章数量（209 篇）的约 3 倍（见图 2－1）。

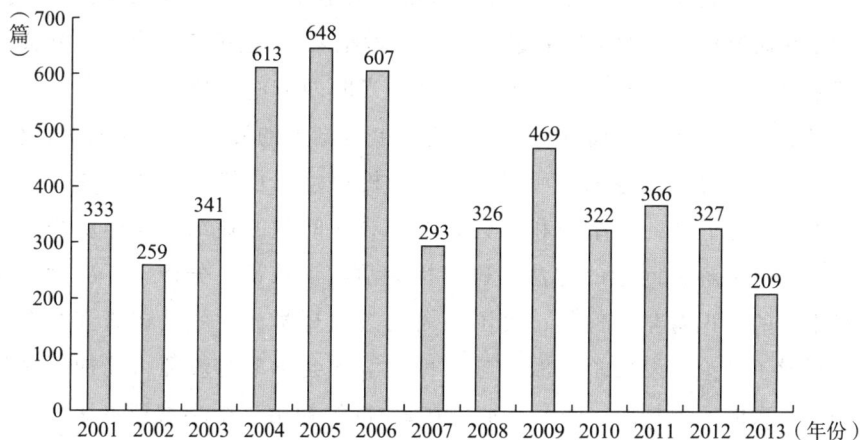

图 2－1 2001～2013 年研究社会问题的论文状况

三年中学者们关注最多的前二十几类社会问题为：农民工新问题、社区社工和 NGO（非政府组织）发展问题、弱势群体问题、老龄人口问题、公平和正义问题、贫困与反贫困问题、农民问题、社会问题总论（对社会问题较抽象的总体性的分析）、信任、农村建设中的问题、农民工旧问题、贫富差距、社会救助、福利、保障、环境问题、失地农民、性别不平等、留守儿童、群体性事件、大学生就业、孤残儿童寄养问题。

第二节　社会问题与其他学科的关系

对于社会问题，各门社会科学都可以将其作为研究对象，但侧重点不同。社会问题与各门社会科学的关系不尽相同。

一　社会问题与社会学的关系

社会学是一门试图解释社会整体及其各个部分相互关系的学科。在社会学的视野中，对社会秩序与社会进步十分关注，并形成了社会静力学与社会动力学的模式，重视对社会稳定与非稳定的研究，对社会有序与无序现象的研究，从而形成了一个专门研究社会问题的领域，或者说社会问题成为社会学研究的一个重要的主题。社会问题研究是社会学的一门重要的分支学科。"社会问题"（social problems）向来是社会学关注的主要领域之一，甚至还有这种看法，即认为社会学就是研究社会问题的。

第一，社会问题是传统社会学研究的主要领域。从社会学的成长来看，它就是在研究社会问题中发展起来的。19 世纪末 20 世纪初，当大量社会问题产生时，正是社会学的繁荣时期。由于当时西方的主要社会问题，如失业、贫困、社会冷漠、战争创伤等，基本上是剧烈的社会变迁（如工业化、城市化、战争等）引起的，所以人们在分析问题时自然而然地采取了社会学的方法，他们从社会结构和社会制度中寻找问题的症结，同样从制度建设等角度寻求解决问题的方法。这样社会学成了认识、分析、解决社会问题最重要的知识背景。例如，美国著名的芝加哥学派，就是在研究社会问题中形成了理论、发展了学派。芝加哥大学社会学系的教师将芝加哥城当作一个巨大的实验场所，研究芝加哥在 20 世纪初由一个小城镇迅速发展成大城市过程中产生的种种社会问题，如移民、贫困、犯罪、妓女、青少年犯罪等，在研究中形成了各种的理论解释。长期的学术积累，也使社会学内形成了一个"社会问题传统"（social problems tradition），即一个相对稳定的表征社会问题的话语体系。社会问题研究是社会学研究的主要内容。

第二，社会学是研究社会问题的主要理论模式。关于社会问题的各种理论解释，来自不同的社会科学，但主要来源于社会学。特别是对人的行为的解释，社会学的理论具有更加强大的解释力量。社会学中关于越轨、犯罪和控制的理论，关于社会结构的理论，关于群体与组织的理论，关于社会化的理论，关于制度与规范的理论，关于文化的理论等，都可以直接或间接地解释与人的越轨有关的行为。社会学在发展中，形成了研究社会问题的专门理论，如结构功能主义学派对社会结构与功能失调的分析，社会冲突学派对社会种种矛盾、冲突的论述，及前面介绍的有关社会问题的各种理论，都说明社会学是研究社会问题的母体，是研究社会问题的理论库。而社会问题的研究就是社会学理论的具体应用。事实上，若就解释和解决社会问题所依据的基本假设和范式来说，我们甚至可以这样断言：但凡有一种社会学理论，即有一种不同的分析社会问题的视角。这其实并不奇怪，因为任何一种自成一体的社会学理论，必定对社会的构成原理和运作机制持有独特的观点，相应的，在这种观点之下，对于何为社会问题、何以会有社会问题以及如何解决社会问题，也自有一套解说。

第三，社会学是研究社会问题的主要方法。研究社会问题要用科学的方法，社会学作为一门应用社会科学，与其他实证科学相比，在研究方法上有自己独特的优势，从观察、实验，到统计、分析，社会学有自己的方法论和一套完整的经验研究方法，这些方法对研究社会问题是适用的。社会问题研究是社会学方法的具体应用。

关于社会学研究社会问题，雷洪教授认为有四个方面的作用（雷洪，1999：5）。第一，科学解释社会问题。主要阐明社会问题是一种什么社会现象，有什么特征，其实质是什么；为什么会产生社会问题，诸种社会问题发生的具体原因是什么，如何寻找与分析社会问题产生的原因；社会问题表现为何内容、何状态，其存在的规律性如何；社会问题表现为什么样的一些类型，不同类型的社会问题具有什么特点；社会问题对社会生活、社会机能、社会结构及社会各方面有什么影响。第二，引导对社会问题达成共识。主要阐明观察、认识社会问题的科学方法；提供有关社会现象的资料；引导对社会问题的关注及形成对待社会问题的正确态度；帮助加强对社会问题所产生社会影响的社会承受力。第三，寻求解决社会问题的对策。主要分析诸种消除和解决的社会条件；研究和说明消除和解决社会问题的一般社会原则；提出消除和解决社会问题的科学思路；动员解决社会问题的社会力量；研究和提供消除或解决社会问题可供选择的方案。第四，引导和加强对社会的认识。社会学研究社会问题的根本目的是认识社会，因此研究社会问题是为了引导人们以科学的历史观看待社会现实和社会发展，认识社会结构、社会制度、社会机能乃至种种社会现象，了解和把握社会规律，确立正确的社会观、人生观、价值观、利益观，调整和把握行为方式，推动社会的进步。

二　社会问题与社会工作

社会工作是一项助人的事业与一门用科学方法助人的学科。社会工作也是一门用专业的理论与方法去发现社会问题，对受社会问题严重影响的人进行帮助的学问与工作。社会工作正是以解决和预防社会问题为基础的，社会工作是解决社会问题的主要工具。

卡洛尔（Carol Mcclurg Mueller）曾就社会工作的任务、问题发生及影响的主要领域及应对的社会工作方法，提出了社会工作的实践模型，论述了社会学、社会工作与社会问题三者的关系。他认为这是一个三维结构。①社会问题是基本的一维，依次排列的问题是：生理疾病、心理障碍、儿童失教、残老照顾、社会疏离、社会歧视、失业、贫困、社会不平等。②社会学是第二维，按社会问题发生的领域，依次是个人、家庭、群体、组织机构、社区、区域、大社会。③社会工作是第三维，按社会工作的方法，依次是个案工作、团体工作、社区工作、社会行政（王思斌，1998：95）。在上述三维结构中，①它展示了社会工作面对的任务由比较个人性的问题向社会问题扩展。如果说生理疾病、心理疾病是"个人化"的问题，那么社会歧视、失业、贫困、社会不平等就更具有"社会性"，前者更具特殊性，后者更具一般性。相应的，这些社会问题产生的社会领域和影响范围也由个人到社会，由小到大，社会工作对应的方法也由微观到宏观，由处理特殊问题到处理一般问题。②从社会学研究的领域看社会问题发生的领域，个人心理方面问题的深层原因在于社会。儿童教育、残老人士照顾方面的问题、社会疏离问题与人们生活于其中的群体、社区的变化有关，而社会歧视、失业、贫困、不平等常常是社会结构、社会制度方面的问题。这些问题涉及不同类型的社会单位和社会组织形式。这样，要认识这些问题和解决这些问题，就必须具有社会生活组织的知识，而家庭、社会群体、社会组织、社区是社会学的传统课题。由此可见社会学与社会问题的关系。③要解决这些社会问题，社会工作运用的方法，就是从微观到宏观，从解决个人、家庭问题，如精神病、自杀、家庭婚姻方面的麻烦采用的个案工作方法，到解决小群体问题，如人际关系失调、青少年越轨、吸毒治疗而采取的团体工作方法，到解决社区中的老年人问题、妇女问题、残疾人问题、青少年教育问题而采用的社区工作方法，到解决全社会的问题如贫困、失业、犯罪等问题而采取的社会工作行政方法。

综上，三者的关系是，社会学是认识、分析、解决社会问题的理论与方法；社会工作是解决社会问题的工具、技术与措施；社会问题是社会学研究的对象，是社会工作的任务。

三 社会学与其他社会学科的关系

社会学学科与其他学科都将社会问题作为研究对象，但相关研究是有所不同的。其他学科未将社会问题作为自身研究的主题，而社会学则将社会问题作为自己研究的主题和主要对象。社会学研究社会问题较之其他学科的研究具有更重要的地位。政治学、经济学、法律学、伦理学等学科也研究社会问题，但这些专门性的学科，分别以社会的某一方面、某个领域为研究对象，这些学科研究社会问题分别是研究这个学科领域内的社会问题，而不研究学科领域之外的或与学科领域无关的社会问题。例如，政治学研究腐败问题，腐败与政治学研究的对象权力有关，但政治学不研究环境污染问题、人口膨胀问题、家庭婚姻问题。经济学研究贫困问题、通货膨胀问题、经济犯罪问题，这些问题都与经济结构与经济发展有关，但经济学不研究吸毒贩毒问题、精神疾患问题、自杀问题。由于其他学科在选择社会问题时领域的局限性和考察社会问题时视野的相对性，它们的研究角度尽管独特，研究的方法有特点，研究的程度也较为深入，但在对社会问题的整体把握上，显现出相对性和专门性。

社会学则是一门研究社会问题的专门学科。它以社会整体及其各个要素、各个方面、各个领域的相互关系为研究对象，研究的内容涉及社会的各方面、各领域，由此决定了社会学研究的社会问题包括社会各个方面、各领域，也就是研究社会中发生的形形色色的社会问题，包括其他学科研究的社会问题。例如，腐败是政治学研究的问题，但腐败危及经济秩序，影响到执政党威信，引起公众反对，造成恶劣社会影响，就变成了一个社会问题，社会学也就关注了。社会学将一个社会中的所有社会问题作为一个整体的现象来考察，以社会的结构性视角来解释。因而，社会学在研究社会问题上与其他学科相比，具有广泛性、整体性。在研究具体的某个社会问题中，社会学与其他社会科学有交叉与重叠之处。社会学研究社会问题的整体性视角这一优势，是其他学科在研究社会问题时不具有的。

第三节 解决社会问题的原则与方法

解决社会问题的过程是人们以主观意志改造客观世界的过程。那么，只有当人的主观活动是符合客观实际时，人们提出的解决社会问题的方案、措施才是行之有效的。而有些对策，尽管设计的方案可能十分完美，但它可能蕴含随意性、片面性，无法解决现实中的社会问题。为了保证解决社会问题的科学性和有效性，这就需要确立解决社会问题必须遵循的指导方针与基本原则。

一 解决社会问题的指导方针

1. 坚持国家、社会和群众力量相结合的方针

国家政权是解决社会问题的根本力量。国家通过社会管理的手段，为解决重大的社会问题提供物质保证和组织保证，动员全社会的力量，依靠政府的力量来解决面广量大的社会问题。例如贫困问题，没有政府的政策倾斜、资金注入、物质帮助、技术提供、移民措施、贫困线和保障制度的保护，要使成千上万的人脱贫是不可能的，但政府又不是解决社会问题的唯一力量。发动社会力量，调动各个方面的积极性，才能更加有效地解决脱贫问题，例如，动员机关、工厂、学校及各种社会组织，有钱出钱，有物出物，有力出力，有技术出技术，就能将社会资源汇集起来，形成合力，使贫困地区和贫困群体获得资金、物质、技术、人才各个方面的帮助。而

广大人民群众也是解决社会问题的基本力量，社会主义社会在以公有制为主、以其他所有制经济为辅的基础上建立起来的新型的人际关系，为人民群众相互帮助建立了平等的社会关系基础。许多社会问题，可以依靠群众互助、群众监督、群众自治、群众自我教育、群众自我管理等多种形式，来预防和解决。

2. 坚持物质帮助和精神鼓励相结合的方针

社会问题之所以产生，有的是由于物质条件不能满足人们的基本生活需要，有的则是因为人们的精神生活和思想状态不能适应社会环境，而这两方面又是不能截然分开的。因此，在解决社会问题时，一部分社会问题主要依靠物质帮助，但也需要适当的精神支持和思想教育。例如，对落后地区的贫困者，一方面要帮助他们解决生活困难，另一方面要教育他们自力更生，开展生产自救，不要产生依赖思想。而有些社会问题的解决，主要依靠思想教育或心理调适。例如，解决游民问题，对流浪乞讨者要改变其不劳而获的思想与流浪的习气，辅之以解决实际的生活困难；对精神疾病、自杀者主要依靠心理疏导、心理治疗技术，而不是物质的帮助。不同社会问题解决的基础是不同的，但大多数的社会问题，往往需要两者结合，既要从物质上解决，又要从思想上、精神上解决。在解决社会问题中，物质帮助是基础，思想教育和精神支持是辅助手段，但能使物质帮助发挥更加大的价值。但在一定的条件下，针对一定的社会问题，物质帮助和思想教育的作用、功能会融合在一起，相辅相成，相互促进。

3. 坚持整体协调，综合治理的方针

很多社会问题是由多种因素造成的，有些社会问题的起因比较简单，但在其发展过程中，牵涉许多方面。社会问题的解决，需要从全社会的发展目标、全社会的利益、全社会的功能来考虑解决，即需要统一协调，调动全社会的力量。社会问题的复杂性，决定了对社会问题要采取综合治理的办法予以解决。例如，我国面临1600万精神重症者这个巨大的社会问题，精神病人不仅影响家庭亲属的工作生活，也影响社会秩序的安定，对精神病患者既有治疗问题，又有安置问题，必须坚持综合治理的方针。就是在各级政府的统一领导下，医疗、公安、民政、社区等部门齐心协力，依靠社会的力量，家庭积极配合，从预防、治疗、管理、安置等多方面，采取有效的措施，来解决精神病人的问题，减轻精神病人的痛苦，解决全社会的精神病人问题，使社会秩序安定。

二　解决社会问题的原则

解决社会问题应该遵循以下五个准则（雷洪，1999：109～119）。

1. 社会规律性原则

社会规律性原则指社会问题的解决必须符合和遵循社会的规律性。我们肯定和承认社会存在、发展有着自身内在的规律性，肯定和坚持人类任何认识世界和改造世界的社会实践，都必须遵循社会的客观规律性。那么，解决社会问题的社会实践活动就要以遵循社会规律为原则。首先，规律是事物内在的属性，是事物之间固有的联系，它不是可观察、可感知的表面现象本身，而是隐藏在表面现象背后的本质，因此，把握和遵循社会规律，不是感知、观察社会现象本身，而是发现、认识社会现象内在或背后的联系。社会问题现象及与之有关的社会现象的若干规律性，有待于在解决社会问题的实践中去不断发现和认识。其次，解决社会问题将会涉及社会问题自身的规律性、解决条件中的规律性及对策措施中的规律性，需要正确把握和运用这三个方面的规律性来确定对策。

2. 社会规范性原则

社会规范性原则指社会问题的解决必须确定和遵循一定的社会规范。社会规范是人们全部活动的准则，没有这个准则，无法保证人们活动乃至生存的合理性和协调性；社会规范也是任何一个有序社会的重要基础，没有这个基础，社会必将陷入混乱之中。因此，社会规范也是人们解决社会问题这种特殊社会实践活动的准则，是消除不和谐现象，达到社会有秩序状态的基础。坚持这一原则必须做到以下几点。第一，分析待解决的社会问题与现存社会规范之间的关系。许多社会问题现象的产生、内容、表现与存在的社会规范的状况有关，认识要解决的社会问题与有关的现存社会规范之间的关系，有利于认识社会问题现象的本质，而且是研究这一社会问题解决对策的规范性的基础。第二，确定解决社会问题中的社会规范。这包括两个方面：一方面是破除、废除、修正、调整与待解决社会问题有关的现存的那些不合理的社会规范；另一方面是制定、建立与待解决的社会问题有关的新的社会规范，包括明确规范的内容与选择规范的形式。确定社会规范即保证了社会问题解决对策及实施对策全部活动的规则性、合理性、协调性和有效性。没有一定的社会规范，解决社会问题的活动本身必然发生混乱。第三，分析解决社会问题的规范与其他现存的规范之间的关系。任何社会中，各种内容、各类形式、各个方面的社会规范的协调，才能组成社会规范稳定的系统或体系。

3. 社会公众性原则

社会公众性原则指社会问题的解决必须有利于维护和谋求社会公众的利益。社会公众的利益，表现为国家利益、民族利益、社会大多数人的利益，维护和谋求社会公众的利益，指社会公众的长远的、根本的利益及利益最大化。一般而言，社会问题所存在和表现的社会失调，即社会区域之间、社会群体之间、社会集团之间、一部分人与另一部分人之间、少数人与多数人之间的利益矛盾。社会问题无一不包含这样或那样的利益矛盾，任何社会问题的解决对策、解决过程乃至消除方式，都会涉及一定的社会利益，都会发生各区域、各群体、各集团、各部分人、各方面社会利益的变化和调整，从某种意义上说，都是一种社会利益的重新组合和分配。因此，解决社会问题的对策和过程，必须慎重考虑和研究社会利益的调整，在社会利益的调整中必须坚持以公众利益为最高和最终原则。

4. 社会效益性原则

社会效益性原则指社会问题的解决必须谋求人们改造世界活动的最大或最高社会效益。人类改造客观世界的活动总是追求最大的社会效益与最高的社会效率。社会问题对社会的根本影响之一，是破坏和削减人们改造世界过程中的能量、效率和效益，那么解决社会问题的目的之一，就在于保护和加强人们改造世界的能量、效率和效益。坚持社会效益原则，第一是注重社会效率，即谋求解决社会问题活动中所投入的一定能量的最大效果，或者说是社会投入与产出的最大比值，以最省、最小的社会资源、社会能量、社会活动，达到最快、最彻底地解决社会问题的目的。一切解决社会问题的对策及活动，都必须谋求最高的社会效率。第二是注重整体社会效益，即谋求解决社会问题活动中促使社会各方面的平衡和发展，及公众利益的实现。这就是说，解决社会问题的对策和活动要考虑到社会各方面效益，特别是要考虑到社会事物关联和相应的两方面的效益，如物质文明与精神文明、经济的与非经济的、生活水平与生活质量等。因此解决社会问题的对策和活动不能单纯和片面谋求地方效益、经济效益等某方面、某部分的效益。

　　5. 社会进步性原则

　　社会进步性原则指社会问题的解决必须以推动社会的发展和进步为根本目的。解决任何一个特定的社会问题，就是消除社会中的不平衡、不稳定、不和谐的社会失调现象，而达到这一目的有多种途径和可能性。例如，通过降低社会效益和社会效率，放弃社会长远目标、牺牲社会公众利益、打击和消除失调社会中新生的、积极的、进步的因素，也可能达到消除某种特定的社会失调，实现社会某方面暂时的平衡、稳定、和谐的目的。显然，迄今为止人类活动的根本目的在于推动社会的发展和进步，那么解决社会问题的对策和活动不仅为了解决某些特定的社会失调，而且为了并最终为了社会的进步和发展，因此，有利于社会的发展和进步是解决社会问题必须遵循的原则，而不能以阻碍或延缓社会的进步来换取社会某方面的平衡、稳定、和谐。

三　解决社会问题的路径

　　寻求解决社会问题的对策，主要是分析诸种消除和解决社会问题的社会条件，研究和说明消除和解决社会问题的一般社会原则，提出消除和解决社会问题的科学思路，动员解决社会问题的社会力量，研究和提供消除或解决社会问题可供选择的方案。

　　通常社会问题是涉及相当多的社会成员和各个阶层的利益问题。而要解决社会问题，只有全社会的管理机构——政府能够胜任。政府的许多部门，其重要的职能之一就是解决社会问题。例如，劳动和社会保障部门是解决失业问题的，民政部门是解决残疾人与贫困问题的，司法部门是解决越轨与犯罪问题的。当某个社会问题较严重时，政府通常以主要的职能部门为纽带，协调相关部门，调动各种资源、力量来解决社会问题。

　　政府解决社会问题主要的方法之一是政策调控。宏观的政策，调节政府各个部门的管理行为，调动社会的力量，调动政府控制的人、财、物、信息等各种资源，创造有利于瓦解社会问题产生的条件，创造不利于社会问题发展的环境，将社会问题逐步抑制。例如，为了解决贫困问题，党和政府制定了反贫困战略，调动各种社会力量支持贫困地区通过政策加快推进了再就业工程，创造了更多的劳动岗位，加快建设由财政、社会保险基金、企业共同负担失业人员的保险制度，使失业这一问题得到缓解。再比如，大量农民工子女进入城市后无法接受义务教育，各地出台了各种解决这一问题的社会政策。

第二种常用的方法是法规调控。当某种社会问题经常、重复地出现时，就要用一种制度化、程序化的方法来解决。解决社会问题是要花成本和代价的，如大量的人、财、物等。为了节省时间、人力和物力，人们找到了通过法律来解决社会问题的途径。法律规范制定了处理某一类社会问题的原则，规定了什么不能做，做了以后要承担什么惩罚后果，处理时按什么程序进行。这样大大地提高了处理社会问题的效率。例如，对于社会犯罪问题，各个国家都制定了刑法，用于处理形形色色的犯罪。新的犯罪形式不断出现，例如网络犯罪是一种新的社会问题，这就需要建立新的法律法规予以应对。

第三种方法是传播媒介的抨击。传播媒介本身并没有解决社会问题的能力，在信息社会中，传播媒介主要起到引起社会重视、调动社会舆论对社会问题形成社会压力的作用。当某个社会问题严重时，传播媒介的报道会引起全社会公众的关注，起到一种聚焦效应，社会的调节机制可以对此进行干预。当失学儿童学习困难、假冒伪劣产品泛滥、网络色情危害青少年时，传播媒介的呼吁，都能起到一定的抑制作用。传播媒介对迅速抑制社会问题的扩散具有即时的作用。当然，根本上解决社会问题还需要政府出面。

第四种方法是社区基层力量的化解。社区是我国化解社会问题的具体操作层面的承担者。社区中的政府组织街道（乡政府）、群体自治组织居委会（村委会），是落实政府政策、实施社会制度的具体单位。社区基层政府与群众自治组织，调动本社区的人、财、物等资源，通过就业、扶贫、助残、矫治等各种解决社会问题的具体实施路径，将本社区中的涉及社会问题影响的对象，纳入帮助的范围。

第五种方法是专业机构的介入。社会工作机构是通过汲取社会的资源来解决社会问题的一种新的力量。针对社会问题的专业性社会工作机构开始出现，针对综合性社会问题的社会工作机构也应运而生。如不良青少年的矫治机构、弱势群体的帮助机构、农民工的支持机构等专业性的社会工作机构正在发育、壮大，成为解决社会问题的专业的力量。社会工作机构运用社会工作的专业化手段，发挥着越来越大的作用。由于社会问题危害了人们的生存环境，随着公民的自主意识与参与意识增强，公众的自愿服务意识也在增强，社会工作机构有了源源不断的人力资源，某些准社会工作机构（社会公益性团体）干预社会问题的力量也在不断增强。

本章要点：

1. 社会问题的基本特征
2. 社会问题的类型
3. 社会问题与其他学科的关系
4. 解决社会问题的方针
5. 解决社会问题的原则
6. 解决社会问题的路径

关键术语：

社会问题的基本特征　社会问题类型　社会问题与社会学　社会问题与社会工作　解决社会问题的方针　解决社会问题的原则

推荐阅读文献：

Fuller, R. C. and Myers, R. R., 1941, "Some Aspects of A Theory of Social Problems", *American Sociological Review*, June: 27 – 32.

郭静晃，2003，《社会问题与适应——个人与社会》，台北：扬智文化事业股份有限公司。

黄忠晶，2002，《社会问题刍议》，《安徽大学学报》（哲学社会科学版）第 4 期。

雷洪，1999，《社会问题——社会学的一个中层理论》，北京：社会科学文献出版社。

青连斌，2002，《社会问题的界定和成因》，《中共中央党校学报》第 3 期。

邵雍编，2010，《中国近现代社会问题研究》，合肥：合肥工业大学出版社。

夏普等，2009，《社会问题经济学》，郭庆旺译，北京：中国人民大学出版社。

王思斌主编，2011，《社会工作导论》，北京：北京大学出版社。

吴宁，2007，《和谐社会建设中的非理性》，合肥：合肥工业大学出版社。

杨善华主编，1999，《当代西方社会学理论》，北京：北京大学出版社。

云立新，2012，《冲突与和谐：透视转型时期中国的社会冲突问题》，兰州：兰州大学出版社。

第三章 转型期的社会问题

20 世纪的下半叶，中国社会进入改革开放时期，经济体制的改革、市场机制的形成，带来了社会结构的整体转型。中国社会的变迁速度之快，引起了全世界的注目。社会的快速变迁，也产生了前所未有的社会矛盾及各种问题。对此，许多人没有心理准备，面对诸多的社会问题产生了偏颇的认识，认为社会不是进步了，而是倒退了。如何看待中国社会发展中的社会问题既是一个理论问题，也是一个现实问题。

表 3 - 1　我国不同阶段的转型特点

转型度	第一阶段 1840~1949 年	第二阶段 1949~1978 年	第三阶段 1978 年至今
速度	慢速	中速	快速
广度	片面	相对片面	全面
深度	表层	较深层	深层
难度	军事上的难	建设上的难	利益大调整的难加上建设上的难
向度	寻求资本主义现代化道路和模式	接受苏联式社会主义现代化道路和模式	探索中国特色的社会主义现代化道路和模式

资料来源：郑杭生，2007：9。

第一节　如何看待社会问题

马克思说："凡是有关人与人的相互关系问题都是社会问题。"（马克思，1972c：173）这可以说是对社会问题的广义定义，而社会学研究的是狭义的社会问题，即指各种社会关系中的不协调和各种矛盾、冲突，从而危及广大社会成员的切身利益，需要依靠社会力量解决的社会现象。

一 社会问题是客观存在的

我国社会生活中还存在各种不尽人意的现象，有的还很严重，社会问题的存在是一个客观的社会事实，这是谁也不能否定的，但是在改革开放之前，对社会主义国家是否存在社会问题还是有争议的。在极"左"意识形态的压力下和严酷的阶级斗争中，我们的政治家和理论家讳言社会问题，因而也没有将社会问题作为理论课题或实践课题去研究，在新中国成立到改革开放的 30 年中，在社会问题的理论研究方面，几乎还是一个空白，很少见到有关社会问题方面的研究文章和著作。相反，在理论界只讲社会主义的优越性，强调社会主义制度的正功能，而不讲社会主义社会的不完善方面，不谈社会问题，这样，似乎只有资本主义社会才存在社会问题。这种对社会主义的肤浅认识和宣传，只能使人们对社会问题丧失应有的认识和警觉，对社会问题几乎没有思想准备和心理准备。在这种理想化的认识和宣传之下，青年一代片面认为社会主义只有优越性的一面，"温室里的花朵"不能经历恶劣的天气，走入社会后的年轻人对待社会问题既没有思想准备也没有心理承受能力，当他们一旦了解到社会中还存在并不美好的一面，见到某些阴暗的、丑恶的社会现象时，便会感到震惊，对以往理论的正确性产生怀疑、动摇甚至逆反心理，对过去认为是神圣的价值体系会产生疑问，这种不信任感会使人丧失信仰，产生挫折感。

其实，任何一个社会只要在发展，就会产生社会结构本身各部分的发展失调问题，就会产生经济基础与上层建筑的失衡现象，也会出现社会各个部分运行中的功能失调，会导致某些社会问题的产生。以辩证法的发展的眼光来看，社会的发展总是在"出现社会问题—解决社会问题—再出现社会问题—再解决社会问题"这种曲折的、波浪式的形式中不断前进的。每当人们解决了社会中的一个大问题，人类就在认识和能力上有了一个实在的进步，社会就向前迈进一步，从某种意义上说，社会就是在不断地解决社会问题中发展和进步的。一个社会，有社会问题是正常的，而没有社会问题则是不正常的，只是社会问题的类型、性质、种类不同，严重程度不同而已。

社会问题的存在是绝对的，没有社会问题倒是相对的。既然社会问题客观存在，我们就没有理由也没有可能去回避它，只能用客观的、冷静的态度去对待它、正视它。我们承认社会问题的存在，是为了研究它和寻找解决它的对策，抑制社会问题的负作用和破坏力。以为只讲社会主义的优越性就能鼓舞人的信心，揭露和研究社会问题就是展示社会主义的阴暗面，会丧失党的威信，会动摇人们社会主义信念的认识是极其狭隘的，这只是持有这种观点的人自己对社会主义的生命力缺乏信心、对人民不信任的表现。在如何对待社会问题上，可以反映出一个学者的科学素质和科学勇气。研究社会问题是每一个社会都应有的课题，西方社会学者已经建立一门社会问题学，西方政治家并没有对此忌讳甚至还予以经费的支持。研究社会问题，对社会主义国家的社会科学和社会学更应该是十分必要的。对待社会问题无须讳疾忌医，而应作为社会发展中提出的重大课题进行研究。

二 认识社会问题的理论难点

一个时期内，我国意识形态、理论界回避社会问题的存在，隐含一个十分敏感的理论问题：社会问题的产生与其社会环境有关，我国现实中的社会问题是否与社会制度有关，即我国的社会主义制度是否与社会问题有联系；如果没有，社会问题产生的社会条件在哪里。如果仅仅将我国的社会问题归之为外部因素或历史因素，那么我国的社会问题就成了无源之水、无本之木，这在理论上就成了难以解释的悖论。这既不符合历史唯物主义观点，也不符合客观事实。如果有联系，那么社会制度与社会问题之间是一种什么关系？社会问题的产生与社会制度有关，那么社会制度是否也有某些结构性缺陷？承认这一点是否就是承认社会制度有毛病？社会制度有毛病是否就是这个制度不好？这些理论问题十分尖锐又难以回避，在极"左"意识形态占主导地位的岁月中，这些问题不好回答，就采取了回避的方式，干脆不提社会问题的存在，或用简单的历史决定论（封建主义遗留因素）或外部因素影响论（资本主义思想影响）进行解释，这种简单的搪塞问题的方式无异于"鸵鸟政策"，是理论战斗力不强的表现，只能自欺欺人，并不能真正地解决问题，反而对社会成员产生了误导，只能将无数个疑问埋藏在心底，对理论的宣传产生不信任感。我们对待社会问题的态度应该是以下几点。

第一，社会问题是一种客观的社会事实，不管我们是否承认，它是不以我们的意志为转移而存在的。因此，对待社会问题不在于我们是否承认，而在于我们如何理解和如何解释。用简单回避的方法不能根本地解决问题，一味地只宣传社会主义社会的优越性而回避社会主义社会的不完善和存在的社会问题，不是历史唯物主义的态度，也无益于社会主义制度的改革和完善。首先，社会生产力与社会问题的产生有关。其一，许多社会问题是社会生产力处于较低水平时的直接产物。生产力落后，会引起社会关系某些方面的失调，从而酿成诸如失业、贫穷等社会问题。当商品经济还不发达，市场机制还不能发挥作用，公平竞争与价值规律受到扭曲时，商品交换中的副作用就比较突出，像经济犯罪、干部腐败等社会问题就突出。在生产力水平不高的社会中，物质财富不能充分满足人们的需要，人们在追求物质财富过程中会出现较多的越轨性行为。其二，在社会生产力发展过程中，在社会的生产关系层面形成了许多利益集团，无数集团利益和个人利益的相互碰撞，会产生各种矛盾，这会引起生产关系中的失调现象。形成利益受惠集团或利益受损集团，这就会形成贫富两极分化等社会问题。其次，社会关系与社会问题的产生有关。以公有制为主体、以非公有制为补充的经济制度和以人民当家做主为根本标志的政治制度的建立和巩固，使我国社会成员的社会关系基本呈现协调的状态。我国处于社会主义初级阶段，社会主义的生产关系和上层建筑还不完善，存在与生产力发展不相适应的因素，这些因素具体表现为经济、政治制度方面的弊端和缺陷，直接的反映就是体制的毛病。体制和制度的不完善都是通过人的活动表现出来的，这就为人们相互关系中的不良行为诸如以权谋私、行贿受贿等创造了条件。我们现在进行的社会改革正是为了克服体制和制度的弊端。

第二，社会主义本身就是一种发展中的制度或是不成熟的、不完善的制度，因而有矛盾或问题是在所难免的。这种制度有着优越性，它克服了资本主义制度私有制的弊端，发挥着抑制、消解社会问题的正功能，如它对减缓贫富两极分化、消灭人剥削人、保护弱者有着比其他社会制度更加优越的地方。但是，这个制度也有漏洞、空隙和不完善之处，它也有某些负功能，因而滋长着社会问题。有社会问题的社会并不等于病态的社会，病态的社会是社会问题发展到极限时面临垂危、衰颓和崩溃的态势，而又无法自我疗救的社会。我国今天面临的社会问题大多数是发展中碰到的问题，是可以依靠自己的力量予以解决的。应该说，我国的社会主义制度比资本主义制度有着更多的合理性，它是建立在符合广大社会成员的利益基础之上的，它倾向于社会公平的价值观，保护弱势群体的利益，克服了资本主义社会制度无法克服的许多弊端。但它的完善性也是相对的，因而是相对完善性和相对不完善性的统一，这是既消除社会问题又造成社会问题的依据。我们如果不从社会主义制度本身去认识问题，那就只能将导致社会问题的原因归于外来的或历史的因素。但这些因素又是如何在现在的社会中发生作用的呢？既然产生的现实条件已经不复存在，这些社会问题的因素是如何发酵的呢？无论是外来的因素还是历史的因素，都不能离开现实的社会条件发生作用。尽管人们必须承袭历史和接受外部影响，但历史和外部因素必须通过现实的中介条件发生作用。社会主义有社会问题并不值得惊诧。社会问题其实就是社会矛盾的外显形式。按照辩证法的观点，矛盾存在于一切事物之中，存在于一切事物的发展过程之中，当然也存在于社会主义社会的发展过程之中，既然承认矛盾的存在，也就没有理由否认它的外显形式——社会问题的存在。社会问题是社会中的不同要素、不同力量矛盾运动的结果。当社会矛盾没有得到很好的调节，成为阻滞人们正常交往、正常生活、正常交换、正常活动的障碍时，就会导致社会问题的发生。

第三，许多社会问题并不与社会制度有着直接的关联。社会问题类型繁多，有的社会问题与社会制度的联系密切，如贫困问题、腐败问题等，而有的社会问题与社会制度的关系并不密切，如环境污染问题、残疾人问题、犯罪问题等，这些问题是任何社会制度都存在的现象。许多社会问题的发生有着共性，是人类自身的弱点或社会运行中的不协调引起的，是任何社会都不能够避免、摆脱的。

那种否认我们社会中客观存在的许多影响社会发展的社会问题，认为揭露社会问题就会给社会主义制度脸上抹黑的观点盛行一时。然而，事实已经证明，我们对社会问题回避的结果是，并没有将社会问题给回避过去，相反，这种"鸵鸟政策"的后果是延误了解决某些社会问题的最好时机。例如，20世纪50年代马寅初先生就提出了控制人口的战略思想，我们对这一思想批判的结果是耽误了控制人口的最佳时机，加大了现在控制人口的难度。我们大讲了几十年的优越性，但也并不能略去某些缺点或存在的问题。我国一度在"左"的思潮影响下不承认社会主义社会有社会问题的观点和做法，是对马克思主义的错误理解。从原始社会到资本主义社会，没有哪个社会不存在社会问题，只不过各个时代和社会遇到的社会问题的内容和性质不同罢了。社会主义社会也有自身的社会问题，我们正视它的存在并不是否认社会主义的优越性，而是为了解决这些社会问题，更加体现社会主义社会的优越性。认为由资本主义社会发展到社会主义社会，社会就由有问题的社会变成了无问题的社会，一切社会问题就自然解决了，是不切实际的。

我们研究社会问题，当然不可能摆脱社会制度而从纯粹学术的角度进行探讨。一定的社会问题总是与一定的社会制度密切相关。马克思针对当时资产阶级国家和政府把社会疾苦推卸责任给"自然规律"和"私人生活"的虚伪说法指出：从政治观点来看，国家和社会结构不是两个不同的东西。国家就是社会结构。马克思认为社会结构的正式表现形式就是国家。我们社会主义国家的性质与资产阶级国家性质正好相反，我们的国家和政府不但不推卸、不回避解决社会问题的责任，而且把它作为主要任务去完成。在不同的社会制度中，社会问题的种类、形式、本质、原因和结果都不可能一样，因此，"在分析任何一个社会问题时，马克思主义理论的绝对要求，就是要把问题提到一定的历史范围之内"（列宁，1972a：518）。从一定的社会制度和国家特点这个前提出发进行研究活动，是一个基本的原则，否则，撇开社会制度和具体国情，就会对社会问题产生歪曲性的认识，难以得出切合实际的解决办法。因此，对当前社会主义社会转型时期中产生的社会问题科学地、全面地进行研究的重担，已经历史地落在社会科学工作者身上，尤其是社会学者，应该义不容辞承担更加艰巨的任务。

第二节　当前社会问题产生的社会背景

社会转型时期是社会现代化总过程中的一个过渡阶段。广义的社会转型期是指从传统社会向现代社会、从农业社会向工业社会的转型。狭义的社会转型时期是指从 1978 年改革开放以来，中国社会的加速转变时期，这一时期从社会结构方面讲是一个加速变迁的时期。

一 中国社会处于转型期

社会转型是一种整体的和全面的社会类型的过渡。社会转型的内涵是"指社会由传统走向现代化的过渡期。这一时期社会在主导方面开始向现代化转化，但转化不平衡、不系统，充满着差距和矛盾。各种新与旧的混合是转型社会的突出性质。特征为：①异质性。各种差异的行为、观念、规范、制度同时并存，新身份与旧角色并存。②形式化。大量规则、法令、条文失去实际控制功能，原则界限不清并可能相互矛盾，组织运行的效率降低"（袁方，1990：691）。我们的"社会转型"是在狭义上使用的。因为自1978年中国共产党的十一届三中全会做出改革开放的决策以来，我国进入高速发展时期。现代化的过程是社会结构不断优化的过程，一旦社会进入转型时期，便步入一个异常活跃、动荡不定、矛盾较多的时期，这时，社会结构要做相应的调整，而调整阶段是一个充满矛盾、痛苦的阶段，这一阶段又不能人为地跃过。

转型的主体是社会结构，何谓社会结构？狭义的社会结构是指社会体系各成分之间，由阶级和其他社会集团的关系、劳动分工以及社会利益（国家利益）的性质所决定的，稳定的、有条理的关系网络。在阶级社会中，社会的阶级结构是社会结构的主要形式，具有最重要的意义（袁方，1990：17）。广义的社会结构是指社会诸要素的关系及构成方式及其相互关系按照一定的秩序所构成的相对稳定的网络，即各部分的组合方式。这个定义较宽泛，它没有具体指定哪些要素，但我们通常可以理解，社会存在的结构要素是多元的，既可以表现为经济、政治、法律、文化以及大众媒介等许多社会元素，也可以表现为阶级、阶层、政治法律、意识形态一类要素，后一类要素往往占据着主导地位，并按一定方式排列、组合，形成相互间稳定的关系（王康，1988：248）。本书认为，社会结构的内容很多，主要是群体结构、组织结构、制度结构、社区结构、意识形态结构这类社会要素的具体的、稳定的组成方式或构成方式。社会结构转型就是这些主要的社会结构要素的内容发生了的变化。因此，考察社会问题，离不开社会转型这一宏观的社会背景。

我国转型时期的社会问题，是指社会结构在加速变迁中产生的影响社会运行与社会生活的诸种社会矛盾与困扰。计划社会的社会结构要素经过无数次的分化与整合，已经达到了较高水平的互补与协调。这种成熟性在于：第一，构成社会基本结构的阶级、阶层的关系是稳定的、明晰的；第二，社会的制度系统是成熟的、完备的，尤其是规范系统具有权威性与控制力，人们经过较长时期的适应已经认同与接受；第三，价值观念是明确的、稳定的，主文化的基本的价值观念已得到社会成员的认同；第四，管理控制系统是有效的，从中央到基层，从决策、管理到执行各个环节都是畅通的。当然，计划社会结构的成熟性不等于优越性，这种成熟性已呈现某种僵死性，蕴含弊端与不合理性，引发了改革的冲动与压力。改革引起了社会结构基本要素的分化、重组，原有的社会结构被打破，新的社会结构要素不断生成，这个重组过程就是转型期。在转型期中，社会结构要素的变动异常活跃，也异常动荡不定，社会结构各部分、各要素相互错动，充满了矛盾。社会运行处于一种十分不稳定的状态，各种社会功能失调的现象在这一时期会凸显，表现为形形色色的社会问题大量涌现。可以说，社会转型时期，就是社会发展的阵痛时期。社会发展是无法人为跃过这一时期的。只有经过相当时期，新社会结构各个要素经过整合，它们之间产生了适应、形成了较为稳定的关系时，这一阵痛期才能结束。因此，我们现在必须正视这一时期产生的各种社会问题，通过社会机制的调整，预防、抑制、化解各种社会问题，使社会机制尽快地进入良性运行状态。

进入社会转型时期，我国社会利益结构的分化速度过快，致使社会资源配置不均，大量非稳定因素开始产生。其中一个非常明显的表现就是各种社会资源过于集中在某一群体或个体身上，导致社会整体结构纵向分化严重不平等加剧，在不同的利益主体之间产生广泛的矛盾和冲突。利益冲突是人类社会一切冲突的最终根源，也是所有冲突的实质所在。任何一个社会都不可能完全消除社会冲突，因为任何一个社会都存在社会利益矛盾和利益冲突，利益是或隐或显地诱发冲突的根源，社会转型时期利益格局转换中的矛盾引起的冲突成为社会问题的一个重要源泉。异质多元的生产资料占有关系和生产经营上的差别，使原来政治、经济地位较为一致的阶级重新分化，社会成员自发地向经济收入较高的职业群体流动，重新分化组合为不同社会利益的群体。原来稳定的社会关系因利益群体的多元化而变得更加复杂。不同利益群体之间的相互关系日趋商品化和简单化，如雇主与雇工等不同资源的占有之间的关系仅仅是一种经济的关系。社会成员之间虽然不具有阶级利益的冲突，但非阶级性利益差别日益突出，社会地位的差异显著加大，在利益分化的新格局中，各个利益群体都有追求自己最大利益的冲动和保护自身合法权益的需求，利益群体与国家之间的矛盾、利益群体相互之间的矛盾成为当前人民内部不可忽视的矛盾。既定社会结构对较低阶层的压力称"结构性压抑"。受压抑的阶层必然对现存结构形成冲击，从而形成社会的结构性紧张。某些社会成员为摆脱这种压抑采取了越轨型致富的手段，对社会形成了冲击，这是大量经济犯罪产生的重要原因。如何协调各阶层、各利益群体之间的利益关系及矛盾，既保护它们的正当权益、地位，又抑制它们的不合理的冲动，是当前处理人民内部矛盾面临的新课题。如果不能协调好，将产生大量社会矛盾，引起各种社会问题。

二 社会控制模式变化

社会问题的产生与社会结构自身的控制机制有关。计划社会是一个有着高度纪律的社会。计划社会是总体性社会，其社会控制的最重要的特点是总体性控制，社会即国家，国家作为一个实实在在的社会有机体，发挥着总体调控的功能，即在资源的提供上、组织的结构上、意识形态的影响上、社会管理的方式上，将所有的社会组织与社会成员安排在既定的社会位置上。计划社会中没有独立的个人和组织，也没有个人或组织独立活动的条件和空间。每个社会成员的身份是确定的、易辨识的，社会成员难以轻易地流动。在计划社会中社会控制是极其严密的、细致的，全国形成一个庞大的行政管理体系，借助地方政府、各级组织和户籍制度形成一张严密的社会控制的网络，对组织与个人的控制可以说无一遗漏。这种严密的组织化在基层社会中形成了高度的有序状态。因此，中国社会是一个"纪律社会"，构成一种"行政控制—强制服从"的控制模式。以政治控制为核心的社会控制机制，具有极强的控制能力，整个社会处于高度整合的状态，社会失范没有客观条件与主观条件。

而市场社会在资源的提供上发生了变化，由此产生了其他一系列的变化。国家的控制从大部分的生活领域中撤离，政府对组织与个人的经济生活、社会生活的直接干预与控制越来越弱，在依然保持的控制领域中，控制的力度在减小，控制的方式在变化。社会基层中的政府控制力度大幅下降，政府直接提供给地方、组织与个人的资源在减少，甚至与市场经济相关的组织基本上是直接从市场中获取资源，与政府无关。市场的冲击与政治体制的改革，使农村社会的基层控制体系处于瓦解状态，农村基层组织为农民提供的资源日益减少，向农民的索取日益增多，农民与基层组织的离心力增多，而农民没有自治组织可以依托，成为事实上的"一袋马铃薯"。市场社会中产生了个人或组织自由活动的条件和自由活动的空间。更主要的是产生了自由的人（不受单位规范、行政制度约束的人）。自由的人有两重含义：一是指人有了精神的自由、言论的自由、行为的自由；二是指有了个人的独立的利益，有了追求个人需要、欲望、利益的行动的自由。在自由的人、自由的活动条件、自由的活动空间具备时，外在的社会约束减轻了。人们获得了自由的同时失去了保护，失去了约束的同时遇到了失范的风险。在计划经济社会中，人们处于一种网格化的管理结构之中，既没有个人利益的冲动需要，也没有个人自由行动的可能，行为失范的程度很低。当进入市场社会以后，个人利益的需要凸显出来，个人行动越加自由，人们投入频繁的、活跃的商品交换活动中，由物质利益的不公平交换而引发了大量的矛盾、引起了大量的利益冲突，人力资源、物质资源大幅度地流动，这使以非法手段致富有了客观条件，产生了大量的财富型失范活动。社会生活中人与人之间的互动，由过去的有组织性、政治性的活动向商业性的、利益交换性的活动转变，这使社会交往中的利益摩擦、冲突的风险性增加。"人们得不到满足便总是处于激动不已、焦虑不安的状态之中。贫穷实际上是培养自我抑制的最佳教练。它迫使人们不断自我约束，也就能够坦然地接受社会规范的约束。财富则使人忘乎所以，激起对抗心理，从而走向邪恶。"（埃米尔·迪尔凯姆，1988：213）"社会的压抑、幻想的破灭并非来自个人，而是表明社会岌岌可危。这些情况说明社会纽带已经松弛，这是一种集体的衰落，或是社会的病态。"（Durkheim，1951：213）在欲望急剧增长、自我的控制力下降而法规与道德规范又"缺席"的情况下，越轨、犯罪行为便有了巨大可能性的空间。这时以政治整合机制为核心的社会整合机制产生了离散性，而维持"纪律社会"的条件逐步瓦解、变化，社会的控制能力与社会整合程度大为下降。这时，一种新的适合市场社会的整合机制，即依照契约、法律规范运行的社会控制机制便应运而生。

在这里我们看到了两种社会控制机制的矛盾，这似乎是一个悖论。一个是社会控制的过分强大而阻止了社会成员的自由活动与流动。计划社会中只有共性化的人而没有个性化的人，共性化的人是机械地执行规范的或行政命令的人，逆来顺受的老实人与本分人，也是不敢表露欲望与思想的人。严整的秩序窒息了社会成员的活力与社会的活力，社会在获得低失范和高有序的同时，社会运行也陷入僵死的秩序中。另一个是市场社会在松散的社会控制机制下，人们获得了更多的活动自由与流动自由。市场社会中的人是有个性的人，是敢于表露欲望与思想、敢于进行利益抗争的人。有个性的人是自由的人与不安分的人，不会无条件地遵循规范与执行行政命令。对规范有选择性地执行，带来了更多的行为的失范，使社会运行陷于无序状态。因而，市场社会是一个弱控制高失范的社会（见表 3 - 2）。

新的社会结构有一种内在的要求与冲动，就是建立与其相适应的社会运作的机制。"从一定意义上说，十几年改革开放的过程，也是一个不断地寻求新的社会整合机制的过程，而这种新的社会整合机制的基本特点就是以契约性的社会整合为主导。换言之，中国的社会整合经历了一个从传统社会的先赋性整合（以血缘、地缘为基础），到改革前的行政性社会整合，再到契约性社会整合的历史性变革。"（孙立平，2004：11）本书赞成这一观点，转型社会中新的整合机制尚未成型，正在磨合的过程之中，但新的整合机制已经初露端倪，契约性的社会整合机制将成为主导性的社会整合机制。"就社会整合而言，中国仍然处于一个过渡性的阶段。在这个阶段中，存在着一个先赋性、行政性、契约性以及其它（他）整合形式共存的局面。"（孙立平，2004：11）目前，计划社会中从中央到地方到组织到个人的纵向的组织社会控制链条断裂，基层社会出现松散化倾向。中国社会的社会控制系统从以纵向的行政控制为主开始向横向的非行政控制即以规范为核心的社会控制模式转化。社会结构的转变意味着两种社会控制机制的更替。在社会控制机制的转换中，第一个层面是价值观念群的批判与修正，第二个层面是规范体系的改变与完善，第三个层面则是规范维护机构、规范执行队伍的调适。

表 3 - 2　社会转型前后两种社会控制模式的比较

	计划社会控制模式	市场社会控制模式
社会控制中心	政治、经济、意识形态中心重合	政治、经济、意识形态中心分离
组织特性	依赖国家，同质同构，全功能，成员依赖度强，约束力强	依赖国家或市场，异质性，不同构，成员依赖度低，约束力弱
社会活动、关系类型	单一、同质、简单	多样、异质、复杂
社会流动	渠道少，流量小，速度慢，户籍管理	渠道多，流量大，速度快，身份证管理
意识形态（核心价值）	统一	多元化
信息传播	渠道单一，内容单一，单向性，把关人作用大	渠道多元，内容丰富，非单向性，把关人作用小
规范的功能	规范数量少、行政规范作用大、强制性	规范数量多、法律规范作用大、重人权
惩罚机制与成本	全面、持续，失范成本大	局部、短暂，失范成本小

第三节　社会问题研究的功能

社会问题的研究有四大类型，要回答四大基本问题，有回应社会需要的四大功能。第一是描述性研究，回答"社会问题是怎样的"；第二是解释性研究，回答"社会问题为什么这样"；第三是预测性研究，回答"社会问题将会怎样"；第四是规范性研究，回答"社会问题应该怎样"。概括地说，社会问题研究具有描述、解释、预测、规范四大功能。整个社会问题研究的功能结构假如是一个金字塔，那么规范性研究处于顶层，描述性研究处于基层。在整个研究社会问题的活动中与成果中，描述、解释、预测、规范这四种研究使用的频率和所发挥的功能大小，呈现递减状态。描述的功能出现的频率最高，其他的功能递减。

一　描述性研究的功能——回答社会问题是怎样的

科学地认识社会问题的现象是研究工作的前提。描述性研究，是指用一定的技术手段客观忠实地搜集、整理和记录具体社会问题的事实、事件及其过程的信息，真实地再现社会问题的图景。描述性研究首先是建立在观察的基础上的。它主要是为了弄清楚何时、何地、何人，以及发生了何事。社会问题研究的出发点是具体的社会问题现象和过程，只有掌握了与社会问题相关的社会群体、社会活动、社会事件、社会事物、社会现象发生与变化的具体准确的情况，我们才能知道社会问题的真相。离开了形形色色的、活生生的社会问题状况，就不可能有科学的对社会问题的认识。社会问题的描述性研究是探索社会问题奥秘的第一步，如果不走这一步，就试图去了解社会问题，那么只能是猜测与臆想，产生一些没有可信度与可行性的理论观点。这种经验描述在人的认识过程中属于感性阶段，它描述的是社会问题现象和过程的外部表现即感性资料。但只有占有大量的、合乎现实的感性材料，才能在此基础上经过思维抽象和逻辑加工，上升到揭示事物本质的理性认识阶段。在此基础上才能进行解释性研究，认识社会问题的本质特征与形成规律。

研究者借助一定的技术手段和方法搜集社会问题各个方面的实际资料，经过加工整理，记录成书面文字或符号，形成社会问题的信息。描述有三个要求，第一，描述不是笼统抽象的，而是具体详细的。不同的社会问题有不同的表现形式、不同的特征，描述必须是具体的，才能让人们认识清楚社会问题的特征，这才能准确地再现社会问题。第二，描述应该是全面的。对某一问题产生的历史、条件、社会背景、原因、负功能等都要讲到，才能让人们全面了解社会问题，克服偏见和消除误解。第三，描述应该是准确的。社会问题状况是什么，就应该是什么，既不能缩小问题的严重性和危害性，也不能为了引起人们重视而故意夸大它某些方面的严重性。

描述性研究的方法有以下几种。

1. 印象描述

这是特写式地记叙社会问题的一种研究方法，在研究社会问题的实地调查报告中能够找到。例如，恩格斯对伦敦一个贫民窟的描述："这是一堆乱七八糟的三四层的高房子，街道狭窄、弯曲、肮脏，热闹程度不亚于大街，只有一点不同，就是在圣詹尔士可以看到的几乎全是工人。在这里，买卖是在街上做的；一筐筐的蔬菜和水果（所有这些东西不用说都是质量很坏的，而且几乎不能吃的）把路也堵塞了，所有这些，象肉店一样发出一股难闻的气味。房子从地下室到阁楼都塞满了人，而且里里外外都很脏，……这里几乎看不到一扇玻璃完整的窗子，墙快塌了，门框和窗框都损坏了，勉勉强强地支撑着，门是用旧木板钉成的，或者干脆就没有，……到处是一堆堆的垃圾和煤炭，从门口倒出来的污水就积存在臭水洼里。"（恩格斯，1957：307～308）这种形象的描述给人以强烈的印象，使没有见过贫民窟的人看了这段文字后，立即对贫民窟有了深刻的印象。

反映中国青年择业时尚的《五次浪潮》中，描写了中国青年中掀起的第一次浪潮"绿色浪潮"："1967 年冬，两年未征兵的中国爆发出当兵狂潮。'文革'后的第一次征兵，消息一传开，各地人武部门涌来了人山人海的应征青年。为表示自己誓死保卫红色政权的忠心，他们割破手指写血书，敞开胸膛诉衷肠，流着热泪表决心。只要你是一个征兵干部，从早到晚都被疯狂的人流尾随着、追赶着、包围着，让你无处藏身。体检站门口每天都排着长长的队伍，东方式的羞涩早已抛得无影无踪，男男女女只要听到叫自己的名字，便风风火火地剥去衣服，赤裸裸又雄赳赳地接受检验。谁要是中途被淘汰下来，立即爆发出嚎啕大哭，抑或象突然中弹似地当场昏死过去。有的在城镇落选了，立即把户口转到农村，改名换姓出现在新的体检站里。名单确定下来，落选者竟然通宵达旦地守候在送兵的路口，有的干脆跳上兵车，不辞万里地追赶部队。"（萧勤福等，1989：9）印象描述犹如电影中的特写镜头，将画面拉近，给观众以强烈的刺激与震撼，使观众留下极为深刻的印象，它可以描写事件、群体行为最基本的特征。

2. 概观描述

这是素描式地记叙社会问题的一种研究方法。素描是粗线条地将群体的面貌或事物的轮廓勾勒出来。在社会问题研究中，社会学者常用简练的语言把社会问题的轮廓告诉大家。它常常应用于社会区域或社会集团结构一般特征或属性的研究中。李强教授在《中国大陆的贫富差别》中，对在改革开放后刚刚崛起的"万元户"是这样描述的："据国务院农研中心在全国范围内对 36000 农户的调查，户均纯收入在 1 万元以上的仅占 0.8%。这些为数不多的富裕户的结构以及分布情况如何呢？根据中国一个地区的调查，其大致情况如下。从所有制形式上看，全民企业的万元户约占 0.4%，集体企业的约占 3%～4%，个体经济的万元户占总数的 96%。从职业上看，属于企业干部的占 3%，属于职工的占 5%，而属于农民的占 71%。从劳动方式上看，体力劳动者占 91%，脑力劳动者仅占 9%。从地域分布来看，城市的万元户占29%，农村的万元户占71%。据此可以看出，目前万元户的主体仍在农村，即主要是从事个体经济、私营经济的农民。"（李强，1989：87~88）短短两百余字，就将改革开放后刚刚产生的富裕群体的基本特征简练地概括出来。

美国社会学家赖特·米尔斯在其《白领——美国的中产阶级》一书中写道："要深入细致地掌握白领职业的情况，至少得画一张他们作为一部分在其中生活的那个社会结构的概略性草图。"他在"新中产阶级"一节中，对美国的"白领"做了如下的描述。①人数。新中产阶级的一大部分属于中下收入等级，但不论社会的档次是怎样衡量的，男女白领职业者在现代社会中的分布几乎从上到下，无处不有。今天，白领阶层中三个最大的职业团体是学校教师、在商店内部和外部工作的推销员，以及各式各样的办公人员。目前各种白领职业者占美国中产阶级总体的一半以上。在1870~1940年，白领工人从占中等收入等级的15%上升到56%，而老式中，阶级则从85%下降到44%。新的挣工资雇员的数量增加则是由于工业结构造就了新中产阶级的各种专门职业。②产生原因。自美国内战以来，职业的主要变化呈现这样一种趋势：作为劳动力的一部分，处理各种事情的个人越来越少，而作为管理的人却越来越多。这种对技能产生的需求变化是对不断增加的白领工人进行描绘的另一种方式，因为他们特有的技能所包含的是对纸张、金钱和人的管理。技能，曾是大部分工人的标志和特征，现在则属于机器和设计这些机器的工程技术精英了，机器替换了非熟练工人，使职业技艺成为多余之物，并把机器操作的自动化摆到了人们面前。在商业社会经历这些变化的时候，政府在各个方面任务的增加吸收了更多的人来为财产和人进行管理和服务。③收入。在1890年，白领职业团体的平均收入均为工资劳动者的一倍左右。在20世纪30年代中期，都市的三个阶层——企业主、白领、工资劳动者在家庭收入的中值上形成了明显的等级：白领雇员的收入中值是1896美元，企业家的是1464美元，都市工资劳动者的是1175美元。在20世纪40年代后期（家庭收入中值），所有白领工人收入是4000美元，所有都市劳动者的收入是3300美元。④结构。各白领职业集团的分化是社会性的，这比起工资劳动者和企业主来说可能更加明显。新式中产阶级的金字塔，就收入和名望而言，却是叠加起来的，它从第一个的底部几乎可以够到第二个的顶部。白领金字塔内部有一个涉及年龄和性别的独特的权力模式。年轻的妇女一般要列在年纪较大的男性下面。在这个金字塔中，年轻、受过教育和美国出生等特征突出地具有广泛的基础，由于这些特征，数以百万计的办公室工作人员使新中产阶级十分明显地区别于其他职业团体（赖特·米尔斯，1987：84～97）。米尔斯的研究，概括了白领的基本面貌，使白领这一日常生活中的概念成为社会学中中产阶级的代名词。

3. 类型描述

这是对于社会问题的现象进行分类观察、记叙与分析的一种研究形式。分类研究使原先处于混沌状态的现象变得清晰。分类研究根据一定的标准对研究对象进行分类，勾画、区分出研究对象的差别与界限，区分出它们的特征。这里，以描述人群的贫富类型的当代社会学文献为例。笔者在《大转型——中国社会问题透视》一书中，依据富裕群体财富来源的渠道，将中国社会的富人分为十种人（朱力，1997：422）。

（1）具有杰出贡献的科技人员。这类人可称"红色百万富翁"。

（2）具有冒险精神的个体工商户和私营企业者。

（3）文化市场或经济建设中受欢迎的特殊职业者，如歌星、影星、笑星，名主持人、名画家、名作家，以及其他有一技之长的艺术家等。

（4）善于抓住机遇的投机幸运者，如股票市场、房地产市场、期货市场的投机者。

（5）经济领域的高薪收入者，如在外资企业工作的"白领"人员，部分新办的公司负责人、部分企业的承包者。

（2）~（5）这几类人，可以称作"白色百万富翁"，他们是在政策和法律许可的范围内获取财富的，主要依靠正当的手段经营致富，即在阳光下赚钱。这一类人是中国富裕者群体的主体。

（6）具有权力背景的人物。主要是从官场下海的官员，某些经商的高干子弟。

（7）依托公有制或集体所有制企业的发财者。这一类人主要是国有企业的厂长、经理，外贸企业的业务人员，他们在为自己的单位服务的同时，利用单位所拥有的资源为自己的经营活动做铺垫。

（6）（7）这两类富裕者可以称作"灰色百万富翁"，他们的经营活动常常介于合法与非法、合理与不合理之间，通过隐蔽性的经营行动，依靠损公肥私、化公为私的手段致富，属于在"黄昏"下赚钱的人。对于这一类人，公众是最不满的，他们处于不公平竞争的地位，利用特权和特殊的便利条件为个人大捞好处，而不是依靠公平竞争、正当的手段获取财富，把本应是国家、集体的收入与财富变相地转化为个人的收入与财富，实质上是对国家财富的侵吞，对其他社会成员的变相剥夺。

（8）政府机构中搞权钱交易的腐败分子。

（9）制假售劣、走私贩私、诈骗偷窃、抢劫杀人的越轨性致富者。这一类人用非法的手段获取财富，具有掠夺性的特点。

（8）（9）这两类人我们可以称为"黑色百万富翁"，他们依靠践踏法规，从经济犯罪和社会犯罪中获取财富，直接地损害着国家、社会和人民群众的财富甚至生命。他们在黑暗中赚钱，赚的是黑心钱。这类人中，有的已经成为阶下囚，有的还未受到惩罚。

（10）侨属和淘金归国者。这类人称"无色百万富翁"，财富主要是他人捐赠与过去的积累。

红色和白色的富裕群体承担着"让一部分人先富起来"的正功能，起着榜样的示范作用；而灰色和黑色的富裕群体，却起着干扰社会秩序、破坏社会公平、影响社会风气的负功能。分类描述使人们对原本混为一体的富裕群体有了清晰的认识。

4. 典型描述

这是对有代表性的社会问题的现象和社会行为进行描写与分析的一种研究方法。这在社会调查报告中有着较为广泛的使用。贵州省人民政府经济研究室对普定县贫困户的调查运用了典型描述法："窝子乡三望坡村民组27户，户户缺粮，其中11户双缺户的全部家产合起来不到500元。最为突出的烈属杨文禄全家四口人，没有一床被子，一家人挤在一张12根木棒拼起来的小床上，18岁的杨老二没有裤子穿，用一块布围着前半身，后半身光着。水母乡老水母村的尚世权，责任田被水冲坏，大季收成无望；喂的猪被债主赶走；床上是一张破草席、两条麻袋；20岁的儿子睡屯箩。煤洞乡后表村，基本上是苗族人家，地处高寒，与外界接触很少，极端贫穷落后。前几年村里放映一部战争电影，激烈的枪声炮火，群众误以为真，惊恐万状，纷纷逃跑。"（贵州省人民政府经济研究室，1986）了解了典型的贫困户的艰难生活，就大致对贫困群体的困苦状况有了基本的认识。"普定县 1985 年 5 月调查，在全县总农户中，无房屋住的有 3225 户，占全县农户的 5%；危房户 25800 户，占全县总农户的 40%。"（贵州省人民政府经济研究室，1986：291~292）

二 解释性研究的功能——回答社会问题为什么这样

研究社会问题的目标不在于描述，而在于解释，不在于记叙社会问题"是什么"情况，而在于说明社会问题"为什么"产生。解释性研究就是对社会问题为什么那样存在或变化的原因的回答。解释性研究要回答两个问题，一是说明社会问题之所以产生的原因。社会问题研究解释的力量，也正在于证据（解释）与结论（要解释的事实）之间的逻辑联系。解释就是指把握影响社会问题发生、发展的主客观因素，从因果联系上说明社会问题的现象和过程。这就是说，把经验描述上得到的感性认识上升到理性认识，把握影响社会问题产生过程的各种因素相互作用的本质，从而阐明社会问题发生、变化的原因。二是理解、把握社会问题的主体社会行动者所表达的精神内容。任何社会问题都是由社会行动者在某种价值观或动机驱使下做出的行为构成的。理解就是对社会问题的参与者的情境做出界定，了解他们的意向，把握社会行动者的主观动机，最终对社会行动做出因果分析。社会问题研究恰恰是从理论上解释社会问题的现象和本质时须从因果分析和意义理解两方面把握的根据（陆学艺，1991：35~37）。

解释的主要类型有如下几个方面。

1. 因果解释

这是一种最普遍的社会问题研究的解释，旨在揭示研究对象产生原因，以及产生过程所遵循的规律。作为社会问题研究对象的一定社会问题的现象，是一种"结果"，这种结果形成的原因，就是研究解释的主要目标。一切现象都被分解成发生时间在先的原因和随之必然继起的结果，原因和结果之间呈线性对应关系，原因作用于结果被解释为一种能量传递过程。研究者描述的都是结果，而解释的往往是原因。在寻找原因过程中，要遵循两个原则：第一，社会上出现的事件肯定有原因，即事出必有因；第二，在相同的条件下，同样的原因将导致相同的结果。在确定因果关系时，首先要做的工作是寻找变量之间的相关关系。因果解释是对某一变量对另一个变量影响做出概括并引出的一般性结论。

变量之间经常以一种有规律的形式互相发生联系，称为相关关系。这种相关关系本质上是一个社会现象与另一个社会现象共同发生变化时，它们之间的一种联系。确定因果关系，必须弄清变量间的相互作用，最基本的方法是确定各变量是否经常以一种有规律的形式互相发生联系。相关关系有三种关系式。

A越大，B越大；或A越小，A越小。这是两个变量在同一方向上变化的相关，称正相关。例如，人口密度越高，犯罪率越高。

A越大，B越小；或A越小，B越大。这是两个变量在不同方向上的变化的相关，称负相关。例如，妇女受教育程度越高，生育子女数量越少。

最后是虚假相关，即两个变量同时受第三个变量影响而呈现的虚假关系。例如，美国社会学家发现，某一城市随着冰淇淋销售量的增加，性犯罪数量也在上升，两者之间似乎有一种相关关系，但随后发现这是一种虚假相关，真正与之有关的变量是天气热，冰淇淋的销售量随着天气热而增长，性犯罪也随着天气热人们在室外活动增多而容易发生。虚假相关是粗枝大叶者的陷阱，它告诉我们，有时两个变量高度关联并不能证明其中一个变量必定是因，另一个变量必定是果，甚至不能证明两个变量之间存在任何关系。在医院比在家中有较高的死亡率，虽然这种相关是有效的，但由此得出医院会导致死亡的结果则是错误的，因为这是一种虚假相关关系。

当两个变量确实存在相关关系，但两个变量之间的因果关系又不清楚时，要确定主变量，有两种方法。①逻辑判断法。对两个变量中可能性最大的做出既符合实际又符合逻辑的判断。如在文化程度低与犯罪两个变量中，一般的判断是前者导致后者，如果认为后者导致前者，这种关系在逻辑上不能成立，在事实上也是荒谬的。②时间判断法。当两个变量具有相关关系时，因必在前，果必在后。

变量之间具有相关关系的不一定是因果关系，但具有因果关系的一定是相关关系。在研究某种结果时，为了确定事物的因果关系，第一，要寻找必要原因。只有A，才有B。只有工业化，才有城市化。第二，寻找充分原因。有A，必有B。只要有市场经济，就必然会出现失业现象。只要人口增长过快，必然会出现剩余劳动力问题。第三，寻找充分必要原因。当且仅当A，则B。凡是腐败严重的地方，一定会产生政治性集体行为。这三种形式都可以成为解释事物的原因，但研究者最理想的是寻找第三种形式的答案。因果关系既可以直接，也可以间接地存在于变量之间。如：A→B，A作用于B，A是B的直接原因；A→C→B，A是B唯一的间接原因，A对B的影响通过C来传递。如父亲的经济财力与成就直接影响个人受教育的水平，而一个人受教育的水平，直接影响个人的经济成就；同时，父亲的经济成就和财力也直接影响个人经济成就（宋林飞，1990：50）。

2. 通则解释

通则解释是指根据已知的社会问题的理论来解释当前的社会问题现象。这是一种最好的解释。通则是在重复的社会现象中寻找出的事物的规律，这是一个经验概括的过程，也是一个理论推导的过程，经验通过归纳上升为定律。反过来，这种理论又可以预测其他变量相互关系的方式。人们对贫困的解释，最常使用的是刘易斯的二元结构理论、贫困文化理论等。对犯罪行为的解释，我们常用的是迪尔凯姆的失范理论、墨顿的目标与手段脱节理论。

3. 功能解释

功能是指事物或方法所发挥的作用和效能。功能解释是假定一个动态的系统存在，系统的每一部分都具有一个功能，此功能对维持系统的存在必不可少。功能解释较适用于解释一个社会问题现象的存在状态，而难于解释社会问题变化的状态。美国社会学家戴维斯和穆尔对职业等级的社会分层的功能解释是：所有社会都给予某些职位比其他职位更多的钱与声望，是因为不同的报酬与声望对社会是必要的。最少量的、极端重要的、对社会发挥生死攸关的功能的职位是任何社会都有的，只有相当少量的、有才能的人通过训练才可以担任这些职位。由于这类职位对社会具有重要功能，且仅少数人能承担它们，就有必要保证这些职位有很高的薪水和巨大的声望，吸引有才能的人们获得这种必要的训练，并孜孜不倦地从事这种工作。

改革开放以来，中国社会发生了巨大的变化，社会成员中一部分人先富了起来，如何看待先富起来的群体？用功能解释就是：①富裕具有榜样示范功能。邓小平同志说："一部分人生活先好起来，就必然产生极大的示范力量，影响左邻右舍，带动其他地区、其他单位的人们向他们学习。"（邓小平，1994：152）②具有价值导向作用。改革之前社会倡导的是政治目标，人才都涌向政治领域，"先富"倡导的是一种经济目标，这可以让社会中更多的优秀人才向经济领域流动，为社会创造更多的财富。③奖勤罚懒功能。它对通过勤劳致富的人是一种社会赞同，对不思进取的懒惰者是一种惩罚。

4. 意向解释

这是社会问题研究第二个方面的目的，即理解社会行动者的意义。这是一种从行动者主观的精神活动方面所做的解释。涉及诸如需要、动机、观念、态度、情绪、价值、目标等内容的解释，通常属于意向性解释。这种解释隐含两个假定：人们能够决定自己的行动；按照预定的方向行动。这两个隐含的假定是意向解释的前提。意向解释是试图寻找引起人们行动与社会事件的动机等根源。意向解释可分为动机解释和价值解释两种。动机解释旨在说明人们发生的一定行动或者参与社会过程和事件的动机和目标。价值解释旨在说明人们发生的一定社会行动或形成某种社会过程和事件的判断与态度。意向解释有从行动者主观方面解释的优势，但如果孤立地使用这种方法，则是不完全的，它必须和其他的解释方法联合起来使用，才具有科学的意义。例如，贫困文化论认为，贫困不仅有外部因素，也有内部因素在起作用。在贫困群体的长期生活中，形成了一种贫困亚文化，贫困者对待贫困有一套特有的价值观和生活方式，这种贫困亚文化还能够传递，长期生活于贫困中的人会受到贫困亚文化的影响，变得不思进取。贫困文化论只有与其他的解释综合起来，才能找到贫困的真正原因。

理论链接：墨顿的文化目标——制度化手段理论

	Culture Goals	Institutionalized Means
Ⅰ. Conformity	+	+
Ⅱ. Innovation	+	−
Ⅲ. Ritralism	−	+
Ⅳ. Retreatism	−	−
Ⅴ. Rebellion[12]	±	±

美国社会学家罗伯特·墨顿（Robert K. Merton）认为失范的根源就是文化目标与制度化手段之间的张力结构。他详细论述了文化目标与制度化手段之间不平衡的逻辑，区分了与文化模式有关的不平衡与个人调适

有关的问题。墨顿构建了著名的偏差行为类型（+表示"接受"，-表示"拒绝"，±表示"拒绝现存价值，代之以新的价值"），分别是顺从（conformity）、革新（innovation）、仪式主义（ritualism）、逃避主义（retreatism）和反叛（rebellion）。这些类型是文化目标与制度化手段之间不同的组合，这一模型对越轨、犯罪等有较强的解释力（Merton，1938：672～682）。

三 预测性研究的功能——回答社会问题将会怎样

对于社会问题所带来的社会风险，如果不能及时发现并设计对策，那么就只能听任社会问题升级，最终发生社会风险或社会危机。反之，就可能有效地控制社会问题，使社会系统顺利地运行。

描述是为了解释，解释是为了预见，预见是为了控制。我们研究社会问题不仅要探讨已经发生或存在的社会问题，而且要通过对现实存在的社会问题规律性的认识，来认识社会问题的发展趋势和探讨可能发生的社会问题，这就是对社会问题的预测。只有把握社会问题的客观进程，找出社会问题发生与发展的规律，才能科学地预见社会问题发展的趋势，有科学的预见，才能有效地对社会问题进行控制。解释是为了说明社会问题过去与现在的状况与原因，是由从变量寻找主变量，是一种回溯的分析方法。预测是为了说明社会问题将来的状态，是由所知道的主变量预测从变量，预测与人们思维方向是一致的。

对社会问题的矫治需要预测。科学的预测有两种形式，一是科学预言，基于绝对可信度的，关于未来的非概率的判断。二是科学预测，是可信度较高的关于未来的概率判断。预测性社会问题研究属于科学预测。社会预测的客观依据有两个：一个是规律性与重复性，另一个是连贯性与持续性。预测的基本原则有两个。第一，连贯原则。将来的社会是今天社会的延续，只要在社会条件不发生变化的情况下，将来像现在一样不会发生大的变化。研究者按照这一原则，设想未来的社会问题像现在的社会问题那样，有些差别，但很多方面相似。设想今天的社会问题变化的数量和程度，也将继续下去。这是基于事物在时间上具有持续性的特点。第二，类推原则。按照这一原则，认为未来社会的社会问题及其变化都按一定的模式运转，而特定的模式是可以认识的。尽管会有一些变化，但变化有一定的规律和形式。这是基于事物在空间上具有共存性。

社会问题预测的关键在于把握社会秩序与社会运行不稳定的度及其极限。度是不稳定状态这种本质的量的限度，限度存在量的极限或关节点，那么把握社会不稳定的状态就是要测定出其度的具体的量，即确定这个具体的量的关节点的数量。这就需要将社会不稳定现象予以指标化，即操作为可以反映这一状态并可测量和量化的概念、变量，然后以量化方法说明不稳定状态中各种现象之间的关系，最后以量化的方法说明种种社会不稳定状态的关节点，即各种社会现象在一定的量之内为稳定状态，超过这个数量便出现不稳定状态。因此，我们可以建立预防任何一种社会问题的有关预警指标体系，即各种由稳定状态向不稳定状态转化的极限数量及其体系。建立了社会问题的预警体系，就可以以这一指标体系为参照系，监测社会各方面的变化，在某些不良的社会现象接近预警指标时，及时发现有可能出现的社会问题。

1. 社会问题预警系统的含义

社会问题预警是指对社会问题所造成的或将要造成的社会负效应进行监测与预报。社会问题预警系统是能够成立的。①正是由于社会问题有其自身的规律，因此，对社会问题的生成、演化及社会问题所产生的负效应是可以预测预警的。②社会问题的生成与演化是有一定征兆的。社会问题的生成与演化是一个过程，在这个过程中，社会问题不可避免地会散发出一些特有的信息流。这种信息流是有迹可循的，将其条理化、系统化，便可以形成社会问题的预警系统。凭借这种预警系统，人们便可以在一定程度上预测预警社会问题的趋势。③人们对社会问题的认识与调适能力已大为增强。一方面，人们可以凭借科学的理论与知识，发现社会结构的机制、社会运行的法则以及社会发展的规律；另一方面，还可以预见社会发展的新趋势以及将要出现的新问题、新现象。

社会问题预警系统具有如下的主要功能。第一，监测的功能。人们可以运用某些模型和某些方法对社会问题的总体状况及轻重程度做出明确的评估，通过社会问题指标的评估，定期或及时地监视社会问题的现状。第二，预见的功能。通过对特定社会问题的指标体系的研究，可以从中找出某些敏感性指标的异常变化并预先指出社会问题的先兆。这种预见的功能是社会问题预警系统的首要功能。

社会问题预警系统的主要内容在于：明确社会问题的警情，分析社会问题的警源，确定社会问题的警度，提出有关对策。

2. 社会问题预警系统的综合指数

为了观察社会问题的状况，以期在社会风险出现之前就预先发出警报，提醒政府注意，我国著名社会学家宋林飞教授设置了"社会风险早期警报系统"。他认为社会问题预警指标的设置，首先的依据是社会问题发生的实际过程。如果把社会问题发生的过程分为孕育、发展与表现三个阶段，那么社会问题预警指标则包含如下相应的三种因素（宋林飞，1999）。

（1）警源。这是产生社会问题的根源，包括五个方面。①经济警源，指会给一定范围的人们带来损失的经济状况，如失业率、通货膨胀率、贫困率、收入差距、企业亏损率等。②政治警源，指政党、政府与官员的决策失误、渎职或变革行动，如经济犯罪率、政策变动、政策遗留问题等。③社会警源，指社会宏观结构急速变动、微观结构解体或具有攻击性的群体与势力的滋生，如人口流动、离婚率、犯罪率等。④国际环境警源，主要指世界经济全面衰退、国际市场价格严重波动、意识形态对立等。⑤自然警源，指可以造成人们生命、财产或生产损失的自然灾害。

（2）警兆。其指社会问题在孕育与滋生过程中先行暴露的现象，也包括五个方面。①经济警兆，如抢购风、挤兑风、怠工、抛荒等。②政治警兆，如牢骚、激进言论等。③社会警兆，如小道消息、劳动争议、环境污染与破坏事故、非制度化团体等。④国际环境警兆，如经济摩擦、政治争论等。⑤自然警兆，如农业食品短缺等。

（3）警情。其指社会问题的外部形态表现，也包括五个方面。①经济警情，如集体上访、静坐、罢工等。②政治警情，如行政诉讼、集会、游行示威等。③社会警情，如团伙犯罪、群体暴力争斗、恶性事故、宗教冲突、民族冲突、动乱等。④国际环境警情，如经济制裁、政治干涉、敌对行动等。⑤自然警情，如生命、财产、生产的直接损失。

3. 社会问题预警系统运行

（1）简单综合评分法。各个指标均使用五组计分法，即都设五个分值：1、2、3、4、5分。总分为50～250分：其中50～100分为轻警区；101～

150 分为中警区；151～200 分为重警区；201～250 分为巨警区。

（2）加权综合评分法。各个指标均使用五级计分法。警源、警兆、警情指标的权重分别为 30%、30% 和 40%。总分 17～34 分为轻警区、35～51分为中警区、52～68 分为重警区、69～85 分为巨警区。

根据社会问题风险计量分值，社会问题风险分为四级，详见表 3－3。

表 3－3　社会问题风险等级划分

警级	警度	简单综合评分法	加权综合评分法
A 级（轻警区）	低风险	50～100	17～34
B 级（中警区）	一般风险	101～150	35～51
C 级（重警区）	高风险	151～200	52～68
D 级（巨警区）	超高风险	201～250	69～85

当风险分值达到 B 级，预警系统即开始发出警报，主持预警系统的机构即开始设计对策。政府相关部门对有关的社会问题引起重视，采取协调措施，防止社会问题的恶化。

四　规范性研究的功能——回答社会问题应该怎样解决

规范性研究实际就是按照一定标准对如何解决社会问题进行的对策设计。社会问题的消亡有两种可能，一种是自然消亡，即社会问题随着影响它存在的某些社会因素的消失、某些社会条件的不复存在，社会问题也自然得到解决。另一种是人为矫治，即通过人的主观能动性，有意识地运用某些力量，促使影响社会问题产生的因素削弱，促使社会问题产生的条件瓦解，改变它们与社会问题之间的相互联系的状况。而规范性研究就是从事这一工作，通过社会预警系统，对社会问题的现状做出评估，并依照各类社会问题对社会运转与发展的负效应程度，具体分析出各种社会问题的轻重缓急。然后，人们根据社会发展目标、社会成员承受力的具体情况以及解决社会问题的难易程度，解决社会问题的条件、时机，制定出具体可行措施，来缓解、控制或者是消除不同的社会问题。

规范性研究是一个确定解决社会问题的预定目标及其达到该目标而采取的行动与手段，以及对其合理性和可行性评价的过程。这个过程论证

"应该如何"解决社会问题的方案，检验"应该如何"解决社会问题的假设。美国学者克朗（Kron）指出规范性研究的基本结论是："如果你想得到某种结果，那么在特定条件下采取规定的行动，就会以某种确定的概率取得成功。"（克朗，1987：51）我们不仅要科学地解释社会问题，而且要不断地探索改造社会和解决社会问题对策。研究者就是要努力寻找引导人们正确认识社会问题的方法，并找到解决社会问题的现实的途径与可操作的措施。

认识、解释、预测社会问题的目的，是矫治社会问题。有的社会学者认为，科学研究应该做到"价值无涉"，规范涉及价值问题，不应是社会学研究的范围，不是社会学的任务，而是政治家的事情。社会学者不是埋首于书斋、只在故纸堆里做文章的学者，必须关心重大的社会问题。认识世界是为了改造世界，我们研究社会问题是为了解决社会问题。在我们研究社会问题的过程中，即在描述、解释、预测的阶段，应该保持"价值无涉"，但在研究解决社会问题对策时，即在规范的阶段，则要价值有涉，这个价值不是研究者个人的价值或某个小团体的价值，而是国家、全社会和大多数或全体社会成员的价值。只有站在大多数人的利益上，才能找出解决社会问题的好对策。研究社会问题的学者应承担起社会的责任。任何社会问题的消长，从某种意义上说是各种社会力量相互制约、相互作用和发生消长的结果。社会问题的解决过程就是抑制或消除社会失调的力量与社会失调所固有的力量之间的比较和作用过程。在规范性研究中要考虑到这种力量，要以广大社会成员的利益为准绳，着眼于千百万人关心的问题。

规范研究分两个阶段。

第一，价值定向，即确定社会问题解决的基本途径或基本方向。从价值方向上确定如何对社会问题进行定向控制，这是不可操作的。价值定向一般在描述解释后进行，由一个或若干个立论构成定向命题或命题系统。它主要考虑的是对策的出发点与方向、最终目标和基本原则。

第二，政策设计，即把有关理论知识、方法技巧与专门资料，应用于决定政策、评价当前政策或提出可供选择的政策方案。政策设计是价值定向的继续与发展，由不可操作变为可以操作。要考虑对策的具体操作的可行性，如对策的思路、对策的策略、实施时间、具体措施、具体程序、调动资源等。它是运用一定的科学管理手段，对产生社会问题的社会环境进行有效的改造。

例如，对贫富两极分化现象，对一部分人非法致富的社会问题。

价值定向：在各个领域为国家、社会做出突出贡献的人应该先富；遵纪守法、正当经营的人应该先富；对社会发展作用大的群体（管理群体、知识群体）应该先富。

政策设计：对科技、体育有贡献者重奖；对劳动模范重奖；对管理者、知识分子提高工资与福利待遇；对富裕群体加大纳税比重；对违法致富者加大打击力度，加重惩罚措施；对贫困者进行社会保障、社会救济；解决失业、下岗人员的工作问题；等等。这些措施均是可操作的。

本章要点：

1. 如何看待社会问题
2. 转型时期与我国社会问题
3. 社会控制模式变化与我国社会问题
4. 转型时期的社会失范
5. 转型时期社会问题的特点

关键术语：

社会转型　社会结构　社会控制模式　印象描述　概观描述　类型描述　典型描述因果解释　通则解释　功能解释　意向解释　社会问题预警

推荐阅读文献：

诺曼·K. 邓津等主编，2007，《定性研究（第三卷）：经验资料收集与分析的方法》，风笑天等译，重庆：重庆大学出版社。

风笑天，2002，《社会研究方法》，北京：中国人民大学出版社。

李强，2002，《转型时期的社会分层结构》，哈尔滨：黑龙江人民出版社。

陆学艺主编，2002，《当代中国社会阶层研究报告》，北京：社会科学文献出版社。

——，2004，《当代中国社会流动》，北京：社会科学文献出版社。

汝信等主编，1993，《1992 年：中国社会形势分析与预测》，北京：社会科学文献出版社。

孙立平，2007，《守卫底——转型社会生活的基础秩序》，北京：社会科学文献出版社。

许欣欣，2000，《当代中国社会结构变迁与流动》，北京：社会科学文献出版社。

章辉美，2004，《社会转型与社会问题》，长沙：湖南大学出版社。

朱光磊等，2007，《当代中国各阶层分析》，天津：天津人民出版社。

第四章　社会问题研究方法论

　　研究社会问题要有方法论指导。研究复杂的社会问题，探寻深藏在其背后的规律需要正确的方法。有了正确的方法才有达到社会问题规律性彼岸的"桥"或"船"。方法论是对方法的理论总结，是研究社会问题的指导性原则，一般通过高度抽象概括的理论原则表述出来。它是一百多年来，历代社会学家从无数经验研究中提炼出的社会学研究社会问题的心得，它凝聚着社会学先辈们的智慧，是研究社会问题中的成功与失败的经验总结。

　　"社会学家之所以是社会学家，是因为他们相信社会模型的存在，社会模型是由个人构成但又独立于个人的社会结构。然而，尽管所有的社会学家都相信这一点，但是，他们在有关秩序的实际产生问题上常常迥然不同。我称他们是个体论的秩序理论与集体论的秩序理论之争。如果思想预先假设一种集体主义的立场，那么，他们就会把社会模型视为先于任何具体个人行动的存在，在一定程度上把社会模型看作历史的产物。社会模型对于新生的个体来说，是'外在'于他的既定事实。如果集体主义者描写个人，那么，他们或许会承认社会秩序既存在于个体内部又存在于个体外部。……个人主义虽然常常承认在社会中的确存在超越个体的结构，并且也的确认知到有某种可理解的模型存在，但与此同时，他们却认为这些模型是个体协商和选择的结果。他们相信，结构不是简单地被个体所传递而实际上是个体在不断的实际交往中创造出来的。对他们来说，个体不仅仅具有自由成分，而且能够在连续不断的历史时期的每一历史阶段改变社会秩序的基础。基于这种观点，个体并非在其内部传递秩序，而是根据个人的主观意愿遵从或违反社会秩序。"（亚历山大，2000：8～9）本书认为，对于普遍性的社会问题，用个人主义的方法论难以有效地解释，而用集体主义的方法论将更有解释力。当一个社会出现面广量大的"公共麻烦"时，这就不能简单地从个体或群体成员的行为中去找原因，而应该从更加广阔的社会背景中去寻找原因，即需要从社会结构方面寻找原因，从规范本身的合理性中去寻找原因，要追问这个社会结构、社会规范与社会制度本身是否出了问题。"我们认为失范拥有客观的、结构的和主观的元素。结构的元素是关于现存社会关系模式的瓦解和潜在的瓦解，而主观元素是关于信仰系统或塑造个人的定向系统。当我们相信失范概念的论证有助于理解当今社会秩序正在发生的变迁时，我们相信它同样有助于理解广泛的历史潮流。" （Atteslander, Gransow and Western, 1999）对失范问题是如此，对其他的社会问题也是如此。我们不回避本书对社会问题的解释，是一种以结构功能理论为主的解释。社会问题的产生与一般的问题不同，它既有社会层面的原因，如社会制度变动、社会运行失调等，也有个人层面的原因，如个人的生理、心理能力较弱等。例如，贫困问题，从个人角度上讲，是人力资本、社会境遇、家庭关系、社区环境、个人性格等因素综合起作用的结果。但作为一种社会现象来说，贫困又是有共同原因的。贫困的主要原因在经济方面，经济生活中的不平等地位和关系造成了部分家庭的贫困。人们生活在特定的经济制度与社会制度中，正是制度结构内部产生的失衡，造成了群体间分配的不平等，使一部分人处于弱势地位，在经济利益上遭受不公平的待遇，从而产生贫困现象。因此，作为个体问题的贫困现象可以用微观的理论、个体主义的方法来解释，但作为社会问题的贫困现象，需要用宏观的理论、集体主义的方法来解释，因为贫困问题是由社会结构原因引起的社会关系失常导致的社会问题。

方法论主要体现在研究社会问题的视角上，即观察分析社会问题的特殊角度上，主要有透视性观点、整体性观点、群体性观点及客观性观点。

第一节　透视性观点

研究社会问题的第一步，就是要掌握真实的社会信息。真实的社会信息不是信手拈来的表面的、零碎的、孤立的任何信息，而是能够反映社会问题本质，具有普遍性、稳定性、可量化、可实证等特征的信息。在社会生活中，各种事物、各种现象往往不是直接表现出其真实的面貌，而是或者以假象出现在观察者面前，或者以表象出现在观察者面前，或者由于各种事物因其极为复杂的因素交织在一起，使人们陷于纷繁复杂的细节而难以理清决定事物本质的主要因素，这些都会影响观察者获取真实的社会信息，而得到的只是虚假的、扭曲的、表面的、非本质的社会信息。透视性观点指我们在研究社会问题时，要透过表面的、虚假的、复杂的现象，掌握社会问题深层的、真实的、本质的现象，最终获得社会问题产生、发展、消亡的规律性。"只要按照事物的本来面目及其产生根源来理解事物，任何深奥的哲学问题都会被简单地归结为某种经验的事实。"（马克思，1972b：49）社会学家希望对人类行为的规律性进行抽象概括，离不开透视性的方法论的指导。

一 看到社会问题的隐功能

美国社会学家墨顿的一大贡献就是提出了"隐功能"这个概念。墨顿给功能下的定义是"有助于既定系统的适应或调整"的"可观察的结果"。墨顿使用"显性功能"与"隐性功能"来说明社会行动的主观动机与客观社会后果之间的关系。墨顿指出："显性功能是有助于系统的调整和适应的客观后果，这种适应和调整是系统中参与者所预料的、所认识的；反之，隐性功能是没有被预料、没有被认识的。"（转引自宋林飞，1997：123）墨顿认为，社会学者的特殊贡献不但在于研究社会行动者有意安排的预期后果（显性功能），而且主要在于研究社会行动者非意图的后果，即不为一般人所察觉的后果（隐性功能）。墨顿认为，有了隐功能的概念，有助于社会学者分析一些看似不合理的社会行动模式。研究隐性功能是社会学者最能发挥所长的领域，也是社会学者在理论上最可能有所收获的研究领域。若干证据显示，社会学者将焦点从显性平面转移到隐性平面的那一点，正是他们做出特殊贡献之处。因为这意味着新的发现，就是经过研究和探索，看到或找到前人没有看到或找到的事物或规律。墨顿认为，发现隐性功能是社会学知识的重大进步。发现隐性功能比了解显性功能在知识上更为进步，因而后者比前者距离社会生活常识性知识更为遥远。他欣喜地说："若将隐性功能的概念引进社会研究，则会导致'社会生活并不如乍看之下那么简单'的结论。"（宋林飞，1997：123）墨顿的这一观点对我们研究社会问题有很大的启示，由于社会问题的原因往往深藏于复杂的社会现象之中，社会问题的负功能并非人们一下子就能认识的，这就需要社会学者下大功夫去研究这些人们不易觉察到的原因、影响。了解某些社会问题的隐功能要比了解社会问题的显功能来得更加困难，要下更大的功夫。这需要社会学者具有敏锐的观察力与预见力，能发现常人未发现的问题。恩格斯在对某些并不令人愉快的历史事件应取什么态度时说的一段话对我们很有启示："对历史事件不应当埋怨，相反地，应当努力去理解它们的原因，以及它们的还远远没有完全显示出来的后果。"（马克思，1972a：236）这"没有完全显示出来的后果"就是事物的隐功能。

人物链接：刘易斯·科塞（Lewis A. Coser）

刘易斯·科塞（Lewis A. Coser，1913－2003），美国著名社会学家，代表作有《社会冲突的功能》（1956）、《理念人》（1965）、《社会学思想名家》（1970）等。1975年担任美国社会学会主席，并任该会执委十年，后任学会理事。还曾担任美国东部社会学学会主席、社会问题研究会主席。在《社会冲突的功能》一书中，科塞提出了关于社会冲突的正功能。他认为，冲突可以成为一种凝聚群体的力量，一种促发社会变迁的力量，甚至可以成为一种"安全阀"，消解不利于社会秩序稳定的负面情绪、敌对情绪，维护一定的社会关系和社会制度。

二 透视社会的内幕

社会生活中人们扮演着各种角色，各类角色在公开的舞台上的表演是按照社会所允许的规范进行的，这就是他们在社会生活中的幕前的表演。人们在公开场合的表演与在私下场合的表演是不同的，在正式组织中的表演与在非正式组织中的表演是不同的。人们的行为有可能表现出某种虚假性。社会生活中人们为了达到某些并不光明正大的目的，会制造一个又一个的假象，放出一个又一个的烟幕弹，精心把某种动机和某些行动掩盖起来，这增加了人们认识社会问题的困难性，如果仅仅将人们表面层次的活动当作真实的活动，就可能上当受骗，获得的只是扭曲的社会信息。戈夫曼（Goffman）的戏剧化理论认为，社会学家要观察人是如何从后台转变到前台的。我们要透过"戴着的假面具"看到他的真面目（宋林飞，1997：288）。正因为如此，在研究社会问题时有必要区分人们幕前与幕后的活动。

幕前活动主要指公开的在公共场合进行的活动，幕后活动则指非公开的在非公共场合进行的活动。幕后的活动往往有幕布遮挡着，这种社会的幕布有有形的，也有无形的。每一个建筑物、每一个组织、每一个家庭就是幕布，每个幕布后面都有活动着的群体和个人，群体和个人在幕布前后的活动有很大的差异，有时活动的意义是相反的。每一个内幕就是一个秘密，每一个秘密往往才是人们的真实活动，而这种秘密的活动或交换有时则是事物的真实面貌。我们在观察人们的活动时，不能被人们表面的活动遮住眼睛，而要追寻研究对象活动所要达到的真正目的，以此把握事物的真相，揭露社会活动的潜在功能。只有掌握了人们内幕后面的活动，才能了解到事物的真实面貌，把握事物的本质现象。除此以外，社会生活中还有大量无形的内幕，如政治活动中的秘密契约、经济活动中的秘密利益交换、犯罪团伙中的秘密规范、色情场所的秘密联系方法，社会生活中充斥着许多不易公开的在隐蔽场合的各种社会活动，而这种隐蔽性活动正是产生大量社会问题的重要原因。美国社会学家帕克（Parker）认为："社会学家最需要知道的是隐藏在人们面孔后面的东西。"（科瑟，1990：410）社会学的前辈们为了获得第一手资料，探寻社会问题的真正原因，有的深入街头社会了解青少年团伙，有的深入监狱了解犯罪心理，有的到贫民窟了解社会下层真情。社会学创立的实地观察方法就是为了深入了解社会的真实情况，了解社会生活中的内幕。撩开内幕才不会被假象所迷惑，才能见到真实的活动、真实的一切。而我们如果对社会问题只是从表面上观察，就不能认识到它的决定性因素。透视社会内幕从方法论角度讲就是要通过假象透视社会现象的真相和本质。

三　看到社会的另一个侧面

在社会生活中除了有众所周知的、光明的、美好的、积极的、体面的一面之外，还有另一个侧面，即社会中不为人所知的、阴暗的、丑恶的、消极的、不体面的一面。在现实社会生活中，我们无法只要健康的一面而拒绝不健康的一面。现实生活中的光明与黑暗犹如白天与黑夜，它们共同组成了我们生存的时空。现实生活中真、善、美与假、恶、丑并不是泾渭分明的，能够像理论区分得那么清楚，可以通过逻辑进行层层剖析。某些事物或现象，它们在社会中的功能也不是功过分明的，而是错综复杂的，只能说在特定的环境下与背景中，某些事物或现象的功能是利大于弊或弊大于利。一般情况下，学者或普通社会成员侧重于对那些公开的、正统的或人们习以为常的社会事实进行研究，因为这些社会事实通常被认为是构成一个完整社会的主要因素。人们往往看不到社会的另一个侧面——阴暗面。社会的光明面即人们的心理、行为符合社会主导文化的一面；社会的阴暗面即不符合某个社会主文化的一面，它由人们的心理、行为、群体亚文化等要素构成。

社会阴暗面的第一层次是阴暗心理。不正当、不健康的需要是一种无法光明正大、公开表达的欲望，表现为人的隐蔽的阴暗心理。人们的阴暗心理有着相当广泛的范围，它是导致某些人越轨行为的一个重要的主观因素，是研究社会问题必须注意的一个层面。第二层次是阴暗行为，阴暗心理的外显就是阴暗的行为，它的外显受到社会规范的强度和个人自我控制力等多种因素的制约。阴暗的行为构成了人们社会活动中的破坏性一面，以越轨行为的形态表现出来，充斥于社会生活的各个方面。现实社会中的偷窃、贪污、受贿、吸毒贩毒、卖淫嫖娼等各类犯罪活动，大多是在隐蔽性场合实施的，在公共生活的规范面前是受到抑制的。第三层次是阴暗群体。阴暗群体主要指不宜公开的各种伙伴关系、团伙或地下组织，如犯罪团伙、反社会组织等。不同的阴暗群体有着不同的活动方式。活动方式一般取决于他们的活动内容，往往越轨程度越大，与社会规范越不相吻合，活动风险越大，越可能采取秘密的活动方式和组织形式，因为这可以使他们所承担的风险降到最低。第四层次是阴暗文化，即不良亚文化。阴暗群体处于社会生活的底层，他们脱离了社会生活中的主流文化，自己形成一套特有的文化符号，赋予其特定的含义。比如，几乎所有的阴暗群体都有自己特有的内部联络暗语，以保护自己的活动，像土匪的黑话、贩毒分子的黑话、拉皮条者的黑话等。暗语还被当作区分组织内外人员的标志。一般说来，一个阴暗群体的越轨性程度越高，其文化也就越怪异，越与光明社会背离（钟国兴等，1993）。

对待社会阴暗面的态度，列宁说过："我们应该有勇气揭开我们的脓疮，以便毫无虚假地、老老实实地进行诊断和彻底治好它。"（列宁，1972c：175）"用善良的词句来掩饰不愉快的现实……是最有害最危险的事情。不管现实如何令人痛心，必须正视现实。不符合这一条件的政策是自取灭亡的政策。"（列宁，1972b：309）社会的另一个侧面是相当复杂的，它的内容和活动以不健康的东西为主。它是社会生活中的潜流，与社会生活中的主流文化相去甚远；而普通的善良人们是不太注意或不甚了解的。研究社会问题的学者应该对此深入了解，才能有效地解决许多真实的社会问题。尽管这些阴暗层的人物和活动是我们所厌恶的，但我们不能凭自己情感的好恶回避它们，而要揭露它们，把握阴暗社会层面的规律，以最终解决它们。社会学者从某种意义上讲就是社会黑幕的揭露者，也是社会光明的建设者。

四 透视社会生活的多重本质

不要仅仅停留在确认与记录社会事实的水平上，而要揭示社会事实之间的联系与存在的规律。各种事物的相互关系及其过程，都是客观存在的，都服从于一定的规律。这些规律不以个别人或个别集团的意志、愿望为转移，而决定着个人的意志和愿望。在一个具体的社会里，"都是那种以偶然性为其补充和表现形式的必然性占统治地位"（马克思，1972c：506）。社会过程和自然过程一样，也是有规律的。具体地研究社会现实规律，也就是"从记载社会现象（和从理想的观点来评价社会现象）进而极科学地分析社会现象"（列宁，1965：9）。找到规律，就进入了科学领域。"人的思想由现象到本质，由所谓初级的本质到二级的本质，这样不断地加深下去，以至无穷"（列宁，1972d：278），"就是说，非本质的东西，假象的东西，表面的东西常常消失，不像'本质'那样'扎实'，那样'稳固'"（列宁，1972d：134）。研究社会问题不能停留在对现象的描述上，不能停留在对生活表面的研究上。社会现象后面隐藏着多级本质，要揭示社会问题的本质和规律，必须在研究社会众多现象的基础上深入研究引发这些问题、现象的因素，即决定社会问题的根本原因。所以，社会学者研究社会问题，注重描述社会现象，这是研究社会问题的第一步，在认真、详细、全面描述的基础上，分析出引发社会问题的诸种因素，从中找出诸种因素中影响社会问题之所以存在的决定性因素。这些影响社会问题存在的决定性因素就是社会问题的实质。这就需要科学的抽象力，只有这样才能更深刻、更正确、更全面地反映社会问题的实质。透视社会问题的多重本质是为了掌握社会问题产生的规律，进而抑制社会问题的发展和恶化。因此，我们在对社会问题做出解释的基础上并不能停止脚步，还得继续前进，对社会问题进行预测并制定对策。"理论只要说服人，就能掌握群众；而理论只要彻底，就能说服人。所谓彻底，就是抓住事物的本质。"（马克思，1972d：9）透视性方法就是帮助研究者掌握社会问题本质的有效方法。它可以帮助我们把握社会问题产生的规律，即找到社会领域内所存在的具有导致和诱发社会问题产生和发展变化属性的各种现象、因素和过程之间的相互稳定的作用机制。

透视性观点并不仅仅是暴露，这一观点的方法论意义在于，它是透过肯定性主题进而研究某些揭露性主题和丑恶现象。要求研究者透过假象看到真相，透过现象看到本质，透过消极看到积极，透过黑暗看到光明。社会学传统中有社会诊断的方法，通过诊断具体的社会现象来提出解决问题的方法。透视性观点强调的是，虽然研究的内容是消极的，但研究的态度应该是积极的，同时，研究是无保留的，不过报道和公布时要考虑社会效果，应有所保留。它要求我们以积极的态度和立场研究消极的社会问题，描述要客观，解释要合理，预测要正确，规范要积极。

第二节　整体性观点

整体性观点是指在分析研究社会问题时，要把社会问题放在社会整体中去看，要将影响社会问题的各种因素联系起来分析。整体性观点隐含这样一个哲学命题：事物都是普遍联系的，"只有从这个普遍的相互作用出发，人们才能了解现实的因果关系"。"为了了解单个的现象，我们就必须把它们从普遍的联系中抽出来，孤立地考察它们，而且在这里不断更替的运动就显现出来，一个为原因，另一个为结果。"（马克思，1972b：552）我们抽取出某个现象进行研究，是为了能够更清楚地认清这一现象与其他现象相互之间的作用和关系。研究社会问题产生或形成的原因，就是从事物联系的普遍性方面来探索社会问题产生或形成的可能性与必然性。社会问题是一种社会现象，是社会整体中的一部分现象，其产生及与其他社会现象之间的联系受到社会自身固有规律的支配，不认识社会整体状态及其内在规律性，就不可能认识作为社会一部分现象的社会问题与其他现象之间的联系。社会问题的形成，必然是受其他一些社会因素在特定的情况下对社会问题现象形成的影响，所谓特定的情况指的是社会问题作为一种社会现象产生的整体社会环境，即一定的社会环境诸方面与社会问题现象之间的联系。分析社会问题产生的原因，就是从社会整体的角度、综合的角度观察社会问题现象与其他社会现象之间的联系，从而把握社会问题发生、发展的规律。

一 社会是一个整体

整体性观点是社会学自创立以来历代大师们所倡导的一种思想观点，从孔德（Auguste Comte）的社会静力学、社会动力学到斯宾塞（Herbert Spencer）的社会有机体论，从帕森斯（Talcott Parsons）的社会结构功能理论到科塞的社会冲突理论，均强调社会是一个整体，社会整体是由各个部分、各种成分有机地联系在一起的结构状态，而不是各类要素机械地凑合。这种多种因素的有机联系，是在人类社会通过社会分工发展而来的相互依赖关系的基础上形成的有机整体。这一观点对社会学产生了极为深刻的影响。只有把社会作为一个有机的整体来看待，并从这个角度出发，才能全面地、科学地认识社会的各种组成部分和各种特殊的社会现象之间的关系。社会问题作为一种社会现象，不是由单一的某个领域中的因素决定的，而是与其他领域的因素有关系。

革命导师十分重视社会现象之间辩证的交互作用。恩格斯晚年曾指出："青年们有时过分看重经济方面"而忽视"其他参与交互作用的因素"（马克思，1972c：479）。社会是一个"有机整体"，其中"不同要素之间存在着相互作用"（马克思，1979：37），在研究某一社会现象时，考虑到各种相关的因素，是社会学思维方式的主要特点之一。孔德、斯宾塞、帕森斯用协调与稳定来解释社会的有机性和整体性；与此不同，马克思、恩格斯、科塞则重视社会体系的内部矛盾，通过冲突与斗争这类社会现象相互作用的基本形式来研究社会。但从方法论上都是将社会视作一个不可分割的整体。社会问题是一种社会病态，一种社会问题不会局限在某个狭隘的领域中，社会的某个方面出了问题，往往是由整个社会结构、社会机制方面的不协调而引起的。

二 任何社会现象只有把它放到社会整体中，才能得到准确的解释

每一个具体的社会现象离开了一定的社会整体，它就不可能被科学地

解释，就会有片面性。每一个具体的社会现象所发生与活动的规律，只存在于一定的整体要素之间的相互联系、相互作用、相互制约的关系之中。单独地去研究，把社会现象从社会整体中抽取出来，割断它与其他部分之间的联系，则不能揭示这一现象的规律。把社会问题放在社会整体中才能找到它产生的真正原因，把握它发展的规律。例如，腐败这一社会现象，是社会机体上的一个毒瘤，已经发展成一个重大的社会问题，对腐败的研究有着不同的视角。从政治学的角度来看，腐败是一个权力问题，当公共权力得不到控制、没有制度制约的时候，有的人就会进行权力寻租活动（rent seeking）。寻租活动的特点是利用合法和非法的手段，如游说、疏通、走后门等，借助各种特权获取收入，寻求直接的非生产性利润。这些活动均是耗费社会资源而不能创造任何社会财富的。从经济学角度看，腐败的产生是由于经济领域客观上形成了腐败市场，即有些人需要购买腐败，通过金钱来换取权力，用权力来为自己服务，而权力的执掌者则在诱惑面前举手投降。同时，各种资源的短缺又为垄断资源权力的持有者创造了权钱交易的条件。从法学角度来看，腐败之所以得以滋长，是由于法规的不健全和法治的不彻底，以及对腐败这种行为缺少有力的制约和打击，致使腐败有空隙可钻。从伦理学的角度来说，腐败是行为者本身人格有缺陷，不能够抵制外部的诱惑性因素。社会学的整体性方法要求我们在研究社会问题的时候，将这一问题置于整个社会的大背景之下，从全视角来考察。其他学科分别从一个角度来观察，是一种将社会问题从社会整体中抽取出来的方法，这种方法可以将社会问题的某个方面研究得十分深入细致，有其独特的功能，但缺少全面的、立体的观察，看到了一个方面而忽视了另外一些方面的因素，不能全方位地阐述。而在现实中，社会问题本来就是由多方面的因素决定的。整体性方法避免了单视角方法的局限性，能够对社会问题做出全方位的解释。整体性方法论要求我们避免研究上的误区。其一，在横向考察中，如果将社会发展进程中的单一现象、单一矛盾、单一规律、单一依存关系作为社会问题的某一原因，而放弃了对与这些因素密切相连的其他社会现象及其相互作用机制的探索，无助于全面地解释社会问题产生的原因。其二，在纵向考察中，如果考察的视野局限于现阶段社会问题增长的具体表象，而未将导致社会问题增长的因素与制约社会问题产生、存在的深层次社会原因相联系，或者忽略了决定性层次的原因所具有的根本性的、稳定性的制约作用，亦无助于深刻理解社会问题产生的原因。如有的学者将社会犯罪的因素主要地归于某些生物性的、自然性的因素，而忽视了经济性的、文化性的和社会性的因素。

三　社会整体是一个自然的历史过程

人类社会与自然界一样，有着自己的历史。今天的社会是昨天的社会的延续，明天的社会将是今天的社会的发展，尽管不同的社会会有所不同，但是相互之间有着密切的联系。所以，研究社会问题时，要充分考虑到时间因素的作用。在时间序列上两个端点都要考虑到。一个端点是过去，社会问题的产生与发展都有一个历史过程，每一个社会问题之所以从无到有、从小到大，是因为社会问题的产生有个积累的过程，有一个历史因素影响的问题。抽去了历史的因素去考虑，社会问题会变成无源之水、无本之木，这种研究就变得苍白无力。在解释社会问题时，考虑到时间的因素才能把握问题的来龙去脉，弄清楚问题产生的因由，对社会问题的解释才有力度和深度。时间序列的另一个端点是未来，社会问题的前景如何，社会问题将向什么方向发展，时间因素在对社会问题进行预测的时候特别重要，任何推断均离不开时间的影响。这一观点要求我们在考察社会问题时，一定要做纵向的了解。只有准确地预测社会问题的发展趋势，才能制定有效的解决社会问题的对策。社会学研究重点在今天的社会问题，它的视角放在现代社会之中，但这并不意味社会学排斥事物的过去和未来，也不意味着社会学将割断社会问题的时间脉络。事物之间的联系除了在同一时空中事物与其他事物之间横向空间的联系之外，还有不同时空区间纵向时间上这一事物和其他事物之间的联系。社会学普遍使用的因果性解释，就是将时间因素考虑了进去，它的思维方向是逆时针的，从一种社会现象追溯另一种社会现象，从结果追溯引起它产生的原因及其发展过程。而社会预测的思维方向则是顺时针的，从一种社会现象推测它的发展趋势。"为了解决社会科学问题，为了真正获得正确处理这个问题的本领而不被一大堆细节或各种争执意见所迷惑，为了用科学眼光观察这个问题，最可靠、最必需、最重要的就是不要忘记基本的历史联系，考察每个问题都要看某种现象在历史上怎样产生，在发展中经历了哪些主要阶段，并根据它的这种发展去考察这一事物现在是怎样的。"（列宁，1972a：43）考察事物的发展过程需要花费很大的精力，但这是不能省略的阶段和工作。

四 整体功能大于部分功能之和

整体的功能大于部分的功能相加之和，这是来自系统论观点的启发。社会各个部分的最优化，不一定能达到社会整体的最优化，社会整体的最优化也不简单地表明各个部分的最优化。因此，解决社会问题时要考虑到使部分的功能与目标服从社会整体的最佳功能和目标。合理的结构联系，能使各个部分的结构所具有的功能达到最佳。我们考虑解决社会问题，要从社会的整体结构出发，从社会的整体发展目标出发，从社会的整体功能来考虑。在对待社会问题或解决社会问题的过程中，人们会因利益的不同而形成不同的派别、产生不同的观点、提出不同的解决问题的方法，而且很有可能这种观点、这种方法对解决社会问题是有一定效果的，对某些利益集团也是有利的。但我们最终判别解释社会问题的理论是否合理，解决社会问题的方法是否有利的标准，不是从少数人、少数集团、少数部门的角度出发，而是从社会整体的角度来衡量，从社会整体的目标、社会整体的利益、社会整体的功能、社会整体的效益出发。例如，贿赂问题，对于某些个人或小团体来讲，采用行贿的方法，比起其他方法往往更行之有效，因而将其视为突破官僚主义的"润滑剂"。但从社会整体角度来看，由贿赂引起的腐败活动，在政治领域、经济领域、文化领域都产生了极大的副作用，降低了社会运行效率，因而是一种"腐蚀剂"，是一种恶性的社会问题。解决社会问题是全社会的系统工程，不能从局部的、个别的目标或利益出发，只能从社会整体的目标出发；不能以局部的或部门的角度来衡量，只能以社会整体的利益和效果来衡量。

社会整体性观点要求我们看问题具有全面性，不要从单视角出发，只看到问题的某些方面而遗漏了另一些方面，仅仅看到了局部而忽视了全局，仅仅照顾了部分而忘却了整体。社会学中的主要理论流派——结构功能理论的合理性就在于将社会视作一个有机整体，每一功能的失调意味着某一部分结构的毛病，要治愈这种结构性的失调，必须先从整体的角度进行结构性的调整，而不只是就事论事。

第三节 群体性观点

群体性观点是指我们看待社会问题时，不是把它看作个人的问题，而是看作群体的问题，在观察问题时要超越个人，要研究群体的结构、属性对个体的影响和制约。

一 社会是由群体组成的

社会不是由单个人构成的，而是由群体组成的。社会的最小单位不是个人而是群体。任何个人不是单独存在的，只有在群体中人才能体现出其类属性，人的本质属性不是体现在人的生物性特征上，而是体现在社会性特征上，这种社会性特征在具体的社会生活中就表现为人的群体性。离开了群体的人只能表现出生物性而不是人的社会性。社会学中始终流传着一句名言："社会学家对个人不感兴趣。"意指社会学家对孤立的、纯粹的个人问题不感兴趣，而对米尔斯所说的个人苦恼变为公共麻烦——社会问题很感兴趣。个人找不到工作，可能是个人的素质、能力、择业观念有问题，只是个别人的困难，社会学者不会予以太多的关心，而当一个城市有成千上万的人找不到工作，就变成了失业，这就是许多人遇到的公共麻烦，成为社会问题，社会学者就必须关心。一个农民进城做工，生活中遇到了许多的困难，不会引起社会的关注，而当成千上万的农民涌入城市，对城市的运转和居民生活产生影响时，社会学者就会把它作为重要的社会问题来研究。社会问题是群体性的麻烦，是相当部分成员共同苦恼的问题。①在社会中，人们组成的不同群体具有鲜明的利益性，即人们分属于不同利益群体，在利益群体中，人的经济地位决定了其在群体和社会中的位置，人在社会中的流动，其实是人在不同的利益群体中的流动和变化。不同的利益群体，决定了其成员具有相似的价值观念、相似的经济收入、相似的教育水平、相似的社会地位、相似的生活方式、相似的行为模式。②在现代社会中，个人分属于不同的职业群体和不同的正式的或非正式的群体，一个人可以同时存在于很多性质不同的群体，同时扮演着不同的角色，这些群体的属性也影响着成员的个性和行为。一个人参与的群体越多，他在社会中的位置也就越特殊。齐美尔认为："当一个人从一个或几个组织的成员转变为众多组织的成员之后，其个性也就改变了。个人具有多重的身份，个性已被高度地分化。"（科瑟，1990：209）反之，"当个人摆脱了小圈子的控制，其个性不再受到禁锢，因而获得一种解放感，与群体关系的削弱则带来了一种独立感。社会群体纵横交错是产生个性的前提"（科瑟，1990：209）。当人们外溢于原有群体、游离于正式群体，将不受群体的约束，在个性自由度加大的同时，越轨性行为也有增多的趋势。③研究个人的行为首先要从其所在的利益群体入手，研究群体的属性，研究某些犯罪行为，先要研究其所属的亚文化群体，这样就能更清楚地认识其犯罪的社会原因，从群体的环境中寻找其越轨的根源。

二 观察社会时要超越个人

研究社会问题时要跳出个人狭小的范围，一是要看到个人与个人之间的联系。美国社会学家库利有一句名言："人们彼此都是一面镜子，照映着对方。"这就是著名的"镜中之我"理论，就是以其他人的看法为镜子认识自己，也想象他自己是如何出现在他人意识中的。库利指出，人总是想象，并在想象中与另一个头脑持同一判断。例如，人们羞于在一个坦率的人面前显得躲躲闪闪，在一个勇敢的人面前表现得怯懦，在一个优雅的人眼里显得粗俗。一个人对另一个人吹嘘一次行动，而对另一个人羞于启齿（库利，1989：119）。人正是依据别人对自己的反应来整饰自己在他人眼中的形象，调整自己的行为。二是要看到个人与群体之间的联系，因为人类行为主要取决于他们所属的群体和群体成员之间的相互关系、相互作用和相互影响。人们之所以以现在的方式存在和行动，是因为他们恰好在特定的时间和空间里生活在特定的群体之中。不同的社会群体有着特定的文化，包括规范、价值观、习俗、思维方式、生活方式、行为方式等，而不同群体中的人们，必然要受到群体文化的约束，不可能按照弗洛伊德所说的"本我"，可以为所欲为、随心所欲地表现自我的意志，他要用群体中他人的观点、利益来约束自己，以"社会人"的面貌出现在群体生活中。群体的规范、价值观、道德、习俗、生活方式、行为方式对这一群体中的每一个成员都具有制约功能，要了解个体的行为，先要了解他所在群体的亚文化，了解群体的属性和行为特征，以所在群体的行为解释个人的行为。社会学家的主要兴趣在于社会成员之间的相互作用，即人们相互间的活动、反应、影响，通过人们的互动，理解社会中发生的一切事情。因为社会上的一切现象，都是社会成员相互作用的结果。这一思路与整体性观点是一致的，整体性观点要求我们将事物放在社会整体中进行解释，群体性观点则要求我们将个人行为放在群体的背景中进行解释。

三 要研究群体结构

这一观点要求我们要看到个人与环境之间的联系，个人的思想、情感及行为是由影响其生存的社会背景决定的。观察社会问题时要有穿透力，穿透个人所在的群体，穿透群体所在的社会环境。因此，我们在研究越轨性社会问题时，要经常从越轨者所在的亚文化群体中寻找原因，从个人所在的小环境和整个社会的大背景中寻找导致其越轨的因素。群体存在于一定的时空之中，在空间形式上群体的存在形式就是社区。社区是相对稳定的群体的活动范围，在一个社区中群体具有相对稳定的关系结构，我们可以从群体的结构中观察个人或小群体所处的位置，观察群体结构性力量对个人或小群体的影响。1974 年发生在美国西维格尼亚的"野牛湾"事件中，埃里克森（Eric H. Erikson）被"幸存者法案公司"请去估价水灾给个人和社会造成的后果。他没有把这些人看成个别人，而把他们看作构成这个社区的成员，他们之间存在密切的联系，借用群体性的方法强调水灾给社区造成的损失。他认为，这个社区是人们活动的中心，为人们提供密切的联系，社区象征着德行并成为旧传统的博物馆。当洪水退去，社区支柱也被摧毁了，盗贼丛生，饮酒成风，吸毒蔓延。失去了一个亲密的共同体，人们纷纷离去。埃里克森分析，许多人失魂落魄，精神恍惚，道德败坏，甚至犯罪，为什么？用群体性观点看，良好的品行、健康的精神以及看上去是个人品质的东西，实际上产生于社区结构，产生于人与人之间相互关系之中，而并不基于本人。这种群体关系，在个人行为和人与人相互作用中反映出来。人们日常的几乎是无意识的行为方式反映了他们生活在其中的社会和群体的性质（波普诺，1987：4~5）。凡勃伦（Thorstein B. Veblen）认为："人在技术和经济领域中的地位决定了他的看法和他的思想习惯。同样，在他们为生存而向大自然斗争时，风俗习惯、行动方式和思维方式随之在他们所处的社团（共同体）中形成。这样的风俗习惯随着时间推移逐渐凝固成制度模式。而共同体则试图迫使他们的组成者适应这个模型。"（科瑟，1990：

288）群体中的这类文化模式直接地或间接地影响着其成员的思想和行为方式。要研究个人必须先研究其所生活的群体和群体所在的社区。

四　群体的特性独立于个人的属性

法国社会学家埃米尔·迪尔凯姆（Emile Durkheim）注重研究群体及其结构的特征。他指出："群体特征独立于个别属性，因此必须把群体特征本身作为研究对象。"（科瑟，1990：146）他考察了一些特定群体中某种行为出现的不同比例、特定群体的特征及其变化。例如，在特定群体中自杀率的显著增长表明该群体的内聚力已经衰弱，因而其成员无力抵御生活危机的威胁。为了解释不同宗教团体或职业团体中自杀率差异的规律，迪尔凯姆研究了这些团体的特征及其在各自成员中产生内聚力和团结的独特方法。他撇开引起自杀的个别成员的心理特征和动机，发现所有自杀率高的团体结构，一般都较缺乏内聚力和一定的规范。他得出结论："当社会紧密地结合起来时，它将个人置于自己的控制之下。"（科瑟，1990：148）协调地整合成一个群体的人，可以在相当程度上免受失败和灾难带来的痛苦，从而也就降低了发生自杀这类极端行为的可能性。迪尔凯姆接着研究发现，影响整合的主要因素之一，是群体中不同成员相互作用的程度。如出席宗教仪式、需要分工协作完成的任务等，这种模式化的相互作用出现的频率，是评价其有不同信仰的群体成员所共有的价值观整合程度的标准。迪尔凯姆的思想启示我们，群体虽然是人们因某种需要而组合成的，但群体一旦形成，便会产生自己的品格、自己的意志、自己的特性，形成自己的规范系统，个人的行为深受群体特性的影响。一般而言，是群体的特性决定个体的思想和行为，而不是个体的意志左右群体的属性。不同的群体，其精神支柱和维系群体的精神纽带是不尽相同的，我们在研究中必须注意不同群体的精神品格和群体意志，将个人置于他所属的特定群体之中，用特定的群体属性来俯视个人的思维和行为，这就能更清楚地了解个人的所作所为。

第四节　客观性观点

客观性观点从研究者的角度而言，是指在研究社会问题时应采取的态度与立场。它要求研究者不能从狭隘的个人经验出发，对社会现象熟视无睹，不能带着自己的价值倾向研究问题、抱着地方性的观念观察问题，而应该站在超越个人经验的立场，带着新奇的眼光，不抱有先入为主的价值倾向，用广阔的世界性的视野去观察问题。

一 实事求是地研究社会问题

社会问题的产生有其客观必然性。斯宾塞认为："从我们思想和感情上认为的那些极坏的安排是适应条件而产生的，这些条件使较好的安排不能实现。"（科瑟，1990：109）社会问题不是我们主观的产物，而是社会结构的产物。黑格尔声称："凡是现实的就是合理的，凡是合理的就是现实的。"寻找社会问题产生的终极原因不应在人的头脑中找，也不是在时代的哲学中找，"而应当在有关时代的经济学中去寻找"（马克思，1972b：425）。马克思认为，人类第一个历史活动就是物质生活的生产，物质生活的生产是人们社会活动的基础。"马克思发现了人类历史的发展规律，即历来为繁芜丛杂的意识形态所掩盖着的一个简单事实：人们首先必须吃、喝、住、穿，然后才能从事政治、科学、艺术、宗教等等。"（马克思，1972b：574）从经济条件出发解释社会现象及其关系，从社会的经济生活中寻找社会问题发生的原因是解释其产生的一条捷径。马克思、恩格斯指出，人们自己创造着自己的历史，但他们是在制约着他们的一定环境中活动的，在制约因素中"经济条件归根到底还是具有决定意义的"（马克思，1972c：506）。经济关系形成了其他一切社会关系的基础。这是研究社会的主要原则。这个原则有两个方面的要求：一方面，从基础中探索出各种思想观念及其制约的行动；另一方面，探索出"这些观念是由什么样的方式和方法产生的"（马克思，1972c：500）。人的行动是由人的利益决定的，人最根本的利益是经济利益，我们从人们追求经济利益的过程中能够发现许多人们行动的秘密，解释许多扭曲的行为的动机。

二 摆脱个人狭隘的情绪、经验与偏爱，客观地表达各种发现

个人的生活经历、知识、智慧、能力是有限的，因而从个人的角度出发去看问题，难免会有片面性，有井底之蛙效应。尽管个人尽可能努力地全面地看问题，但这种努力并不能完全避免局限和成见。米尔斯认为研究社会问题应有一种"社会学的想象力"（米尔斯，2005），即指社会学者要

具有把个人经验与广阔的社会天地相联系的自觉的强烈意识。社会学的想象力是一种社会的、历史的思维方式。米尔斯把这种思维方式解释为：跳出自己的范围，专心致志地认识社会依存关系，认识历史的变革动力。这种思维方式的客观依据是，每个个人及其特征都存在于一定的社会和历史时期中。这种社会学的想象力是研究社会问题的学者必须具备的素质。因为人们总是在家庭、亲属、朋友、同事这类小圈子里通过自己有限的经验去观察世界，这种视角对认识广阔的外部世界带来了障碍。"社会学的想象力"要求我们能够摆脱狭隘的个人观点，在思想上同我们在社会中所处的位置保持一定的距离，更清楚地认识个人活动同社会事件之间的联系，使我们能够探索个人的生活方式和生活经历同社会事件和社会模式之间的错综复杂的联系。个人的活动是由外部强大的力量造成的，不完全是由个人的意志决定的。例如，在社会由农业社会向工业社会转变的过程中，不管城市居民是否欢迎，城市管理者是否愿意，农民必然会大批地涌入城市。当一个社会经济上开始加速发展，社会财富开始快速积累时，必然会出现贫富两极分化，这是任何力量都无法阻止的。解释某种社会问题的存在，不能以个人的或小团体的原因来解释，不能站在个人或小团体的位置来观察，而只能跳出个人的立场，深入这一问题的社会背景中去寻找决定性因素。米尔斯在定义社会问题时写道："社会的公众问题常常含包着制度上、结构上的危机，也常常包含着马克思所说的'矛盾'和'斗争'。"（米尔斯等，1986：10）也诚如米尔斯所说："社会学想象力使我们能够掌握历史和个人经历以及二者在社会内部的相互关系。这就是社会学的任务和前提。……只有靠这种社会学想象力人们现在才有希望把握生活中发生的问题，因为这些问题无非个人的活动同社会历史的几点小小的交叉。"（罗伯逊，1988：5）

三 保持陌生人观点

研究社会问题必须客观地、实事求是地看待事物。"陌生人"是指社会学者要做"熟识世界中的陌生人"，某些从个人生活天地看是熟悉的东西，社会学者则要作为陌生人来看待，从熟悉的现象中发现新问题，而不仅仅局限于常识性的认识。正如旅游者每到一个新的地方，无论是对人还是对事，是对物还是对环境，会产生强烈的好奇感、新鲜感、兴奋感，会产生许多新的想法和认识，会有一种"文化冲击"的全新感觉。社会学者也要保持这种感觉，对周围熟悉的世界充满好奇心，从常人熟悉的事物中挖掘新的理论内容。这隐含一个命题，社会学要以发展的眼光看待问题，不满足于在现存社会的现成准则与信条中度日，没有好奇心的人无法深入研究社会问题。这要求社会学者"对熟悉的事物投以新的一瞥"，这是一种社会学观察社会问题特有的思路，可以防止在习以为常中产生的习惯性的思维定式，发现新问题，得出客观公正的结论。当年马克思正是从商品这一资本主义社会中大家司空见惯的最普遍、最熟悉、最简单的现象中发现了"剩余价值"这一秘密，揭示了资本主义社会运行的机制，得出了资本主义必然灭亡的规律。真理往往是朴素无华的，蕴含在人们熟悉的社会现象之中，人们事后就会觉得它太简单、太平常，但没有新的思路，真理就很难发现。研究社会问题也是这样，社会学者与普通的老百姓一样，面临共同的社会现象，但是普通的老百姓只能做常识性的解释，而社会学家则从独特的角度，用新颖的思路来解释社会问题，给人以新的启迪。"社会学意识的重要性，在于当我们观察某一社会现象时，能参考众多的观点，跳跃于不同演绎系统之间，而不至被某一观点所蒙蔽。"（黄绍伦等，1992：322~333）

四 保持价值中立观点

韦伯认为，价值因素不可避免地要影响研究者选择什么课题，但在进行科学研究中则是可以做到避免价值影响的。"一种现象一旦被描述下来，就有可能通过明显或不明显地使用逻辑的、不以任何价值系统为转移的证明方法建立这一现象与前后现象之间的因果关系。"（Parsons，1958：594）因此，首先要在伦理上做到价值中立，"一旦社会科学家根据自己的价值观念选定了研究课题，他就必须停止使用自己的或他人的价值观念，而遵从他所发现的资料的指引。他不能把自己的价值观念强加于资料，无论研究的结果对他有利还是不利。从这个意义上来说，从事科学研究的人应该作为科学家受科学精神的支配，而决不能成为一个普通公民。这是价值中立的第一个含义"；"另外，价值中立还有另一个含义。事实与价值观念是两个领域，不可能从'忠实的陈述'中抽出'应该的陈述'"（科瑟，1990：244~245）。价值中立观点是指社会学者在观察问题时应持客观的、公正的态度，不要把自己的利益、价值带进观察之中，不要将自己的好恶、成见置于研究之中，要摆脱这些因素对研究活动的片面影响。价值中立也就是在观察研究活动中研究者要站在第三者的立场上，不要戴上有色眼镜，不能先入为主。马克思的辩证法作为世界观和方法论本身就是要客观地、辩证地、发展地看问题，能做到这些就能确保价值中立。价值中立是有条件限制的，只是在观察问题和解释问题时保持客观公正的态度，做出客观公正的结论，而在解决社会问题时则是"价值有涉"，不能中立，要按照社会大多数群体的利益和大多数社会成员的利益去解决社会问题。当前，要做到价值中立，要注意的是：一是不要从教条、教义，从某些经典的结论出发，用某些名人的论述来解释社会问题，而要用科学的社会学理论来分析今天的社会现象、社会问题，在分析中评价理论的正确性；二是不要背诵某些时髦的词句，照抄某些西方的理论，照搬照套，把自己弄得糊里糊涂；三是不要从自己的感情出发，在还没有将问题研究彻底之前，就将感情成分带进研究工作，而要从国情出发，从社会问题本身的发展规律出发，将社会问题放在特定的历史条件中，依社会存在的条件做解释。

五　任何事物或现象都有一个从量变到质变的过程

把自然科学使用的方法引进社会研究领域，即运用观察、实验、数学等手段精确地、客观地分析与解释社会现象与社会问题。马克思说过："一种科学只有成功地运用数学时，才算真正达到完善的地步。"（拉法格等，1954：73）社会现象同自然现象一样，有质的方面，也有量的方面，质的变化是由量的变化引起的。任何事物包括社会问题都同时具有质和量的两个方面，是质和量的统一体。事物的性质是由保持其质的量的限度即度来决定的，超过一定度的极限或关节点，一事物就会转变成另一事物，这是事物的普遍规律。因而，要具体地描述社会现象的状况与运动，就必须使用定量的方法。数学是社会研究走向定量、精确与科学的必由之路。某一事物或现象并不是一下子就出现的，它有一个时间的过程和数量的变化过程。而了解了事物量的变化过程便能够更好地把握事物的质的变化，掌握它的本质属性。社会问题不是一下子爆发的，也有一个生长和累积的过程，有一个从量变到质变的过程。因此，能够对社会问题进行实证性分析是研究方法中的重要支撑点，通过定量的分析可以客观地、全面地阐述社会问题生长的过程和原因。我们对社会问题的解释必须建立在科学的描述性研究的基础之上，将定性研究和定量研究结合起来。对社会问题的定量研究主要是运用一系列基于概率论和数理统计学原理的具体测量、计算和分析手段，揭示或说明社会问题及其相关现象的数量特征、数量规律和数量关系的研究，其主要目的是把握社会问题量的规定性。社会问题的定性研究是指在占有全面的、大量的资料并依据科学的数量分析的基础上，运用一系列基于社会学理论的思维原则、分析手段（概念、命题、理论），揭示社会问题的本质特征及规律性。两者的关系是，定性研究是认识社会问题的开端，是考察社会问题特征及规律的前提，而定量研究则是认识社会问题的继续，是对社会问题的特征及规律认识的深化。这两类研究有各自的功能、特点与局限性，只有将两者有机结合起来，才能揭示社会问题的规律。

本章要点：

1. 社会问题研究的方法论
2. 透视性观点
3. 整体性观点
4. 群体性观点
5. 客观性观点

关键术语：

方法论　透视性观点　整体性观点　群体性观点　客观性观点

推荐阅读文献：

戴维·波普诺，1987，《社会学》，刘云德等译，沈阳：辽宁人民出版社。

诺曼·K. 邓津，2007a，《定性研究（第二卷）：经验资料的收集与分析方法》，风笑天译，重庆：重庆大学出版社。

——，2007b，《定性研究（第三卷）：经验资料的收集与分析方法》，风笑天译，重庆：重庆大学出版社。

詹姆斯·汉斯林，2007，《社会学入门——一种现实分析方法》，林聚任等译，北京：北京大学出版社。

刘易斯·A. 科瑟，1990，《社会学思想名家》，石人译，北京：中国社会科学出版社。

尹恩罗·伯逊，1988，《现代西方社会学》，赵明华译，郑州：河南人民出版社。

乔纳森·H. 特纳，2006，《社会学理论的结构》第 7 版，邱泽奇、张茂元等译，北京：华夏出版社。

　　杰弗里·亚历山大，2000《社会学二十讲：二战以来的理论发展》，贾春增等译，北京：华夏出版社。

　　李弘毅，2002，《社会问题研究的功能分析范式》，《江南大学学报》（人文社会科学版）第 1 期。

　　阎志刚，2003，《社会问题理论的多维视角》，《汕头大学学报》（人文社会科学版）第 6 期。

第二编

异常群体社会问题

第五章　精神疾病问题

精神疾病是在生物因素、心理因素以及社会环境因素影响下人的大脑功能失调，导致认知、情感、意志和行为等精神活动出现不同程度障碍的疾病。它不仅严重影响精神疾病患者及其家属的生活质量，同时也给社会带来沉重的负担。目前，我国正处于社会转型期，各种社会矛盾增多，竞争压力加大，人口和家庭结构变化，导致后天性精神疾病患病率呈上升趋势。与此同时，儿童和青少年心理行为问题、老年性痴呆和抑郁、药品滥用、自杀和重大灾害后受灾人群心理危机等方面的问题日益突出。精神卫生问题已成为重大的公共卫生问题和突出的社会问题。

第一节　精神疾病的含义

目前，无论是精神病患者还是其他社会群体，对精神疾病的了解、认识和重视程度还远远不够。许多人对精神卫生没有基本的常识，如当儿童、青少年出现精神病的早期症状，诸如性格改变、失眠、头昏、胡闹等时，大多数家长认为在闹情绪或是思想上的问题，而没有从精神疾病方面去考虑。与西方社会将一些"道德品质"问题解释为精神症状相反，中国社会具有将早期的精神症状视为"道德品质"问题的倾向，以至贻误了治疗的最佳时期。

一　精神疾病的含义及其影响

精神疾病是肌体在内外环境不利因素影响下，导致认识、情感、意志等精神活动以及行为出现不同程度障碍的疾病。人的精神活动与肌体的生理因素、心理因素及社会因素有密切的关系，所以精神疾病与肌体的生理因素、心理因素及社会因素的联系也十分密切。近年来随着工业化进程以及生活、工作节奏的不断加快，加上其他社会因素的影响，人们长期生活于紧张状态之中，我国的精神疾病患病率以每十年增长一倍的速度上升。根据第六次全国人口普查，及第二次全国残疾人抽样调查，精神残疾者有629万人（中国残联，2010）。而专业性的中国医师协会精神科医师分会发布的数字则更高："目前，我国重性精神病患者约1600万人，抑郁症患者已达3000万人，17岁以下儿童、青少年中有情绪障碍和行为问题的约3000万人，精神疾病已成为我国严重的公共卫生和社会问题。"（李红梅，2013）精神疾病给病人及其亲属带来了极大的痛苦和负担，也给社会带来了不稳定。

1. 精神疾病对患者本人的影响

人们可以在日常生活中观察到患者言语、表情、行为等方面的异常，精神疾病可能给患者本人带来诸多障碍。第一，感觉、知觉障碍；第二，思维障碍；第三，注意、记忆障碍；第四，情感障碍；第五，意志、行动障碍；第六，意识障碍；第七，智能、欲望、性格障碍（刘白驹，2000：118~169）。上述种种障碍又必然降低对患者的社会评价，使其失去或减少正常的工作和学习机会，不能很好地发挥其潜能，并可能遭受嘲笑、歧视、责难、拒绝，继而加重病情。正因如此，精神疾病患者就成为我们社会中最为脆弱的群体。世界卫生组织的报告显示："有精神卫生症状的人的人权常遭到侵犯。除工作权和教育权受限制外，他们还可能遭受不卫生、不人道的生活条件、身体和性侵害、忽视，并可能在卫生机构遭到有害和有辱人格的待遇。他们往往被剥夺公民和政治权利（如结婚和建立家庭的权利）、公民身份权，以及投票权和有效、全面参与公共生活的权利。""有精神卫生症状的人往往缺乏教育和获得收入的机会，这又限制了他们获得经济发展的机会，也使他们无法融入社交网络并在社会共同体中获得地位。例如，在所有残疾中，严重精神疾病患者的失业率最高，达90%。""在全世界，治疗精神障碍的需求和供应之间存在巨大空白。例如，低收入国家和中等收入国家分别有76%和85%患有严重精神障碍的人未接受相关治疗；高收入国家未接受治疗人群比例也很高，在35%到50%之间。精神障碍人群的死亡率更高。例如，由于精神障碍相关的身体健康问题（如癌症、糖尿病、艾滋病毒感染和自杀等严重后果），精神分裂症和重度抑郁症患者总体死亡率比一般公众分别高1.6倍和1.4倍。"（中国疾病防控中心，2012）

2. 精神疾病给家庭带来诸多压力和影响

第一,经济压力。一方面,表现为家庭支出的增加,精神疾病需要长期医治,治疗费用对于普通家庭而言是一个沉重的负担,因此老百姓将这种病称为穷病,十病九穷;另一方面,表现为收入的减少,如果患者是成年人,不但自己将会因病失去工作或不能工作,而且家中其他成年人需要依法承担对患者监护之责而影响工作,这将直接导致家庭收入的减少。第二,社会压力。首先,表现为家庭成员的正常人际交往受阻或断裂。一方面,可能是家庭成员自身因害怕他人的歧视或担心家中的患者对他人造成伤害而在人际交往方面出现退缩倾向;另一方面,亲朋好友因为害怕受到患者的伤害或带来利益损失而故意逃避与患者家庭的交往。其次,表现为来自社会各方面的嘲笑、歧视、责难和拒绝。因为中国人有将精神症状道德化的倾向,因此精神疾病患者的家属也常被视为道德有问题的人,或者被认为家庭中有人做了坏事而使患者遭"报应",因而患者家属遭受歧视、责难。第三,心理压力。当家庭中出现此类患者后,就等于迎来了一场旷日持久的战争:与病战、与人战、与钱战,还要与己战。因为在上述两个压力的交互作用之下,家属往往会出现耻辱感、自卑感、自责感甚至出现负罪感,心理上承受着重负。患者家属在长期的生活煎熬中,对患者欲罢不能、欲爱不成,十分矛盾痛苦。第四,工作压力。家庭成员患有精神疾病,一方面会分散家属的工作精力,另一方面会影响人们对家属的社会评价。因此患者家属在工作岗位上,较难得到发展,这也间接地影响家庭的经济收入。

3. 精神疾病对社会的影响

第一,社会要承受精神病患者一定的危害结果。最大的危害是一些暴力型患者的暴力犯罪行为,给人民的生命和财产安全带来威胁。《人民法院报》报道,我国患有精神病的人数已有 1600 多万。其中,有暴力倾向的"武疯子"占 1%~2%(娄银生,2013)。国外调查显示,在社区精神分裂症患者中,攻击行为的发生率为 18%~21%,而在住院治疗的精神疾病患者中,发生攻击行为的风险的更是高达 45%(姚秀钰,2013)。一些调查结果显示,1992 年我国精神病人的犯罪率高达 120‰,精神障碍者的犯罪率比一般人群的犯罪率高。但也有些调查资料显示,在一定区域精神障碍者的犯罪率比一般人群的犯罪率低,如上海精神障碍者 5 年的总犯罪率为 0.48‰,日本为 1‰,均明显低于当地同期一般人群犯罪率。这或许与当地精神卫生服务体制比较健全有关。在精神疾病者中，性变态的犯罪率最高。在我国，精神分裂症患者的犯罪率高达12%。各地的调查结果显示，精神障碍犯罪人的犯罪类型以杀人伤害居首位（刘白驹，2000：282）。

第二，由于我国有关法律规定，因精神疾病而丧失或不具有民事行为能力的人做出犯罪行为时，不承担刑事责任，只由其监护人承担一定的民事责任，因此这些案件中的受害者及其家属会感到格外的委屈和不公，成为社会治安的一个不稳定因素。很多"武疯子"因无刑事责任能力而被免于处罚，最终，这些"武疯子"行凶后又重新回到原住地，其危害性没有得到解除，又成为埋藏在社会上的"不定时炸弹"。2013年实施的新刑诉法，对"强制医疗"做出规定。其核心价值是，既要防止出现"被精神病"事件，又要严防不法人员假借"精神病"逃避刑责（娄银生，2013）。另外，精神病患者其他的异常行为对社会秩序也有一定的影响。

第三，社会要承担一定的经济负担。精神疾病患者也是残疾人之一，社会要为其承担一定的福利支出，如要建立并维持精神疾病的治疗与康复及研究机构，配备相应的人员和设备，承担运作经费和一定的治疗与康复费用以及一定的生活费用等。世界卫生组织报告显示："未经治疗的精神障碍代价巨大，占全球总疾病负担的13%。当前预测表明，到2030年，抑郁将成为全球疾病负担的最主要原因。""精神卫生症状常常导致相关个人和家庭陷入贫困，并妨碍国家经济发展。一项最近进行的研究认为，今后20年，精神障碍将在全球累计导致高达16万亿美元的经济产出损失。"（中国疾病预防控制中心，2012）

二　精神疾病的致病因素

精神疾病的病因很复杂，有的尚不完全清楚。20世纪以前，许多学者在纯生物学方面寻找精神分裂症的发病原因，但一直没有肯定的生物学解释。近些年来，随着医学模式的转变，精神病学模式也发生改变，从原来单纯的诊断、治疗等生物医学模式发展为现代的社会、心理、生物医学模式。因此，对精神疾病的病因研究有所改变。就已发现的确切致病因素而言，可系统地概括为以下五种。

1. 精神刺激

疾病发生常伴随不愉快情绪、无助感、无望感等心理反应，精神刺激和躯体反应密切相关,不良情绪等又可导致躯体功能障碍。人们在社会生活和家庭生活中,每日每时都在接触不同的人和事,每个人都力求适应这复杂的环境,如果不能适应,其就成为精神刺激。例如,突发的战争、自然灾害、亲人骤然死亡、突患绝症、失业、失恋、重要的考试失败等,都可能直接引起精神失常。长期的精神紧张也可引起精神异常,如家庭关系长期不和、同事关系长期紧张等。矛盾既得不到解决又不能回避和摆脱,这些持久的精神刺激可能使人产生情绪忧郁、焦虑、急躁、失眠进而产生妄想等精神障碍。改变环境、去除精神刺激因素,均可使这些精神障碍消除。但是,上述刺激对具有不同人格状态的个体的作用是不同的,一些性情开朗、乐观、豁达、具有良好个性的人不易致病,而对于某些特殊人格的人,则可能构成致病因素,使其患上神经衰弱、强迫症等。

2. 躯体因素

精神疾病与躯体因素有关。一方面,一些躯体的生理机能丧失或失调可能导致精神症状或精神疾病;另一方面,精神疾病也会导致躯体的生理机能下降或紊乱。引起精神疾病的躯体因素是多方面的,常见的躯体因素有:感染,由细菌、病毒感染所致的脑部感染;中毒,如职业性中毒、生活性中毒、药物性中毒;代谢障碍;营养障碍及水与电解质失衡;颅内肿物;脑血管疾病;脑外各器官疾病(北京医学院,1980;翁永振,1991)。

3. 遗传因素、素质

不同的文化和社会群体中的精神异常数量和类型差异,是否反映出生物学原因的"真正差异"?如果解释这种差异的生物学原因成立,那么精神疾病的医学模式就得到了支持。事实上即使在正常的精神活动方面,个体之间差异也很大。正常个体在类似的环境中所表现出来的精神面貌各不相同。如遇到困难时,有人冷静,有人浮躁;有人对事物的反应灵敏迅速,有人则缓慢迟钝;有人含蓄,有人则外露。这些均取决于人的素质,精神疾病的发生与遗传因素及素质密切相关。

(1)遗传因素。遗传的物质基础是基因。2001年7月,在柏林举行的"第七届生物精神病学世界大会"上,专家普遍指出,越来越多的研究结果证实:基因缺陷与许多严重精神疾病如精神分裂症、躁狂抑郁性精神病、各种癖好的发病有关。精神分裂症病人家族成员比一般人群精神分裂症的发病率要高得多,双胞胎患同类精神病的比例偏高。本次会议上提出一个假说：决定性别的 X 染色体出现变异会诱发忧郁症，其重要论据是，女性患忧郁症的机会往往是男性的 3 倍。现已发现恐惧症约与 40 个基因有关，而 50% 的精神分裂症患者有明显的基因缺陷，这些缺陷常出现在第 6 和第 81 条染色体上。科学家们的研究结果证实，基因在人们形成癖瘾方面所起的作用可以达到 50% ~ 60%。瘾症与人格特点有密切关系，人格的某些内容又受遗传的影响。具有瘾症性人格的个体受精神刺激后易发病。

(2) 素质。素质指人的先天解剖特点，主要包括感觉器官、神经系统及运动系统的生理特点，是精神活动的生理基础。素质受遗传影响，也受后天的环境因素的影响。素质包括两个方面，即神经类型和性格。在现实生活中，不同的人面对同样强烈的精神刺激会产生不同的反应，有的人可因精神刺激而精神异常，而有的人则不发生精神异常；而且面对同样的精神刺激，人们情绪反应的强度和持续的时间也不尽相同。神经类型为强型、均衡型者，无论有多少坎坷都能顽强对待；而弱型或不均衡型者遇到困难退缩不前、忧愁无策，易患神经症等精神疾病。偏于思维型的人则易感情用事、触景生情，易患瘾症。精神分裂症患者多为弱型；躁郁症患者多为强而不均衡型。精神分裂症患者 50% 以上为内向性格；躁狂症患者多为外向性格。虽然素质不决定得某种精神疾病，但具有得某种精神疾病的倾向性。素质的不健康与稳定性差、对应激的耐受性较弱就具有潜在患病趋势，此为易感因素。

4. 社会环境因素

疾病发生与环境因素也有密切关系。人是群居方式生存，每一个人都在一定的社会背景中生活、工作和学习。不同的文化、不同的社会习俗，都可能成为人们的社会心理刺激因素。而且，随着社会的不断发展，社会结构日趋复杂，社会不适应的感觉或扮演不适当的社会角色，以及因某些行为被贴上偏离社会规范的标签等，这些都是发病的因素。正因为如此，精神疾病不仅被视为医学疾病或医学问题，同时被视为社会病或社会问题。有学者将精神异常的社会病因归纳为：①社会变革政治动乱，导致焦虑、紧张、恐惧等精神创伤；②社会制度压抑个性，导致冲突、紧张、仇恨、愤怒等心理变态；③婚姻家庭冲突破裂，导致情感损伤、角色冲突等情感变态；④贫穷落后人口稠密，导致饥饿、疾病、营养不良等影响脑发育；⑤文化低下近亲婚配，导致遗传代谢障碍，发育不良；⑥社会道德不良，老年保健不足，产生孤独、缺乏情感交流，导致老年变态（周达生、戴梅竞，1993：325）。

一般说来，凡是引起人们损失感、威胁感和不安全感的社会应激都易导致精神疾病的发生。社会应激发生的强弱、急缓、久暂，对能否致病均有密切关系。急骤发生的、强大的精神创伤易引发反应性精神病；缓慢、持久的精神刺激则易导致慢性心因性反应或神经症。同时，遇到环境应激后，能否及时地得到家庭和社会等周围环境的支持以及支持程度，与发病有着密切的关系。当外界某种精神刺激引起精神紧张时，社会或家庭的支持即可缓冲精神紧张的程度，从而避免或减轻情绪失调或精神崩溃的发生。另外，个人的素质和既往经历及所形成的认识活动在致病上也起着重要作用，如个体与环境发生矛盾时，个体对待矛盾的态度与发病有直接的关系。

众多的研究发现，家庭以外的影响对个性形成和发展有重大作用，如教育经历、婚姻关系、职业、贫穷、失业等。社会环境中，最重要的是社会生活、人际关系和言语活动，这是人们精神生活的主要内容，也是精神刺激的主要来源。焦虑状态的出现取决于环境的刺激和人对环境的感受；有关环境刺激出现会引起焦虑；刺激持续存在，焦虑会得以维持。张河川等通过病因学的回归分析发现：心理发展受挫、消极不良的价值取向、母亲职业和家庭收入均与心理障碍的产生密切相关（张河川、李宁、郭思智，2000）。

5. 年龄和性别

年龄对人的心理影响很大，儿童、青少年、成年以及老年心理各不相同。同时，各年龄层次的人的生理差别也很大，因此各年龄层次的精神障碍大不相同。如儿童期常见精神发育迟滞、行为障碍等，青年期是精神分裂的易发期，而老年期多见脑器质性退行性精神障碍。由于内分泌的区别，女性在月经期可见特有的精神异常，男性饮酒者中多见酒精中毒性精神障碍。

三 公众对精神疾病的态度

一般来说，人们很容易将别人的异常行为、言语、情绪等与"精神病"相联系，但很少有人将自己及挚爱亲朋与"精神病"相联系，本书认为这与公众对精神病患者存有比较固定的看法有关。认为"精神病患者是一个丧失人格、整个精神体系紊乱、行为颠倒的人"，这使人产生偏见，通常将行为奇异、古怪的人叫精神病，有的人干脆称其"疯子"，即使是精神健康方面的专业人士也会表现出种种偏见。

美国精神病学家莫里斯·泰姆林（Maurice Temerlin）曾做过一项实验性调查，该调查采用与一个正常而健康的职业演员会见并用录音谈话的方法进行。泰姆林设立了四个鉴别诊断组，让其分别诊断被会见者。第一组的学者和精神病专家被告知，前来就诊的人是个"非常有趣的人，看起来像个神经官能症患者，而实际上可能是一个严重的精神病人"。第二组被告知，我们要挑选一位参加某个工业项目研究的科学家，请你们检查和鉴定一下他的健康状况。第三组被告知，就诊者是一个"非常伟大的人，一个完全健康的人"。第四组，没有介绍此人的任何情况，只说让他们鉴定一下这个人。在后面的三组中，没有人将这位被会见者诊断为严重精神病，绝大多数说他是智力健康者。然而在第一组中，25 个研究精神病的学者中，竟没有一个将这位被会见者诊断为智力健康者；25 个临床心理学家中，只有 3 名认为被会见者智力健康；45 个精神病学研究生中仅有 5 名将被会见者诊断为智力健康者。这项实验调查表明，在诊断精神病过程中"印象""主诉"非常重要。一个健康人不会到精神病院，既然来了，就说明你是病人，出现在精神病医院这个事实本身就被看作"来者有病"的充分证据。在外行人看来，精神病医师是专家，大抵会做出正确判断（Temerlin，Maurice，1968）。

指称他人患有精神病会带来一定的危害。被指称为精神病的人，会因为公众的舆论而感到迷惘、不安、羞愧；被指称患有精神病的人如若能继续"疯"下去，可以得到一定的奖励，如同情；被指称患有精神病的人如果想恢复常态，则可能受到处罚，如驱逐；当一个人被指称为精神病患者时，他的所有行为都被认为是异常的，甚至对其患病之前的所有行为予以否定；当一个人被指称为精神疾病后，公众会将之看作一个特殊的"病人"，在他身上打上"精神病"的标记，他往往永无"康复"之日，很难重返社会生活和工作。

托马斯·谢夫（Thomas J. Scheff）于 1966 年指出，诊断分类会给个体贴上"标签"，而这样可能带来反作用。第一，自我实现预言，即患者可能按照（别人）所期望的行动。戈夫曼批驳道：他们内化"精神病患者"角色，这样不是使他们的"障碍"有所改善而是变得更糟。多和泰（Doherty）指出，尽管不总是如此，例如接受"饮酒过量者"标签能帮助其恢复常态，但是那些拒绝"精神病"标签的人比接受者呈现较快改善的态势。第二，行为扭曲，即精神障碍的诊断导致给整个个人（全人）贴上标签——一旦贴上标签之后，（人们）根据标签来解释其所有活动。甚至，有时正常的行为也被忽视或被解释为个人精神障碍的标志。根据罗森汉（David Rosenhan）的研究，假病人的行为也被指称为心理病理的症状。第三，过分简单化，即标签会导致具体化：使分类成为一个真实的身体障碍，而不仅仅是一个帮助诊断者与患者交流的说明性术语或是一个关于病人问题的假设。标签不仅仅主要作用于个体的认识，而且作用于他们的自尊（Grahame Hill，2000：195）。

被指称患有精神病的人，要接受住院安置和强制治疗并丧失权利，而且往往是非自愿性的。住院安置会使患者失去个人的责任心，罗森汉的研究发现，住院安置带来非人化，患者依赖性增强，并失去自顾技能，因而更加重了障碍。戈夫曼称之为精神病院同住者"生涯"，在那里患者渐渐失去了自己的身份而成为一种惯例。事实上，患者可能在医院中被周围的人"教会"一些异常行为，医院中的条件对正常功能并非有助，因为患者得不到正确的治疗。有些人认为，对那些处于精神困扰之中的人，精神病院便成了逃避现实的场所。布雷金斯基（Benjamin Braginsky）的研究表明，一些病人在生活和社交中遇到困扰时，确实把医院当作避难所，他们并非一无所知，如果他们想出院，就会抑制症状，而如果想留在医院，他们会尽量夸大症状。所以，与其让一些人承认病人身份，还不如给他们提供从困扰中解脱的机会，如免费为他们建立一些疗养的地方（Braginsky，Braginsky and Ring，1969：30－35）。

被指称精神疾病患者，无论康复与否都会受到他人的防范。罗森汉说过，当一个人回到社会，因为诊断标签的粘贴，他们的精神病记录将伴随着他们（假病人带着"精神分裂症缓解期"的诊断离开医院），这就会给曾经有精神障碍的患者打上"印记"、定型和歧视，为其重返社会带来困难。

他人对精神病患者的看法传递着什么样的信息对患过此病的人是非常重要的。研究显示，家属对病人后遗症的反应，并不是病人在家属面前实际表现的简单反应，它与家庭成员的理解和感觉大有关系。病人从别人的看法中，可能感到他们没有希望，治不好了；也可能感到很有希望，不久即可重返社会，过正常人的生活。他们对正常生活的希望程度和对无法正常生活的失望程度是一致的。所以要告诫家庭成员以积极的态度影响病人，并坚信病愈出院的病人能够负起正常人的社会责任。

我国公众对精神病的看法如何？卫生部和中国疾病预防控制中心于2002年12月至2003年2月，进行了"中国普通人群精神卫生知识知晓率调查"，在10个卫生部监测地区共完成了3827份调查问卷，调查内容主要包括10个抑郁症状和9项关于精神卫生的基本知识和信息，我国普通人群的精神卫生知晓率偏低，63.30%的人把精神病和神经病混为一谈；46.50%的不知道哪里有精神卫生机构；认为人人都有可能产生心理障碍的人占64.50%；而认识到紧张恐惧可能与心理问题有关，应推荐去看精神科医生或心理医生的人不足一半（新华社，2003）。2008年昆明市进行的调查显示，普通人群精神卫生知识各项知晓率均低于45.00%，对精神卫生相关的法律法规的知晓率最低为8.40%（韩慧琴、曾勇、赵旭东等，2008）。精神卫生知识贫乏、精神卫生体系不完善、服务能力低下以及对精神疾病的偏见和歧视，是中国精神疾病患者的治疗率低的主要原因。这不仅加重了对患者的功能损害，而且加大了家庭的经济负担和社会负担。

主题链接：同性恋是如何从精神疾病的名单中除名的

1950年，美国参议院以精神病医生为主的调查委员会调查同性恋和其他"性变态"者在政府部门的受雇情况，同性恋被认为是对国家安全的威胁，会逐渐从内部破坏美国社会。

1969年，纽约格林尼治村发生的"石墙骚乱"使同性恋组织开始公开化。

1973年，美国精神病学会董事会将同性恋剔除出疾病分类。

1992年，世界卫生组织将同性恋剔除出精神疾病的行列。

1998年，美国心理学会和美国精神病学会公开声明反对同性恋转变治疗。

2001年，《中国精神障碍分类与诊断标准》第三版将同性恋从精神疾病名单中剔除。

第二节　精神病的类型、分布与诊断

精神病医生通过长期的临床经验的总结与分析，较为科学地对精神病进行了分类，在对精神病人的诊断方面，也取得了进展。

一 精神病的类型及分布

尽管精神疾病的诊断和分类带来了不可否认的种种伦理学和社会学问题，给精神疾病患者实现自己的潜能带来了问题；但是分类系统对有效治疗的发展起着推动和促进作用，也有助于多种精神疾病的治愈、缓解和控制。

我国精神疾病的分类依据是临床症状和疾病转归，将精神疾病分为：脑器质性与躯体疾病所致精神障碍、精神活性物质与非依赖性物质所致精神障碍、精神分裂症与其他精神疾性障碍、情感性精神障碍、神经症及与心理因素有关的精神障碍、与心理因素有关的生理障碍、人格障碍与意向控制障碍及性变态、精神发育迟滞、儿童少年期精神障碍、其他精神障碍及与司法鉴定和心理卫生相关的几种情况（刘白驹，2000：10）。这里择其常见病症略做介绍。

（1）精神分裂。典型的精神分裂症，分为早期阶段、症状充分发展阶段、慢性阶段及精神衰退四个阶段。不同阶段有不同的症状表现。早期可表现为失眠、注意力不集中、情绪急躁，孤独、淡漠、沉默、消极、懒散、寡言、离群等缓慢起病症状；也可出现无原因的忧郁、急躁、周围一切事物都不称心、看谁都不顺眼等亚急性起病症状；或出现突然兴奋、冲动伤人毁物、思维零乱、言语破碎、内容荒诞无稽等急性起病症状。症状发展期又称为急性期，主要表现为：精神活动与社会脱节，精神活动不协调，在短时间内出现大量荒谬离奇的思维联想障碍、思维逻辑障碍或思维内容障碍。慢性期多为急性发展而来，表现为发展期的丰富状况逐步平淡，不再有新的症状出现，原有内容复杂的幻觉妄想变得单调、刻板与支离破碎，对妄想的内容不认真，思维内容逐渐贫乏，整个精神活动降低。精神衰退表现为整个精神活动的缺损，社会功能丧失。精神分裂症与遗传有关，精神分裂症患者的子女患此病的概率可达28%，比一般人群高出200多倍。另外，家庭不睦尤其是父母不和，是引发此病的重要因素。有60%~70%的患者在20~30岁发病，25岁是发病的高潮期。精神分裂症约占所有重性精神病的60%，各地精神病医院中的床位80%左右是急、慢性精神分裂患者（翁永振，1991：183~184）。此类病人病程冗长、病情迁延不愈，并将逐渐丧失劳动能力。

（2）情感性精神障碍。情感性精神障碍是一组以持久的情感的高涨或低落为主要特征的重性精神病，有反复发作的倾向和间隙，包括躁狂症和抑郁症。只有抑郁发作者称为单相情感性精神病，有躁狂抑郁交替发作者称为双相情感性精神病，躁狂症也包括在内。躁狂抑郁症表现为既有抑郁期，又有躁狂期，首发症状可以是躁狂也可以是抑郁。病人一生中可能只有抑郁，或只有躁狂，或躁狂与抑郁兼有。更年期抑郁症是首次发作于更年期的情感性精神病，表现为焦虑性抑郁的主导症状，但精神运动性抑制不太明显；多数缓慢起病，起初出现头痛、失眠、易疲劳及好烦恼等神经衰弱症状；渐渐表现出对前途的忧虑，并回忆过去，会为一个小小过错而自责，甚至有自罪症状。另外，焦虑症状尤为突出，患者表现为惶惶不安，经常搓手顿足，不知所措。患者还有疑病妄想，更加剧其焦虑症状，甚至出现自杀的念头和行为。情感性精神障碍在我国的分布情况如下：躁狂－抑郁性精神障碍发病率为 0.7‰ ~ 0.9‰，多在 30 岁以下发病，40% 在 15 ~ 25 岁，躁狂症多在 20 岁以前发病，少数在儿童期，男女性别比为 0.45∶1，女性多于男性。此类病症与遗传及中枢神经介质的功能障碍及代谢异常有密切的关系。

（3）反应性精神障碍。反应性精神障碍是由急骤的或持久的、明确的社会心理创伤直接引起的精神异常。起病与精神因素有关。发病形式可急骤也可缓慢。症状的发生、发展和症状的内容，均与精神刺激因素直接关联。常表现为反应性意识障碍、反应性兴奋状态、反应性抑郁、反应性偏执状态、拘禁反应性精神障碍等症状。反应性精神病的发生与社会心理创伤、精神刺激有直接关系，发病率在不同地区和不同的历史时期有很大差别。我国的发病率为 0.2‰ ~ 0.3‰，发病年龄在 20 ~ 40 岁居多，男女发病率相近。反应性精神障碍约占重性精神病的 3% ~ 4%（翁永振，1991：237）。

（4）神经官能症。神经官能症又叫精神神经症或神经症，限于轻度大脑功能失调的疾病。其基本特征可表现为神经、精神或躯体方面的多种症状，但无明显的阳性体征；一般能适应社会生活，保持完整人格；患者有自知力，要求治疗；起病常与心理因素有关，部分病人存在个性弱点；主要表现为焦虑、紧张、情绪障碍、强迫现象、癔症症状及各种躯体症状等。神经官能症是一种常见病，据统计，此病约占内科初诊病例的 10%，约占神经精神科初诊病例的 80%。神经官能症患者多数具有脆弱性人格，对稍强烈的社会刺激因素，有较强烈的反应（翁永振，1991：259）。

（5）人格异常。人格是人的一切心理特征的总和，而且是稳定的，人格的形成与社会历史条件密切相关。人格异常（人格障碍）是一种持久适应不良的行为模式，此行为模式对社会和自己都有害，常影响正常人的人际关系。异常人格在不良的环境中形成，与儿童期家庭教育不当和家庭变故密切相关，不良的社会风气对少年的人格形成极为不利。人格障碍不是精神病，不需要医疗方法的治疗，也无痛苦体验。人格障碍有多种类型，如偏执型人格障碍、情感型人格障碍（又叫循环型人格障碍）、分裂型人格障碍、爆发型人格障碍、强迫型人格障碍、癔症型人格障碍、反社会型人格障碍等。西方国家人格异常患病率较高，而现有统计资料显示我国的患病率较低，1982 年与 1993 年的部分区域调查结果分别是 0.13‰ 和 0.10‰。我国患病率低可能与三个因素有关：一是我国的诊断标准较严；二是部分人格异常者未意识到自己异常，因而无寻医行为，故未被发现；三是我国的社会环境更适合人格的健康发展。

根据我国部分地区精神病流行学调查结果估算：我国 15 岁以上人口中，各类精神病患者人数超过 1 亿，其中 1600 万人是重性精神障碍患者，其余大多数是抑郁症、自闭症等精神障碍或心理行为障碍者（《人民日报》评论员，2016）。截至 2014 年底，全国登记在册的严重精神障碍患者达 430 万人（李红梅，2016）。张兰君提出负性生活事件的出现致使焦虑水平增高，对心理健康产生不良影响，并进一步分析了影响贫困大学生焦虑水平的主要精神紧张因素中的六个特定负性生活事件：家庭经济困难、受人歧视冷遇、学习考试失败或不理想 、与同学或好友发生纠纷、预期的评选（如三好学生 ）落空、学习或生活环境中干扰太大，尤其是经济困难和学习负担过重是贫困生最常见的精神紧张因素（张兰君，1998）。上述种种因素都可能引发精神异常。这些特定生活事件的发现，可为教育和心理保健工作提供依据和参考，以便有针对性地辅助和引导学生正确应付精神紧张因素，提高贫困大学生心理健康水平，预防精神疾病的产生。

美国社会学者发现，在最低社会阶层，被诊断为精神病的比例最高。在美国最低阶层中，接受精神治疗的人数是最高阶层的三倍。最高阶层总人数是总人口的 3%，但只占精神病人的 1%，相反，占总人口 18% 的最低阶层中，精神病人数竟占精神病患者总数的 38%。另外精神病治疗效果也与社会阶层相关，高阶层的精神病患者治愈率是 30%，而低阶层的患者治愈率不足 5%。高阶层患者的病发率为 12%，而低阶层患者的病发率为 47%（谢泼德、沃斯，1987：384~396）。

二　精神疾病诊断问题

精神疾病的诊断问题涉及两种主体，一是精神科医生，二是与被诊断者有关的其他人。第一种精神科医生在诊断标准方面依据其专业知识和被诊断者的症状表现进行。同时其他非精神专科医生的诊断很重要，"世界各国非精神专科医生对心理障碍的平均识别率为 48.9%，而我国约 15.9%。虽然大多数医学院校的本科开设了精神病学或医学心理学课程，但相当多综合医院和基层医疗单位的医务工作者对精神病学知之甚少。而专科医生的数量和素质远远不能满足人民群众身心健康方面的需求。以美国为例，美国有 2.5 亿人口，精神专科医生 3 万多人，他们从医学院校毕业后还需经过相当长时间的精神医学学习、训练和实践后才能成为正式的精神科医生"（高梅兰等，2000）。我国的精神卫生资源相对缺乏，我国有 13 亿多人口，精神科专业医生不足 1.5 万人。2009 年全国精神科床位平均配置水平为 1.36 张/万人，根据世界卫生组织数据资料，2005 年全球每万人精神科病床平均数为 4.36 张，中位数为 1.60 张，均高于我国 2009 年平均水平。我国 80% 及以上的精神疾病患者未得到有效治疗或未得到治疗（孙永发等，2012）。在发达国家，医学心理科学得到广泛的重视和发展，医学心理咨询和精神疾病的防治普遍进入综合医院和基层医疗单位，并广泛开展了精神医学的联络与会诊。但在我国，这些仅仅是在少数大中城市的少数综合医院开展，因此，我国精神疾病的医疗诊断水平还有待进一步提高。

第二种诊断的标准往往为非"一般"的即病态的，无论这"一般"所代表的是正常还是异常。在生活中当人们遇到波折，因对工作不满、失恋或家庭婚姻破裂而痛苦不堪，或社交行为不够得体，别人会认为其需要接受精神病治疗，自己可能也会有求医行为，而医生也可能定论其患有精神病。所以人们很容易将对待"生活波折"的反应视为精神病的表现，将那些遭受挫折者视为"精神病患者"。这样不但掩盖了人们之间的矛盾和冲突，而且加重了"被诊断者"的思想负担，并使其社会环境进一步恶化。大多数人对精神疾病认识不足，对患者缺乏应有的理解和同情，偏见和歧视现象较严重。多数患者和家属即使有一定的精神卫生知识，认识到疾病的性质，仍宁可自己忍受痛苦而不愿寻求精神科医生的帮助，害怕因"精神病"而受歧视；还有人求神拜佛或求助巫医治疗，结果延误了治疗，使病情加重。

精神疾病的一个重要特征是患者有一些不正常行为，或称反常行为，反常行为是行为人的行为异于常人。日常生活中有许多人都曾有过反常行为，或表现为勃然大怒，或表现为畏首畏尾，或表现为各种稀奇古怪的预感，甚至幻听到某种声音。对种种短暂的反常行为，人们会将之与紧张、烦恼、暂时的神经质相联系，而不会归咎于精神疾病。这些行为并不影响他们做一个正常人，也不会影响和干扰其正常的社会行为。

当一个人持续出现不正常行为时，即异于大多数人的行为规范，就会被视为精神病患者，甚至自己也认为自己得了精神病。但是有时规范本身很难说是科学的或是道德的，也就是说规范的标准有时很模糊。比如，在欧洲中世纪，因"地心说"深得人心，而"日心说"虽然是正确的、科学的，但哥白尼坚持真理，反而被视为精神病患者。当周围绝大多数人表现为冷漠无情时，一个见义勇为者反而被认为是精神不正常的人。有时人们普遍指称某人患有精神病，是使该人置身精神病患者行列的最重要原因。这就为精神疾病的诊断带来困难和混乱。

美国心理学家戴维·罗森汉曾经做过一项实验，8 名从未有过严重精神病症状的人分别假扮病人，其中包括罗森汉本人及 2 名心理学者、1 名心理学研究生、1 名儿科医师、1 名研究精神病的学者、1 名画家和 1 名主妇。这 8 个人说自己听到好多不好形容的声音，于是便被收治入院（精神病院），尽管他们入院后便立即停止假装的病症，然而在想出院时都无一例外地遇到麻烦，他们在医院里平均度过了 19 天。医院的工作人员给这些"病人"以非人的待遇，而其他病人却怀疑他们根本不是真正的"病人"。罗森汉指出："不管这些人在公众场合能表明他们多么正常，住过精神病院后，他们休想洗刷精神仍不正常的耻辱。除 1 个人外，其余都是带着精神分裂症的诊断被获准住院的，而每个人又都是带着精神分裂症减轻或缓解的诊断被释放出院的。"可见精神分裂症的标签把正常人也黏住了。此次实验结束后，院方并不认为正常人能够装病混入他们医院。在另一次实验中，罗森汉通知该精神病医院的医护人员说，在以后的 3 个月内，1 个或更多的假病人将试图混入该医院。于是该院要求每个人细心检查他们所负责接待的每个申请入院者。3 个月内，有 193 个病人前去就医。虽然罗森汉一个假病人也没有派去，医院却承认他们发现有 41 人为"假病人"，其中至少有一名精神病医师对 23 名病人有怀疑。另一所医院精神病医师则怀疑 19 名病人是假的（罗森汉，1975）。无论是实验还是现实，许多有反常行为的人，尽管他们没有真正患有精神病，但仍然被送进精神病医院，接受强制治疗和拘禁。更有甚者，有些人利用判断反常行为所依据的行为规范的模糊性，来指称那些异己者为精神病患者，以达到打击和迫害他们的目的。

在判定一个人为"精神病患者"之前，应仔细考虑三个问题。第一是动机，即人们判断所依据的"症状"背后的动机，比如，强迫洗手与正常洗手之间的动机不同；第二是条件，判断一个人患精神病是在什么情况下提出的，如在滑稽表演后的大笑与在葬礼上的大笑是不同的；第三是判定，由谁来做患病与否的判定，精神病专家不能依据公众的一致判断作为专业判断的唯一依据（谢泼德、沃斯，1987：408）。

最后，我们必须如同接受"人的躯体健康状况是有差别的"一样，接受"人的心理健康状况也是有差别的"。因此，如果一个人能在社会上担任一定的工作，起一定的作用，就应该认为他基本上是正常或健康的；即使此人并不怎么愉快，也不那么规矩得体，但这并不妨碍他做一个正常人。

第三节　精神疾病的治疗

每年的 10 月 10 日为"世界精神卫生日"，每年有一个关心与帮助精神疾病患者的主题。我国实行"社会化、综合性、开放式"的精神病防治康复工作模式，加强政府为主导、有关部门协作、社会各界广泛参与的组织管理体系。2012 年在 2586 个市县开展精神病防治康复工作，对 593.6 万重性精神病患者进行综合防治康复，监护率达到 75.6%，显好率达到 67.2%，社会参与率达到 52.6%，肇事率为 0.19%；解除关锁 5056 人；对 44.4 万贫困精神病患者进行医疗救助（中国残疾人事业发展统计公报，2013）。遵循"预防为主、防治结合、重点干预、广泛覆盖、依法管理"的原则，精神障碍防治工作取得明显进展，精神卫生服务能力逐步提高，全国精神卫生防治体系和服务网络初步建立。《中国精神卫生工作规划（2012 – 2015

年)》披露，全国要建立健全精神卫生防治体系和服务网络：95%以上的县（市、区）建立重性精神疾病管理治疗网络；90%的社区卫生服务中心、有条件的乡镇卫生院配备专兼职医务人员从事精神疾病防治工作；90%以上的省（区、市）、60%以上的市（地、州）组建心理危机干预队伍；100个城市建设心理援助热线电话。要加强重性精神疾病救治和服务管理。重性精神疾病患者检出率达到辖区人口的4‰，检出患者管理率达到70%、治疗率达到60%；精神分裂症规范治疗率城市达到50%、农村达到30%；完成全国重性精神疾病信息管理系统开发和部署。要促进常见精神障碍识别和治疗。综合医院的抑郁症患者识别率和治疗率分别在2010年基础上提高60%。要开展重点人群心理行为问题干预。重大突发事件（灾害）直接影响人群的心理援助覆盖面达到50%；妇幼保健机构医护人员对常见心理行为问题识别率在2010年基础上提高60%；监管场所开展心理行为问题干预的比例达到50%。要提高精神卫生知识知晓率。普通人群心理健康知识和精神障碍防治知识知晓率达到60%；在校学生心理保健核心知识知晓率达到50%。要加强队伍建设，提高服务能力。根据地方经济发展水平和精神卫生服务需求，每10万人口配置7~8名精神卫生专业人员（包括执业医师、注册护士，以及药剂、检验等技术人员），其中精神科（助理）执业医师2~2.5名、注册护士4~5名；每10万人口配置县级及以上从事防治工作的精神卫生技术人员1~2名（卫计委，2012）。这一规划将有力推动我国精神疾病的防治工作。

人类的精神活动具有社会性，人的语言、行为是精神活动的外在表现，与病人通过语言、行为进行情感的交流，对其心理活动有一定的影响。所以精神疾病的治疗除了应用抗精神病药、抗抑郁药、抗躁狂药、抗焦虑药等作用于中枢神经系统并影响精神活动功能外，还包括精神治疗、工娱治疗等方法。

一　精神治疗

精神治疗又称为心理治疗，是用心理学知识及方法治疗病人的心理问题，是以一定的理论体系为指导，帮助人了解发病原因及如何与疾病做斗争；应用心理学方法，借助语言、文字或环境的作用，给予病人有效的心理影响，达到解除精神症状与治疗疾病的目的。心理治疗主要用于神经官能症、心因性疾病及某些重性精神病的恢复期，主要有以下几种。

1. 支持疗法

支持疗法又叫支持性心理治疗，主要通过对病人的指导、保证、劝解、疏导、培养兴趣、调整环境等方法，来加强病人心理活动的防御能力，以恢复对环境的适应平衡，达到治疗目的。此法适用于神经衰弱、焦虑性神经症、抑郁性神经症及重性精神病的恢复期。支持疗法的方法简便，病人易接受，对很多疾病具有良好的治疗作用。但是无论哪种疾病，其治疗的共同原则是帮助病人认识疾病，克服个性缺陷，改变适应环境的方式方法。支持疗法的方式方法灵活多样，根据不同病人与病情选择合适的方法，常用者有两种，一是个体心理治疗，二是集体心理治疗。

2. 行为疗法

行为治疗，又称条件反射性治疗，是运用巴甫洛夫条件反射学说和斯金纳的操作条件强化学说，对某些疾病的不良行为与异常生理功能给予矫正的心理治疗方法。因为行为习惯、异常生理功能是个体在其生活环境中的经历或精神创伤条件下，通过条件反射即学习的过程固定下来的，也可以通过条件反射的方式加以消除与纠正。多用于神经症，也可用于精神发育迟滞，药物依赖及各种身心疾病。

行为治疗的方法有多种，但治疗的程序和原则大致相同，包括行为分析和治疗计划。行为分析是在治疗前了解病人异常行为产生的原因，确定病人的主要异常行为是什么，把主要异常行为作为治疗的目标，并记录其严重程度和出现的频度，作为治疗前后对比的依据。要向病人说明治疗目的和意义，求得病人对治疗的主动配合及对治疗建立足够的信心。治疗计划是根据对病人行为分析的评价，设计出的一套计划。针对主要异常行为，采用特殊的心理技术，适当综合使用药物和器械进行治疗。如可根据行为改变情况，分别给予阳性强化，如表扬、鼓励、物质奖励等，也可给予批评、疼痛刺激等。治疗循序渐进，逐步递增；根据病情变化，随时调整治疗方案。治疗过程中，可适当或减或停各种药物，以观察行为治疗的效果。

治疗方法有脱敏法、厌恶疗法、消退性实践法和强化法。脱敏法是把系统脱敏和深度肌肉松弛结合起来，用于治疗恐惧症、神经质及焦虑性神经症等产生的焦虑反应。厌恶疗法又叫厌恶条件反射法，把病人的症状与不愉快体验集合起来，利用痛苦的条件刺激来取代异常行为的快感，从而使异常行为得到矫正，常用于治疗药物依赖、酒精依赖、性变态等。消退性实践法也称为消退性强化法，如对遗尿症患儿给予电垫，及时唤醒小便。强化法又叫标记奖酬法，采用操作性条件反射法，对合理行为的出现给予标记，然后兑换奖品，达到对恰当行为的强化。此法可用于慢性精神分裂症社会功能再训练，也可用于孤独症儿童、精神发育迟滞等。

3. 精神分析疗法

精神分析疗法又称心理分析，是以弗洛伊德学说为理论基础、以心理分析技术为治疗方法的心理治疗。其主要手段是系统地采用联想、梦的分析、移情和解释，使病人能够意识到被压抑到无意识中的未能实现的欲望，进而了解患者变态行为的真实意义和原因，最终达到症状消失。其缺点是时间长，难以治疗严重精神错乱者。

4. 生物反馈治疗

生物反馈治疗是指人们通过学习来改变自己的行为和内脏反应，即把人置于一个由自己产生的生理反应的回路之中，利用专门设备，对生理功能进行检查、放大，通过记录与显示系统，把信息转变为信号或读数，使本人看到、听到或感觉到这些功能变化的反映。如此反复进行，病人便能把自己的某些感觉与躯体的某些功能联系起来，从而学会在某种程度上调节这些功能，达到控制病理过程的目的，促使功能恢复。这种治疗是以生物反馈学说为理论基础的治疗方法，适用于癫痫、神经衰弱、焦虑性神经症等。

5. 催眠疗法

利用催眠方法对病人进行暗示，言语暗示和药物暗示是两种常用方法。患者进入睡眠状态后，可以启发、了解他们压抑的痛苦情绪冲突，进行暗示治疗。这对改善心因性疾病的抑郁、焦虑、恐惧情绪及消除癔症的感觉、知觉、运动障碍有一定的疗效。

二 工娱治疗

这是通过劳动和文体活动，促进各种精神疾病康复的一种精神治疗方法，包括工作治疗、劳动治疗、文艺、体育治疗几个方面。通过参加社会活动、工娱治疗，帮助病人与社会环境保持接触，训练职业能力，提高自身的价值感。

工娱治疗有多种类型，不同疾病应采用不同类型的工娱疗法。如，对慢性精神分裂症病人宜安排园艺、饲养等富有激发性和刺激性的活动；对躁动、妄想类病人应安排编织、做鞋或听音乐、看电影等有一定操作规程或连续性的活动；对懒散型的病人则安排打扫卫生之类的力所能及的劳动，督促和训练他们恢复适应社会和工作的能力；对躁狂病人安排画画、缝纫、下棋等较平静而有规律的活动；对抑郁症病人，则安排养花、种树、集体游戏、听音乐等带有鼓励信息、气氛热烈的活动，激发其兴趣，使其获得成就感；对神经官能症患者应安排体育锻炼和集体活动，分散其注意力，使其摆脱对疾病的忧虑。

另外，治疗精神疾病的方法还有胰岛素休克治疗、电休克治疗以及许多中医中药治疗方法，如中药治疗、针灸治疗、水疗和发热疗法，进行辨证施治。

值得一提的是，在治疗精神疾病过程中，人们发现大型医院只起到把病人与公众相分割的作用，因此治疗效果不尽如人意。应考虑在各地建立社区精神康复中心，因为精神病的治疗与公众中普遍存在的精神困扰和心理问题是一回事，应该综合治理。

从一定程度上讲，精神疾病是社会进步的成本和代价。因此，我们必须达成一个共识：对于一个精神上产生困扰的人，我们首要的不是把他判定为一个精神病患者、不正常的人或疯子，而是应该把他看作一个特别需要我们关心和爱护的人，同时不要吝啬关心和爱护。

本章要点：

1. 精神疾病的含义
2. 精神疾病的影响
3. 公众对精神疾病的态度
4. 精神疾病的类型与分布
5. 精神疾病的诊断
6. 精神疾病的治疗

关键术语：

精神疾病　精神分裂　情感性精神障碍　反应性精神障碍　神经官能症　人格异常

支持疗法 行为疗法 精神分析疗法 生物反馈治疗 催眠疗法 工娱治疗

推荐阅读文献：

菲力普·亚当、克洛迪娜·尔兹里奇，2005，《疾病与医学社会学》，王吉会译，天津：天津人民出版社。

米歇尔·福柯，2007，《疯癫与文明》，刘北成、杨远婴译，上海：上海三联书店。

戴维·罗森汉，1975，《在精神病院里的健康人》，《科学杂志》第 1 期。

乔恩·谢泼德、哈文·沃斯，1987，《美国社会问题》，乔寿宁、刘云霞合译，太原：山西人民出版社。

威廉·麦克汉姆，2000，《医学社会学》，杨辉、张拓红等译，北京：华夏出版社。

廖荣利，2004，《精神病理社会工作》，台北：五南图书出版公司。

刘白驹，2000，《精神障碍与犯罪》，北京：社会科学文献出版社。

全国人大常委会法制工作委员会行政法室编，信春鹰，黄薇，2012，《中华人民共和国精神卫生法解读》，北京：中国法制出版社。

翁永振主编，1991，《简明精神病学》，北京：人民卫生出版社。

格雷厄姆·希尔编，2000，《Advanced Psychology Through Diagrams 心理学专业英语基础 图示教程》，耿文秀注释，上海：上海外语教育出版社。

周达生、戴梅竞编著，1993，《现代社会病》，上海：上海中医学院出版社。

第六章 自杀问题

人类采取了各种措施来保护生命、延长寿命。例如，创造丰富的物质财富以提高自己的生存质量，用医学技术和药品来保护健康，用法律来保护生命安全不可侵犯。然而，也有一小部分人选择了死亡。每年全世界死于自己之手的人数超过了死于他人之手的人数，死于自杀的人数比死于战争和谋杀的人数还要多。每年有 2000 万～6000 万人企图自杀，大约有 100 万人成功（佚名，2006）。

第一节 自杀是一种社会病

在某些发达国家自杀成了一种最常见的死因，柏林 15～44 岁年龄段的人口中，各种死亡中自杀是第一位；比利时、丹麦、日本、加拿大、奥地利、瑞士和瑞典自杀居第二位。2003 年世界卫生组织确定 9 月 10 日为"世界自杀日"，以"预防自杀，人人有责"为主题。世界卫生组织和国际自杀预防协会呼吁各国政府、预防自杀协会和机构、当地社区、医务工作者以及志愿者，加入当天的各项地方性行动中，共同提高公众对自杀问题重要性以及降低自杀率的意识。据世界卫生组织估计，每年全世界大约有 78.6 万人自杀，其比例为每年每 10 万人中有 10.7 人，这意味着每隔 40 秒就有人自杀。

一 我国自杀的状况

我国每年自杀死亡的人数已达 28.7 万，每人平均自杀死亡率为 23/10 万，自杀在中国死因中居第 5 位，15～34 岁年龄段的青壮年中，自杀占死因首位。据北京心理危机研究与干预中心调查，我国现在每两分钟就有 1 人自杀死亡，8 人自杀未遂，每年有 28.7 万人死于自杀，200 万人自杀未遂。（苏敏，2004）。据联合国统计，1998 年全球死于自杀的人数占疾病死亡总数的 1.8%，预计到 2020 年，这一比例将上升至 2.4%；而青年人在自杀死亡中所占的比例日益增多。统计显示，在 15～44 岁的人口中，自杀是导致死亡的三大原因之一，在 15～19 岁的青年人中，自杀是导致死亡的第二大原因（中新社，2012）。

在不同的历史时期，不同的国家都有特定的自杀倾向，这种倾向的相对烈度是通过自杀死亡总数与总人口之比来衡量的。这种数据称为自杀死亡率，通常以十万分之一来计算。通常每年 10 万人口中的自杀人数在 9.0以下者，可以归类于自杀率较低的国家；自杀人数在 10.0 与 18.0 之间者，可以归类到中度自杀率的国家；而人数超过 19.0 者，可以列为高自杀率国家。自杀死亡率不同于自杀率，自杀死亡率一般是指实施自杀行为并造成死亡后果的个体数与总人口数之比，而自杀率应当包括自杀死亡者和有自杀者行为及经过抢救得以生还者与总人口数之比。我国的自杀率在 20 世纪90 年代中期已经达到 22.20/10 万，较 20 世纪 70 年代的 18.40/10 万有明显增长（季建林，2001），其中城市自杀人数的上升可能是这种上升的重要因素。社会自杀死亡数以国家计算，中国为第一位，中国每年自杀死亡人口数为世界自杀总死亡人口的 1/3。如果将我国的自杀率放在历史框架中加以审视，会看到我国的自杀率确实一度在世界范围也处于较高水平。例如，我国的自杀率在 1987～1995 年浮动于 17.65/10 万到 16.16/10 万，在 1996～2003 年有所下降，尤其在 2004～2009 年明显下降，从 10.87/10 万降到7.17/10 万。我们认为，在所有导致全国自杀率降低的各类因素中，农村女性自杀率的下降属于一个最为关键的因素，其背后是大批农村女性从乡村到城市的劳动力迁移。这一人口流动对农村女性而言意味着对三种既往自杀风险的规避，即对原有从属地位之规避、对原有家庭纠纷之规避、对农药作为自杀工具之规避（景军、吴学雅、张杰，2010）。

自杀是行为主体蓄意或自愿采取某种方式结束自己生命的行为。自杀就是一个人对自己的生命经过周密准备后的结束。它是人的生理、心理和社会适应的异常，表现为情绪低、抑郁、思维迟钝、食欲不振、体重下降、人格解体、注意力缺乏、情欲缺乏、失眠等抑郁症的早期反应。迪尔凯姆认为，自杀即由死亡者本身完成的主动或被动的行为所导致的直接或间接结果（迪尔凯姆，1988：6）。自杀行为可以分为三个阶段：自杀意念、自杀未遂、自杀身亡。自杀从形式上分为暴力与非暴力两种行为方式。暴力形式通常采用炸药自爆、撞车、跳楼、自我枪击、自焚、自刎、用锐器或钝器自毙、切腹等。非暴力形式则采用服毒、绝食、拒绝治疗等。天津市对自杀的调查发现，自杀的方式主要有以下几种（见表6-1）。

表6-1 城市组和农村组自杀死亡方式

单位：例，%

自杀方式	城市组		农村组	
	数量	比重	数量	比重
服毒服药	38	14.9	58	41.7
自缢	45	17.6	21	15.1
自溺	63	24.7	27	19.4
跳楼	36	14.1	–	–
刎颈割血管	7	2.7	3	2.2
触电	12	4.7	12	8.6
开煤气	36	14.1	–	–
自焚	8	3.1	5	3.5
爆炸	4	1.5	6	4.4
剖腹	3	1.1	3	2.1
卧轨	4	1.5	4	2.8
合计	256	100	139	100

资料来源：黄诚等，1997。

关于自杀的方式，城乡是有差异的，这取决于自杀时的物理条件是否具备。自杀方式前三位城市组自溺占24.7%，服毒服药占14.9%，跳楼和开煤气各占14.1%。农村组服毒服药占41.7%，自溺占19.4%，自缢占15.1%，却没有跳楼与开煤气的。城市以服镇静安眠药为主，农村组以服农药、灭鼠药为主。男性多选择自缢、跳楼、自焚、爆炸、触电、剖腹等激烈方式，而女性多选择服毒服药、自溺等较温和的方式。

自杀不仅仅是一种个体的心理现象，也是人类社会的一种特殊的死亡现象。自杀，从一出现就表现为有生命、有理智的个体与社会环境的不和谐。因此，自杀在一定程度上反映了一个国家或地区的社会环境不健康的程度，以及该社会的居民心理健康水平及其对环境的适应能力。从这个角度说，自杀是有关社会精神文明建设的重要问题。

二　我国自杀的特征

对待自杀问题的研究我国一度作为禁区，处于"不调查""不登记""不统计""不研究""不发表"的状态。自杀作为特殊的死亡，对当事者、亲属和单位都是一件十分敏感的事情。"文化大革命"时期，一律从政治角度解释自杀，将自杀归因为阶级斗争的结果。自杀死亡通常列为保密资料，禁止统计与公布。由于自杀事件是非正常死亡，对自杀者和其亲属的声誉会带来不利的影响，自杀者的亲属往往希望掩饰自杀事件的真相，把它归于其他死亡原因。而且有些自杀的情况难以准确判断，如有人用"交通事故"来掩饰本身自杀的情况，有的亲属为了保险费用而隐瞒自杀真相。所以自杀的真实数据统计是十分困难的。1987年，中国的死亡原因统计与国际疾病分类接轨，开始有了具体的分项统计。

中国社会科学院人口所的杨子慧研究员首次对我国自杀问题做了定量研究，他根据卫生部1987～1995年的定点资料统计分析，我国自杀死亡率有如下特点。

第一，1987～1995年，我国城市自杀死亡率分别为9.80/10万、9.02/10万、9.30/10万、8.57/10万、9.05/10万、8.46/10万、6.72/10万、6.74/10万、7.42/10万。我国农村自杀死亡率分别为27.69/10万、17.49/10万、27.21/10万、22.46/10万、29.10/10万、25.43/10万、25.49/10万、27.05/10万、24.05/10万。从发展趋势看，城市自杀死亡率有逐年下降的趋势，而农村则呈现显著的波动状态，居高不下。从这些统计数据，我们可以明确得出我国与国际社会相比城市人口自杀处于低水平状态，而农村人口自杀则处于较高水平。

第二，农村自杀死亡率明显高于城市。1987～1995年，农村死亡率与城市死亡率相比，分别高出1.8倍、0.9倍、1.9倍、1.6倍、2.2倍、2.0倍、2.8倍、3.0倍、2.2倍。农村与城市相比，在社会卫生环境、心理环境、婚姻家庭质量、精神文明程度，以及家庭生活质量等许多方面，都落后于城市。另外，这与农村与城市人的自杀方式有关，与农村的医疗抢救条件有关，与农村人的较低的经济社会地位有关，与社会的调解机制有关。

第三，在性别方面，女性自杀的死亡率显著高于男性，无论是农村还是城市，都是如此。1987～1995年，城市女性自杀死亡率分别为男性的1.82倍、1.32倍、1.26倍、1.12倍、1.12倍、1.2倍、1.21倍、1.1倍、1.1倍；同时期，农村女性自杀死亡率分别为男性的1.37倍、1.32倍、1.36倍、1.21倍、1.30倍、1.17倍、1.25倍、1.29倍和1.35倍。农村自杀死亡率的性别差异比城市的性别差异要略大一些。这个特点表明，女性对外界不良因素的适应能力、自卫能力要比男性差得多。女性自杀的主要原因为爱情纠纷与各种家庭内的冲突，而男性方面则以经济、法律问题为主因，男女两性都是为了人际关系冲突的问题而采取了自杀的行为。但进入老年以后，这一状况有所变化，男性高于女性（杨子慧，1997）。

另外，根据1990年我国人口调查提供的人口数据、中国预防医学科学院1990～1994年疾病监测点统计数据及世界银行等国际机构所做的关于"全球疾病负担"问题的一项调研报告，北京回龙观医院临床流行病学研究室费立鹏、刘华清、张艳萍等医生运用科学方法做出如下统计：1990～1994年，我国平均每年自杀死亡324711人，农村女性自杀死亡173230人，农村15～39岁女性自杀死亡99266人。我国农村妇女的自杀死亡率为38.77/10万，比城市女性的自杀死亡率10.65/10万高许多，比城市男性9.89/10万也要高许多，甚至比农村男性27.48/10万高（郑荣昌，1998）。这个数字和世界银行等国际机构的统计数字非常接近。据世行统计，中国农村妇女的自杀死亡率比除匈牙利、斯里兰卡外的其他国家高出数倍。中国妇女自杀死亡率高于男子的现象在世界各国中更是绝无仅有的。这显然与中国社会中长期的封建意识观念有相关性，历史上有殉葬、节女烈妇、赐死等歧视妇女的封建文化传统。这与妇女自身的解放程度以及社会在维护妇女权益方面的工作效果等社会因素有关。此外，也与女性与男性的性别心理差异有关，中国妇女的群体性格相对内向，同时心理对挫折的承受力要低于男性。

第四，自杀死亡率的年龄分布具有相当稳定的规律性。无论是城市还是农村，基本上是相似的偏态的曲线，这可以定义为中国人口的自杀死亡模式。1987年、1991年和1995年我国城乡不同年龄组（间隔5岁为一年龄组）的自杀死亡率如表6－2所示。

表 6-2 1987 年、1991 年、1995 年中国分城乡自杀死亡率

单位：1/10 万

年龄组	1987		1991		1995	
（岁）	城市	农村	城市	农村	城市	农村
5~9	0.05	0.48	0.02	0.37	0.12	0.28
10~14	1.41	2.75	1.67	1.11	1.02	1.35
15~19	9.82	28.81	6.01	20.48	3.22	10.40
20~24	12.69	57.36	11.90	47.78	7.26	26.65
25~29	8.00	24.79	9.54	36.83	8.05	31.67
30~34	8.48	27.38	6.56	26.91	6.65	27.27
35~39	8.72	26.06	8.93	26.52	7.32	21.28
40~44	8.41	25.03	8.76	26.54	8.17	26.25
45~49	8.70	28.94	9.29	30.33	9.18	26.19
50~54	11.87	30.67	10.03	36.10	7.03	29.15
55~59	12.73	37.39	11.39	39.59	8.50	33.18
60~64	17.53	59.54	15.23	63.05	13.46	51.52
65~69	26.11	67.81	20.33	70.11	14.79	61.80
70~74	38.17	94.65	30.99	110.86	23.39	97.70
75~79	45.85	85.85	42.77	109.52	33.23	99.72
80~84	67.85	117.11	55.79	133.09	43.15	139.32
85~89	83.41	145.68	59.37	142.31	43.73	127.65
合计	9.80	27.69	9.05	29.10	7.42	24.05

资料来源：杨子慧，1997。

从表 6-2 可知，5~14 岁少年儿童有意识自杀，多数是由于父母离异或成为弃儿、学校学习负担过重、学习成绩不好、受人欺侮等，形成心理障碍而产生轻生行为。15~24 岁组形成低年龄段的一个突起高峰，城市和农村概无例外。为什么这个年龄段的自杀死亡率最高？这与这一年龄段正处于青年后期有关，升学、择业、择偶三个人生中的重大选择都重叠于这一年龄段。这一时期是青年的思想处于理想化时期，也是缺乏人生经验、情绪的两极摆动最大、心理的承受力最弱的时候。各种社会矛盾比较集中地反映在这个年龄阶段，其中，青年的自身需求与社会供给的矛盾最突出，青年

人对挫折最为敏感，适应能力较弱。25～29 岁组又突然下降，一直到 40～50 岁，形成一个平缓低谷，这一时期人到中年心理较为成熟，为事业而奋斗，心理相对较为平衡。自杀者的主要原因为工作或生活的挫折，如失业、分房、晋升职务、工作环境恶劣、人际关系紧张、婚姻破裂等。55 岁（城市为 60 岁）以后又陡然升高，并基本上呈直线上升，自杀原因主要是人际关系矛盾与生活矛盾，如婆媳关系不和、子女不孝顺、久病不愈、抑郁等。这与自杀者对待疾病与死亡的观念和态度有关。中国高自杀死亡率的重点群体是农村人口、女性以及 20～24 岁的青年。世界各国在自杀统计中的"三高"现象是：自杀数城市高于乡村，男子高于女子，老年高于青年。而唯独中国来了相反的"三高"：自杀数农村高于城市，女子高于男子，青年高于老年。中国自杀分布独特"三高"的原因尚需深入的研究。

我国每年有 28 万多人自杀死亡，200 万人自杀未遂，1 个自杀死亡可使 6 人受到严重影响，1 例自杀未遂可使 4 人受到严重影响，自杀死亡给他人造成的心理伤害可持续 10 年，自杀未遂可持续 6 个月。也就是说每年有 170 万成年人不得已遭受亲友自杀死亡所带来的严重心理创伤，800 万人遭受亲友自杀未遂所带来的严重伤害。基于以上假设，我国每年有 960 万人的心理和社会功能因他们所爱的人的自杀死亡或自杀未遂受到严重损害。"目前尚无办法来准确地评估因此产生的负担大小，但如果进行保守估计的话，因所爱人的自杀导致亲友的心理、社会和职业能力降低 20%，那么这会使自杀所造成的卫生负担增加 58%。"（李淑英、李淑霞，2006）

第二节　自杀的原因

他们为什么选择死亡？这对正常人来说是一个非常困惑的问题。研究自杀的原因有两种角度，一个是从社会结构的角度，另一个是从个人因素的角度。

一　社会结构的视角

迪尔凯姆于 1897 年出版了《自杀论》，他第一次将自杀作为一种社会现象进行了系统的分析研究。他在书中批驳了将自杀起因归结为心理机能因素（精神失常、遗传、种族特性）、天象（气候、季度、昼夜等）以及模仿过程的理论，用大量的事实和统计数字说明"自杀主要不是取决于个人的内在本性，而是取决于支配个人行为的外在原因"，即外部环境及带有某种共性的社会思潮和道德标准。书的中心思想是，表面上与他人无关的自杀现象归根结底可以通过社会结构和其扩散功能加以解释。他指出，自杀是表达集体弊病的形式之一，它能帮助我们理解这种弊病的实质。迪尔凯姆并不一味否定各种个别因素，也不否定某些自杀者的心理状态及与众不同的生活状况对自杀的影响，但认为它不是主要的原因，仅起间接促进作用，强调这些个人的因素也与一般的社会原因和社会状况有关系。迪尔凯姆关于自杀的主要论点有以下几个。

1. 自杀的一般情况

他通过官方统计数字的研究得出了以下规律：自杀身亡者，男人比女人多，老年人比青年人多，军人比百姓多，新教徒比天主教教徒多，独身者、鳏寡者或离婚者比结婚者多；自杀的百分比，夏天比冬天高，城市比乡村高。他在书中研究了影响自杀发生变化的社会环境，包括宗教信仰、家庭环境、政治生活和职业团体等。迪尔凯姆认为，自杀在中上层格外频繁，文人职业的自杀者最多。公职人员都是经过仔细遴选而招募的，他们构成了知识精英集团，而该职业的自杀者超过其他行业（迪尔凯姆，1988：122）。自杀倾向在知识界很强烈的根源是传统信念的削弱及精神上的个人主义状况（迪尔凯姆，1988：124）。在世界上所有的国家中，女人的自杀比男人少，她们所受的教育也比男人少得多。女人在本性上总是固守传统的。她们通过固定的信念指导自己的行为，在知识上没有多大需求（迪尔凯姆，1988：122）。

2. 自杀的三种类型

第一种利己型（egoistic）自杀，是由于个人与社会联系脱节，缺乏集体的支持和温暖以致滋生孤独感、空虚感和生存的悲剧感而造成的。这种自杀的根源是个人没有同社会融为一体。将个人限制在自己的小天地中的力量越大，社会中的自杀率越高。利己型自杀也同家庭生活缺少联系的人有关。家庭关系越是亲密，个人自杀现象就越少。新教徒自杀之所以较多是由于它不像天主教徒结合得那样紧密。第二种利他型（altruistic）自杀，是个人为某种主义或团体竭尽忠诚而舍身的结果，即自杀者出于高尚的信念，如为宗教信仰或义无反顾的政治忠诚而献出自己的生命。这种自杀在现代军队中仍然存在。第三种失范型（anomic）自杀，它的产生是由于个人缺乏社会约束的调节。这种自杀类型主要发生在社会大动荡时期，因这时个人觉得失去改造社会、适应新的社会要求的能力，失去与原有社会的联系，继而产生极大的恐慌和困惑。

3. 到社会结构中寻找自杀的原因

自杀者的行为乍一看是个人性格的表现，实际上，却是从属于一种社会条件的，是该社会条件的外在表现。任何一种人类社会都或多或少地存在自杀倾向，每一个社会集团对这种行为的确都有其独特的集体倾向。这种倾向是个人倾向的根源而不是其结果。它来源于利己主义、利他主义、动荡混乱等社会潮流，同时受由这些潮流引起的消沉忧郁、愤世嫉俗和悲观绝望等情感的影响。这种整个社会实体的倾向影响着个人，使他们走上自杀的道路。通常被认为是自杀首要原因的个人经历的影响只不过是借助自杀者的社会道德观而实现的，它本身只能算社会道德的回声而已（迪尔凯姆，1988：259）。他们悲伤当然来自外界，但并不是来自生活中的这个或那个事件，而是来自他所属的社会阶层。这就是几乎任何情况都能成为自杀诱因的道理。关键要看社会性的自杀倾向对个人的影响有多大（迪尔凯姆，1988：260）。

4. 群体的整合对自杀有化解作用

迪尔凯姆在研究自杀时发现：自杀与宗教团体的融合程度成反比关系，自杀与家庭关系的融合程度成反比关系，自杀与政治团体的融合程度成反比关系。这三种不同的团体虽然对自杀都有一定的影响，但这不是由每个团体本身的特点所促成的，而是由三个团体的共同特点所促成的，即它们都是紧密融合的社会团体。因此，结论是自杀与由个人组成的社会团体的融合程度成反比关系（迪尔凯姆，1988：165）。

5. 个人主义是利己型自杀的主要原因

迪尔凯姆认为，我们可以把那些由于极端的个人主义而产生的特殊的自杀类型叫作利己型自杀。自杀为何有这种根源呢？首先可以说，由于集体力量是最能抑制自杀的因素之一，集体的削弱必然带来自杀的增加。当团体紧密团结时，它便把个人都紧紧地控制在自己的周围，使之为团体服务，因而禁止他们随便自杀。同样，团体也反对他们以死来逃避自己的责任。但是，个人拒绝把团体作为合法的事情接受过来时，个人便是自己生命的当然主宰者，他们就有权结束自己的生命。对他们来说，他们没有任何理由要耐心地忍受生命的折磨。只有当他们归属于他们所热爱的一个集体时，他们才会坚定地活下去，因为这样才不会背叛比个人利益更重要的集体利益。共同的事业把他们联合起来，使他们珍惜生命，而他们拟定的崇高目标使他们忘掉了个人的痛楚。在一个和睦、充满生机的团体中，集体的意见和情感经常被传达到个人中间，而个人的意见和情感又被传达到集体中去，这种交流就像一种相互的道义支持，使个人不至于感觉到自己被抛弃而去寻找自己的出路，相反，却把他们引到分享集体力量的路上。这样，在个人力量衰竭时，他们还能继续保存活力（迪尔凯姆，1988：167）。

极端的个人主义不仅使人逃脱保护圈而随意结束自己的生命，而且促成了自杀。人必须有某种理由才会生存下去，必须有某种目的才能证明生活的考验是值得的，否则生活就无法忍受。个人并不能作为自己的目标而存在，个人太渺小了。因此，当我们的目标只是我们自己时人们不禁会想到，最后我们的一切努力都将落空，因为我们会消失的。毁灭吓坏了我们，在这些条件下，人们会失去生活的勇气，失去行动和斗争的勇气，因为我们放弃了一切努力（迪尔凯姆，1988：167）。我们需要生活的目标，目标是不能失去的，否则人的活动就失去了存在的理由。在这样的一种混乱状态下，哪怕是小小的挫折也会轻而易举地使我们下决心了此余生。在这种自杀中，利己主义不仅是促成因素，而且它本身就是导致这种自杀的原因。在这种情况下，由于人和社会联系起来的纽带本身就很脆弱，那么把人与生存联系起来的纽带自然也很松弛。孤独的个人生活似乎是自杀的直接原因，并被认为是自杀的决定性因素。最普遍的占自杀总数大部分的形式是利己型自杀，其典型特点是由过分自我化引起的压抑和冷漠。个人对生命毫无兴趣，他自己与现实相联系的唯一中介物是社会。他对自己和自身价值爱得过分强烈，自我是他唯一的目标。这个目标又不可能满足他，存在对他来说毫无意义了（迪尔凯姆，1988：307）。迪尔凯姆对利己型自杀的分析是十分深刻的。

6. 利他型自杀的原因

迪尔凯姆认为，利他性自杀不是表示某种权利的行使，而是一种义务。如果不履行这种义务，就会身败名裂。在利他型自杀中，死是由社会宣判的；在利己型自杀中，社会则禁止选择死亡。利他型自杀是社会为了自己的利益而强加在自杀者身上的。当他们采取自杀时，公众舆论是赞成的，既然不贪恋生命是一种美德，社会给自杀者以荣誉，而这种荣誉又反过来鼓励人们去自杀。任何拒绝荣誉的人其结果跟受惩罚不会有什么两样。在这种文化背景下，人们从孩提时代起就习惯于贬低生命的价值，蔑视那些贪生怕死的人。所以，他们不可避免地要找各种借口，哪怕是最轻微的借口来结束自己的生命（迪尔凯姆，1988：179）。

利己型自杀与利他型自杀的不同之处在于：利己主义者觉得世上只有个体才是真实的，因而他们感到不幸福；而狂热的利他主义者正好相反，他们之所以痛苦，是因为他们认为个体完全不真实。前者厌倦生活，因为他们没有找到自己追求的目标，他们觉得自己没有用，有一种失落感；后者则不然，他们厌倦生活是因为他们有目标，但目标不是今生今世的，因而生命成了累赘。起因不同后果也不同，前者的忧郁是一种不可救药的厌倦和沉重的压抑感，它表现为对活动的完全放弃；后者的忧郁是从希望中产生的，因为它是由于相信美好的远景今生没法实现而产生的，这种忧郁甚至隐藏着激情和坚强的信念，使人热情地寻找实现这种信念的手段（迪尔凯姆，1988：182）。

7. 失范型自杀的原因

迪尔凯姆认为，一个规范只当人们认为公正而甘受约束时才有真正的效力（迪尔凯姆，1988：210）。老的标准被打破了，新标准又不能建立。失控的社会动力没有达到新的平衡，这段时间各种价值观都无一定，规则标准也无从说起。可能与不可能之间的界限模糊不清，人们很难区分什么是公正的，什么是不公正的，什么是合情合理的，什么是非分之想。由此，人们的欲望便失去了约束。社会生活的剧烈变化也自然而然地使欲望迅速增长。就在传统约束失去权威的同时，可望得到的报酬越厚，刺激就越大，欲望也变得越迫切，越不受控制。在这最需要限制激情的时刻，限制却偏偏更少了，脱缰野马般的激情更加剧了这种无规则的混乱状态（迪尔凯姆，1988：212）。人们得不到满足便总是处于激动不已、焦虑不安的状态之中。贫穷可以防止自杀，因为它本身就是一种控制，一个人越是感到自己能力无限，对客观存在的限制就越不能容忍。贫穷实际上是培养自我抑制的最佳教练。它迫使人们不断自我约束，也就能够坦然地接受社会规范的约束。财富则使人忘乎所以，激起对抗心理，从而走向邪恶（迪尔凯姆，1988：

213）。在社会约束制度健全的情况下，人们相对来讲更能承受命运的打击。鉴于他们已经能适应困难与压力，新的苦难给他们精神带来的负荷也相对较小。一生狂热追求的人们很难接受失败，他们具有"镜花水月"的心态。雇主的自杀率超过工人、经济自主阶层自杀率之高充分说明生活越舒适的越经不起冲击（迪尔凯姆，1988：216）。

8. 自杀是有规律的

为什么自杀率比死亡率还稳定？这些单独的自杀行为看起来似乎互不关联，实际上必是同一个起因或同一组起因的结果。否则，我们无从解释这些相互并未沟通的个人意愿在每年中总使同等数目的人找到同样的归宿。因此，在他们共处的环境里，必然有一种力量促使他们走向同一方向，这种力量的大小决定自杀人数的多少。这种力量产生的效果并不随生理的或物质的条件，而是随社会环境而变化。这种力量是集合的，集体中的每一个人都受到同一倾向的影响。它决定了自杀人数的多少。各个社会都有其在短时间内保持不变的特点，而自杀倾向又来自各社会阶层的精神特性（迪尔凯姆，1988：246）。当自杀这种精神行为以同等数量多次重复的时候，我们也可以认为它是由个人以外的某种动力决定的。鉴于这种动力必定是精神上的，而除个人外，世界上的精神结构只有社会，所以这种动力必定是社会的（迪尔凯姆，1988：268）。既然每年自杀的人并未形成一个自然集团，相互间也无联系，那么稳定的自杀数字只能归结于某种超越个人、控制个人的因素的影响（迪尔凯姆，1988：271）。所有现存的观念都是视社会情况之不同按不同比例组合利己主义、利他主义和某种动乱性的产物。这三种思潮在任何人身上都共存，并把人的意愿拉向三个不同甚至相反的方向，如果他们互相抵消，人的精神便处于平衡状态，从而避免了自杀的念头，但如果其中之一渐渐增强乃至达到损害其他两者的程度，那么，它一旦影响个人便会产生自杀的诱因（迪尔凯姆，1988：277）。

9. 文明社会是反对自杀的

自杀因背离作为道德基础的人性原则而遭到贬斥。任何形式的自杀都非法律和公德所容（迪尔凯姆，1988：313）。自杀风潮可能源自一种伴随文明脚步，然而又不是文明发展的必要条件的病态状况（迪尔凯姆，1988：319）。自杀被划为不道德的行为，因为它否定了人的道行信仰。人一经被认为是神圣的，无论个人或集体都无权随意处置。任何对其袭击都必须被禁止。尽管罪犯和受害者是同一个人，但由此而产生的恶劣的社会影响并不因此而有所减弱。如果用于暴力手段毁灭人的生命被认为是一种亵渎，那么在任何情况下我们都不能容忍它，任何做出让步的集体性观念都将丧失力量（迪尔凯姆，1988：219）。迪尔凯姆认为，哪里的大众观念和意识有力地引导着个人的生活，并且谴责自杀行为，哪里的自杀率就低。反之，哪里的大众观念一味强调个人主义、变革精神和自由思想，放松对个人的控制，削弱个人对社会的依附，哪里的人就容易走上自杀的道路（迪尔凯姆，1988：2～3）。

迪尔凯姆《自杀论》的最大价值在于提示了由资本主义社会的各种危机造成的自杀现象的社会本质。但他仅仅将自杀这一社会危机的原因归结为社会变化速度过快、道德意识未能同步，是不够全面的，也没有对造成这种危机的更深刻的社会原因即资本主义社会制度本身矛盾进行分析。他的研究是开创性的，他的方法论给予后来的研究者以根本性的启发。

经典链接：《自杀论》

《自杀论》（1897）是法国著名社会学家埃米尔·迪尔凯姆（Emile Durkheim，1858－1917）的经典之作。迪尔凯姆在书中批判了关于自杀的个体心理学等理论，建立了社会事实范式，分析自杀，从而阐明了作者对个人－社会这一经典社会学主题的观点，强调社会整合与自杀之间的密切关联。迪尔凯姆将自杀分为利己型自杀、利他型自杀、失范型自杀和宿命型自杀等四种类型。本书奠定了社会学实证主义的基本研究范式，进而确立了社会学独特的学科地位。迪尔凯姆对自杀的研究也为西方社会学中的有关偏差行为的研究奠定了重要基础。

二 个人因素的视角

1. 从个人遭遇的困难中找原因

因为在现实生活中，人们自杀的主要类型属于利己型自杀，所以研究者试图从自杀者个人的挫折中去找原因。人们之所以存在毁灭自己的愿望，是因为他不想生存下去。他之所以不想生存下去是因为他无法生存下去。那么，我们所要研究的是导致他们无法生存下去的因素，引起他们丧失生存信心的痛苦的源泉。自杀是人的身体与心理、家庭、社会生活、人际关系等各种错综复杂的因素交织在一起所产生的一种社会病。自杀是自杀者意志和行为的统一，是客观因素和主观因素交互作用的结果，其中作为客观因素的客观存在，对自杀者自杀意志的生成与付诸行动起着主要作用。

国外心理学家曾对那些自杀未遂者进行深入研究，得出的结论是，大多数自杀者均表现出不同程度的认知方式的缺陷：极端的思维指"非此即彼""非好即坏"的思维、认知僵化、问题解决不良、自传式记忆、绝望及功能失调性假定，以及对将来的判断存在偏见等（张潮，2013：306）。具有上述特征的人，在面临应激或危机时容易发生自杀行为。国内学者回归分析和路径分析显示，心理疾病倾向是自杀意念最直接的影响因素，认为个人内在素质不健全及高级神经活动的稳定性差，并非超强的刺激也会引起强烈的情绪反应，其结果表现为自杀意念被付诸实现（孙彦杰，2005）。我国有关部门的工作人员，从专业性角度对自杀者做了一些定量的统计。

1989年1月~2003年12月，武警山东总队医院急诊接诊420例自杀未遂患者，对自杀诱因进行分析，样本男75例，女345例；13~20岁19例，20~40岁386例，40岁以上15例；未婚178，已婚242例；大学生16例，初高中学生19例，居民及农民385例。自杀手段以服毒方式为主，包括安眠药、农药、灭鼠药、蚊蝇杀虫剂、强酸强碱等，其他如割腕、自缢、煤气等。自杀诱因包括：学习问题，多见于学生来自家庭及学校的压力；情感问题，多见于失恋、婚外恋；家庭问题，夫妻争吵、打斗以及婆媳、邻里关系矛盾；生理功能障碍或久病绝望。需要说明的是，服毒通常是女性常用的自杀手段，而男性往往采用更加剧烈的自杀手段，因此，这一样本群体对女性更具有说明性（郭庆兰、张郦，2006）。该统计资料显示男女之间的纠纷成为女性自杀的主要矛盾源，男女之间的问题包括失恋、同居、婚前怀孕、外遇、嫖娼等，这些问题的原因可以归结为情感不成熟。我们可以得出结论，女性自杀的原因主要地来自人际冲突。

城市组自杀原因前三位为人际关系矛盾、婚姻矛盾、久病厌世，农村组为婚姻矛盾、人际关系矛盾、久病厌世（见表6-3）。

表 6-3 城市组和农村组自杀死亡原因

单位：例，%

自杀原因	城市组		农村组	
	例数	比重	例数	比重
人际关系矛盾	102	39.8	27	19.4
久病厌世	48	18.7	23	16.5
婚姻矛盾	49	19.1	53	38.1
精神失常	16	6.2	10	7.2
畏罪自杀	12	4.6	4	2.8
丧偶孤独	20	7.8	16	11.5
生活困难	5	1.5	4	2.8
其他	4	1.5	2	1.4
合计	256	100	139	100

资料来源：黄诚等，1997。

城乡自杀死亡原因以各种人际关系矛盾（婚姻矛盾也属于人际关系矛盾）为主。在人际关系矛盾中突出表现为家庭纠纷，父母和子女之间价值观念和生活态度矛盾日益激烈。台湾有一项研究也证明自杀的主要原因是人际关系的矛盾，可归类为爱情纠纷、夫妻不和、与家人冲突、与他人冲突、经济和法律纠纷等人际关系冲突。通常当自杀的病人被送到急诊处时，大约有85%的病人都可以从面谈中得知其自杀的直接因素。在男性方面，自杀的主要原因是与家人冲突（21%）、爱情纠纷（15%）、经济法律问题（14%）等；而女性方面则以夫妻不和（32%）、爱情纠纷（24%）及与家人冲突（15%）为多（林宪，1978）。

2. 从个人精神的角度找原因

自杀行为是个体适应不良的产物。它是人的生理、心理、社会因素相互作用的结果。不健康的个体心理会降低人适应社会的能力。而不良的社会环境因素会妨碍人们良好的心理品质的形成。社会环境因素对于个体来说，是促成自杀的外部诱因，而真正和最终起决定作用的还是个人的心理因素，包括个人的世界观、人生观、价值观和个人适应社会生活的能力、心理的承受力。有的学者认为，我国有47%的自杀是精神或心理疾病所引起的（丁晓平，1995）。调查显示，每年我国以自杀方式结束生命的 30 万人中，80% 的自杀者患有抑郁症。由此说明，抑郁症是人们自杀的首要原因（李淑英、李淑霞，2006）。抑郁症表现形式为自卑、焦虑、孤独、恐惧等情绪障碍，而最关键的是存在自我意识的混乱与偏移。发展心理学研究成果发现，2~3 岁的幼儿无法区分睡眠与死亡的差别，6~8 岁儿童已经能够理解死亡的确切意义。大多数人从 8~10 岁开始意识到死亡的普遍存在，并知道自己总有一天也会死亡。可见自杀这种人类意识也是后天习得的，只有发展到一定年龄阶段才会形成。有的学者将自杀分为常态心理的自杀与变态心理的自杀。前者取决于客观环境因素的诱因强度与主观对心理冲突的耐受力。后者与心理障碍密切相关，轻度的心理障碍有神经症、人格障碍、性变态、酒精和药物依赖、适应障碍等；严重的心理障碍即重性精神病、躯体疾病伴发的精神障碍、精神分裂症、躁狂抑郁症、偏执性精神病，严重的反应性精神病等。多数企图自杀的人，多半处于神经症或忧郁症状态，即有心理障碍。这些心理障碍表现在心理过程中主要体现为情感上的悲观、孤独和抑郁，意志薄弱和失控以及认识上的固执与狭隘（缪锋，1997）。当然，每个自杀者的原因是不同的。在一个社会快速变迁的情况下，有些人难以适应社会环境，会产生严重的焦虑。例如，在"文化大革命"中，许多干部、知识分子因政治焦虑、压力而自杀；在我国经济由计划体制转向市场体制时，有的企业家因破产、职工因失业、投机者因炒股失败等经济因素，也会自杀，不少人是在头脑清醒的状态下采取的自杀行为。富士康集团自 2010 年上半年连续发生的 13 起员工自杀事件，也是在管制过严的压力下产生的。

第三节 自杀控制

自杀是一种有规律可循的行为过程，它有一个发生、发展到既遂的过程。自杀者在自杀前，或决定自杀时，内心总是充满了痛苦和绝望。在心理矛盾冲突阶段，自杀者会经常谈论与自杀有关的问题，预言、暗示自杀，或以自杀来威胁别人，从而表现出直接或间接的意图。如果这一阶段能及时得到别人的关注或在他人的帮助下找到解决问题的途径，自杀者很可能会减轻或打消自杀的企图，这也是自杀行为可以预防和救助的心理基础。

学者通过大量预防自杀的安全研究认为，自杀者从萌生自杀意念到实施自杀行为，不论采取那种形式，都表现出时间长短不一、程度显隐有别的预兆。对某省会城市 3 所综合医院 100 例自杀未遂连续样本及其家属进行面对面晤谈结果发现：自杀未遂者 44% 在自杀未遂前 1 月内明确向旁人表达自杀意念，50% 在自杀当日与人发生争吵，48% 在自杀之后给别人以明确自杀信息。结论是自杀未遂者在自杀行为发生前后均有一定的征兆和线索（刘连忠、肖水源，2002）。

一　观察自杀预兆

我们可以通过观察法、谈心法、调查访问法等了解和鉴别自杀高危人群，达到防范目的。使用心理测量工具对自杀高危人群或自杀未遂者进行心理测量。用期望量表测量自杀群体的失望指标。

一般情况下，人们判别自杀者与平时相比不同的预兆有以下几种。

（1）有明显的精神性挫折因素，心理持续郁闷、情绪低落。

（2）饮食失调，长期严重失眠，工作积极性、学习成绩下降。

（3）有过自杀未遂史，说过要自杀者，家庭亲友或近邻中曾发生过自杀者，谈论过自杀并考虑过自杀方法。

（4）与父母、亲爱者或朋友的关系破裂，缺少初级群体支持者、退出社交圈的人。

（5）在自杀前夕，将自己的珍贵东西送人，并不同程度地做好后事的安排。

（6）身患不治之症或有严重疾病的人。

（7）收集与自杀方式有关的资料并进行探讨，讨论自杀工具。

（8）流露出绝望、无助以及对自己或这个世界感到义愤。直接说出"我希望我已经死了""我再也不想活了"之类的话；间接地说类似"现在家人也帮不上了"的话。

（9）将死亡或者抑郁作为谈话、写作、阅读内容或艺术作品的主题。

自杀预兆是在常态下自杀者的一般表现。在生活中，有不少自杀者是在突如其来的外界刺激下走上绝路的，如突然闻讯亲人逝世的噩耗、罪行败露无遗、身患绝症、丢失巨款等。及时发现并积极关注这一部分高危人群，对他们加强监护、进行合理帮助、避免唤起其自杀意念是自杀预防的重要途径。国外心理学家贝比认为，自杀意图可在精神检查中，通过三种迹象观察出来。其一，许多人自杀前表现为自暴自弃，认为活着没有意思，因此最好马上就自我结束。其二，原先一些郁郁寡欢者，突然表现得莫名的欢快，因为他曾为要不要自杀而搞得心力交瘁，一旦决定要付诸行动时，会对自己的决定感到轻松愉快，似有"解脱感"。其三，在接受精神检查时，他们的思维运动呆滞，回答问题缓慢而又吃力，流露出生活是不可克服的困难的想法，悲观失望和压抑情绪较为显见。自杀的预兆尽管因人而异，有隐显之别，但在很大程度上可以为人所察觉，这为预防自杀提供了可能（杨鸿台，1997：183）。

我们要将注意力放在自杀的高危群体上。自杀高危群体往往应对生活中困难的能力与承受挫折的心理能力较弱，通常高危群体包括以下六类。①青少年群体。青少年心理不成熟，当他们受到挫折，得不到理解及支持时，他们企图逃避困难，在绝望时轻率决定自杀。②农村妇女群体。农村妇女文化素质较低，传统思想意识较浓厚，在人际矛盾的纠纷中，总是处于弱势无助的地位，当矛盾激化时，往往会采取自我摧残的手段来得以解脱。③老年人群体。这一群体体弱多病，心理孤独，丧失精神支柱，易于自杀。④大学生群体。这一群体有强烈的情感、很高的期望，往往与现实发生冲突，而处理矛盾的能力较弱，易产生精神性挫折，走向极端。⑤同性恋群体。同性恋自杀情况要比其他同龄青少年高 2～3 倍。在每年自杀的青少年中，同性恋占较大的比例。当青少年意识到自己具有同性恋和双性恋倾向时，往往会产生忧郁、震惊、自我憎恨、挫折感，想保持秘密而焦虑重重，他们因为缺少同伴的认同，家长不愿或不能提供情感支持，无法得到学校、社会的帮助，很容易自虐甚至自杀。⑥精神病群体。尤其是忧郁心理疾病患者易产生自杀倾向。

二 预防自杀措施

国际上已经形成自杀的三级预防模式。一级预防措施是指为防止引起致命后果的行为而采取的措施，目标在于降低自杀死亡率，这些措施包括治疗精神疾病患者、控制枪支、进行家用煤气和汽车排出废气的去毒化处理、控制有毒物质获得途径、缓和新闻报道等。有关研究表明，减少自杀手段的可获得性，如在一般人群中有效地控制毒物的使用可降低自杀率，也不会造成其他自杀方法使用的增加。二级预防指对处于自杀边缘的人进行早期干预，其措施包括自杀或危机干预机构的建立、控制造成自杀的便利途径、加强急诊服务等。三级预防则指对曾经有过自杀未遂的人防止其再次出现自杀，其措施包括：心理咨询和早期危机干预；加强对高危个体的药物和心理治疗；开展对导致自杀的环境因素的研究；通过诸如职业训练、提高教育文化水平、调整易导致自杀的亚文化心态等措施以尽量减少环境文化对自杀观念或行为的影响，从而有效地预防自杀和矫正歪曲的行为方式（佚名，2011）。科学的预防应该有如下措施。

1. 注重健康的人格培养

自杀是用以结束生命的极端手段，表示对自我生存价值的否定。判断生命的价值离不开生命的质量，生命质量一是生理素质质量，指根据身体和智力的状态，来区别健全人和不健全人的标准。二是人文素质质量，即从社会文化的角度审视和判断生命的意义、目的，以及与其他社会成员社会道德等方面的彼此影响和作用。《世界卫生组织宪章》开宗明义地指出："健康不仅仅是没有疾病和病症，而且是一种个体在身体上、精神上和社会上的完全安宁的状态。"由此可见，一个人的健康不仅包含了对生理肌体的要求，同时也包括对心理机制的要求，是生理肌体健康与心理机制健康的统一。富兰克说："我们应该怎样去铲除自杀的根源呢？应该通过改进教育大业，应该同时培养智慧和性格，思想和信念。"（迪尔凯姆，1988：323）我们在社会化中要进行挫折教育，在讲人生中光明美好的同时，要讲坎坷与荆棘，要有针对性地批评各种颓废哲学思想和伤感文学作品，培养青年人直面人生、勇敢拼搏的精神和对逆境挫折的心理承受能力。作为一个现代社会的公民，应该具有健康的心态和人格。一个不倦地追求人生理想与人生价值的人，一个勇于承受挫折同坎坷命运抗争的人，通常热爱生活，有着坚定的生活信念和高尚的人生境界，不会想到自杀。而自负、自傲、偏执、狂躁、没有自我反省精神的人格，在生活中会陷入无穷的烦恼、失落、失望的情绪，甚至轻生。

2. 建立自杀劝阻中心

为了降低不断上升的自杀率，国际上成功的经验是建立自杀劝阻中心。这些中心配备有热线电话和能够个别地给想自杀的人解答问题的专职咨询辅导员，他们每日 24 小时服务，任何想寻短见的人，白天黑夜任何时候都可以与他们联系。对自杀者而言，推心置腹和坦率真诚的谈话，对正在遭受折磨的敏感心灵，是一副特效的良药，是一种有效的心理宣泄。人们往往在最痛苦的时候或最后尚存一丝希望时，拨通信任电话求助，向这些看不见的对话者吐露实情以摆脱不幸。信任电话是来自社会的仁慈有效的举动，是用现代化通信工具解决自杀问题的好办法。自杀者可以与距离很远的心理医生交谈，不用预约，联系起来很快。匿名通话使人有安全感。打电话不用手势与表情，只用语言表达清楚自己的思想及遭遇，这样可使本人能清理一下自己的思想。因此，信任电话被全世界所采纳作为挽救自杀的一种有效的措施（金宗美，1992）。中国第一家专业性的危机干预中心（Crisis Intervention Center）于 1991 年 7 月 1 日建立于南京。危机干预是对处于困境或遭受挫折的人、情绪抑郁具有轻生意念的人予以咨询和帮助。它属于短期心理治疗，是支持性治疗与咨询治疗两种心理治疗的综合，具体步骤是主动倾听和鼓励救助者重建信心，使其相信自己有巨大的潜能与资源，通过发挥自己的能力和智慧完全可以应付困难，在新的水平上达到心理平衡。危机干预中心的干预方式采取电话服务、门诊、书信、电话咨询和社会（家庭、单位）干预方式。"在北京回龙观医院设有北京心理危机研究与干预中心，并开设了 24 小时心理援助热线 800 - 810 - 1117 和82951332，免费为市民提供热线心理危机干预服务。截至目前，中心已经接听的热线来电超过 19 万人次，其中对自杀高危来电干预 8000 余人次。"（王君平，2013）

3. 采取形象教育

青少年对某些道理可能一时不能理解接受。国外社会工作者与精神病学专家将自杀的危险性制作成影片、录像资料，让青少年认识自杀的丑恶与后果。如美国一个医院的精神病科的主任维克多洛夫博士带着一部自己编制的自杀警告片，到本地各中学去放映，让学生认识自杀的丑恶后果。他说："我让他们看一些少年人自杀时的创伤情况：有割伤手腕的、用刀插进肉体的、上吊的、开枪打死自己的。我让他们看化学剂腐蚀了嘴巴和胃部造成的画面。我告诉他们，当一名企图自杀的人被人抬进医院急诊室的时候，要发生一些什么事。我让他们看用来洗胃的鼻插管，用以缝合伤口的器具，还有用来抢救中毒或绞杀的自杀者做气管切开手术的工具。我让他们看到的这一切东西引起极大的震动。但是事前与这些枪啊、刀啊、毒药啊等等吓人的东西打交道，不是远比在事后和它们打交道好多了吗?"（柏忠言，1983）每放映一部自杀警告影片之后，维克多医生都会收到好几十封学生、家长寄来的信，感谢他帮助他们认识到了潜在的问题，孩子们更愿意将心里话告诉教师和家长了。

4. 减少渲染自杀情绪、自杀气氛的报道

在大众传播媒介中，加强正确的引导，对自杀的事件不宜大肆报道，以减少青少年的模仿。每报道一起自杀案件，在较短的时间内，当地的自杀率总会升高，这是一个规律。在低龄的自杀者中，孩子常常认为自杀是逃避冲突和困境的最好途径。他们求死的想法是突然产生的，而且是短暂的。他们会求助于当时在身旁的任何一种工具去实现这种愿望。临时的刺激会引导一些孩子走上不归路。孩子在童年和少年时代，对心理创伤和打击特别敏感，如失去亲人、经常性的家庭冲突、各种各样的疾病等，往往导致孩子们压抑过多，产生一种无力反抗的情绪，其结果不是强化了侵犯性，而是想逃避到另一个世界中去。与孩子的沟通和对其的理解能化解孩子的大部分自杀。宣传媒介的管理机构要加强与自杀有关的信息的管理，不能为了猎奇而不负责任地对自杀进行片面报道。

5. 开展预防自杀的组织工作

我国的大城市开始出现民间的"自杀预防热线"，在一些高校中也有心理咨询组织，但组织程度和力量还弱小，不足以应对社会发展的需要。我国的自杀预防工作总体上还处于零散的、自发的、民间的起步阶段，至今还没有将预防自杀工作纳入社会救助体系中。预防自杀是一项十分有意义的社会慈善工作，应该做宣传工作，动员社会上现有的资源，支持自杀预防工作。在我国应该建立以社会工作者为主导的预防自杀的救助体系。这项工作可以由卫生部、民政部牵头，也可以由群众团体如妇联、共青团参与和领导，将各种救助系统建立起来。部分的启动资金可以由政府提供或社会慈善基金资助，政府的关心与推动起着"初始动因"的作用。当这项工作逐步走上轨道后政府就可逐渐放手，过渡到社会救助体系。

6. 培养预防自杀的专门人才

从社会发展的趋势来看，随着社会运行节奏的加快，自杀率上升是必然的趋势。这需要有受过专门训练的工作者进行预防自杀的工作。我国的医学院精神科要培养预防自杀的专业人才，高校的社会工作专业也可以设立预防自杀的相关课程。目前，可将分散在社会上的各种力量组织起来，成立全国性的"自杀研究学会"，指导各地开展自杀预防工作；出版专业性的自杀学术刊物，加强对自杀的学术探讨，进行自杀的科研与预防宣传；在科研上学习国外的研究成果，加强我国的预防自杀的教育研究。

7. 加强职业团体的凝聚力

迪尔凯姆一再强调职业团体对自杀的治疗作用。他认为，防治自杀这一病根的唯一方法是恢复社会组织的统一性，使它能把个人紧密地团结在自己的周围，使个人产生依恋集体的感情。"什么样的团体才是最有益于身心健康、团结友爱，最能给人留下深刻印象的团体呢？这只能是职业团体，这种团体本身的性质就是证明它能起预防作用。它是由职业相同的人组成的，这个条件最有利于培养他们的社会思想和社会感情。职业团体能独立成为一个道德环境。不管人走到哪里，职业团体总是伴随着他们，职业团体在不断地提醒人完成自己应尽的义务，陷入困境时感觉到职业团体在提醒他们完成自己应尽的义务。"（迪尔凯姆，1988：331）在现代社会中，人们都在一个或几个职业团体中工作。人们在生活上可以封闭，工作之余个人可以深居简出，不与人交往，但在工作上无法封闭，必须与人交往。而在职业团体中人们的互动是不可缺少的，领导和同事是可以相互了解的。职业团体有机会也有能力发现自杀者的异常现象，及时帮助当事人摆脱困境。

本章要点：

1. 我国自杀问题的状况
2. 我国自杀问题的特征
3. 自杀的原因分析
4. 自杀的预兆
5. 自杀的预防

关键术语：

自杀　利己型自杀　利他型自杀　失范型自杀

推荐阅读文献：

埃米尔·迪尔凯姆，1988，《自杀论》，钟旭辉等译，杭州：浙江人民出版社。

樊富珉、张天舒主编，2009，《自杀及其预防与干预研究》，北京：清华大学出版社。

季建林，2001，《医学心理学》，上海：复旦大学出版社。

季建林、赵静波编，2007，《自杀预防与危机干预》，上海：华东师范大学出版社。

贾米森，2011，《生命逝如斯——揭开自杀的谜题》，一熙译，重庆：重庆大学出版社。

库少雄，2011，《自杀：理解与应对》，北京：人民出版社。

李建军，2007，《自杀行为的社会文化研究》，贵阳：贵州人民出版社。

陆丹、张越，2002，《迪尔凯姆社会学方法论及其现在价值——〈自杀论〉的社会学方法论解读》，《东南大学学报》（哲学社会科学版）第 6 期。

吴飞，2007，《自杀与美好生活》，上海：上海三联书店。

吴飞，2007，《自杀作为中国问题》，北京：生活·读书·新知三联书店。

杨子慧，1997，《中国城乡人口自杀死亡研究》，《中国人口科学》第 2 期。

翟书涛，2002，《自杀原因的研究现状》，《中华精神科杂志》第 2 期。

周德新，2006，《大学生自杀现象的社会学解读》，《湖南文理学院学报》（社会科学版）第 5 期。

第三编

越轨群体社会问题

第七章 吸毒问题

每年的 6 月 26 日是"世界戒毒日",口号是"热爱生命,远离毒品"。之所以要设立"世界戒毒日",是因为日趋严重的毒品问题已成为全球性的灾难,可以说没有哪一个国家是一片净土,没有哪一个地区能摆脱毒品的困扰。据联合国禁毒署 1997 年度报告,10% 的世界人口卷入了毒品的生产和消费。据联合国统计,截至 1998 年,全世界吸毒人数已达 1.9 亿,全球每年的非法毒品交易额高达 10000 亿美元,居各类交易之首(佚名,2000)。专家估计,全球有吸食各种毒品的"瘾君子"约 2 亿人,其中有 1.47 亿人离不开大麻,约 3000 万人需要安非他明类兴奋剂,有 2000 多万人吸食鸦片、海洛因或可卡因,还有数百万人依赖冰毒(方祥,2009)。2011 年,与毒品有关的死亡人数估计为 21.1 万(联合国,2013)。因吸毒致残的有 200 万人左右,而丧失劳动力的有 1000 万人左右。吸毒这一行为在绝大多数国家被视作非法行为或越轨行为。

第一节 我国毒品泛滥状况

中国人民在历史上经历了两次鸦片战争,曾经存在一个庞大的吸食鸦片的群体,深受鸦片烟毒之害。新中国成立不久,我国政府采取坚决措施,在全国范围内开展了群众性的声势浩大的禁毒运动,通过收缴毒品、封闭烟馆,缴获鸦片类毒品 339 万余两、制毒机械 15716 套、用于武装贩毒的枪械 882 支;同时,严厉惩办制贩毒品的犯罪分子,查实以种植、贩运、销售毒品为业的人员 369705 名,8 万多名毒品犯被判以徒刑,800 多名毒枭被判死刑。经过强制戒毒和教育自戒,2000 多万吸毒者戒除了毒瘾。结合农村土地改革,依靠翻身农民根除了 100 万公顷罂粟种植。短短 3 年,就基本禁绝了危害中国百余年的鸦片烟毒，取得了举世公认的伟绩（袁永源，1994：100）。这是人类历史上唯一一次在一个国度内禁毒成功的范例。那么，对人类危害如此严重的毒品，究竟是什么东西？

主题链接："金三角"

所谓金三角（Golden Triangle），就是指位于东南亚泰国、缅甸和老挝三国边境地区的一个三角形地带，这一地区因长期盛产鸦片等毒品，是世界上主要的毒品产地，而使"金三角"闻名于世。19世纪末到20世纪初，英、美、法等国先后到该区传授种植、提炼、销售技术，并对鸦片采取收购，20世纪50年代这里形成了第一个鸦片生产高潮，接着出现60年代的"黄金时代"，产量从数十吨上升到200吨左右，到80年代初，产量已达700吨，1988年增至1200吨，1989年翻一番，产量达2400吨，1991年已突破3000吨大关。直到2005年，"金三角"有关各方才宣布停止罂粟种植，大规模转型生产米、蔬菜和甘蔗。2006年云南省公安禁毒部门通过卫星遥感监测等手段测量，"金三角"地区种植罂粟的面积约20万亩。"金三角"地区罂粟种植面积已降至100年来的最低点。联合国毒品和犯罪问题办公室2014年12月8日在曼谷公布了《2014东南亚鸦片调查报告》。报告显示，2014年，东南亚两大鸦片生产国缅甸和老挝的鸦片种植面积呈不断扩大趋势。

相关资料参见柳青《联合国报告称金三角鸦片种植面积连续八年扩大》，网易新闻，http://news.163.com/14/1209/00/ACVUM5BR00014JB5.html；百度百科，金三角，http://baike.baidu.com/link?url=nUJ9En3_4ftjF3jl3_xAPzLkSWWwtN_HLhXCxWRODJUU_Ufl1etbR7YZWMQAMR35sNj_GiRXMnvGH4t4_8xCOxxOOROjcidi-niAq29zcMq。

一　什么是毒品

全国人民代表大会于1990年12月28日通过了《关于禁毒的决定》。《决定》第一条把毒品定义为："毒品是指鸦片、海洛因、吗啡、大麻、可卡因以及国务院规定管制的其他能够使人形成瘾癖的麻醉药品和精神药品。"我国习惯上所称的"吸毒"在国际上有一个通用的专门术语叫"药物滥用"，它是指人们反复、大量、非医疗目地使用具有依赖性潜力的物质。

毒品的种类很多，联合国《麻醉品单一公约》和《精神药物公约》中规定的麻醉药品有 128 种，精神药物有 99 种。常见的分类有：医学上依据毒品对人体的不同效果，把毒分为麻醉剂、致幻剂、兴奋剂和镇静剂四大类；生产者根据毒品的生产方法，把毒品分为天然毒品、精制毒品和合成毒品；吸毒者根据吸毒后的感受，把毒品分为软性毒品和烈性毒品；法学家按照法律把毒品分为麻醉药品和精神药品两大类。

1. 麻醉药品

麻醉药品是指对人体中枢神经系统有麻醉作用，连续使用后易产生生理依赖性、能成瘾癖的药品。这里所说的生理依赖性，是指人体需要靠药品来维持生理机能。对麻醉药品产生依赖性的人，如果中断使用药品，就会出现明显的病态反应。①吗啡类，主要包括生鸦片、精制鸦片、吗啡、海洛因以及含有鸦片成分的制剂。对吗啡进行进一步的加工提炼，就能得到一种新的物质，叫作盐酸二醋吗啡，即海洛因。根据海洛因的纯度高低，又分为"2 号""3 号""4 号"三种。"4 号"海洛因纯度在 90% 以上，最流行，毒性最高。②大麻类，主要有大麻草、大麻树脂、大麻油以及含有四氢大麻酚的物品。大麻类毒品通常称为大麻，其原料来自大麻植物。③可卡因，包括可卡因、可卡糊、可卡叶以及含有可卡生物碱的制剂。可卡因是一种无味白色结晶粉末，常见的有盐酸可卡因，一般用鼻吸，也可静脉注射。④合成类。合成类麻醉品不以天然植物为原料，而由其他物品化学合成，主要有美沙酮、哌替啶、安农痛以及含有这些成分的制剂。

从性能方面讲，上述几种主要毒品的性能如下。①鸦片。具有镇痛、止咳、止泻等作用，但经常使用会产生躯体和心理的双重依赖，使人骨瘦如柴、丧失劳动能力，也会使人思维能力减弱并最终不能做任何创造性工作。②吗啡。使用少量起麻醉、镇痛、催眠作用，使服用者产生一种超脱舒适感，但也会造成精神上的不安、苦闷。吗啡成瘾性很强，服用者的心理依赖表现为感情迟钝、情绪多变、记忆力下降、注意力不集中等，其生理依赖性表现为食欲不振、体力衰弱、心悸、头昏、多汗、协调运动障碍、性无能等。吗啡还产生耐药性，须不断地增加使用量。③海洛因。其性能与吗啡相同，但比吗啡成瘾更快，只使用两三次，便可上瘾，成瘾者一旦停止使用，就会产生严重的戒断症状，主要表现为：肌肉和骨骼以及颅内疼痛、胸闷、烦躁、极度疲倦、时寒时热，甚至抽搐、神志不清、呼吸困难、精神恍惚、昏昏欲睡等，严重者还可能因呼吸中断而死亡。④大麻。

它是世界上使用人数最多、传播范围最广的毒品，使人产生较强的心理依赖性，但生理依赖性和耐药性不明显，因而被视作一种软性毒品或"温和"毒品。吸用少量大麻会引起多言善谈，兴致勃勃，感到周身松弛和舒适；当吸毒者为一人时，则表现为嗜睡。吸量较大时，可引起感觉变化，如对时间和距离判断失真，控制平衡能力降低。长期吸用，造成慢性中毒，表现为幻觉昏睡，记忆力减弱，情绪不稳定，易激怒，容易冲动与出现残暴攻击行为，或者兴趣索然，孤独退缩，道德观念与责任感下降，最后表现为言语不清与痴呆状态。⑤可卡因。它是一种烈性毒药，可亢进交感神经末梢的兴奋性，作用于循环系统可致脉搏加快、血压升高、瞳孔放大，随即出现周身舒适温暖、身心愉快之感觉；在兴奋期，愿与人交往，毫无疲倦之意，但兴奋期只有几十分钟，随后转入抑制状态，疲乏、头痛并极度痛苦。连续使用后会引发慢性中毒，可致脉速、耳鸣、幻听等症状，还可感到皮肤上似有小动物在爬动，十分难受；同时，对事物的思考能力受损，心理失去平衡，严重者可丧失意识，甚至呼吸麻痹而死。

2. 精神药品

精神药品是指直接作用于中枢神经系统，使之兴奋或抑制，连续使用能产生依赖性的药品。①抑制剂。它是对中枢神经系统产生抑制作用的药物，其应用范围从镇静、催眠到麻醉。②兴奋剂。它是引起中枢神经兴奋的药物，其中最主要的是苯丙胺类，而冰毒、摇头丸等，都属于苯丙胺类兴奋剂。③致幻剂。该类药物为天然的或合成的物质。使用者使用后知觉、视觉变得很不正常，会产生幻觉。

二 我国毒品泛滥状况

20 世纪 80 年代，基本禁绝的毒品在中国卷土重来，成为一个新的社会问题。我们又面临一场没有炮舰的"鸦片战争"。1988 年国家首次公布全国吸毒者为 7 万多人，1991 年全国登记在册的吸扎（吸食与针扎）海洛因、鸦片成瘾者达 14.8 万人，1993 年登记在册的吸毒人员已达 25 万人，1996 年已超过 52 万人。据公安部统计，1999 年全国登记在册的吸毒人员已达 68.1 万人（佚名，2000a）。2000 年底，全国登记在册的吸毒人员比 1999 年又增加了 18 万多人，人员总数已达到 86 万，比上一年增长 26.3%（沈路涛，2001）。中国吸毒人口每年正以 15% ~20% 的速度增长。根据 2006 年中国官方的禁毒报告，1980 年以来，中国由于吸毒死亡的人数已经超过 49 万，到 2005 年底，中国登记在册的吸毒人员有 116 万人。2006 年，全国共强制戒毒 26.9 万人次，劳教戒毒 7.1 万人，社区药物维持治疗 3.6 万人（公安部，2006）。截至 2010 年底，我国登记滥用合成毒品人员 43.2 万人，占全国吸毒人员总数的 28%，比 2009 年底增加了 11.8 万人（邹伟，2011）。截至 2012 年底，全国累计登记吸毒人员 209.8 万人（张洪成、黄瑛琦，2013：250）。公安部禁毒局局长刘跃进提到中国逐渐形成了数量较大的吸食毒品群体，内地现在查获的吸毒人员是 250 万人，但他认为，实际存在的吸毒人员有 1000 万人（胡玲、钟明亮，2014）。尽管跟世界上主要国家比绝对数还不是最多，但发展较快，且隐性吸毒人员还不少，"到底有多少，现在我们还在想方设法地进行更翔实的统计。""随着我们国家经济社会的发展以及东西方各方面的不平衡，在一些地方毒品问题形成了各种各样复杂的局面。"刘跃进表示，新疆、西藏、云南、贵州、四川一些比较贫困的地区，形成突出的外流贩毒情况，即很多人到其他地方从事贩毒活动。同时贩毒集团、贩毒分子雇用一些特殊人群，比如怀抱婴儿的妇女、怀孕的妇女、残疾人、老人、幼儿特殊群体，帮助他们携带毒品贩毒，这是一个比较突出的问题（公安部，2013）。2013 年，内地破获毒品犯罪案件 15.1 万起，抓获毒品犯罪嫌疑人 16.8 万名，同比分别上升 23.9% 和 26.8%，另外缴获包括海洛因、冰毒在内的各类毒品 40 多万吨，公安部指出目前毒品走私入境势头依然不减，每年有 50 吨左右"金三角"海洛因、超过 50 吨的缅北冰毒片剂，以及 15 吨的"金新月"海洛因，陆路经云南、广西，海路经广东向内地城市扩散（胡玲、钟明亮，2014）。

三 当前吸毒状况特点

1. 短时期内吸食者快速增长

1991 年全国登记在册的吸扎（吸食与针扎）海洛因、鸦片成瘾者达 14.8 万人，到 2013 年 5 月底的统计数字是 222 万人。浙江省公安厅发布的 2013 年度浙江禁毒报告指出，吸毒人员以每年 2 万多人的速度递增，2008 年全省登记在册的吸毒人数有 8 万多，平均每年增加 1 万多人。2002 年一年，就查获吸毒人员 3.2 万人次。全省登记在册吸毒人员中女性占比为 23.7%（俞涛、杨丽，2013）。在我国，吸食、注射毒品虽然不属于犯罪行为，但属于违法行为。吸毒者及其家人总是千方百计地掩饰其吸毒行为，除非迫不得已，是不会去主动登记的。吸毒者的数量在我国仍然是一个不为人知的"黑数"，按照国际通行的计算方法，实际吸毒人数至少要 10 倍于此。而根据有经验的专家测算，1 名显性吸毒者背后可能有 4 ~ 7 名隐性吸毒者的比例，我国目前实际存在的吸毒人数可能有 800 万 ~ 1400 万。这一数字是相当惊人的。

2. 青少年成为吸食者的主力军

根据国家禁毒委的统计数据，截至 1999 年底，在对 23 个省、市、自治区、直辖市的统计，吸食毒品和麻醉品者的年龄多数在 17 ~ 35 岁，占总数比例的 85.1%。另据司法部预防犯罪研究所的调查，25 ~ 35 岁的顽固成瘾者比例极高，约占成瘾者总数的 59%（安敏，2000）。到 2006 年，吸毒人员中 35 岁以下青少年从 2000 年的 79% 下降到目前的 58%（公安部，2006）。苏州市 2005 ~ 2006 年吸毒人员艾滋病哨点的监测结果显示，苏州市戒毒所内吸毒人群以男性为多，占 79.61%（488/61），男女性别比为 3.90∶1；年龄最小 15 岁，最大 54 岁，20 ~ 34 岁年龄组人群占 71.45%（王俊等，2007）。2008 年，一项对北京戒毒中心戒毒人员的调查显示，北京的吸毒群体 20 世纪 70 年代和 80 年代出生的占 70.78%。集中在新疆劳教系统的吸毒者中，36 岁以下的占 79%。吸毒人群的年轻化也是目前国际社会的共同趋势（张西，2009）。

3. 吸毒者以低文化群体为主

吸毒者以低文化群体为主主要是因为低文化素质群体抵制毒品的能力较弱。比如云南省 1995 年 25144 名吸食海洛因的人员中，具有初中文化程度的占 50.6%，小学文化程度的占 37.7%，文盲占 9.4%。广东省戒毒劳教所 1995 年收容戒毒的 1136 名人员中，高中文化的占 8.49%，初中文化的占 50.39%，小学文化以下的占 41.12%。实际上，他们的实际文化水平与统计的文化水平相差甚远，据测试有 50% 为混到毕业，实际上并未达到毕业的水平（周振想，2000）。福州地区对 2558 名吸毒人员的调查显示，初中以下文化水平的占 85%（魏春华等，2006）。2008 年，针对北京戒毒中心戒毒人员的调查显示，从文化程度上看，吸毒人员中，初中以下学历者所占比例最大，约占 84.5%，吸毒人群的低学历倾向也是较为普遍的特点（张西，2009）。吸毒人群文化水平普遍较低，初中、小学学历占大多数，占到吸毒人员总数的91.8%，高中以上文化程度占8.2%（刘小利，2013）。文化层次低导致辨别能力差，对毒品的社会危害性认识不足，受好奇心驱动误入歧途而不能自拔。

4. 吸毒活动有小群体化的趋向

据统计，深圳市1993年查获的吸毒青少年中，属于团伙性吸毒的占82.6%。广州市1994年查获的青少年吸毒案件中，绝大多数吸毒人员是在固定地点纠合在一起吸毒（周振想，2000）。吸毒具有感染性，小群体影响具有重要的作用。在一些不良青少年小团体中，只要有一人宣扬、示范或提供毒品，其他的群体成员会进行模仿，吸毒很快就传播开来。个别比较稳定的吸毒团伙，相互之间称"道友"，这些团伙一旦形成，不论男女经常聚在一起。可以说，小群体的不良压力，是青少年吸毒的一个重要诱因，吸毒也成为小群体亚文化的重要标志。2008年，对北京戒毒中心戒毒人员的调查显示，40.99%的吸毒者自称在其周围有1~4个同伴，12.28%的吸毒者称其周围有5~10个同伴，7.72%的吸毒者认为在其周围至少有30个同伴在吸毒，3.96%的吸毒者认为在其周围有11~20个吸毒者，还有2.77%的吸毒者称在其周围有20~30个同伴在吸毒。也就是说，26.73%的吸毒者认为在其周围有5~30个的同伴吸毒（张西，2009）。吸毒者受同伴影响较大，他们有共同吸食的习性，居高不下的复吸率就是受了同伴影响。

5. 吸毒者身份复杂化

吸毒人员成分主要有两大类。一是边民，主要是身处种植鸦片传统的地区的农民，与国外鸦片种植区边界毗邻的少数民族，毒品运输通道旁边的农民等。云南省思茅地区位于云南省西南部，与越南、老挝、缅甸三国接壤，那里贫穷落后，教育卫生条件极差，因此在山区吸毒、贩毒猖獗。2005年底思茅市登记在册的吸毒人员有9677名。[1] 二是各种类型的人员，在内地毒害泛滥地区，工人、农民、知识分子、干部，各行各业均有涉及，比较突出的是个体户与无业人员。依据新疆劳教（戒毒）管理局2011年初对新疆乌鲁木齐、乌苏、伊宁、阿克苏等劳教（戒毒）所3000名强制隔离

---

[1] 参见中国社会科学院经济研究所"肃毒扶贫"课题组（1995）的报告和《思茅市多措施并举提高突发性公共事件应急处置能力》（云南禁毒网，http://www.ypncc.gov.cn/pubnews/doc/read/ynxw/149392200.170079590）。

戒毒人员的问卷调查及访谈，强制隔离戒毒人员的职业状况：无业 1210 例，占 50.4%；无固定职业的 770 例，占 32.1%；农民 249 例，占 10.4%；公职人员 125 例，占 5.2%；其他 46 例，占 1.9%（余传霞，2012）。

6. 吸毒形式半公开化

为吸毒者提供毒品的贩毒活动是与吸毒活动同步进行的。最初的毒品交易在远离市区的乡镇、农村集市进行；现在，沿着贩毒路线已开始渗透到城市。吸毒者已从过去的单个隐蔽吸食发展到三五成群，聚众在公园、餐厅、咖啡厅、舞厅、发廊、个体饮食店、车站、码头、贸易市场及自然形成的街头地段吸食，公安部门的大多数吸毒案件也是在公共场所破获的。每一个吸毒者均可以从自己熟悉的渠道得到毒品。

7. 吸毒地区扩大化

20 世纪 80 年代初，吸毒活动只是局限于老烟区，如云南、广西、内蒙古等省份，后来发展到毗邻港澳台的广东、福建等省，并向内地省份如湖北、湖南等省蔓延，至今，全国各地都发现了吸毒活动的存在。根据国际肃毒的统计标准，吸毒人数达到人口总数的 1% 就是毒情大流行了。截至 2001 年底，全国涉毒县（市、区）共 2051 个，吸毒人数在千人以上的县（市、区）有 205 个。截至 2003 年底，我国涉毒县（市、区）已达 2201 个，比 2002 年增加了 53 个。其中吸毒人员在百人以下的县为 1033 个，百人至千人的 963 个，千人以上的 205 个（公安部，2004）。浙江省登记在册吸毒人员超 1000 人的县（市、区）已达到 48 个，占全省县区总量一半（俞涛、杨丽，2013）。

8. 城乡具有差异性

一是在总体上城市吸毒严重于农村，城市的吸毒者大大多于农村，城市占 76.66%，农村占 23.34%，一般情况下城市与农村之比为 7:3；二是在年龄结构上，城市以青少年为主，农村以中老年为主；三是在吸毒起因上，城市以追求刺激和享乐为主，农村以治病缘由为主（刘敏，1991）；四是在吸食品种上，城市以吸食高强刺激的海洛因为主，农村以吸食鸦片、黄皮为主。前些年，冰毒、摇头丸又以爆炸式的速度由南扫北，在全国大城市扩散。

9. 对毒品认识程度有空白

吸毒解教人员首次吸毒前对毒品的认知分别为"毒品对个人和家庭危害很大"者占 18.7%，"毒品虽可成瘾，但使用一两次没有问题"者占 34.5%，

"从未听说过毒品"者占 46.8% （苏中华等，2005）。艾滋病是一种经血或性传播的严重危害人类健康的传染病，吸毒人员感染艾滋病的主要途径是静脉吸毒或性传播。通过对云南 4 个地区 968 例吸毒人员行为监测调查分析发现，4 个地区的艾滋病预防知识率较低，平均为 44%（罗家洪等，2006）。对毒品的无知导致对吸毒的无畏。

10. 复吸率较高

依据新疆劳教（戒毒）管理局 2011 年初对劳教（戒毒）所 3000 名强制隔离戒毒人员的问卷调查及访谈资料，可以发现戒毒次数情况如下：戒毒一次的 1195 例，占 49.8%；两次的 566 例，占 23.6%；三次的 296 例，占 12.3%；四次的 127 例，占 5.3%；五次及以上的 216 例，占 9%。复吸原因主要有以下几种：认为主要是家庭原因的 127 例，占 5.3%；认为是回归社会后不适应环境、无所事事的 1119 例，占 46.6%；认为是同伴及毒品市场引诱的 727 例，占 30.3%；认为主要是自身心理需求的 216 例，占 9.0%；自暴自弃的 77 例，占 3.2%；认为既有对社会环境不适应又有同伴及毒品市场的引诱多重原因的 103 例，占 4.3%；认为是社会环境不适应和自身心理需求双重原因的 31 例，占 1.3%（余传霞，2012）。

11. 在城市新型毒品开始取代传统毒品

所谓新型毒品，是相对鸦片、海洛因等传统毒品而言，主要指人工化学合成的致幻剂、兴奋剂类毒品。目前，中国流行滥用的新型毒品主要有冰毒、摇头丸、K 粉（氯胺酮）。从发展趋势来看，新型的合成毒品相对传统以鸦片、海洛因为主的毒品而言，原料来源相对容易，通过地下实验室、地下手工作坊、窝点就能够加工、制造，形成就地贩卖、就地流行滥用的局面。青少年对新型毒品的成瘾性存在误区，认为新型毒品不会上瘾，危害也没有海洛因大，更容易接受。我国吸食新型毒品（也称合成毒品）人数每年增长 30% 左右，吸食新型毒品人员中青少年占 86%（陈雨，2013）。2013 年 6 月 26 日，国际禁毒日的主题定为"青少年与新型毒品"。

> **主题链接：新型毒品**
>
> 　　所谓新型毒品是相对鸦片、海洛因等传统毒品而言，主要指人工化学合成的致幻剂、兴奋剂类毒品，是由国际禁毒公约和我国法律法规所规定管制的、直接作用于人的中枢神经系统，使人兴奋或抑制，连续使用

能使人产生依赖性的精神药品（毒品）。目前在我国流行滥用的摇头丸等新型毒品多发生在娱乐场所，所以又被称为"俱乐部毒品""休闲毒品""假日毒品"。中国每年被冰毒、氯胺酮等新型毒品吞食的社会财富以百亿元计。1919 年，日本一位化学家首次合成了后来被称为冰毒的甲基苯丙胺。在"二战"期间，甲基苯丙胺作为抗疲劳剂在士兵中广为使用。二战后，日本将其军队中库存的苯丙胺类药物投放市场，造成 20 世纪 50 年代的首次滥用大流行。60 年代一些欧美国家，主要在夜总会、酒吧、迪厅、舞厅中滥用这类毒品。90 年代后，以冰毒、摇头丸为代表的"舞会药"在全球范围形成流行性滥用趋势，滥用群体从早期的摇滚乐队、流行歌手和一些亚文化群体蔓延至以青少年群体为主的社会各阶层。根据新型毒品的毒理学性质，可以将其分为四类：第一类以中枢兴奋作用为主，代表物质是包括甲基苯丙胺（俗称冰毒）在内的苯丙胺类兴奋剂；第二类是致幻剂，代表物质有麦角乙二胺（LSD）、麦司卡林和分离性麻醉剂（苯环利定和氯胺酮）；第三类兼具兴奋和致幻作用，代表物质是二亚甲基双氧安非他明（MDMA，我国俗称摇头丸）；第四类是一些以中枢抑制作用为主的物质，包括三唑仑、氟硝西泮和 γ - 羟丁酸等。与传统毒品相比，新型毒品更加隐蔽，对人体的伤害更大，对社会的危害也更大。

相关资料参见百度百科，新型毒品词条，http://baike.baidu.com/link? url = zwbBN1esqkq-xUWj3Lk-i6FW8bgXQ8aZH71f6DB74p_DxPwiItwGLNz6uC44oT6Cg#5。

第二节　吸毒的社会原因与危害

毒品是万恶之源。当有人选择了吸毒这一行为，他不仅是选择了一种生活方式，也意味着选择了自我堕落与自我毁灭的人生道路。学者在调查中发现，大多数吸毒成瘾者在吸毒之前并没有前科或劣迹，正是吸毒使他们走上了堕落的道路。

一　吸毒的社会原因

为什么吸毒？这是一个十分复杂的问题。据深圳市戒毒所的调查，从吸毒者的主观动机来看，因为好奇吸上毒的占 65.2%，因被诱惑吸毒的占 23.1%，因为贪图享受、追求刺激吸毒的占 11.7%。好奇和被诱惑是青少年吸毒的主要原因（郑建文，1992）。兰州调查表明，吸毒的起因和动机不尽相同，其中，为寻求精神刺激和享受而吸毒者占 25%；被人引诱、受亲友影响而吸毒者占 50% 以上；因病痛、劳累、紧张而误食或偶然尝试上瘾的为数较少（冉志江，1991）。设计科学的问卷，采用不同的方式，对随机抽样的 240 名吸毒者进行调查，全面获取与吸毒有关的数据，通过对数据的统计、分析，得出吸毒者初次吸毒的原因有 14 种：一是好奇，占 40.4%；二是同伴朋友怂恿，占 30.8%；三是精神空虚，占 4.2%；四是跟潮流，占 3.8%；五是被骗，占 3.3%；六是治病，占 3.5%；七是追求享乐，占 2.1%；八是解乏，占 2.1%；九是减肥，占 1.7%；十是不了解毒品，占 1.7%；十一是显示有钱，4 例，占 1.7%；十二是认为自己不会上瘾，占 1.3%；十三是增强性功能，占 0.8%；十四是其他原因，占 2.9%（李双其，2004）。

从吸毒产生的社会原因来看主要有以下几个方面。

1. 好奇与被诱惑是吸毒的主要原因

文化知识对个体行为起着指导和调节作用，一般而言，具有较高文化知识的人的认知和自我控制能力较强，发生越轨行为的概率较低，而愚昧无知往往同违法犯罪联系在一起。吸毒行为与文化程度具有反比关系，以初中文化程度（17 岁）为中界点，在此之下吸毒人数最多，而文化程度越高吸毒者越少。吸毒者普遍文化素质低、认知能力弱，缺少正确的人生目标，道德素质与法制观念差，对个人、对家庭、对社会没有什么责任感，因而把个人生理上的物质享受和刺激放在首要的地位，很难抵制外界的各种诱惑。大多数吸毒者对毒品性质缺少医学知识，不能认识吸毒的种种后果，也考虑不到自己经济的承受能力。在无知、愚昧又追求刺激的情况下，毒品便乘虚而入。许多人开始时的确是出于好奇，从追求刺激的心理出发，但是，这种新奇感一旦找到，便无法自制，根本无法抵制对毒品的依赖，成瘾成习，直到无力自拔，成为毒品的牺牲品和传播者。一个人首先在精神上丧失了对毒品的免疫力，才会在生理上丧失对毒品的免疫力。从某种意义上说，精神的免疫力比生理的免疫力更重要。

2. 贫困与吸毒是一对相依相存的怪胎

在我国的边境地区，如云南省西南部的思茅地区，全区总人口为 230 万人，少数民族人口占总人口的 61%。同全国水平相比，思茅地区各种经济指标仅为全国同类的 1/10 左右。该地区社会发育滞缓，交通闭塞，生产方式落后，经济很不发达，农民生活非常困难。1993 年人均收入低于 200 元。文化教育落后，劳动者素质低下，在 15～16 岁的人口中，文盲、半文盲占 44.4%，而少数民族村民近 90% 是文盲，有的村几乎所有的村民都不知道自己准确的年龄。山区缺医少药，疾病流行也无钱求医买药，只能寄希望于"神"的保佑，或吸食鸦片治病。1983～1993 年，该地区共侦破贩毒案件 4328 起，抓获毒贩 6032 人，并将 28639 人次的吸毒人员集中进行强制戒毒，但仍有 8392 名吸毒人员未戒毒（中国社会科学院经济研究所"肃毒扶贫"课题组，1995）。贫困使人民的生活环境恶化，人的素质低下，在愚昧无知中受到毒品的感染。由于贫困者没有技术、资金、能力摆脱贫困，需要依赖政府或其他人，这使他们产生一种羞耻的感觉、一种无能和自卑的心理。为了麻痹这种痛苦，有些穷人便采取各种手段，躲进毒品中避世，以忘却自己的不幸。有的则是因为追求毒瘾高潮，以期在幻觉中实现在现实生活中不可能实现的快乐和愿望。而毒品却使贫困的人们丧失奋斗的精神和强健的体力，使他们变得更为贫困，在恶性循环的怪圈中不能自拔。

3. 心理压力促使人吸毒

随着市场经济的拓展，市场经济的竞争机制在社会生活的各个领域开始发挥作用。有的人在高度竞争压力之下的紧张工作之余，要寻找消遣与刺激；在吃、喝、嫖、赌、吸的五大生理刺激中，吃喝具有生理的饱和界限，吃喝到一定程度，就丧失了刺激性；而嫖虽然具有刺激，但仅仅是一种感官上的满足和现实生活中的低层次刺激；赌则要受到资金的限制。而吸毒的刺激迥异于前几种，在精神上具有舒缓作用，在生理上和精神上可进入一阵兴奋期，平时的烦恼、紧张、忧虑一扫而空，觉得宁静、平安、快慰、温暖，伴有愉快的幻想和驰骋，使人能暂时忘却一切人世的烦恼，这种特有的刺激，对吸毒者有着巨大的诱惑力。有些人在激烈的市场竞争中成功或失败后，选择了毒品作为寻求刺激、享受或寻求解脱的方式。例如，事业受挫、感情不和、失业、收入入不敷出等都可能诱致人们吸毒。吸毒者以毒品的刺激作为逃避现实生活平庸、无聊与心理挫折、精神苦闷的手段。

4. 吸毒的外部诱惑因素是强大的

暴利是驱动贩毒分子铤而走险的主要原因。100 克海洛因，在云南边境地区黑市价为 200 元左右，在昆明可以卖到 7500 元，到广州可以卖到 15000元，是之前的 75 倍。如贩运到港澳或国外，利润将几十倍、几百倍地往上翻（赵秉志，1993：35）。如果直接到产地购买 50 美元的海洛因，到纽约能卖到 10 万美元，差价是 2000 倍（张历，1991：54）。贩毒集团为了赚钱，往往是有意识地培育市场。许多毒贩自身就是吸毒者，为了获取毒资，往往以毒养毒。一般来说，每 10 名吸毒者就可以使 1 名毒犯大发横财，毒贩寄生于吸毒者身上。毒贩一是把低素质青少年群体作为进攻的主要目标，因为青少年是最好奇、最易受诱惑的，也是最无知的。二是把目标定在一些暴发起来的个体户和私营业主身上，这些人在经济上有实力，而他们在思想上往往又是比较空虚的，喜欢追求刺激和冒险。三是把目标瞄准在无业人员或一些过去有劣迹的人员身上，吸毒本身就是他们所欣赏的反社会、越轨型生活方式。这些群体，本身存在不良亚文化或反文化，比起其他健康群体更容易沉浸于某种消极氛围。如不良亚文化中的享乐主义，导致这些人以物质享乐、追逐金钱、寻求刺激为目标，终日被一种消极的、迷惘的"灰色心理"所支配，这些人接受毒品消费是一种十分自然的过程。

二 吸毒的危害

吸毒的危害主要有以下几点。

1. 吸毒是对自我身体的摧残

现代医学已经检测证明，无论是海洛因还是鸦片及其他毒品，都含有对人体健康的有害物质。有人以为用毒品可以治病痛，其实这是饮鸩止渴。药物学研究表明，毒品一般是中枢神经系统兴奋剂，在药力发生效力的短暂时间里，由于吸毒者中枢神经系统极度亢奋，人会感受到从未体验过的愉快、振作、不易疲劳，从而忘记痛苦，这是医学上用于止痛的依据。但毒品的兴奋作用非常短暂，作用过后，机体很快出现"反跳"，比原来更抑制、更疲劳、更衰弱，因而无可避免地产生"精神依赖性"——渴望再一次得到毒品。另外，由于毒品在体内参与了生命的代谢过程，对人体机能产生一系列抑制的严重后果。①抑制胃肠蠕动和刺激呕吐中枢，使胆汁、胰液分泌下降，导致消化不良、便秘、恶心呕吐等反应，胃病患者吸毒更是雪上加霜。②抑制身体正常的吗啡类物质的分泌，造成药物依赖，停止吸毒后出现严重的戒断反应：呵欠、出汗、涕泪齐流、骨和肌肉剧痛、寒战、失眠、疲竭、腹部绞痛、抽搐等。③抑制心血管及呼吸中枢，造成呼吸减慢，血液中的二氧化碳不能及时排出，加上心血管抑制导致的低血压，因而会出现剧烈的头痛、头晕甚至严重的颅内高压、颅内损伤。此外，还可能诱发胆绞痛、排尿困难、哮喘、糖尿病等。身体功能的经常性抑制与吸毒时歇斯底里的兴奋交替发作，对人的身体进行着双重的摧残。如吸毒者最常用的海洛因，其中含有的 Ag-THG（银汞）严重损害人体脑、心、肺、肾和各种内分泌及自身免疫系统。吸毒成瘾后将出现周身无力、反应迟钝、喜怒无常、咳嗽咯血、心悸、腹痛、尿少、性功能障碍等一系列症状，表现为外形枯槁、面色萎黄、精神颓废、双目呆滞等。由于吸毒严重地抑制了身体的正常功能，免疫系统水平大大降低，抵抗力十分弱，使人易患气管炎、肺炎、肝炎等病，连普通的病菌都可以轻而易举地令吸毒者大病一场。吸毒过量会引起急性死亡，不洁净注射还会传播肝炎、梅毒、艾滋病等疾病。吸毒对身体尚未完全发育成熟的青少年的身体健康危害尤其大。"吸毒者的平均寿命比一般人短 10～15 年，25% 吸毒成瘾者会在开始吸毒后 10～20 年后死亡。也就是说约 1/4 的吸毒者会在 30～40 岁死于与吸毒相关问题，因为大部分吸毒者是在 20 岁前后开始吸毒的。"（陈贝帝，2006）

2. 吸毒是对自我心理的扭曲

社会学的研究表明，吸毒对人的心理伤害不亚于对人生理的伤害。吸毒成瘾所产生的对麻醉品的强烈依赖性，致使他们的人格变异，心理和行为出现畸形。毒品可以说是最精明的魔鬼，它往往首先不是摧垮人的身体，而是先让人的意志、毅力在日渐强烈的毒瘾中萎缩、消亡，然后才如入无人之境般地恣意践踏人的每一个细胞。生理的健康水平大幅度下降，影响到精神状态和心理状态，吸毒者整天考虑的是如何搞到毒资，满足下一次的吸食，从而丧失了对人生的其他兴趣，丧失了人生的精神支柱，丧失了对社会的一切责任感。他们感兴趣和关心的只是"毒品—陶醉—毒品—陶醉"这一过程，仿佛整个世界都围绕这一过程而旋转。自己的一切就是为了吸食毒品而活着，只有毒品是有意义的、有刺激的，而其他一切事物，无论是工作还是学习，都是没有意义的。吸毒者一旦上瘾，意味着精神支柱的倒塌，就变成了一具行尸走肉，成为家庭的负担和社会的隐患。

3. 吸毒会引发大量社会犯罪

毒品消费价格高昂，这种非正常的消耗，大大超出正常的收入，绝大多数人在经济上是无法承受的，必然会引起无休止的犯罪。毒品犯罪主要反映在两个方面：第一种是吸毒者成瘾后，身体健康恶化，无法正常工作，没有收入，先是倾家荡产购买毒品，而后不择手段搞到毒资换取毒品，如进行抢劫、偷盗、以贩毒养吸毒、卖淫等违法犯罪活动；第二种是在毒品的副作用下产生精神异常下的犯罪，例如滥用冰毒、摇头丸和 K 粉后由于中枢神经系统高度兴奋或产生幻觉、错觉而出现易激惹、不计后果、不可控制的攻击、暴力行为，进而导致违法犯罪。吸毒者一旦毒瘾上来，就完全丧失理智，变得六亲不认、毫无廉耻之心，为了满足一时无法抑制的毒瘾，可以用人间一切卑鄙、凶残的手段，如欺骗、偷窃、抢劫、谋杀、卖淫等来筹集毒资。无恶不敢为，无毒不敢做。不少吸毒者集嫖、赌、抢、盗于一身，几毒俱全。吸毒是引发一系列新的犯罪的重大犯罪源，也是毒化社会风气的源泉。当前毒品问题是诱发其他刑事犯罪和社会治安问题的温床，吸毒人员以贩养吸、以盗养吸、以抢养吸、以骗养吸、以娼养吸现象严重，一些地区抢劫、抢夺和盗窃案件中 60% 甚至 80% 是吸毒人员所为。"各地大力开展对吸毒成瘾人员收戒工作，不仅直接萎缩了毒品消费市场，而且还从源头上减少了因毒品问题诱发的抢劫、抢夺、盗窃等案件和艾滋病传播等社会问题的发生。云南省德宏傣族景颇族自治州加大收戒工作力度后，刑事案件发案数下降 11.4%。其中，盗窃案件下降 21.1%。"（公安部，2006）

第三节　戒毒工作

对吸毒者来说，毒品能否戒除，自己能否回归社会，至今是一个争论不休的问题。这不仅仅涉及外部的环境，也与吸毒者自身对毒品的认知、戒毒的决心、戒毒的意志等主观性的因素有关。

一　戒毒者的困境

社会对吸毒者存在种种的刻板社会印象，主要表现为下列三个误区。

认识误区之一：吸毒是一种不良行为，不是一种病；吸毒者是罪人，不是病人。其实，吸毒者吸食毒品固然是一种不良行为，上瘾后却是一种病，是一种反复发作的脑疾病。他们的行为虽然很反常，但不能简单地看成罪人，而应从根本上看成病人。即使确有犯罪行为，也应认为是有病的罪人，或有罪的病人，类似于精神病患者。

认识误区之二：吸毒者不是好人，是坏人。人们通常对好人同情，对坏人蔑视。如果对吸毒动因做一个客观细致的分析，就会发现，他们中的绝大多数是由于文化素质较低，追求刺激享受而吸毒的，基本上是受害者。况且，80%左右是青少年，因各种原因误入歧途。真正的坏人倒是只贩毒不吸毒的。拯救这些失足青少年，既是挽救他们本人，又是挽救他们整个家庭，更是防止他们再影响别人、危害社会。可见戒毒工作的意义远比防治一般疾病的意义更为重大。

认识误区之三：毒是无法戒掉的。由于吸毒者的复吸率极高，无论是吸毒者本人、家属还是社会上的舆论，均以悲观主义的态度为主，认为"一朝吸毒，终身难戒"，戒毒只是象征性的补救与自我的安慰，个人与社会对戒毒工作没有信心。我们的认识是，只要是病症，总是能够对症下药的，各国的医学工作者很重视对戒毒药品机理的研究，有望在戒毒药品方面实现突破。吸毒也是一种社会病，而不仅仅是生理病，通过科学研究，加之一套切实可行的社会支持措施，戒毒率是可以提高的。毒是难戒的，但毒是能戒的。2012年全国依法处置强制隔离解毒20.2万余名，依法责令接受社区戒毒、社区康复13.6万余名，3年未发现复吸毒人员75.9万名（公安部，2013）。

目前在生理的脱毒药品方面，国外有的，我国基本有。此外还有中药和针灸等很多传统医学的办法。各地有关资料的统计表明，在各地医疗机构自愿戒毒成功的不足5%。戒毒的难点不在于生理，而在于心理上的依赖与社会的因素。"吸毒者复吸的主要原因有18种，它们是毒友影响，追求享乐，心烦苦恼、无聊或无事可做，心里难以忍受，毒贩引诱，回到原吸毒环境诱发，稽延症状影响，又有了吸毒的经济来源，家庭、单位冷落歧视，破罐破摔，睡眠原因，看到吸毒工具诱发，缓解疲劳不适，重返社会后的补偿心理，戒毒是被迫的根本就不想戒，企图借吸毒提高性机能，治病，减肥等。毒品的容易获得与轻易可以接触到吸毒人群是吸毒者复吸的客观环境因素；毒品的易成瘾性，是戒毒者复吸的一个重要的药理性因素；

戒毒者的个人心理素质差，是复吸的重要主观原因；政府和社会对戒毒者出所后的帮教措施未能跟上，是戒毒后复吸的一个重要社会原因。另外，家庭中有无其他吸毒者、是否有强烈戒毒愿望、是否伴有反社会人格障碍以及毒品的滥用程度与复吸有密切的联系。"（李双其，2004）

造成戒毒困难的原因主要有以下几点。

（1）精神依赖性。它是指毒品进入吸毒者机体后，使其产生一种特殊的精神效应，并使吸毒者产生对毒品的渴求和寻觅。原因是正常人脑内和体内的一些器官里，存在内源性阿片肽和阿片受体；当人体摄取毒品后，内源性阿片肽受到抑制，阿片受体只能靠不断摄取阿片类毒品才能调节精神平衡。戒毒者通常由于生理上的依赖和心理上的依赖，戒毒的决心、意志力薄弱，需要通过外部的帮助才能增强戒毒的决心。心理康复，主要由心理工作者和社会工作者对戒毒者进行心理辅导和行为矫正，以帮助吸毒者摆脱对毒品的心理依赖，重新建立健康的人格。

（2）社会歧视。目前我国的戒毒工作基本停留在药物治疗上，缺乏必要的后续措施，不少戒毒者经过药物脱毒治疗回归社会以后，往往会受到歧视，没有了工作，没有了家庭，得不到温暖和帮助，这样很容易使他们破罐破摔，从而走上复吸之路。据车烯坚1997年对广东省戒毒劳教所的调查，58%的复吸者承认，因吸毒背景使找工作有困难；83%的复吸者感到心情苦闷，觉得自卑、缺乏安全感；50%的复吸者承认有家人亲属不谅解、不接纳的情况；68%的复吸者感到从前朋友、同学、同事不愿来往；65%的吸毒者的邻里不愿与之来往并与之疏远（车烯坚，1997）。另据北京1997年的一次调查，戒毒人员普遍地感到强大的社会压力与歧视，60.8%的戒毒者认为现在别人把自己看成坏人，43.8%的人认为大多数人不会把自己当成朋友，75.5%的人认为，"当别人知道我吸过毒后，他们会瞧不起我"（佚名，1997）。社会对吸毒者的压力不是坏事，但要给出路。

脱毒只是戒毒工作的开始，而不是戒毒的完成。戒毒者回归社会后，往往处于一种尴尬的困境，一方面，生活圈子日渐狭小，无法融入正常的社会生活，社会对吸毒者有标签效应，人们对吸毒者像躲避瘟疫一样，不愿与之接触。吸毒者要想找工作非常困难；同时，吸毒者的身体状况已经下降，很难找到适应的工作；更多的人是不想找工作。因此，他们害怕回归社会。要摆脱这种困境，只能再回到毒品世界的虚幻中去，寻找吸毒亚文化群体中的朋友。另一方面，昔日的"道友"（毒友）十分关心他的回归，会以各种方式主动上门联系，表示"关心""安慰"，甚至愿意"帮助"他再找毒品，毒品贩子更是会主动上门引诱其复吸。戒毒者的意志本身就非常薄弱，生理与心理上对毒品的依赖性还存在，很快会堕入复吸的陷阱。对戒毒者来说，正常社会的推力与吸毒群体的拉力，都是使他无法坚持戒毒的不利外部环境。

社会网络支持对戒毒十分重要。南京师范大学社会发展学院社会实践小组在南京市戒毒所调查时发现，吸毒者复吸率高的一个重要原因是缺少家人、亲戚、朋友和邻居的关心爱护。在被调查的上百名吸毒者中，当被问及复吸的主要原因时，20%的复吸人员认为"社会歧视，感到孤立"；在回答"如果想彻底戒毒，您需要什么样的条件时"，许多戒毒者吐露了心声："良好文明的居住环境""得到父母、兄弟、姐妹的关爱和认可""得到社会的接纳，没有别人的鄙视和歧视""继续回到以前的工作岗位"（佚名，2001a）。这表明戒毒者不仅仅需要药物戒毒，更需要心理戒毒，需要外部力量的支持，如果说在戒毒所中主要的是依靠外部的强制性力量帮助吸毒者戒毒，当吸毒者回归社会后，他脱离了那种强制性的外部力量，而这时外部的社会网络支持的主要来源是他原有的初级群体感情上的支持和心理上的认同与接纳。但是，由于吸毒者当初为了获取毒资或在犯毒瘾时，对初级群体有过巨大的伤害，现在要初级群体忘却吸毒者的伤害，并不是件轻易的事情。对此，我们过去是有所忽视的。帮助吸毒者彻底戒毒，需要社会和家庭共同创造一种和谐的环境，延续戒毒所的教育措施，对戒毒者的新生活历程进行全程覆盖式关注。社会及家庭应对戒毒者给予关心和温暖，并进行监督，以使其能够身处于良好的社会环境和家庭环境中，从而彻底远离毒品。

二　戒毒的程序

1. 发现征兆

吸毒者设法掩盖自己的行为，不让家人或其他人知道，但仍有许多迹象外显出来。

（1）朋辈群体变化。吸毒者绝大部分是受他人引诱、影响开始吸食毒品的。如果某人远离原来的社交圈子，而经常与一些品质不良的人交往，或交往的人中有吸毒者，被引诱吸毒的危险就相当大。

（2）个性行为变化。一旦吸毒，个人的行为就会发生改变。如原本非常勤奋努力或具有礼貌的人，突然变得懒散、孤僻或动辄发脾气，或者对自己的家人冷漠甚至躲避，还有的表现为紧闭自己房间的门窗，上厕所时间过长等。

（3）作息时间改变。吸毒后原先很有规律的生活方式明显改变，表现为早上起床很晚，晚上又很晚入睡，吃饭不规律而且饭量下降，不顾个人卫生。

（4）经济支出变化。一旦染上毒瘾，就得花费大量金钱去购买毒品。时间一长，大部分人手头原有的积蓄很快将花光，他们常常会向亲属、朋友等编出种种借口借钱。

（5）身体状况变化。主要表现有：面色晦暗、无精打采、明显消瘦和营养不良、食欲不振、性欲减退，有时双下肢水肿，身体某些部位经常发生感染，并常有咳嗽、咯痰、气喘、顽固性便秘等。身体还会出现一些特征性的改变：①其食指和中指间皮肤颜色常变黄；②上肢或下肢的皮肤上有条索和疤痕；③上臂、大腿、腹部、肩部、胸部及手等注射部位皮肤脓肿、感染、溃疡。

（6）有毒品或吸毒的器具。在吸毒者身边，经常会发现小包的毒品或一些吸毒常用的器具，如被火柴烤得发黄的锡纸、一些用过的注射器等。有时也会在其身边发现一些戒毒药或毒品代用品，如哌替啶针剂、美沙酮胶囊、快速无瘾戒毒片以及一些成分不明的所谓中药。

（7）出现戒断综合征。一旦停止使用毒品，吸毒者就会出现一组特征性的戒断综合征，它在停用毒品后 8～12 小时出现。最初表现为打哈欠、流泪、流涕、出汗等类似重感冒的症状；随后各种戒断症状陆续出现，包括瞳孔扩大（怕光）、打喷嚏、起鸡皮疙瘩、厌食、恶心呕吐、腹绞痛、腹泻、全身骨骼肌肉酸痛及肌肉抽动、软弱无力、失眠易醒、心搏加快、血压升高、情绪恶劣、动辄发脾气、烦躁不安，甚至出现攻击性行为。以上症状伴有强烈的心理渴求，通常在 36～72 小时达到高峰，其中大部分症状在 7～10 天内消失。只要我们提高警惕，就可以做到早发现、早治疗。

2. 戒毒工作的常规模式

目前我国的戒毒机构可分为三类。一是强制戒毒所。强制戒毒是指对吸食、注射毒品成瘾的人员，在一定时期内通过行政措施对其强制进行药物治疗、心理治疗和法制教育、道德教育，使其戒除毒瘾。强制戒毒所由公安机关主管，凡经公安机关查获的吸毒人员一律送强制戒毒所，进行强制戒毒。强制戒毒的时间一般为 3~6 个月。二是劳教戒毒所。凡戒毒后又复吸的，查获后送往劳动教育所，进行劳动教养戒毒。劳动教养戒毒所归司法行政部门领导。三是自愿戒毒机构。自愿戒毒，是指已经吸食毒品但未被公安机关查获的人员，自己主动或由亲友送往戒毒机构进行自愿戒毒。这些自愿戒毒机构包括医院、民政部门管辖的社会福利机构、城镇街道办事处、农村乡镇及经批准由民间医生举办的戒毒机构。

戒毒的疗程一般分为以下三个阶段。

（1）急性脱瘾期。急性脱瘾治疗是整个戒毒治疗程序的第一步，疗程为 7~15 天，治疗的目标是戒除躯体依赖症状，为下一阶段的体能康复和心理康复打下基础。治疗方法以药物治疗为主，尽可能减轻患者的躯体戒断症状和治疗并发症。治疗期间，进行严密观察和特别护理，严防逃跑、吸毒、自伤、自残等意外情况发生。

（2）生理体能康复期。生理体能康复期的疗程为 1~3 个月，治疗目标是恢复患者的体能、建立有规律的生活习惯。吸毒者因长期吸食、注射毒品，造成食欲不振、营养不良、体质虚弱、抵抗力差，并伴有多种并发症；由于刚脱离毒品，还有许多戒断症状，如顽固性失眠、多种躯体不适、情绪障碍等，加之生活无规律、心理依赖强烈，如不进行及时处理，很容易导致复吸。因此，把促进生理体能康复作为治疗的一部分是非常必要的。这一时期的治疗方法是一方面继续用药物支持治疗，以中药调理为主，辅以其他的对症治疗药物；另一方面调理饮食、安排一些集体活动，以及适当的健身娱乐活动和轻体力劳动，分散其对毒品的渴求，促进其生理体能方面的康复和有规律生活习惯的养成，为进一步的心理康复打下基础。

（3）社会心理康复治疗期。吸毒者的成瘾和复吸是多种因素综合作用的结果，吸毒与吸毒者的人格特征、心理状态、价值观念、行为方式、个人经历、生活习惯及社会文化背景、生活条件、经济状况等有关；复吸与他们错误的认知、情绪状况、精神应激、身体不适、心理渴求、戒断症状、社会压力、同伴的压力等相关；而且吸毒成瘾后，吸毒者多有人格改变、行为问题，如无家庭社会责任心、道德沦丧、说谎欺骗、情绪不稳等。因此，单纯对成瘾者进行脱瘾治疗而不对上述社会心理因素进行干预是远远不够的。实践表明，仅参加脱瘾治疗患者的复吸率在95%以上，因此需要把戒毒工作的重点放在对吸毒人员的社会心理康复治疗方面。此期疗程因每个吸毒人员的教期长短而异，为6个月到3年，治疗目标是减少复吸、减少毒品造成的危害、减少违法犯罪等，促进吸毒人员的心理康复、行为矫正、实现重新社会化，可采用综合性的社会心理康复方案，如心理治疗、行为矫正、生活技能训练、职业技能培训、预防复吸训练、减少危害训练、法制及爱国主义教育、文化教育、体育文娱活动、参加社会实践等。

北京医科大学对云南、黑龙江两省的调查显示，戒毒三个月内，第一次戒毒者的复吸率为86.87%，第二次戒毒者的复吸率为94.74%，第三次戒毒者的复吸率为98.75%（徐向群，1999）。复吸率之所以如此之高，是因为吸毒者多数不是自己愿意去戒毒的。余学珍1999年在宁夏的调查显示，近60%的吸毒者是被公安部门抓住后强制戒毒的，内心并不愿意；有10%是由家人强迫送来戒毒的；买不起毒品，影响上班，不得不戒毒的占5%；真正认识毒品危害，自愿戒毒的不足25%。自愿戒毒者的比例低，复吸率高就不难理解了。在影响复吸次数的因素中，若吸毒年限越长、始吸毒年龄越小、心理渴求越强烈、抑郁症状越明显、管理能力越差、消极应对挫折、毒品网络越大、社会支持度越弱，那么，复吸的危险性（发生率）就越大（王增珍等，2004）。

三 矫治吸毒是社会的系统工程

20世纪80年代以来，全世界吸毒和毒品走私日趋严重，联合国于1989年6月12～26日在维也纳召开了有138个国家和地区3000多名代表参加的麻醉品滥用和非法贩运问题部长级会议。会议提出了"爱生命、不吸毒"的口号，会议建议每年的6月26日定为"国际禁毒日"，以引起世界各国政府对毒品问题的重视，并号召全世界人民共同抵御毒品的危害。1990年2月，在纽约召开的联合国第17届禁毒特别会议通过了《政治宣言》和《全球行动纲领》，宣布将20世纪最后10年（1990～2000年）定为"国际禁毒十年"，要求各国政府立即开展有效而持续的禁毒斗争，以促进《全球行动纲领》的实施。

邓小平同志说过，"中国若不禁毒，我们这些年做的事情就会毁于一旦"（康树华等，1998：258）。江泽民同志也说过，"现在不把贩毒、吸毒问题解决掉，从某种意义上说是涉及中华民族兴衰的大问题，这不是危言耸听，必须要提高到这样的高度来认识"（张绍民等，2004：273）。2014年6月26日国际禁毒日到来之际，中共中央总书记、国家主席、中央军委主席习近平对禁毒工作做出重要指示。他强调，"各级党委和政府要深刻认识毒品问题的危害性、深刻认识做好禁毒工作的重要性，以对人民高度负责的精神，加强组织领导，采取有力措施，持之以恒把禁毒工作深入开展下去"（新华社，2014）。我国根据十几年的禁毒经验，把禁毒工作方针概括为：三禁并举、堵源截流、严格执法、标本兼治。1990年11月，国务院决定成立由有关部委领导组成的国家禁毒委员会，负责研究制定禁毒方面的重要政策和措施，协调有关重大问题，统一领导全国的禁毒工作。公安部成立了禁毒局，许多省、市、地县公安机关组建了相应的机构和队伍。各地政府组织公安、民政、卫生等部门，依靠基层组织和广大群众，对发现的吸毒成瘾者，实行思想教育和药物治疗相结合，强制其戒除毒瘾；对戒断出所者，由街道、村镇、单位和家庭做好接茬教育工作。我国在戒毒工作上也有许多创举，如许多地区还开展了"社区戒毒""无毒社区"创建活动，成立了"青年禁毒会""妇女禁毒会""老人禁毒会"等群众性戒毒组织。广大群众参与禁毒的积极性大大提高。甘肃省建立帮教小组2.94万个，落实帮教对象30659名。湖北省建立帮教小组1.38万个，落实帮教对象13858名。上海市按照"政府主导推动，社团自主运作，社会多方参与"的总体思路，从2003年起组建了禁毒社工组织，为戒毒人员提供戒毒康复指导等服务。目前，禁毒社工已发展到400人。同时，我国禁毒志愿者队伍不断壮大，服务领域不断拓宽，目前仅云南、山西等13个省市就成立了禁毒志愿者队伍558支，25万余人。海南省妇联通过开展"千村创建妇女禁毒会"活动，在全省1050个村（居）委会成立了妇女禁毒会，培训妇女禁毒宣传教育和帮教骨干21万人（公安部，2006）。国家禁毒办下发《关于加强社区戒毒社区康复工作的意见》，进一步规范和加强戒毒康复工作。据不完全统计，全国已建立戒毒康复人员就业安置基地（点）755个，就业安置率达到30.4%。贵州全力推进社区戒毒社区康复"阳光工程"建设，招聘社区戒毒康复专职工作人员3207名，建立戒毒康复人员就业安置基地（点）137家，安置戒毒康复人员2.3万余名（中国人权研究会、李君如、常健，2014：270）。

　　一些调查表明，我国的公众尤其是农民对毒品危害性的认识程度还不高，很少有人了解我国的禁毒法规，不知道吸毒是犯法，不知道毒品的危害程度。近几年，各重点地区充分重视发挥报刊、广播、电视的作用，大力宣传国家禁毒法律和政府禁毒措施，介绍毒品对人体危害的知识，尤其注意把工作重点放在最容易受毒品危害的青少年身上。国家禁毒委员会编写的以中学生为主要对象的《禁毒教育读本》印数已逾千万册，录制的课堂教学片也已完成，重点地区学校开设禁毒教育课正在落实。由国家禁毒委员会和中央电视台合作录制的纪录片《中华之剑》播出后在全国引起震动。禁毒展览也在各地举办，起到了良好的宣传效果。

　　反毒品是全世界的共同斗争，有些国际禁毒经验、港澳地区的做法也值得借鉴。

　　各国和各地区在反毒斗争中认识到，要解决吸毒问题，最好的办法是防患于未然，因此，预防教育十分重要。许多国家和地区将预防吸毒的教育列入中小学的教学计划，让所有的少年儿童都知道毒品的危害，从小树立抵御毒品的观念。在澳大利亚，任何一项反毒品规划中，总是把青少年的教育当作极其重要的组成部分。1970年，澳大利亚成立了全国反毒戒毒教育规划局，教育内容有：召开学生、家长和教师的小组讨论会，共同探讨吸毒的危害性；为工商界雇员、卫生教育工作者和医务界人士开设各种讲习班，教育这些人如何同吸毒做斗争，如何诊治吸毒病。政府在宣布这一教育计划的目的时指出："我们要鼓励和培养人们对使用任何一种毒品都抱有排斥的态度，从而减少毒品的消费量。"在美国，教育人们不吸毒也是政府解决毒品泛滥的重点。为了使人们抵制毒品的诱惑，大众传播媒介、学校及民间团体纷纷行动，报纸、电视、电台经常插入"拒绝毒品即拒绝死亡"之类的公益广告，揭露毒品对人体的危害，表扬青少年戒毒成功的事例。泰国教育的重点对象是在校学生、离校学生、学生的家长、群众及山地少数民族五大类。教育的形式有举办毒品知识讲座，讨论预防吸毒的方法等。在中国香港、澳门地区和韩国，禁毒教育是从小学甚至幼儿园开始的，一直持续到高中，而且在大街上也随处可见有关禁毒的宣传标语和宣传品，在韩国，甚至连卫生纸上都印有劝人们远离毒品的宣传标志。香港是个完全开放的城市，从20世纪50年代开始，吸毒人数一直呈上升趋势；60年代，香港从幼儿园开始毒品预防教育，到60年代末，吸毒上升的速度减缓；80 年代出现了负增长。如果我们从现在开始预防教育，29 年后中国吸毒的人数会有所下降。

国际上社区监控成为目前较为流行的预防模式。这一模式要求家长、街道、社区、民政、公安、医疗等部门在相互合作的基础上对戒毒者进行定期跟踪，跟踪期为两年。在跟踪期内，戒毒者一般每隔半日就要去戒毒所进行尿检。拒绝尿检或尿检呈阳性者视为复吸，处以强制劳教戒毒。这种社区跟踪能时时给戒毒者以心理约束，从而预防复吸。国外有很多吸过毒又戒了毒的人成了戒毒事业的骨干，参与戒毒工作，帮助别人戒毒。这种模式具有两种意义：一是这种榜样作用的意义是巨大的，可使戒毒者增强信心；二是过去曾吸毒而改正的人，他们更懂得吸毒者的心理行为特点，更善于有的放矢地帮助尚在毒海中挣扎的同伴。

人类和毒品的斗争将长期进行下去，这是严酷的现实。从总体看，人类未必能消灭毒品，但毒品肯定消灭不了人类。

本章要点：

1. 我国的毒品泛滥状况
2. 当前我国吸毒状况的特点
3. 吸毒的社会原因
4. 吸毒的危害
5. 戒毒工作的程序

关键术语：

毒品　麻醉药品　精神药品

推荐阅读文献：

科塞等，2001，《毒品、社会与人的行为》，夏建中等译，北京：中国人民大学出版社。

罗伊·波特、米库拉什·泰希主编，2004，《历史上的药物与毒品》，鲁虎、任建华等译，北京：商务印书馆。

陈贝帝，2006，《中国吸毒调查》，北京：新华出版社。

董玉整等，1999，《毒祸论——毒品问题的社会透视》，长沙：中南工业大学出版社。

广东省禁毒委员会等编，1992，《毒祸》，广州：广东人民出版社。

耿柳娜，2010，《毒瘾透视：吸毒人群心理研究》，合肥：安徽人民出版社。

韩丹，2011，《吸毒与艾滋病问题的社会学研究：以江苏吸毒人群为例》，北京：中国社会科学出版社。

蒋和平，2005，《毒品问题研究》，成都：四川大学出版社。

倪娜，2009，《社会工作介入戒毒的理论与实践探索》，《法制与社会》第9期。

袁永源，1994，《试论中国的禁毒方针》，载《二十一世纪世界警务发展战略》，北京：中国人民大学出版社。

张历，1991，《死亡的交易》，桂林：漓江出版社。

赵秉志主编，1993，《毒品犯罪研究》，北京：中国人民大学出版社。

第八章　性越轨问题

两性关系是人类社会最基本的关系，婚姻是两性关系的合法化的普遍形式。而越出婚姻的两性关系，在现代文明社会中被视为不道德的甚至是违法的现象。非婚性关系的主要形式之一便是性交易行为，公众称其为卖淫嫖娼，我们将其称为性越轨问题，因为它冲击着人类社会正常的性道德规范与性秩序。

第一节　性越轨问题的相关概念

卖淫、妓女、性越轨、性工作者等不同的称呼，既是对这种社会现象的描述，也是对这种社会现象的价值判断。

一　定义的探讨

按照罗马法解释，卖淫是不加选择、没有乐趣、有代价地提供本人身体（贺兰特·凯查杜里安，1989：676）。日本《卖淫防止法》中把卖淫定义为：有代价的或有接受代价之约的与不固定的对象发生的性交（张萍，1992：253）。最简洁的定义是收费的性服务。美国学者道格拉斯认为：卖淫的补偿既非属于性欲方面又非属于感情方面的任何行为；妓女则是将与己性交的权利出售给男人们以便为这种行动本身获取金钱报偿的妇女。这是一种广义的观点（道格拉斯等，1987：205）。主张这一观点的人将妓女分为典型妓女和非典型妓女。为直接获取金钱报偿的妓女是典型（也称"资格"）妓女；为了获得其他物质便宜、调换工作、晋升工资、良好住房或为提高自己的社会地位而卖淫的，是非典型妓女。充当妓女在西方社会也是受人歧视的，卖淫被视为一种耻辱。为了逃避社会舆论的谴责和人们的非议，她们往往会竭力掩盖自己的非性欲的动机（伦那德·塞威特兹，1988：45）。这类定义往往受到西方女权主义者的支持，但过于宽泛，因为它将以金钱维系的夫妻关系、生活中的情人关系以及人们短暂的放荡行为都归入卖淫，显然范围过大了。这类定义的辨别力较低，将卖淫这种特殊的越轨性的性行为复杂化、扩大化，无疑将加大社会治理的难度。

尹恩·罗伯逊认为：卖淫是为了赚钱而进行的较为随便的性行为（罗伯逊，1988：324）。他又做了区分，不是所有为了经济利益而进行的性行为都是卖淫，如为金钱而结婚的人、渴望成名而同导演发生关系的女演员、以做爱来索取丈夫支票或现金的妻子。真正的卖淫是为了得到金钱而甘愿把肉体出卖给任何人的性行为。这是一种狭义的观点。

卖淫作为一种性行为的越轨现象，是人格和性权利商品化的典型，其最基本的构成要素有：①卖者是有条件地出售自身的性权利并提供性服务；②通常以现金交易为媒介，辅之以其他的物质利益；③性交易的买卖双方是一种自愿的利益交换行为；④买卖双方以异性为主，以同性为辅；⑤买卖双方一般没有感情交流和相互关心的行为。因此，卖淫是自愿将自己的身体有偿提供给购买者，为满足他人性需要而进行服务的行为。妓女是出卖自身性权利的性服务者，性消费者是购买性服务的顾客。在我国，传统上将官准的卖淫者称为妓女，非官准的卖淫者称为娼妓。目前，我国的制度是不允许公开的妓女存在的，从形式上说，卖淫者都属于暗娼。但在研究和实际生活中，人们对这类性越轨行为的称呼并不进行十分严格的划分，娼或妓可以互指，因其在本质上出卖性权利、进行性服务是一致的。

社会学者的研究中采取中性称呼：女性性工作者（Female Sex Worker），简称 FSW，男性性工作者（Men Sex Worker），简称 MSW。女性性工作者在日常生活中有一个泛称，即"小姐"，包括以下两类。①性服务者，指狭义的性工作者，包括目前正在提供直接的性交服务（通常称为"出台"）的，即小姐个人有出台行为，或个人所在服务场所是专门提供性交服务的。②涉性工作者，指广义的性工作者，包括目前正在从事三陪、异性按摩、脱衣舞表演，以及隐蔽在陪伴、保姆、计时服务等名义中的性服务者（黄盈盈、潘绥铭，2003）。

二 历史的起伏

郭箴一在《中国妇女问题》一书中记载，北京娼妓最盛行时期在民国五六年间，1917 年，公娼有 3887 人（郭箴一，1937：23）。又据英国社会学家甘布尔（S. D. Ganble）的《北京社会调查》统计，当时北京私娼不下7000 人，公私娼总共有 10000 人（陈锋等，1991：358）。据上海工部局1920 年的调查，娼妓总共有 60141 人。1949 年上海临解放，当时登记的妓院还有 800 多家，公私娼以及变相妓女有约 10 万人。1917 年，甘布尔曾对世界八大都市做了一个调查，妓女与城市人口的比例为：伦敦 1:314，柏林1:582，巴黎 1:481，芝加哥 1:437，名古屋 1:314，东京 1:277，北京 1:259，上海 1:137（陈锋等，1991：366）。旧时的妓女沦落，大多由于家门不幸和贫困。她们是受害者，要遭受肉体与精神的双重折磨。一方面要遭受性消费者的蹂躏、龟鸨的剥夺、恶势力的欺压、性病的折磨；另一方面又要承袭精神的折磨，在"万恶淫为首"的文化氛围中，"淫妇""贱人""婊子"是她们的名字。妓女以肉体和心灵割裂的巨大代价，换取苟延于人世的微薄权利。妓女群体是当时社会底层中最苦的一个阶层，对于她们的痛苦与耻辱，很少有人从人性角度出发给予人道的同情。被贴上"妓女"标签的妇女，往往无法回归正常社会。

1949 年，新中国成立后，禁娼作为人民解放、清除旧社会污秽的内容之一，成为全国大都市的重要任务。在国民党老巢南京，1949 年 11 月 29日，市公安局在妓女较集中的大石坝地区，召集妓女、鸨母 500 多人开会，指出娼妓从良，鸨母不得阻拦，会后，妓女纷纷转业（彦欣，1992：74）。有"娼妓之都"之称的上海一解放，人民政府立即着手清除病态的娼妓制度。宣布卖淫非法，督令开业妓院在公安局登记注册；严禁人口买卖，逼良为娼；禁止妓院主对妓女剥削、压迫、虐待；老板要为妓女治疗性病，帮助妓女转业。里弄妇联有意识地组织妓女参加各种社会活动。1951 年底，上海人民代表大会做出了封闭妓院、取缔娼妓的决议，成立了娼妓处理委员会，成立了妇女教养所，内设医院、学习劳动工场，由市妇联、市公安局干部组成改造队，开展了艰巨而细致的教育改造妓女工作。他们的做法是，从部队调来十分紧缺的特效药青霉素，给妓女治病；组织文艺活动、学习活动，改造妓女黑白颠倒的生活方式和好逸恶劳的生活习惯；组织妓女学习文化、学习生产技术、学习人生道理，将其培养成自食其力的劳动者。妇女教养所坚持改造一批，安置一批。至 1958 年底，共改造妓女 7000 多名，其中 1000 多人报名去农场，2400 多人找到了农村的亲属，1100 多人到上海街道里弄、工厂企业等单位工作，600 多人进入福利机构工作，200 多名体弱年老者进救济机关。上海民政局 20 世纪 50 年代末向新疆建设兵团的几个单位调查，95% 的人能完成生产定额，其中 30% 表现突出，15% 当了生产能手，6% 入了党团（彦欣，1992：80）。上海妓女改造工作是新中国妓女改造工作的缩影和生动写照。社会主义制度能够将旧社会的堕落群体改造成为新型的劳动者，使得全世界都对新中国"改造迷途妇人的工作"表示敬佩。与此同时，仅 1949 年，全国即查封妓院 8400 所，对性消费者也进行了全面的教育、管理。据估计，新中国成立之初大陆有性病患者 1000 多万人，到 20 世纪 50 年代末，基本治愈，性病在中国大陆基本绝迹。

当时，新中国禁娼能够成功的主要原因有四个。第一，改造妓女的方针对头，措施得力。妓女既是灾难深重的弱女，又是堕落成性的游民，她们身上集中了最值得世人同情又最为世人厌恶的双重品质。基于这种正确的分析，政府对她们坚持了强制性改造与教育帮助相结合的方针，并采取了治愈性病、安置就业、解决婚姻三项措施。而对娼妓制的代理人——老板、老鸨等则采取无情打击的方针，这使娼妓制能在短时期内土崩瓦解。第二，社会大环境崇尚健康的社会风尚。新中国成立之初，人民群众获得了前所未有的主人翁意识，有着建设社会主义的极其高昂的革命热情。党员干部以身作则，全社会形成了健康、清新、纯洁的社会风尚。第三，社会管理严密。连续不断的政治运动推动，形成了强大的社会压力，这使得意识形态的整合机制十分有力。统一的价值体系、纯洁的道德观念深入人心，并被绝大多数社会成员所接受。非婚性行为处于强大的道德舆论谴责的包围之中，非婚性行为不仅是个人的生活问题，还将直接影响社会成员的政治前途和人生发展。这使得人们在社会生活中小心翼翼，不敢轻易越轨。第四，商品意识淡薄。从新中国成立开始，计划经济的体系就确立起来，商品经济的活动已经弱化到相当低的程度，这使得社会成员形成了分配意识，而淡漠了交换意识。这一切，使得娼妓活动失去了赖以生存的经济社会条件，在中国大陆几乎绝迹。

三　死灰复燃

　　"当经济面临困难时期，所有的思想和精力都必须投入经济复兴和重建的首要任务中，而性生活，尤其与生育无关的性生活，与其他的娱乐和无聊事一样，与严峻的时代不合拍。而经济的繁荣，自我限制已无必要，人们在追逐物质满足与丰富的生活方式的同时，对性需要的满足也同样得到了默认。"（凯查杜里安，1989：556~557）人们对性的需要与社会的经济发展有密切的关系。

　　20 世纪 80 年代初，性越轨活动在中国大陆死灰复燃。当时，以港台商人为主的性消费市场产生，性交易活动开始在广州、深圳等沿海城市产生。到 1983 年，全国各大城市均出现了卖淫活动，1986 年达到新的高峰。1987 年以后，性交易活动以较快的速度从城市蔓延到农村乡镇。据公安部治安管理局统计，1984 年全国查处性交易人员 12201 人，1989 年突破 10 万人，1991 年突破 20 万人，1992 年有 24 万余人（中国法律年鉴，1993），比 1984 年增长 20 倍，8 年间共查处性交易人员 86 万余人。据估算，被发现查处的只占实际违法人数的 25%~30%，即全国每年进行性交易的人为 100 万~130 万人，发展成较为严重的社会问题（徐沪，1993）。1991~1995 年，全国共查获性交易人员 153.3 万人，查获卖淫团伙 3.2 万个，成员 14.3 万人，摧毁卖淫窝点 3 万个；收容教育性交易人员 17 万余人①。据中国统计年鉴统计，1998 年全国公安机关共受理性交易案件 189972 件，处理 189452 件；1999 年共受理案件 216660 件，处理 215128 件；2000 年共受理案件 225693 件，查处 222132 件；2001 年共受理案件 242053 件，查处 239461 件。而有关专家估计，真正受理和查处的案件仅仅占了实际总量的不足 1/10，也就是说，近几年每年参与性交易的人员至少有 200 万人。世界卫生组织 2003 年在"百分百使用安全套研讨会"上提交的一份报告中称，中国有 600 万性工作者（转引自高莺，2013）。由于性市场属于个体之间的交易活动，因而具有隐蔽性活动的特征。而性交易在我国属于违反社会治安的行为，交易双方都具有自发保密的倾向。而依据被查处的案件来统计，只能够说明性交易活动暴露的数据，而不是真实的交易数据。实际

---

　　①　数据来自 1996 年《法制日报》。

发生的性交易活动的数据要远大于查处的数据。

性越轨的严重性还可以从其孪生的顽症——性病这一负指标来观察。据卫生部门监测统计，1980年以来，性病增长速度为46.6%，1992年6月底，全国报告性病患者有72万多例，由于性病是种不光彩的"脏病"，存在大量的统计黑数（即不到卫生部门就医，无法统计的数字），估计这一黑数是实际的3/4，也就是说，性病患者可能达290万人。据公安部门抽样调查，性交易活动使卖淫者、嫖娼者本人传染上性病的达70%，以此推算，性交易者达到410万人（徐沪，1993）。当然，这种推算并不十分精确，但不可置疑的是，卷入性行为越轨的人已有相当数量，成为中国社会病态"六害"之首。1996~2002年，昆明性病监测点的结果显示，性病发病率大幅上升，平均每年以86.48%的速度递增，2002年昆明市性病发病率为141.13/10万，两城区性病发病率为409.61/10万，接近上海、广州等发达城市。女性高危人群HIV感染率为1.83%，性病患病率为43.7%（崔明，2006）。梅毒发病率从1993年的每十万人不足0.2例，增加到每十万人接近30例，20年间几乎增长了150倍。在我国法定的28种传染病中，梅毒和淋病的发病率仅次于病毒性肝炎及肺结核位列第三、第四位。同时，性传播也超越了吸毒及输血成为我国艾滋病的主要传播途径（朝阳，2014）。

中国人民大学性社会学研究所所长潘绥铭，在调查中国地下"性产业"时，对我国南方沿海三市进行了分层等概率随机抽样的问卷调查，发现在三个城市中，有1.69%的人承认自己曾经为了跟夫妻以外的人过性生活，给过对方钱财和贵重礼物。有0.68%的人承认，自己曾经由于跟夫妻以外的人过性生活而获得过财物。按这一比例推算，全国此类人群大约有400万人（次）（潘绥铭，1995：575~576）。这一推算与性病患者的数据基本相吻合。性工作者以女性为主，但也有部分男性从事这一活动。广东省青少年研究中心首次针对"80后"青年基本状况的调查报告已经出炉。调查结果显示，有5.2%的人自报与"性工作者"发生过性行为，其中务工青年比例最高，为8.5%（朱小勇，2009），青年对两性关系行为持越来越开放与宽容的态度。

当前的性交易活动的主要特点如下。

（1）活动区域的泛化与重点化。性交易活动由沿海到内地，由城市到乡村，各地已经无空白。有些地区尤其猖獗，如广东、海南、福建、广西沿海和沿边开放地区的大城市，四川、湖南两个内地省份的城乡也比较突出。这些地区查处的性交易活动量占全国的 50% 左右。由于南方沿海地区经济较发达，开放度高，管理相对松弛，吸引了大批妇女前往"淘金"。2014 年 2 月 9 日，中央电视台《焦点访谈》播出《管不住的"莞式服务"》，央视暗访发现，东莞的违法卖淫嫖娼场所，竟可公开经营，没有警方查处，甚至报警也没用。但更令人担心的是，在网络的大 V（指身份获认证的微博意见领袖）中，许多人支持卖淫嫖娼，甚至呼吁"今夜愿做东莞人"的荒诞口号。性交易有广阔的市场与相当的社会舆论的支持。

（2）人员结构的职业化与多元化。现在的 FSW 与旧社会多数妓女为生活所迫而沦为"烟花"已经不同，她们之中大部分人自愿选择了性交易，将其视为能谋生的手段或致富的职业。在查获的 FSW 中，农村妇女和城市闲散待业妇女是性工作者的主体。而性消费者的构成，由开始的外籍人士为主发展到个体工商者、包工头、采购员、长途车驾驶员、农民工，再到各行各业人员和来自社会的各个群体。

（3）活动地点的多样化与半公开化。性交易活动已由个别暗地私宿发展到公共场所勾搭、上门推销挑逗，甚至明目张胆地拉客的半公开状态。不少 FSW、皮条客公开在车站、码头、舞场、剧场等公共场所拉客。性交易活动地点，由过去的宾馆、大饭店、文化娱乐场所，发展到中小旅店、招待所、发廊、桑拿浴室、美容室和城乡接合部的私人住宅、出租屋、路边店。有部分娱乐休闲服务场所打着"养生""按摩"等幌子，从事组织、引诱、容留、介绍卖淫的违法犯罪活动，甚至存在强迫未成年少女卖淫的现象。时间上由黑夜为主到白天活动为主。许多 FSW 使用各种合法的身份做掩护，被长期包租，以秘书、办公室主任、公关、导游、义女、保姆等身份出现。

（4）活动方式的组织化。为了逃避公安机关的打击，采取多种多样的方式，有的在郊区租借私房，性交易双方搭上后，立即乘出租车前去交易。有的采用建立长期关系的办法，积累买卖双方的名单、地址，利用电话、手机等现代化的通信工具进行联系，FSW 上门服务。有的个体暴发户、公司经理和境外消费者以聘请私人秘书或恋爱为名长期包娼嫖宿。不少团伙由 FSW 结成单性团伙，发展成为组织严密，分工具体，各司其职，集暗娼、性消费者、老鸨、皮条客为一体的专业性组织。黑社会势力也把 FSW 作为摇钱树，既敲诈勒索她们，又充当她们的保护伞。

（5）联系方式的网络化。互联网出现之后，已经不需要固定场所去联系顾客，只需要在网上发信息，就可以找到愿意付钱购买性服务的人。由于网络联系的方便与隐蔽的特点，许多卖淫团伙直接在网络上建立"交友"网站，将卖淫营销网络化。利用互联网 QQ、聊天室、论坛、博客、微博等留言板块出现了大量粘贴裸露女子照片的招嫖信息。由于发布信息的成本低廉，每天发出的信量巨大，扩散面广。有的主动将信息发到用户的邮箱、手机上。到 2013 年，随着微信普及化，微信"摇一摇"的软件功能，直接被卖淫与买淫双方使用，使性交易双方处于更加便捷、隐蔽的状态。

性交易现象作为社会转型中出现的一种负面现象，严重败坏社会风气、妨碍社会秩序、破坏家庭和睦，甚至诱发其他犯罪活动，并使性病泛滥。我们在对这一现象进行道德否定的同时，必须冷静地用科学的眼光观察、用理性的头脑思考。对性交易活动，可以从心理、生理的角度解释，但作为一种群体性的越轨行为，其真正的原因隐藏于社会结构的变动之中。

事件链接：广东扫黄

2014 年 6 月 12 日上午，广东省公安厅召开打击整治涉黄违法犯罪专项行动的新闻发布会。自 2 月 10 日起，广东省公安厅组织全省公安机关集中力量开展打击整治涉黄问题专项行动，据了解，截至 6 月 10 日，全省共破获涉黄刑事案件 1121 宗，打掉涉黄团伙 214 个，刑事拘留 3033 人，其中获利者、经营者、组织者 1497 人。广东省公安厅挂牌督办的 35 宗涉黄重大目标案件全部成功告破。行动期间，全省清查各类场所 94.7 万余间次，查处违法违规场所 3553 家，其中取缔 269 家、吊销证照 19 家、停业整顿 3129 家、罚款和其他处理 180 家。同时，全面清理整治网上涉黄问题，清理涉黄网站（栏目）1200 余个，处理涉黄 YY 语音和手机号码等 100 多万个。

资料来源于《东莞涉黄专案全部告破 组织男性卖淫者被逮捕》，腾讯网，http://news.qq.com/a/20140612/054393.htm。

第二节 买方市场分析

性交易行为的实现，实质是指男女之间为实现金钱与肉体之间的交易而进行的双向性交换的行为。性消费者与 FSW 是共同产生、相互依存的共同体，没有一定数量的性消费者，就没有消费对象，性交易市场就无法形成，FSW 也无法存在下去。性交易不会无缘无故地产生，正是性消费的强大需求促使了性交易活动的繁荣。

一 谁是性交易市场的消费者

性消费者的构成有个演变过程，在 20 世纪 80 年代初期，在南方几个沿海省份，性消费者主要来自香港与澳门，随着性交易的泛化，内地的性消费者逐步成为性产业市场上的主要购买者。1989 年 1~9 月，广东省抓获的性交易者达 1.4 万人，其身份已经呈现多元化，除了上述的人员之外，农民、职工、干部参与增多，农民占 23.7%，个体户占 19.6%，职工占 21.5%，干部占 5.5%，社会闲散人员占 16.5%，港、澳人员及外国人占 5%，其他占 8.2%（彦欣，1992：119~120）。2001 年嫖娼人员以 20~29 岁为主，占 58.76%；2002~2004 年以 30~39 岁为主，分别占 40.09%、41.45% 和 42.76%。嫖娼人员以已婚者为主，占 68.16%；嫖娼人员以无业最多，占 35.23%，然后依次为工人、干部、职员及个体（李东亮等，2006）。各地的性消费者呈现地区特征，并非完全一致。湖州市 2008~2009 年公安系统送检的卖淫嫖娼人员，共 1227 人。656 例嫖娼人员中，工人 176 例，占 26.8%；农民（民工）326 例，占 49.7%；个体人员 66 例，占 10.1%；无业人员 60 例，占 9.1%；干部职员 10 例，占 1.5%；驾驶员 4 例，占 0.6%；学生 2 例，占 0.3%；其他 12 例，占 1.8%（洪清瑜、沈樟、陆忠明，2010）。应该说，这是性市场交易的低档消费者，在许多高档宾馆、会所，警方一般是不会随意进去的。

二 为什么要购买性服务

从性行为产生的个体的生理基础上说，对性的渴望、冲动属于自然属性。每一个正常的男性进入青春期后都会产生性欲，出现与异性结合的需要。对社会上多数人来说，解决性的需求，第一条渠道是通过婚姻来解决，这是满足性欲普遍的、合法的、正常的手段，是社会认可和提倡的。第二条渠道是自慰行为，手淫和梦遗是男性婚前自然泄欲的手段，在现代社会中这一形式得到了医学和法律的认可，这是一种个人的行为，不涉及道德问题。第三条渠道是指向他人的犯罪行为，即强奸，这要受到法律的严厉制裁，这是任何社会都不允许的。第四条渠道是双方自愿，但不涉及金钱交易的互助性性行为，如"一夜情""婚外恋"等，这属于道德范畴，不算违法犯罪。第五条渠道是指向他人的购买行为，以性交易的方式发泄。性交易是男性群体中相当一部分人婚前、婚外满足性欲的一种手段，在我国属于违法行为。

美国学者约翰·盖格农（John Gagnon）在《性社会学》一书中，分析美国男性嫖妓的主要原因有六种。①为了不必协商的性关系。有些人难以承受与异性社交关系的复杂性；有些人完全不具备追求女性的社交技能和条件；有些人不想把精力花在求爱上；有人害怕最终在求爱中浪费时间、金钱，而嫖妓则简单易行，双方明确彼此需要，一手交钱，一手交人，使男性避免遭到拒绝的尴尬。②为了没有责任的性关系。目前大多数性关系需要最低限度的个人忠诚，而同妓女发生性关系，则可以仅限于性本身，既无过去又无未来的接触，完事就走开，没有任何意义上的忠诚和责任可言。这种性关系为人提供了纯粹发泄性欲而不必投入感情的机会。可以把对方仅仅视为物品，化为简单的纯商品交易。③为了色情和其他种类的性关系。有些男人不满足于妻子的性反应和性技巧，并认为妓女原来就是"坏女人"，让她们做"肮脏的"性行为并不过分。有些性变态者、性虐待者或对其他性仪式感兴趣的男人，可以通过付报酬消除这类活动的困窘；而年长者可以通过金钱购买青春。④为了社交。一些男人只想与女性社交，而不想搞传统意义上的约会，他们以妓女为女伴，而她们提供的服务是整晚陪酒及性关系。⑤出门在外。现代嫖妓大多发生在男性脱离了正常生活环境时，尤其是在纯男性环境中，例如军营，其他男性环境包括外出开会等。⑥性无能。由于各种肉体和精神的残疾，有些人难以通过常规途径得到性满足。他们或畸形，或长相奇丑，或有缺陷，或身体残疾，他们没有勇气接近正常女性，担心遭到拒绝，他们认为只要给钱妓女就不会拒绝（盖格农，1994：248～250）。上述原因中，①②③⑤条具有普遍意义，对我国的嫖娼原因也具有解释力。但这些理论仅仅从个人的生物性因素来解释嫖娼，这对于个体来说是有道理的，也有说服力，而性交易作为男性群体的一种群体性越轨行为，其背后还有社会性因素在起作用。

恩格斯指出，现代性爱，必须以恋爱者的互爱为前提，衡量这种婚姻是否合理，也应以这种新道德为标准。反过来说，只要不合理的婚姻存在，那么，必然有一部分男性因不能充分地满足感情和性欲而离开妻子，充当性消费者。中国两万例性文明调查报告表明，在婚姻满意度的主观评价中，约有 1/3 的人认为一般或不满意，虽然和西方国家相比，这一数字很低，但在我国实际生活中意味着有数千万对夫妇的婚姻质量并不高（刘达临，1992）。上海的调查表明，63.9% 的性消费者已婚，97.2% 的性消费者有过性经历（石头河，1992）。可以说，不美满的婚姻生活是男性成为性消费者的根本性原因之一，诸如婚姻不和谐引起的感情转移、感情冷漠引起的性生活兴趣减退、喜新厌旧心理引起的婚外恋等。在诱因的作用下，就可能用婚外性行为包括嫖娼来补偿。

社会流动人口的规模扩大、频率加快，为男性在陌生的社会环境中寻找性欲发泄方式创造了空间和条件。在我国经济起飞阶段，劳动力市场初步形成，各种经济交往活动日益频繁，交往的范围也日趋扩大。同时求学、求职、经商、旅游、开会的各个阶层、各个年龄层次、各种职业的人出现了大规模的流动。在一些特大城市，每天的流动人口高达 150 万人。农民工滞留在城市的数量就达 2.4 亿，而农民工以男性中青年群体为主。当大量已婚男性离开家室，在外待上几个月或数年的时候，他们的性欲释放便受到限制，其中相当部分的意志薄弱者便借助嫖娼来暂时发泄。那些远离家乡外出做工的青年农民，由于收入的有限和地位的低下，在城市恋爱婚姻的机会稀少，在性饥渴的折磨难以忍受的情况下，部分人会选择组成"临时夫妻"，也有部分人会选择嫖娼。而经济条件富裕者，则用金钱换取性的刺激。流动中出现了"开放的空间"和"开放的时间"，在陌生的人际环境中，个人的自由度和匿名性都大大增加，原有的外部约束已不复存在，个人的自我控制力也会削弱，许多人会产生放松一下的心态。这就是为什么一些平时十分正经的、有身份的体面人，在外出时也会出现性越轨行为，成为性消费者。

社会生活中性信息大量增加和性诱惑因素增多。改革开放之前，我国是一个性禁锢的社会。随着商品经济的发展繁荣，对外开放程度的不断加大，性禁锢的愚昧受到了冲击，人们的性观念开始变化。一方面，社会中"性"信息量猛增，从衣着上由过去的"蓝蚂蚁""灰蚂蚁""绿蚂蚁"到五彩缤纷，女性特征日益显著，电视中模特穿戴着时装、首饰，炫耀着女性的美丽和魅力，以女性形象为载体的大量商业广告不断在人们眼前闪现，书刊中的美女形象日益暴露，影视作品中的镜头出现了大量异性之间的亲昵、裸露形象，性问题也成为传播媒介公开讨论的主题。工商界无不借助性的魅力来推销商品，化妆品、服装、烟酒、汽车以及各种与性不沾边的商品广告，都宣称自己的产品可使使用者变得性感和有吸引力。"性已成为娱乐界和商业界赢利的主要手段。在电视、广告这两个最大的传媒中，一是无情地使用女性的肉体来吸引人们的注意力，二是以增强性感来达到与性无关的目的的做法及这种做法中虚假允诺，对性观念产生深远影响。"（凯查杜里安，1989：578）另一方面，各种淫秽书刊、录像、光碟、软盘通过非法渠道大量流入我国境内，一些唯利是图者非法翻制色情、淫秽文化制品以牟取暴利。特别是计算机与网络的普及，有些网站以色情淫秽的信息来吸引上网者的点击率，获取利润。色情文学中毫无社会责任感的强烈的性刺激信息，更对人产生强烈的影响，对传统的性道德观念具有极大的瓦解力。不少中青年性无知、性愚昧、性饥渴，面临爆炸性的铺天盖地的性信息，无异于火上浇油，这种混乱的性信息成为激发强大性能量的诱发因素，而其脆弱的性心理承受力难以支持，单纯的性道德极易被摧垮，很容易接受享乐至上的性观念。

经济活动中有些不法之徒利用性作为营销手段。我国实行市场经济以后，竞争机制开始发挥作用，围绕有限的资源、有限的市场、有限的机遇展开了十分激烈的竞争。一些个体、私营、乡镇、外资企业，甚至有的公有制企业，为了自身利益的需要，进行着强大的"公关"活动，近几年又盛行起美色"攻关"，达到正当竞争不能达到的目的。而我国的服务业和娱乐业迅猛发展，造成了激烈的竞争，为了招揽顾客，经营者往往以色情服务、色情娱乐为吸引顾客的重要手段，"三陪"现象禁而不止。娱乐业中的歌舞厅、卡拉OK厅等，服务业中的宾馆、会所、招待所、旅舍、路边店、浴室、发廊等，出于追逐利润的冲动，成为性交易活动的多发区。有些地方领导为了眼前的经济利益，公然采取地方保护主义的态度，阻碍公安部门打击丑恶活动，这在客观上助长了性交易活动的发展。

第三节　卖方市场分析

目前尚没有全国性的统计数字，但有不少地区性的调查统计，可以大致描述我国性市场与性工作者的基本状况。

一 当前性工作者的特点和类型

20 世纪 90 年代初期，王金玲对浙江的 389 名 FSW 的调查发现其具有如下特点。①年龄段以低龄为主。16～20 岁的青少年占 34.19%，30 岁以下的占 75.58%。18～23 岁是越轨高峰年龄，这一年龄段者大多未嫁娶，未建立自己的家庭，其行为往往缺少一种婚姻家庭责任感的制约。中国多数女性将婚姻家庭作为人生的目标，一旦进入婚姻圈，就不轻易破坏，这是已婚女性越轨较低的原因。在婚姻圈内（已婚、同居）的占 44%，婚姻圈外占 56%。②以农民和待业者为主。FSW 中，农村户口占 60.33%，城市户口占 39.67%。从职业结构看，农民占 28.54%，待业占 26.75%，个体占 6.94%，学生占 4.88%，工人占 4.88%，其他（服务员、护士）占 23.91%。③FSW 的文化程度不高。文盲占 17.74%，小学占 38.04%，初中占 33.16%，高中占 4.63%，中专占 0.77%，大学占 0.51%，初中以下者占 93.7%。与全国女性人均受教育年限 5～6 年相比，基本相似。只有具备一定文化程度者，才有一定能力走向外部世界。④性成熟年龄低于全国平均值。389 名 FSW 平均初恋年龄为 17.92 岁，平均首次性交年龄为 18.36 岁，平均卖淫初龄为 21.92 岁。16～20 岁开始卖淫的占总数的 40.36%。成熟年龄的早晚与性欲的强弱成正比，这是卖淫者的心理特征（王金玲等，1993）。此外，据上海市妇女劳动教养所调查，FSW 除自己文化程度不高外，母亲文化程度也较低，母亲文化程度为文盲的占 42.1%，小学的占 28.6%（夏国美，1998）。1998～2004 年柳州市性病、艾滋病监测国家级哨点每个月定期对新入所的 FSW 进行体检，共 3452 例，年龄为 14～56 岁，平均 22 岁，其中 20～29 岁组最多，为 1645 例（47.65%），其余为 20 岁以下组 1450 例（42.0%），30～39 岁组 325 例（9.41%），40 岁以上 32 例（0.92%）；婚姻状况以未婚为主，共 1943 例（56.28%），其余是已婚 1439 例（41.60%），离异 69 例（1.99%）；文化程度以初中为主，共 1514 例（43.86%），其余为小学 1316 例（38.12%），高中 401 例（11.62%），文盲 153 例（4.43%），大专及以上 68 例（1.96%）；原职业以农民为主，共 2085 例（60.04%），其余为工人 118 例（3.42%），无业 786 例（22.77%），个体 328 例（9.50%），干部职员 42 例（1.22%），其他 93 例（2.69%）。3452 例中，共检出性病 654 例，检出率为

18.94%（俸卫东等，2006）。尽管这是地方性的数据，但基本勾勒出我国从事性交易活动的 FSW 的自然状况。

我国法律禁止性交易，FSW 基本上是暗娼和私娼，没有公开的类似外国的"红灯区""风化区"，也没有公开的妓院。但在实际生活中，地下性交易市场是一种客观的存在，许多女性从事着被主流道德观视为肮脏的职业。我国 FSW 有四种类型。①街头 FSW，以半公开的形式，在街头、车站、旅馆门前、人员杂乱的公共场所拉客。这在暗娼圈中属于低级的，其收入也很低。以农村的中、青年妇女为主，包括在工矿区周围和沿公路旁的路边店拉客的。潘绥铭教授经调查研究发现，"小姐"中除了极少数人（不到总数的 1/10）外，绝大多数生存状态是非常悲惨的，挣的钱少得可怜。其中地位最低、境遇最差的"站街女""发廊妹""工棚妹"等，她们不但受到杀害、抢劫、性虐待等暴力侵害，甚至连吃饭都成问题，即使是经济条件较好的"小姐"也经常受到人身安全的威胁。②窝点 FSW，类似于国外的"妓院妓女"，但这是隐蔽的，至多是半公开的场所，她们有较为稳定的工作地，有专门的皮条客牵线搭桥，性消费者也会自动上门，价格较高，地点和收入较稳定，属中档 FSW。其活动地点主要在车站、码头旁的旅馆、路边店、私房，包括按摩店、洗头房、洗脚房、桑拿等变相的色情场所。③高档 FSW，类似于电话女郎。这些人以宾馆、高档娱乐场所为活动据点，通常年轻美貌，自然条件较好，文化程度也较高，对性交易者有所选择，以外商、私营业主、外商代理、白领等有较高经济实力者为对象，与性交易者单独联系，有的被外商长期包租，收入较丰厚。④业余 FSW，类似于半职业化 FSW。一些青年女工、服务员及有固定职业的人，贪图享受需要大量金钱，便兼做第二职业。

二　她们为什么出卖自己

FSW 从事性交易不是出于感情的需要和生理的需要，而是出于金钱的需要，这是世界各国研究者共同的结论。新中国成立初期，1949 年北京市对来自全国的 1287 名 FSW 进行了卖淫原因调查，顺序是：①家境困难的占 23.39%；②被拐骗的占 18.96%；③无业游民占 13.13%，④从小被卖的占 12.2%；⑤父兄不务正业的占 11.73%；⑥婚姻不自由的占 9.13%；⑦灾荒的占 5.28%；⑧受迫害的占 4.74%；⑨破产没落的占 1.40%（北京市公安局，

1988：323）。旧中国妇女沦落为娼的原因首先是为生活所迫，其次是生活不幸。现在起了变化，上海市妇女劳动教养所的调查表明，从第一次参与性交易动机来看，为多赚点钱的占33.8%，为追求快乐的占20.1%，为报复男性的占13%，出于家庭经济困难的占10.4%，出于好奇的占8.4%，被人诱骗的占1.3%（夏国美，1998）。新中国成立前与今天的性交易原因已经有了很大差别，同样是为了金钱，前者是为了生存的需要，后者大多是为了享受的需要。同样是出于家庭的原因，前者主要是经济性的，后者主要是摩擦性人际关系型的，增加了感情的因素。

从社会与文化的角度分析FSW产生的原因，主要有以下几个方面。

1. 生活贫困所致

如东北一项调查发现，103个东北"小姐"，其一，拥有城市户口的"小姐"占到95%；其二，她们当中原来在国有或者集体等正规单位工作、现在下岗或者完全失业的人比较多，为51.10%。至于另一半左右的"小姐"，基本上是城市户口，属于"待业青年"。下岗后或者待业后直接做"小姐"的女性只有不足9%，其余的人都是在经过相当长的时间（平均51.1个月），找过多种工作（平均4.7个）之后，才最终选择进入性产业。她们并非天生好逸恶劳，更不是自甘堕落，而是曾经在劳动力市场中，朝着人们认为是正常的工作，屡屡挣扎过。做"小姐"之前的3个工作的工资收入中位数是500~600元，做小姐的工资收入中位数是1500元（黄盈盈、潘绥铭，2003）。FSW以牺牲社会声望等方面的因素，来换取较高的收入、更轻的劳动强度和相对的自由，总体上来说，这是一种职业平移。

2. 性交易有巨大的利益驱动力

市场经济中的价值规律，不仅支配着正当的经济行业的发展，也操纵着性产业的发展。高收入必然成为调动供求关系的巨大杠杆。我国性市场的交易价格较高，吸引了一大批从业者。2004年3月，在成都市武侯区选取两家规模大的高档娱乐场所，抽取160名FSW调查，请"小姐"聊天起价100元，进行性交易600~1000元/次。平均月收入少于2000元者占23.2%，2000~4000元者占43.7%，多于4000元者占33.1%，18.9%的人除在娱乐场所工作外还有其他工作（苏丹婷，2005）。在江苏的一项调查显示，调查的867名FSW，平均年龄为27.12（±5.70）岁，最大46岁，最小17岁。在提供商业性性服务的应答者中，最近1周平均每天接待3（中位数）位客人，最多为 10 位客人。每天平均收入在 100 元以下占 24.9%，100～300 元占 33.8%，300～500 元占 26.2%，500～1000 元占 10.4%，1000 元以上占 4.6%（孙龙等，2012）。与其他行业比较，性交易工作属于无须进入门槛而收入较高的行业。由于我国的性交易市场是法律不允许的，只能以隐蔽性的地下市场的形式存在，而且地下性市场要不断地受到治安部门的打击，使性的供应不能正常化，有些地方或某些时间段甚至出现了供不应求的市场短缺情况，这就加剧了性服务的短缺和风险性，使出售性服务的价格扶摇直上，成为一个投入少、产出高的行业。性产业的发展，不单是道德问题，还是经济问题。这也是这种丑恶现象难以根绝的经济根源。

3. 家庭保护功能削弱

首先是教育功能失当，有的家长只顾眼前的实惠和利益，对孩子忽视道德品质、是非观念教育。其次是家庭保护功能的丧失，家庭教育不当或破损使低龄女性误入歧途，家长对犯有性过失的女性往往是粗暴打骂。女性在家庭内缺少乐趣与温暖时到家庭以外去寻找温情补偿，在她们心灵空虚孤寂、惶恐无援的情况下，一些心怀叵测的男性向她们施以诱惑时，极易上当。她们的首次非婚性关系绝大多数是非营利性的，是恋人、友人。但这种草率的性行为将给她们带来严重的精神打击。浙江调查中，"卖淫者有64.14%的人认为'人生最大的挫折'是恋爱婚姻的挫折，诸如失恋、离婚、丈夫有外遇、包办婚姻等，如果算上被强奸的达 78.4%"（王金玲等，1993）。而幼时缺少亲情关怀，尤其是受过性伤害的女性更易于将婚姻幸福作为人生的主要内容和人生的终点，一旦婚姻失败或作为婚姻过程的恋爱受到挫折就会成为她们人生中的最大挫折，导致心理失衡甚至变态，而走向卖淫。

4. 性罪错的先期体验

广州市性交易调查中发现，500 名 FSW 中，没有谈过恋爱的只有 5.1%，平均谈恋爱年龄在 18.1 岁。第一次性体验平均年龄为 18.5 岁，卖淫前有过性行为经历的占 72.4%，性体验对象为恋爱对象的为 62.2%，为丈夫的占 24.9%，被人玩弄、强奸的占 9.1%，性消费者为 3.8%。早恋易导致失贞，而失贞与卖淫存在内在联系（张俊英，1991）。在中国传统文化习俗与道德中，失贞是耻辱的、丧失人格的。在这种社会背景下失贞者要承受性越轨带来的心理压力。如果说第一步的性越轨还不是有意识的话，那么在第二步性越轨时，则是有意识的居多。初犯性错（如婚前性行为、婚外性行为）时，不管是被诱骗、强迫还是好奇，一般处于被动地位，会产生恐惧后悔心理，丧失贞节后的悲观，如果得不到纠正，就会产生破罐子破摔的心理，胆子越来越大，顾虑越来越少，行为越来越恶劣（彦欣，1992：389）。性罪错行为的实施往往伴随着心理体验，在多次或与多人发生性关系后，也就习以为常，形成动力定型，这时会在追求性行为上由被动转向主动，甘心堕落。

5. 亚文化群的影响与压力

性交易亚文化是由性消费者、捐客、老鸨、FSW 等在互动中共同形成的一整套特有的价值观念、行为规范、互动模式和生活方式。长期从事性交易的 FSW 会受其影响。①学习与适应亚文化。FSW 将学习自己行业的语言、独特的人际关系准则，新成员将接受老鸨的训练，学习对付性消费者的手段与性技巧以及保护自己与警察周旋的办法。②认同不良行为的解释。性交易生涯使 FSW 远离正常的社会，她们养成了特有的活动方式和贪图享乐的高消费生活方式，伴以一套藐视正常职业的价值观。有的 FSW 认为性交易是众多职业中的一种，与出卖脑力和体力不同的仅仅是出卖身体，这种职业依靠自力更生，不要国家照顾和投资，因而是正当的，不应受歧视与处罚。上海市妇女劳动教养所中持这一观点的人有 44.8%；有 72.7% 的人认为，不管用什么手段赚钱，只要你有钱，人们就看得起你；有 44.2% 的人认为，女人最大的本钱就是自己的身体；有 53.2% 的人认为，反正已经失去贞操，不如趁年轻时多捞一把；有 61% 的人认为，人活着就是为了及时行乐（夏国美，1998）。多数 FSW 往往丧失了认真劳动的欲望，认为其他职业都比性交易辛苦，不愿从事其他辛勤的职业劳动。FSW 中多数人也认为性交易是件可耻的事，会影响自己将来的婚姻和从事正当的职业，但又认为自己已经这样了，只能破罐子破摔。③摧毁原有的道德价值。由于性交易使人声名狼藉，FSW 一旦卖淫，就逐步脱离了家庭、单位、常规社会，只能在亚文化圈中找朋友，获得精神慰藉，暂时减轻社会道德的压力。FSW 接触的成员主要是皮条客、性消费者等无道德群体，FSW 从他们身上看到的是人性中卑劣的品质和丑恶的行径；与老鸨、捐客、性消费者围绕金钱而产生的各种暴力、欺诈关系，使她们从相反的方面得出人生的"教训"，摧毁了她们对他人的信任，不相信社会中还有真诚、纯洁、高尚、无私等崇高的道德品质。"性消费者来自社会各个阶层，特别是某些在社会上有着正面形象的人物（干部、军人、教师等）一旦作为性消费者，便撕下了道貌岸然的伪君子面貌，这彻底摧垮了她们观念中原本就已淡薄的一丝正义感和道德观。"（彦欣编，1992：186）她们生活在社会阴暗面中，接触到的只能是一种功利化的、短暂的、丑恶的人际关系。

FSW 从事的是非法行业，被大众看作腐败的滋生地、艾滋病的传播者、婚姻家庭的破坏者，处在社会的底层和边缘，不被法律和道德所接纳。为了躲避公安部门的打击，这个群体一直处于隐匿封闭的地下状态，不愿与外界接触。由于缺乏法律保护的途径，以及没有寻求法律保护的意识和信心，在受到犯罪分子侵害时一般会选择默默忍受，不会去报案寻求法律的保护，而一些犯罪分子正是利用这一点，对 FSW 进行欺凌。对 FSW 群体的保护，并不意味着对其职业行为的默许，更不是肯定，而只是尊重她们的人格、保护她们的合法权益，这也是消灭性交易这种社会丑恶现象所必需的。

第四节　性交易控制

性交易有其深刻的社会原因，作为商品经济异化物之一，在相当长的时间内还会存在于我们的社会生活之中，要完全根绝性交易现象，社会条件还不具备。不过，无论是西方国家，还是东方国家，是社会主义制度，还是资本主义制度，大多数国家把性交易视为一种有损于人格尊严、有悖于人类健康的性行为方式。谴责、控诉、限制、取缔、打击乃至消灭丑恶的娼妓制度是人类文明的主旋律。各国都在设法通过各种手段和措施将性交易活动降到尽可能少的程度。

一　纠正认识偏差

我国政府的态度是鲜明的，将性交易视为社会丑恶现象。我国主导文化的价值观，主张男女平等、尊重女性权利，倡导通过勤劳致富的手段谋取报酬，反对以性交易这种畸形的方式谋取财富。我国在性道德、性习俗上注重婚前的贞操和两性关系的纯洁性与严肃性，传统的道德与习俗有着强大的整合力。美国学者贺兰特·凯查杜里安（Herant A. Katchadourian）指出："第一，对性的宽容会导致性放纵，它侵害家庭，破坏社会结构，削弱国家力量，并使社会解体。第二，社会关切之处是，无节制的性行为会消耗掉人们本可用于建设和创造的精力。性生活如此的其乐无穷，以至于如果放任自流，将无人想去工作或强迫自己去做一些有益的事情。这两个先决观念把性看成一股汹涌激流：如果不加限制，它将把沿途的所有东西一扫而光；如果不加提防，它就变成破坏力。"（凯查杜里安，1989：280）这一观点虽然近乎悲观，但它提出了个人性自由和社会限制之间的矛盾，提出了性必须控制的观点。我国某些地区性交易活动猖獗，与当地基层干部的认识偏颇、放弃管理、打击不力，对性交易活动采取宽容的态度直接有关。对性交易不以为意的态度有以下几种。

（1）繁荣"娼"盛论。认为经济发展、旅游业发展离不开色情行业，适当的 FSW 的存在有利于吸引国外的投资者和外地的经营者，有助于改善投资环境。其实，这一认识误区在于，外商来到某一地区投资，主要是看投资的回报率，是政治、经济环境，而不是当地的生活方式（较大的投资者也不会在当地生活），没有哪位投资者将嫖娼方便作为选择投资的标准。如果他将是否有色情服务作为投资条件，他为何不将资金投向色情行业公开化的国家而要到公开禁止色情服务的中国？没有娼妓就会影响经济发展的观点看似有理，其实荒谬。

（2）有益社会论。认为性交易作为一种社会服务，可以解决部分妇女就业问题，特别是有助于旅馆业、饮食业、娱乐业、出租汽车业、服装化妆业的发展，是个人脱贫致富的门路和经营单位增加经济效益的手段。这种认识的偏差在于把个人、小团体的利益置于社会的整体利益之上。只考虑了个别人、个别单位的经济利益，而没有顾及性交易活动对整个社会风尚的腐蚀、对社会秩序的冲击、对妇女尊严的贬低，这无疑是一种饮鸩止渴的行为。

（3）不可控制论。认为性交易活动属私人的事情，活动又十分隐蔽，防不胜防，治安经费又十分紧张，警力不足，而危害不是太大，不如睁一只眼闭一只眼。主张治安部门要多打"狼"（杀人抢劫者），多提"鼠"（偷盗者），少抓"鸡"（娼妓）。这种认识错在没有认识到性交易活动危害的严重性。这完全是一种畏难情绪，放弃了政府应有的职责。领导的重视程度与性交易活动的抑制程度是正相关关系。我国许多地区精神文明抓得有方、治安有力，性交易行为降到较低的程度，而经济发展生命力旺盛。

二 发挥综合治理效应

无论是对性交易活动的预防还是对 FSW、性消费者的教育，单靠治安部门孤军作战是难以胜任的，必须依靠家庭、单位、学校、社区、社会的支持。各级党政部门领导必须重视，把它作为新形势下影响精神文明的社会问题来抓。传媒则应以社会舆论对这种丑恶行为造成强大压力，瓦解性交易亚文化。社区应组织动员居民对性交易现象监督、检举，使之无处藏匿，对有性交易行为的人做好思想教育工作，防止再犯。文化管理部门对色情、淫秽音像制品要坚决清除。卫生部门要宣传性病的危害性，做好防治工作。此外，公安、工商、税务、卫生等部门要密切合作，加强对服务业、娱乐业的治安管理，诸如宾馆、旅店、招待所、歌舞厅、酒吧、夜总会、茶馆、影剧院、浴室、发廊和车站、码头等性交易人员的接触地点进行重点管理。特别是要注意控制死角，目前对公路旁的大量私营饭店、旅店管理，对城郊接合部的大量私房和出租屋的管理较为薄弱，而这些地方已成为性交易的主要活动地点。有关部门要落实治安制度，定期检查，并设立举报、监督渠道。①签订治安承包责任书，把有没有性交易行为作为重要内容，交付一定押金，有问题的分别给予警告、罚款处理，情节严重的吊销营业执照，追究法律责任。②个体旅店建立健全经常性登记制度，有关部门可定期或不定期、公开或不公开地进行检查。③经常对从业人员进行职业道德教育、法制教育，培养正当的经营作风。对包庇、纵容性交易的负责人如经理、老板、业主等，或责任人如管理员、保安员、服务员等，要依法从严惩处。④对有过刑事犯罪的人应限制其经营活动。2008年6月，公安部颁布了《娱乐场所治安管理办法》，为强化娱乐场所治安管理、有效防范和打击卖淫嫖娼活动提供了有力的法律武器。对娱乐服务场所中高发的卖淫嫖娼等违法犯罪活动进行了严厉打击，2008年共查处卖淫嫖娼等违法犯罪案件4.5万余起，涉案人员10万余人（新华社，2009）。

三 建立预防、改造、治疗的专门机构

新中国成立初期的成功经验是有一支专门改造"迷途妇人"的队伍和一套工作机构。当前，由于经费紧缺，对查获的FSW和性消费者性病的检查和治疗不能保证。经费的来源必须解决，应该像其他社会工作那样，从多渠道筹集。一是政府专款，二是对提供性交易单位的罚款，三是社会募捐，四是参与性交易人员和家庭的支付。经费主要用于兴办教育、挽救FSW和性消费者的劳动教养场所，改变公安部门人员不足、经费偏低，医

务人员紧缺、装备设施落后的状况。在专门的教育机构，经过一段时间限制 FSW、性消费者的人身自由，认真贯彻"教育、感化、挽救"的方针，坚持"严管善教、矫正恶习、查治性病"的原则，深入开展自尊、自立、自信、自强的"四自"教育。帮助性交易者树立科学、健康的人生观、道德观、法制观。对他（她）们的性病进行强制治疗、根治，防止以后交叉感染。制定长期规划，对 FSW 的管理、治疗、教育、改造要逐步由公安部门管理向社会工作机构管理过渡，实行官督民办。

在中英项目支持下，昆明市疾病预防控制中心于 2003 年 1 月 25 日正式启动对高危女性的性病—艾滋病干预项目，项目的目标是通过建立高危女性活动中心，开展综合干预，降低 HIV 感染的患病率。主要做法是建立"小姐"活动中心。他们在白马诊所建立了"小姐"活动中心，取名为"关爱之家"。活动中心有两位"小姐"核心骨干负责中心的日常工作，制订了每个月的工作计划；负责每个娱乐场所"小姐"的自愿检测的咨询、表卡册的填写和电话咨询服务以及来门诊看病"小姐"的接待；负责与每个场所核心小组成员的联系与合作，发放安全套和宣传资料；同时根据工作的需要安排其他活动，如开展美容美发培训、妇科疾病培训。平时"小姐"自己常到活动中心活动，如打扑克与麻将、体检、做 B 超检测、看电视、参加小组讨论等，每天下午都有人到中心参加活动，相互沟通，增进各娱乐场所间联系与交流。争取娱乐场所老板、"妈咪"支持和帮助是项目成功的关键，他们通过文化、公安等部门，请各娱乐场所的业主参加项目协调会和培训会，在双方自愿的情况下签订协议书，要求他（她）们一是在项目工作人员和"小姐"之间起到桥梁作用；二是参与性病—艾滋病防治相关知识的宣传和倡导、发放宣传资料和安全套的销售活动；三是在项目开展过程中积极地反馈相关信息，听取目标人群对项目工作的意见和建议，不断改进工作方法和技术路线，确保项目各项工作顺利开展。征得老板同意后进入娱乐场所对"小姐"进行培训，培训内容有：性病—艾滋病防治基本知识；有关艾滋病检测基本知识，如 HIV 检测的意义与作用、几种结果的解释、窗口期的问题；生殖健康、计划生育及妇女卫生保健知识；吸毒危险的基本知识；正确求医的行为和方法；安全套的防病作用及正确的使用方法；与客人协商采用安全性行为的技巧等，使目标人群了解什么是危险行为及危险场所；等等。项目共直接培训目标人群 2347 人，共培训同伴教育骨干 348 人，同伴教育覆盖 3702 人。目前发廊、洗脚城等干预工作都由"小姐"骨干自己去做。

四 进行以性道德为中心的性教育

FSW 群体有一个鲜明的特征就是以青年女性为主，她们之所以走上性越轨道路，与其性意识的发展畸形、缺乏性道德观念有直接关系。改革开放以前的社会，我国实行性禁锢，回避性的话题、不谈性的问题、批判与性有关的作品，在保证性道德纯洁的同时，造成了对性的神秘和无知。"禁果是最甜的"，正处于性成熟过程中的青少年，对性具有生理的强烈需要和心理的强烈好奇，当这种需要和好奇不能被正确引导时，就会产生逆反心理，偏向于阴暗事物的探求和危害社会的冒险。在开放式社会，性文化突然泛滥，缺乏起码性知识的青少年极易做出不当的选择。而性教育是一种预防接种，可以提高人们的免疫力。性教育应在青少年进入青春期时进行，将性生物学知识、性心理学知识、性社会学知识结合起来，使青少年了解性成熟过程，消除神秘感，以科学知识正确对待性成熟，理解性的道德规范和性的社会责任，自觉调节自己的性意识，控制自己的性欲望。教育重点应放在性道德上，树立正确的人生观、幸福观、贞操观、恋爱观，提高辨别是非的能力。要教育引导青少年认识色情文化制品的危害性，色情文化制品宣传性的无社会性、无责任性，以及把性享乐视为性行为的最高目标，将性行为与婚姻、爱情割裂开来的错误性。传播媒介要保证社会生活中适度的性信息量。将性信息、性表现、性活动对社会文化的激励作用，保持在一个适当程度，既不至于超过社会道德的容忍度，又不至于直接刺激人的性欲联想和冲动。不要忘记国情的差异，西方的色情在东方会演化为淫秽。大众传播媒介应公开介入，对性交易这种"公开的秘密"提高曝光度，宣传"嫖娼可耻，卖淫可卑，性病可怕，皮条可恨"，加大舆论压力。

本章要点：

1. 性越轨问题的相关概念

2. 我国性越轨问题的历史起伏

3. 当前我国性交易问题的特点

4. 性交易的买方市场状况

5. 性交易的卖方市场状况

6. 性越轨问题的控制

关键术语：

性工作者（FSW/MSW）　卖淫　性交易控制

推荐阅读文献：

安克强，2004，《上海妓女——19～20 世纪中国的卖淫与性》，袁燮铭、夏俊霞译，上海：上海古籍出版社。

米歇尔·博宗，2010，《性社会学》，侯应花，杨冬译，天津：天津人民出版社。

陈锋等，1991，《中国病态社会史论》，郑州：河南人民出版社。

杰克·道格拉斯等，1987，《越轨社会学概论》，张宁等译，石家庄：河北人民出版社。

米歇尔·福柯，2005，《性经验史》，余碧平译，上海：上海人民出版社。

约翰·盖格农，1994，《性社会学——人类性行为》，李银河译，郑州：河南人民出版社。

黄盈盈、潘绥铭，2003，《中国东北地区劳动力市场中的女性性工作者》，《社会学研究》第 3 期。

阿尔弗雷德·C. 金赛，2007，《金赛性学报告》，潘绥铭译，海口：海南出版社。

贺兰特·凯查杜里安，1989，《人类性学基础》，李洪宽等译，北京：农村读物出版社。

李银河，2002，《西方性学名著提要》，南昌：江西人民出版社。

李银河，2006，《李银河自选集——性、爱情、婚姻及其他》，呼和浩特：内蒙古大学出版社。

李银河主编，2009，《性的问题》，呼和浩特：内蒙古大学出版社。

刘达临，1992，《中国当代性文化——中国两万例“性文明”调查报告》，上海：上海三联书店。

马尔图切利，2007，《现代性社会学：二十世纪的历程》，姜志辉译，南京：译林出版社。

潘绥铭等，2005，《小姐：劳动的权利》，香港：香港大道出版社。

潘绥铭、黄盈盈，2011，《性社会学》，北京：中国人民大学出版社。

邱仁宗，2001，《她们在黑暗中：中国大陆若干城市艾滋病与卖淫初步调查》，北京：中国社会科学出版社。

伦那德·塞威特兹等，1988，《性犯罪研究》，陈泽广编译，武汉：武汉出版社。

赵军，2011，《边缘的权利：女性性工作者被害问题经验研究》，北京：中国法制出版社。

张萍编著，1992，《日本卖淫问题与对策》，北京：群众出版社。

第九章　青少年问题

从社会学的社会化角度看，青少年是 30 岁以下年龄段的青年与少年。从心理学角度看，12～14 岁为少年时期，14～16 岁为少年向青年过渡时期，17～18 岁为青年早期，19～21 岁为青年中期，22～30 岁为青年后期。而在社会生活中，青年的概念更为宽泛，有时将 45 岁以下的人称为青年，例如，我们对青年科学家、青年干部、青年学者等的称呼。最严格的是法律的概念，因为它对罪犯而言不仅仅是一个年龄问题，而且涉及刑事处罚问题。由于各国的文化背景不同，对青少年的定义是有区别的。我们有时见到一些资料，发现这些国家的青少年犯罪率只有百分之十几，远低于我国，这是因为他们将青少年界定在 18 岁以下。在我国的犯罪学中，青少年犯罪是指 14 岁以上至 25 岁以下的青少年触犯刑法、必须承担法律责任的行为。

第一节　青少年问题的现状

青少年问题从性质上来说，可分为不良青少年问题与青少年犯罪问题。青少年问题与青少年犯罪问题有所不同。青少年犯罪是指青少年的行为触犯了法律，行为后果严重危害社会秩序，损害了其他人的正当权益，依照法律应当受到制裁的行为。而不良青少年问题主要是指青少年在成长过程中，由于受到各种不良社会亚文化影响，产生了不为社会主文化所认可的价值观念与行为模式，是一种道德行为及社会责任感的失范。虽然这种行为失范尚未严重触犯国家法律，对国家、社会与其他人的危害相对青少年犯罪而言较小，但由于这种不良行为将严重干扰青少年正常的社会化进程，对青少年的健康成长会产生严重的危害。

一 青少年问题的定义

当今社会正处于巨大的社会变革之中，新的价值观念、新的行为模式正越来越强烈地影响青少年的思维方式、价值观念的形成。青少年正处于个体心理与生理发育成熟的关键阶段，对新鲜事物有着强烈的好奇心，容易接受新鲜事物，但因自身分辨力不强易被各种不正确思维方式与不健康的价值观念影响，部分青少年会形成某些与社会主文化倡导的价值观念与行为模式相背离的状况。这些青少年社会化水平明显低于同龄青少年的社会化平均水平，面临较为严重的社会适应困难，是有着非病理性的反社会与非社会倾向的"低层次青少年"（张华，2000），即"问题青少年"。当他们面对形形色色的社会刺激的时候，就容易做出与社会规则不相适应的行为。

由于青少年期的年龄跨度较大，从十一二岁开始历时十几年，其间不同年龄阶段的青少年所接受社会化的主要内容不同、特点不同，面临的社会问题也不同。心理学家埃里克森对生命不同时期的社会化及主要内容进行过精辟的论述。在《儿童期与社会》一书中，埃里克森就个人人格及其社会行为的发生与发展，以时间顺序描述了人类个体从婴儿期到老年期八个阶段，并指出了在每个阶段所需解决的主要问题及其影响因素。埃里克森指出，青春期这个阶段发生在 12～20 岁，其核心问题是获得自我同一性，避免同一性的危机与混乱。"同一性危机"是指一种无法正确认识自己以及自己的责任、自己承担的角色的人格发展异常现象。青少年在这个阶段将学习接受社会规范，并逐渐将其内化为自己的行为准则，当发生自己行为准则与社会规范的冲突与矛盾时，他们就会对自己的行为缺乏认同，无法明确自己对社会或家庭的责任，严重的将会对正常人格的养成产生影响。成年早期的时间阶段为 20～24 岁，其核心问题是获得亲密感、避免孤独感。这时的个体在家人之外寻找情感归属，与同性朋友建立友谊，并与异性朋友产生恋爱关系。埃里克森认为如果个人的情感没有归属，就不能与他人正常交流，将处于孤寂之中（周晓虹，1997：159）。正因为青少年在成长的不同阶段，在社会化的不同进程中，个体的生理心理发育程度、所面对的社会化问题、所处的社会文化环境都不尽相同，所以可能出现的失范现象也不同，需要不同的解决方法与对策。

不良青少年平均 13 岁左右就有不良行为，他们具有如下的思想与行为特征。

第一，道德法制观念模糊，缺乏判别能力。不良青少年由于接受了不良社会亚文化，一般而言，他们的价值判断标准与社会主文化有所不同，对同一事件的价值判断和态度与社会主文化存在很大的差异，在错误的是非判断的指导下，容易产生与社会主文化不符的行为，常常是非颠倒。他们把江湖义气作为友谊，为哥们儿两肋插刀；把称霸的地痞当英雄崇拜，称为老大；把学怪样、讲怪话、求新鲜当作时髦，美与丑、善与恶不分，缺乏羞耻感与法律意识。他们身上普遍存在随地吐痰、乱倒垃圾、攀折花木、毁坏公物等不讲公德的行为，以及弄虚作假、吹牛撒谎、欺诈投机等不良品行。

第二，畸形的需要结构，坚持错误的人生观。不良青少年在成长中放任自身欲望的满足，往往有超过其心理发展水平和客观条件可能性的极其强烈的物质享受需要，把吃、喝、玩、乐物质享受看作人生最大幸福，有强烈的及时行乐心理，只顾眼前，不顾长远，并不择手段来满足这种需要。他们经常吸烟、喝酒，沉溺于游戏室、网吧、录像厅、酒吧厅、歌舞厅，追求享受、盲目攀比、游手好闲、迷恋异性、看淫秽电子制品等。常以赌博、小偷小摸等手段满足需要。

第三，好逸恶劳，学习上怕辛苦。他们缺乏正确的学习观点及劳动观念，怕动脑筋、厌恶学习，学习时注意力不集中，逻辑思维混乱，表达能力差。厌恶学习、纪律松懈、起哄滋事、逃学旷课是其在校时的主要特征。

第四，自私自利，以自我为中心。不良青少年的人生观普遍是自私自利的，通常无视道德，他们总是以满足个人或小群体的需要为最高目标，完全以个人或小群体利益为中心，不顾这些行为可能对他人带来的不便或伤害。在他们眼里，个人或小群体利益是至高无上的，任何妨碍他们实现自身利益的社会规范，都是对他们的限制。常伴有打架斗殴、以强凌弱（强行向他人索要财物）、以大欺小、损人利己等行径。

第五，思维的片面性，情感的情绪化。不良青少年一般对社会规范，以及家长和学校老师的教育怀有普遍的不信任感。他们通常觉得这些规范都是对他们行为的束缚，妨碍了他们行为的自由，父母和老师的教育都是对他们行为的有意刁难，具有强烈的逆反心理。他们怀疑一切，对社会上的正面宣传和榜样报以不相信和嘲笑的态度,认为这些都是欺骗。有些青少年情绪不稳定,喜怒无常。当得到愉快的情绪体验时,便放纵狂呼,忘乎所以;而当得到不愉快的情绪体验时,又表现为极度愤怒、郁闷、悲观和绝望,极易冲动,有的青少年会因一点小事就冲动发怒,甚至行凶伤害他人。当这类青少年遇到挫折时,便可能对他人或社会进行报复。

人物链接:E. 埃里克森与人格发展八阶段论

E. 埃里克森(Erik H. Erikson,1902 – 1994),美国精神病学家,著名的发展心理学家和精神分析学家。他提出人格的社会心理发展理论,把心理的发展划分为八个阶段,指出每一阶段的特殊社会心理任务;并认为每一阶段都有一个特殊矛盾,矛盾的顺利解决是人格健康发展的前提。

阶段	年龄段	人格特点
婴儿期	0 ~ 1.5 岁	信任与不信任
儿童期	1.5 ~ 3 岁	自主对羞怯与怀疑
学前期	3 ~ 6 岁	主动对内疚
学龄初期	6 ~ 11 岁	勤奋对自卑
青春期	12 ~ 18 岁	同一性对角色混乱
成年早期	18 ~ 35 岁	亲密对孤独
中年期与壮年期	35 ~ 65 岁	繁殖对停滞
老年期	65 岁以后	完美无缺对悲观失望

资料来源:王振宏,2012:71 ~ 73。

二 不良青少年问题的种类

当前,不良青少年突出的问题主要有以下几种。

1. 校园越轨

不良青少年中相当大的一部分是在校学生。在校园内遇到的问题是他们可能遇到的主要的问题。

(1)厌学、逃学。据人民教育出版社调查,约有80%的青少年学习理科教材有困难,青少年厌学的达30%,有的地区高达60%(陈钟梁,1990)。一般而言,城市中的青少年不太会遇到失学的困境,却存在厌学与逃学的问题。

虽然他们有着良好的学习环境与学习条件，也被父母寄予厚望，但是厌学的情况并不在少数。这种情况在非重点学校中较为普遍。这些学生虽然每天都到学校上学，但缺乏学习的主动性、积极性，每天的学习是一种被动性的应付行为，可视为隐性逃学。究其原因主要有以下两点。首先，部分学生由于智力、能力等因素对学习既没有兴趣，也没有能力，学习成绩较差。其次，我国的许多学校进行成绩排行，每次考试之后，学生的成绩被学校由高到低进行排列，并将结果公布出来，以此为判断学生优差的标准。这种做法使部分成绩差的学生自惭形秽、自暴自弃，产生强烈的自卑感与畏难情绪，对学习失去信心与兴趣，进而产生厌学情绪和逃学现象。

（2）偶像崇拜狂热。偶像崇拜在学校具体表现为"追星"现象，这在学生中已经非常普遍。偶像崇拜与英雄崇拜不同，英雄崇拜是对为社会做出杰出贡献的人物的敬仰，并学习模仿；偶像崇拜是指青少年对娱乐界、影视界明星的喜爱、模仿、学习。偶像崇拜狂热现象指的是青少年学生对偶像的崇拜程度和方式超越了普遍认可的限度，从普通的崇拜发展到了一种近似病态的、非理性的痴迷状态。疯狂崇拜着各种文体明星的青少年们，将绝大多数的精力放在了对偶像形象与行为方式的追求与模仿上，以对偶像生活细节的了解为荣。陷入这种狂热行为的青少年往往会忽略自身应该完成的学习任务，成绩下降，精神萎靡，除了偶像之外对生活的其他方面无法产生热情，严重影响其身心健康发展。严念慈、徐艳在对小城镇初中生的调研中得出：偶像崇拜会对青少年性格有一定的影响（见表9-1）（严念慈、徐艳，2004）。

表 9 - 1　崇拜偶像对性格的影响（$N = 122$）

单位：%

影响	比例
变得外向	43.4
变得内向	5.7
无影响	43.4
其他	5.7
留空缺省	1.8

（3）青少年强索。所谓"青少年强索"是指侵害人或以强凌弱，或以众欺寡，采取语言威胁或暴力手段，公开以借的名义或直接强行索要，向被害人敲诈钱财物的行为，被侵害人通常是在校的中小学生。近年来，在一些城市的部分学校周围，特别是平时管理较差的学校，出现了未成年人结伙对在校学生进行强索的现象。这些强索者不一定就是在校生，强索现象发生在校园内，或校园附近。在青少年强索现象中，侵害人多为在校的差生或刚离校不久的流失生，他们一般与流散在社会上的不良青年有联系，有的长期混在一起。他们将社会上的流氓行为直接带进了学校，极为严重地干扰了学校的教学秩序，侵害了学生的身心健康。他们强索的动机实际上也很简单，多以追求钱物为目的，用索要或欺诈来的钱物支持在外游荡时的消费。这些不良青少年在进行强索时，一般很少意识到自己行为的错误，认为只要自己得到满足，就可以不用管别人的利益是否受到侵害。这些违反社会规范的越轨行为如果不能得到及时有效的惩罚和教育，还可能对其他青少年产生不良的示范作用。某些强索的侵害者本来就是被侵害者，后来由于受到影响，自己也从被侵害者变成了侵害者。被侵害者基本上是人小体弱、胆小怕事的学生，通常是被不良青少年偶然选中，成为被强索的受害者。被侵害者一般在受到威胁之后会产生恐惧感，顺从不良青少年的无理要求。虽然被侵害者的财物损失有限，但可能会造成严重的心理影响。他们幼小的心灵受到严重伤害，这种恐惧的阴影会对其以后的自身社会化产生恶性刺激，妨碍今后与他人的正常交往并影响其性格的健康发展。

2. 青少年性越轨

随着经济的发展，人民生活水平日益提高，青少年的营养水平比起他们的父辈有了较大程度的提高，青少年的生理发育也普遍提前。全国妇联1995年和1999年两项青春期教育调查评估显示，青少年的性发育普遍提前，渴望了解性知识。在青少年期，个体需要完成性别角色社会化的任务。这要求青少年依据自己的性别特征，在特定社会文化环境中接受社会知识教育，学习理解社会对不同性别行为的要求与限制，并内化培养正确的性别观念，在社会中扮演特定的性别角色。我国在性别角色社会化方面的主要缺陷在于，一方面，青少年普遍缺乏与生理发育水平相应的生理知识与性知识，造成许多生理与心理上的困惑，出现生理的早熟与性道德滞后的矛盾，青少年群体有学习青春期生理知识和性知识的迫切需求；另一方面，我国的性教育十分欠缺，家庭、学校、社会不能给青少年提供科学的性知识和健康的性教育。这使色情文化乘虚而入。色情文化的诱惑力源于性的神秘感，青少年对性信息的好奇心强烈。对色情文化的危害性认识不清，缺少自觉抵制的思想觉悟，为追求刺激并达到生理上的快意，青少年往往会在网上收看色情小说、淫秽视频。我国的色情文化发展经历了这么几个阶段：第一阶段，色情文学作品开始时只是以地下文学的形式出现，诸如"手抄本"等；第二阶段，各种色情、淫秽的印刷媒介改头换面，挂着科学的招牌、披着美学的外衣、打着法治的幌子，赤裸裸地进行色情描写，主要有淫秽的画册、扑克、杂志、书籍等；第三阶段，以电子媒介为载体，如有黄色内容的电影、录像带、激光盘、电子游戏等；第四阶段，电脑与网络普及后，色情淫秽网站大量产生，色情淫秽的视频以前所未有的速度和广度扩散，未成年网民深受其害。

在色情亚文化的影响下，青少年群体对性行为持放纵态度。青少年中首次性行为的年龄在大幅度下降，在各地妇幼保健医院中，未婚女青年流产的人数已经接近流产人数的70%，其中过半数的是17～23岁的青少年（王道斌，2008）。不少青少年随意进出各种娱乐场所，有的直接从事色情与准色情行业。青少年养成不健康的性观念和混乱的性行为模式，将会直接影响他们对婚姻、家庭的态度，威胁今后婚姻、家庭的稳定，影响社会风气。

3. 不良青少年团伙

近年来，不良青少年团伙的越轨行为日渐增多，有的已经形成具有一定规模、有特定规范和行为特征的、具有结构性的越轨小团伙。不良青少年的社会分层明显，处于社会底层的不良青少年具有较强的小团伙认同感，易于形成不良团伙。在不良青少年团伙的酝酿、产生过程中，基于个体社会地位的相似性、面临困惑的相似性、受到社会刺激的相似性，青少年易在思想意识、行为方式上达成一致，相互信任，相互感染，并不断得到强化。当这些群体性的意识、规范与行为模式具体形成，并在小团伙内得到认可，实际上就形成了不良青少年团伙独特的亚文化，而团伙的不良亚文化又进而形成了一种群体压力，无形中支配着团伙成员的行为，更加强化不良青少年个体的越轨意识与越轨行为。青少年团伙越轨行为在很大程度上受到影视作品中暴力亚文化的影响。中国传统武侠小说里所宣扬的"侠义精神",追求"有福同享,有难同当"的不辨是非的"义气"受到青少年追捧;在港台地区、国外的影视作品里,在网络上的杀戮游戏中,对帮派、黑社会之间的暴力描述,对"为兄弟两肋插刀"的颂扬,深深地影响了不良青少年,有的暴力角色形象甚至成为青少年心目中的偶像。从社会学的角度看来,暴力文化所宣扬的依靠暴力解决问题的人才是好汉、英雄,打架、斗殴是有英雄气概、有本事的表现,不择手段追求金钱是人生的目标,醉生梦死的生活方式就是幸福等错误的人生观、行为方式,对不良青少年有极大的误导作用。这些不良青少年团伙模仿江湖中的群体规范,一般都要求团伙成员要讲"义气",要"为朋友两肋插刀"等,在进行越轨行为时往往团伙成员都必须参与,必须遵守"团体纪律"。不良青少年团伙,对青少年有着巨大的吸引力与裹挟作用。

4. 网络病

网络病是指过度依赖网络而影响正常学习、工作、人际交往的现象。2013 年我国网民有 5.9 亿,其中 10 ~ 19 岁的年龄段的占 23.2% (中国互联网络信息中心,2013)。由于网络具有无"把关人"的特征,网络信息的芜杂与混乱,对充满好奇、希望了解世界的青少年有独特的吸引力,上网的青少年越来越多。他们利用网络汲取知识、进行交流、玩游戏、发表意见的同时,也在猎奇、探索各种负面的信息,而负面信息对青少年的道德观念和行为规范会形成很大的冲击力。

(1) 网络游戏成瘾。美国精神疾病专家制定的自我评估有无网络成瘾的标准是:①每月上网时间超过 144 小时,也就是一天 4 小时以上;②脑中一直浮现与网络有关的事;③无法降低上网的冲动;④上网是为了逃避现实,放松解除焦虑;⑤不敢和亲友表明上网的时间;⑥可能因上网造成课业或人际关系的问题;⑦上网比自己预期还久;⑧已经花太多钱在上网或网络设备上;⑨要花越来越久的时间上网才能满足(以上标准只要超过 5 项基本上就是上瘾了)(吴娟,张文等,2004)。由于青少年的自制力不强,部分青少年有沉迷于上网的行为,他们可以整天整夜地上网,废寝忘食,可以把功课、工作放在一边,一心只在网络中。他们有的痴迷网络游戏,有的痴迷网络聊天,可以完全放弃现实生活中与其他人的人际交往。《中国青少年网瘾数据报告(2005)》显示,全国青少年网瘾率是 13.2%。调查发现，未成年人网瘾比例较高，初中生和职高学生网瘾现象最令人担心，占20%以上，在13~17岁的青少年网民中网瘾比例最高（中国青少年网络协会，2005）。目前，我国城市青少年网民中网瘾青少年约占14.1%，约为2404.2万人，这一比例与2005年基本持平。在城市非网瘾青少年中，约有12.7%的青少年有网瘾倾向，约为1858.5万人。18~23岁的青少年网民中网瘾比例（15.6%）最高，其后为24~29岁的青少年网民（14.6%）以及13~17岁的青少年网民（14.3%）。与2005年相比，13~17岁年龄段的网瘾青少年比例有所下降，18~23岁年龄段的网瘾青少年比例有所上升（中国青少年网络协会，2009）。网络成瘾不仅影响人的心理，还影响人的身体健康，尤其是会引起自主神经紊乱，体内激素水平失衡，使免疫功能降低，引发心血管疾病、胃肠神经官能病、紧张性头疼、焦虑、忧郁等，甚至可能导致死亡。同时，由于玩游戏时全神贯注，身体始终处于一种姿态，眼睛长时间注视显示屏，会导致视力下降，眼睛疼痛、怕光、暗适应能力降低，脖子酸痛，头晕眼花等。沉迷于网络游戏，容易使未成年人减少人际交流，产生自闭倾向，甚至会患上"电脑自闭症"。在校生因迷恋网络游戏而不想学习做功课，造成学习成绩下降，甚至引发旷课、逃学等现象。除了沉迷游戏，还有网络交友成瘾、网络信息超载、网络强迫行为等。

（2）网络色情成瘾。沉溺于浏览、下载、交换色情图片、影片、文字等，在线进行色情交易，或者进入成人话题的聊天室，这些未成年人迷恋虚拟世界中的异性而不能自拔。网络上的性信息泛滥，各种色情、淫秽信息严重侵蚀着青少年的性道德意识。互联网上色情网站、色情聊天室充斥，出于营利目的网站主动将各种有害信息散布在网络上，或发送到别人的邮件信箱。Yahoo网站统计发现，人们在网络上搜寻的词过半数与色情有关，2005年占67%（海剑，2006）。而青少年辨别能力差、自制自律能力弱，难以抵制这些不良性信息的诱惑，往往被动吸引，更有甚者还刻意寻找这样的色情信息。网络已经成为青少年接触色情信息的主要载体，越来越成为青少年越轨行为的诱发源之一。中国青少年研究中心公布了一项针对"青少年网络伤害问题研究"课题的调查，青少年上网时间为全国平均水平的2.3倍，48.28%的青少年接触过黄色网站，43.39%的青少年收到过含有暴力、色情、恐吓、教唆、引诱等内容的电子邮件或电子贺卡，14.49%的青少年因为相信了网上的虚假信息造成了财物或身心的侵害。色情信息和暴力信息是青少年遭受网络伤害的两大因素（周逸梅，2009）。

（3）网络宣泄。由于网络具有匿名性的特点，青少年做出的有违道德的行为不需要承担责任与后果，这助长了青少年在网络上的非道德行为。具有网络越轨行为的青少年，对现实生活中社会规范不以为然，有的已经形成偏颇的思维方式、歪曲的价值观念和倾斜的道德标准，存在强烈破坏欲，在网络上以匿名的形式进行破坏社会规范的行为，攻击他人邮件信箱、发送垃圾邮件、散布色情或反动信息，进行恶搞并以此为乐。

第二节　我国青少年犯罪的状况与特征

青少年犯罪是指在整个青年和少年群体中，有一部分人实施了危害社会、触犯刑律、应当受到处罚的行为。在青少年的违法犯罪中，更多和更为普遍的是青少年的越轨行为，即违反法规但尚未触犯刑法的准犯罪行为，真正实施犯罪的青少年还是少数。越轨包括犯罪，犯罪是越轨的最高级表现形式，但越轨不一定是犯罪。青少年从越轨到犯罪，是一个量变到质变的连续过程，影响越轨和犯罪的因素在多数的时空区间中是相似的，或就是同一种因素。所以我们的研究视角不能仅仅停留在犯罪上，而要将影响越轨与犯罪的因素做统一的考察。

一　青少年犯罪界定

我国现行《刑法》第 17 条规定："已满十六周岁的人犯罪，应当负刑事责任。已满十四周岁不满十六周岁的人，犯故意杀人、故意伤害致人重伤或者死亡、强奸、抢劫、贩卖毒品、放火、爆炸、投毒罪的，应当负刑事责任"。14 岁是承担刑事责任年龄的底线。心理学研究发现，14 岁以下的少年，他们的身心发育尚未成熟，对于什么行为是犯罪，什么行为不是犯罪还没有完全的识别能力，对自己还缺乏控制能力。他们做出某些危害社会的行为，主要是出于好奇、幼稚、无知。而年满 16 岁后，对罪与非罪的行为基本有了辨别能力，也有了控制自我行为的能力，如果犯罪就应当承担与自己年龄和刑事责任能力相当的刑事责任。

我国的刑法对未成年人犯罪的刑事处罚也有严格的规定。《刑法》第 17 条规定："已满十四周岁不满十八周岁的人犯罪，应当从轻或者减轻处罚。"

"因不满十六周岁不予刑事处罚的，责令他的家长或者监护人加以管教；在必要的时候，也可以由政府收容教养。"已满 14 周岁未满 18 周岁的未成年人，他们在生理、心理上日渐成熟，初步具有辨别是非的能力，但也最容易受到外界不良风气的影响和侵袭，甚至被不法人员利用而成为犯罪的人。已满 18 周岁未满 25 周岁的人属于青年范畴。虽然已成年，但他们是成年人中的特殊部分，刚从少年阶段踏入成人行列，从学校、家庭进入社会，其责任心、独立性、价值观以及自我判断能力等虽然有明显增强，但同 25 岁以上的成年人相比，还很不稳定。正是由于这一年龄段的群体具有的特别的属性，其实施犯罪往往与超出这一年龄段的成年人犯罪具有不同的特征。近年来，我国青少年犯罪的人数一直保持在较高的比例（见表 9 - 2）。

表 9 - 2　1990 ~ 2009 年全国法院审理青少年犯罪案件情况

年度（年）	刑事犯罪总数（件）	青少年犯罪总数（件）	青少年占刑事罪犯比例（%）	未成年人占青少年犯罪比例（%）	未成年人占刑事犯罪比例（%）
1990	580272	332528	57.31	12.64	7.24
1991	507238	268206	52.82	12.45	6.58
1992	492817	250262	50.78	13.35	6.77
1993	449920	228311	50.74	14.19	7.20
1994	543276	247391	45.54	14.48	7.04
1995	542282	267842	49.12	14.33	6.59
1996	665556	267849	40.53	14.91	6.04
1997	526312	199212	37.85	15.28	5.78
1998	528301	208076	39.39	16.15	6.36
1999	602380	221153	36.71	18.09	6.64
2000	639814	220981	34.54	18.87	6.65
2001	746328	253465	33.96	19.68	6.68
2002	701858	217909	31.05	22.96	7.88
2003	742261	231715	31.22	25.41	7.93
2004	764441	249070	32.58	28.14	9.15
2005	842545	285941	33.93	28.92	9.81
2006	889042	303631	34.15	27.57	9.41

年度 （年）	刑事犯罪 总数（件）	青少年犯罪 总数（件）	青少年占刑事 罪犯比例（%）	未成年人占青少年 犯罪比例（%）	未成年人占刑事 犯罪比例（%）
2007	931745	316298	33.95	27.67	9.39
2008	1007304	322061	31.97	27.60	9.82
2009	997872	302023	30.27	25.69	7.78

资料来源：中国青少年研究中心课题组，2007；姚建龙，2012。

二　青少年犯罪的主要特点

1. 闲散青少年成为犯罪主体

闲散青少年是指达到法定入学年龄，而未上学、无职业的青少年，主要指没有在学校接受教育，又没有固定工作，在社会中游荡，无人管束，处于社会边缘的 25 周岁以下的青少年。这些待业的青少年精力充沛，有的是时间，但法制观念欠缺、社会经验不足，他们过早地流入社会，极易受到社会不良因素的侵蚀和影响，接受不劳而获、贪图享受、金钱至上、利己主义的价值观念。因没有正当的手段谋生，或用正当手段获得的财富太少，而采用违法或犯罪的手段获取财富和追求刺激。而这一批青少年往往又是家庭、学校、社区都不管的人，成为管理教育的疏漏对象。全国约有2820 万名闲散青少年，其中"有不良或严重不良行为"的青少年达 115 万人，有严重不良行为的青少年达 25 万人，而有 16 万人为 18~25 岁（中国青年报，2010）。这类青少年还是黑社会势力与黑社会组织的预备队。

2. 犯罪手段成人化

一份来自中国青少年犯罪研究会的统计资料令人震惊：近年来，青少年犯罪总数占到了全国刑事犯罪总数的 70% 以上，13 岁以下的青少年犯罪数量明显增加，其中十四五岁少年犯罪案件又占到了青少年犯罪案件总数的70% 以上（杨炯、赵晓，2005）。青少年违法犯罪问题在一些地方仍然很突出，并且呈现"四高一低"的趋势，即青少年暴力犯罪比例偏高；14~18 周岁年龄段强奸、故意伤害、杀人、寻衅滋事、抢劫犯罪比例偏高；18~25 周岁年龄段盗窃、抢劫犯罪比例偏高；农村青少年犯罪比例偏高及青少年违法犯罪年龄偏低（徐国俊，2004）。

3. 团伙犯罪是主要形式

据调查，我国青少年犯罪案件中，有70%以上是团伙作案。20世纪70年代末80年代初出现的青少年犯罪团伙以流氓团伙为主。在80年代末至90年代，团伙犯罪以掠夺财物为主。据调查，在查获的团伙犯罪成员中，青少年占70%左右；在查获的青少年犯罪案件中，属于团伙作案的占70%左右（郭翔，1996）。当前许多青少年犯罪团伙，不仅有名称、有头目，在形成团伙或吸收团伙成员中通过喝酒、盟誓、文身等仪式形成团伙标志，而且团伙内部有较明确的等级分工，相互协作作案。团伙的骨干分子或头子往往是各类逃犯、刑满释放人员和解除劳教回归社会而不思悔改的人员。团伙成员往往具有某种社会联系，诸如同学、邻居、朋友、狱友。他们认为可以依靠团伙的力量保护自己，提高自己的地位。这种团伙如果被不法人员掌握和控制，将会演化为带有黑社会性质的有组织的犯罪团伙，这对社会的危害性具有放大效应。

4. 女青少年犯罪人数激增

据我国一些地方的典型调查，女青少年犯罪增长速度远远超过男性青少年犯罪增长的速度。女青少年犯罪主要以追求钱财、贪图享受为目的，以性交换为手段。她们最初也是受害者，因周围的人没有去关心、帮助、教育她们，反而鄙视她们，使她们逐渐产生了对社会的仇恨和报复心理，进而走上犯罪道路。女青少年犯罪的腐蚀性往往大于男性。只要发现1~2个女青少年违法犯罪，如没有及时有效地遏制，很快就会传染、腐蚀其他女青年或男青年，进而形成犯罪团伙。而且这类女青年由于抗挫折能力较弱，一旦堕落，其道德堤坝很快全线崩溃，极易产生自暴自弃的心态，所以对其教育改造就显得更加困难。

5. 突发性犯罪多

青少年由于生理发育成熟、精力旺盛，对外界事物的模仿能力强，有强烈的好奇心，又缺乏足够的自我控制能力和识别能力，法制观念模糊，易受社会上不良风气的熏染。例如，有的青少年看到一些淫秽、凶杀的录像、色情书刊，以及吸毒、赌博行为等，便会萌发亲身尝试一下的念头，一旦环境有利于犯罪，青少年便在不加思考的情况下实施。这些青少年罪犯原来并没有劣迹，其所实施的违法犯罪行为通常没有预谋，动机也不明显，对其后果的危害性认识不足。

6. 犯罪年龄低龄化

据某公安局对半年内抓获的 201 名 16 岁以下的少年犯统计，其中在校生和退学生有 182 人，占总数的 90.5%，属于初犯的占 90.6%（赖俊明，2011）。以山东省青少年犯管教所在押的 1600 名青少年犯为例，12 岁第一次违法犯罪的占 4.01%，13 岁的占 5.54%，15 岁的占 21.05%，16 岁的占 24.41%，17 岁的占 33.49%（李康熙，2007）。

三 青少年犯罪的轨迹

不良青少年走向犯罪的一般轨迹是：问题青少年—不良同龄群体—劣迹群体—越轨群体—犯罪群体—有组织犯罪（吴再德，1990：30~40）。

第一阶段：问题青少年。不良青少年在社会化的过程中往往因早期教育有缺陷，受到不良社会化，形成了好逸恶劳、自私自利的不良品德和低级趣味的不良习气，在思想行为上开始偏离社会规范的要求，成为问题青少年，为接受不良互动打下了基础。问题青少年的越轨行为倾向必然受到社会化的执行者——家长、教师、长辈的批评与矫治，而不良青少年对此便产生对立情绪和抗拒心理，这就产生了寻求能理解自己的群体和个人的心理需求，一旦条件具备，便开始转换自己的交往对象，接受不良互动。

第二阶段：不良同龄伙伴群体。不良青少年在不健康需求得不到满足、不良品行受到批评时，心理上会出现挫折感，他们试图在同龄伙伴的互动中得到尊重、获取认同。这样，具有类似毛病的青少年很快地相互吸引，结成落后群体。在不良小群体内形成排斥家庭、学校教育的心态，越是规劝和帮助越是反感；相反，越是怂恿教唆越能入耳，形成心理相容。这个小群体排斥对抗主流文化的信息。不良同龄伙伴群体通过不健康的娱乐、打闹、游荡、交谈等进行互动，交流思想。问题青少年成了不良青少年。

第三阶段：向劣迹群体转化。劣迹群体一旦形成，个体会在不良互动中产生一系列变化。在行动上拒绝社会道德和法律规范的约束，在思想上汲取落后观念，排斥社会的主导价值观念。利用各种不合法的手段来满足自己的不健康欲望，如通过打架满足自己的称霸欲，通过敲诈、偷窃来满足自己的物质享受欲，通过调戏、玩弄异性满足自己的性欲，等等。他们在不良的探索中互相鼓励、帮助、赞赏，推动着不良互动恶性发展。在不良互动中获得的快感与收获，反过来又强化了畸形的欲望。不良青少年成了恶劣青少年。

第四阶段：向越轨群体转化。这种转化的标志是这些恶迹青少年，从违反社会的道德规范向违反社会法律规范发展，并开始在群体内形成产生犯罪动机的心理环境。其中，不良互动的作用又进一步恶化，相互间互动的频率加强、互动的内容恶劣，甚至出现犯罪，相互帮助干坏事。原本不健康的需要结构更趋畸形，情趣更加低级，价值观念发生质变，不良习惯初步定型。当一个劣迹群体向越轨群体过渡完成，其成员也完成了一次思想的根本转变，不自觉地向犯罪团伙迈出了关键性的第一步。如果说，劣迹群体是青少年中的落后群体的话，那么，越轨群体则是青少年中的违法群体，它成为青少年犯罪的后备军。

第五阶段：向犯罪群体转化。越轨青少年与犯罪青少年的界限是：前者的行为违反了一般的治安法规，后者的行为违反了刑事法规。在越轨群体向犯罪群体的转化过程中，成员通过互动达到了某种整合状态。在犯罪亚文化小群体中，互动是以反社会化内容为主，成员交叉感染，不良意识和行为产生负向整合。在恶性互动中确立起群体成员的价值观念、利益需要、情感、兴趣；产生出小群体的道德（江湖义气）、纪律（违背团伙时的惩罚措施）；为调节内部成员的关系，统一成员行为，形成一套小群体暗号、手势等联络手段，文身等小群体标志。当犯罪群体的团伙意识形成以后，形成去个性化的团体压力，使个别成员原来残存的一些道德观念也荡然无存，思想道德彻底恶化，形成犯罪动力定型。动力定型即指一个人的精神在外部刺激物反复强化作用下，形成较稳定的神经联系，能比较稳定地从事某一活动，因为大脑皮层有系统性活动的机能，能够把各种刺激有规律地协调成为一个条件反射系统。小群体中的成员在反社会信息的长期刺激下，心理上产生一种负向的条件反射系统，例如，他们无法控制自己，"见钱就想偷"，"见异性就想玩弄"。

第六阶段：有组织犯罪。犯罪小群体通过犯罪实践的磨合，团伙成员会出现一种整合状态，内部的组织结构更加明确、牢固，个人在犯罪团伙中的位置、分工、角色更加清楚，团伙形成较强的凝聚力。团伙意识及行为规范的系统化，标志着犯罪团伙向职业犯罪团伙过渡的完成。有的就演化成了黑社会组织。这是社会的恶性肿瘤，将对社会产生极大的危害。

第三节　越轨青少年问题产生的原因

青少年与成年人相处于同样的社会环境中，有些因素无论是对成年人还是青少年都产生影响，有些因素对成年人影响不大，对青少年却具有决定性的影响，那么，这种因素就是一种特殊性的因素。在影响青少年成长的诸多因素中，最具影响的是三个：一是生存的空间环境，主要是指家庭的环境，家庭环境的某些缺陷、某些不健康的因素影响儿童的人格成长；二是行为互动的对象，主要是社区中的同龄伙伴群体，这一群体对少年成长有重要的影响；三是思想形成的源泉，主要是社会上传播媒介宣传的内容，它在青少年思想的成长中起着诱导作用。接下来将从这三个方面对青少年越轨的原因进行探讨。我们没有将学校的因素放进去，是因为学校是传播社会主文化的场所，对青少年进行的是正面教育，学校对青少年越轨不具有决定性的影响。

一　不良社会化因素

我们对青少年犯罪考察可以发现，这一小部分人的犯罪轨迹是十分清晰的。一般来说，他们在儿童时期就遇到不良的家庭环境与不良的早期教育，形成了不良的习气及恶劣的心理品质。这一"毛病"在青少年社会化过程中不但没有消除，反而被强化，特别是在不良社会交往的作用下，他们汲取社会中存在的各种不良亚文化的杂质，并在其心理与思想中沉淀，导致不良品德恶性发展，在社会生活中形成他们特有的越轨的思想观念、价值标准、行为规范。这些青少年在心理意识中的认知、情感、意志、观念、心态上，都有异于常态的青年。就是说越轨青少年具有群体特有的不良亚文化的特质和亚文化丛，并在日常生活中不断积累潜在的犯罪因素，形成犯罪习惯的"动力定型"及系统的流氓哲学、强盗逻辑。这是一个从量变到部分质变，再到完全质变的过程。

1. 家庭教育偏差

家庭是一个人社会化的摇篮，家长是孩子的第一任教师，家庭对儿童品德的塑造起着决定性的作用。不良的家庭环境与不正确的思想教育方法，对孩子的身心健康有直接的影响。儿童心理学认为，在幼儿的大脑皮层中，有关品德方面的暂时联系系统尚少，此时可塑性最大，是接受外界刺激的最敏感时期，良好的品德教育如能够进行强化，做到先入为主，这将为人生健康发展奠定坚实的基础，反之，对人的一生会有持久的消极影响。青少年犯罪在于儿童社会化时期家庭教育不当，大多数在 8～12 岁就沾染了很多不良的习气，形成了恶劣的品质，如自私自利、好吃懒做、厌恶学习、贪图小便宜、撒谎骗人、打架骂人、欺负弱者、害人取乐、小偷小摸、抽烟赌博、追求淫秽物品。而自私自利和自由散漫的不良品质是他们日后极端个人主义恶性膨胀的幼芽。

（1）家庭溺爱。有的家庭将独生子女作为"宠儿"，以孩子为中心的家庭溺爱，使儿童从小养成了贪图享受、懒惰成性、自私自利、蛮横霸道等不良品质。溺爱导致护短，不能正确对待孩子身上的缺点和错误，百般袒护，无疑滋长了孩子身上的弱点，纵容了孩子的错误行为。这种在百依百顺、溺爱环境下生长的孩子，具有任性的性格，妄自尊大，养成说一不二的习惯，形成为所欲为的个性；对别人冷漠无情，对集体漠不关心，缺乏起码的道德责任感，养成心胸狭窄、斤斤计较的品格。这是青少年发展的一个主要心理弱点。

（2）家庭教育放任自流。不少青少年罪犯小时候通常没有上过幼儿园，他们的幼年是在没有正确指导、无所限制的玩耍中度过的。儿童期是人生最危险的时期，如果不注意孩子的良好品德习惯，不批评孩子的缺点，不关心孩子的学习，只养不教，放任不管，对各种错误和恶习不想办法进行矫治，它们就会发芽滋长。一旦孩子有了问题，又转为另一个极端，采用棍棒教育的方式。打骂的结果是，严重地损伤了孩子的自尊心，造成子女对父母的隔阂并产生逆反心理，会使孩子养成顽固、冷酷、残忍或者怯懦、盲从、不诚实的性格。青少年在家庭中得不到爱和理解，就会到同龄伙伴中去找。在少年儿童期形成的性格缺陷和不良习惯，在成长道路上一旦遇到不良因素的诱惑，很容易走上越轨道路。

（3）家庭破裂创伤。父母离婚、家庭残缺等不幸的家庭生活境遇，会在儿童心中投下阴影。在不幸生活环境中受到的不良影响就会积淀在心底，无法通过家庭进行疏导、宣泄、化解，随着年龄增长和外界恶性刺激的增加，内心积淀的观念杂质就会发酵成对社会的不信任情绪，形成各种偏差的、错误的价值观点，培植各种不良的品德，产生反社会的意念。

（4）冷漠家庭氛围。愉快、温暖、乐观的家庭氛围是教育孩子成长的重要条件，能激励孩子蓬勃向上，反之，吵闹、冷漠、低沉的家庭氛围，会阻碍孩子感情的正常发展。家庭成员缺少情感上的交流沟通，特别是父母对子女漠不关心，造成家长与子女的严重隔阂。在这种压抑的气氛下，孩子不愿回家、不愿讲话而愿到外面寻找温暖。如果家长自身思想是落后的，道德水平是低下的，或在家庭中总牢骚满腹，在事业上不求进取，对生活失去信心，或者是道德败坏、及时行乐，孩子长期耳闻目睹，会受到潜移默化的影响。因贫困而导致犯罪逐渐成为一个值得注意的现象。据北京市某人民检察院的统计，在未成年犯罪嫌疑人中，30%的父母无业，33%的父母下岗在家，两项合计，没有固定职业与稳定收入的父母占60%以上，家庭的月平均收入在1000元以下（曹文慧，2005）。这些家境贫困的儿童处于社会底层，较早地接触到社会的不健康的一面，缺乏正常学习生活的条件，他们在认为机会缺乏的情况下，会自发地选择放任自由的行为方式。

2. 社区交友偏差

马克思说过："一个人的发展取决于和他直接或间接进行交往的其他一切人的发展。"（马克思，1972b：515）社会化的途径有多种渠道，其中同龄青少年的相互交往是重要的一条。因为，青少年的理性思辨能力较弱，他们对抽象的理论教育较难接受，而对生活在周围，看得见、摸得着的，与自己有相似性的同龄游戏伙伴，则十分信服。同龄群体是青少年的参照群体，他们的言行往往比家庭父母、学校教师、社区长辈的教导更易于接受。青少年不能直接参与成年人的社会活动，不能得到成年人的认同，因此，他们更多地在乎同龄伙伴对自己的评价和认同。青少年的友伴第一位的是同学，第二位的是邻居，第三位的是相互介绍认识的朋友。我国的中、小学校由于是分区域上学的，因此同学加上邻居为游戏伙伴的相当多。从时间上看，在学生时代与待业时期，最易交上越轨倾向的不良伙伴，容易形成团伙。不良伙伴是指一些不同程度沾染了恶习和不良品德的人。

越轨青少年在互动中传递的是不良的文化信息，在一起时交谈的主要内容除了正常的人们关心的信息以外，主要有以下几种。①哥们儿义气和趣事。这种话题是他们最感兴趣的东西，往往是一些越轨的故事，听者常常因羡慕而模仿。②电影明星或玩弄异性。处于青春期的不良青少年，喜欢交流色情书刊、影视作品、道听途说的关于玩弄异性的信息，在传播中炫耀自己的流氓意识与本领。③吃喝玩乐。津津乐道于奢侈的、不劳而获的生活方式，特别羡慕有钱人花天酒地、纸醉金迷的生活。④社会不正之风的传闻。谈论这类事情，既愤怒，感到腐败者掠夺而产生的相对剥夺感，为自己处于劣势、无权无势而愤愤不平；又十分妒忌腐败者，期望一朝有权而进行补偿。腐败者的行径对没有分析批判能力的青少年冲击尤其大，使他们对学校、传播媒介中宣传的主导价值观念彻底丧失信心，认为宣传的一套都是虚假的。社会上不正之风的存在对青少年的健康价值观具有毁灭性的打击作用。⑤街头巷尾轶事。这类交谈带有评论性，往往从错误的价值判断进行解释。这类事往往是低级或无聊的趣闻，在这类交谈中，不良的人生观、道德观潜移默化地形成。⑥生活的意义。他们对生活意义的理解往往与吃喝玩乐分不开，用阴暗的眼光看待生活和人际关系，对人生往往抱醉生梦死的幸福观。⑦生活经验。他们交流的经验往往是如何作案，如何逃避法律惩罚，如何欺诈老百姓等，是关于越轨的经验交流。越轨青少年互动的过程，是不良社会化甚至是反社会化的过程。他们形成了一个传播不良信息的封闭型小圈子，在这个小圈子中充斥着反社会化的环境信息，不健康的风气对进入小圈子的人均形成一种压力，其成员在这种不良环境下，极容易形成不良的团伙意识和团伙归属感，在精神上产生纽带，并对成员产生束缚。

越轨青少年群体在一起玩乐的内容主要有：一起打电子游戏，上网看暴力色情电影、电视剧，抽烟喝酒，打牌下棋，打球游泳，天南海北闲扯，逛公园以及闲逛，跳舞滑冰。在这些活动形式中常常伴有越轨活动，如打球中伴随着打架，游泳中伴随着流氓行为。不良文娱社交活动使他们的情趣被毒化，不健康需求被强化，身心逐步走向越轨。总之，青少年同越轨伙伴互动的功能通常是：①相互学习越轨的技能、知识与经验，如扒窃或偷盗技术；②相互鼓励开脱，为越轨提供合理化解释，以减轻罪责感，提供心理支持以获得心理安全感；③相互提供庸俗和卑劣的生活目标，形成畸形的价值观与需要结构，形成猥琐下流的人格、腐朽低级的生活方式，交叉感染不健康的思想、感情；④相互学习不良亚文化的规范，学习对抗社会规范，学习越轨角色的互动礼仪；⑤形成团体力量和团体意识，通过相互之间提供金钱、帮助打架、掩护作案、介绍异性朋友、提供住宿、交流经验等资源交换，形成一个有共同利益的小团体。不良互动加剧了青少年的人格偏差。

3. 社会学习偏差

青少年是个体生理和心理发展的特殊时期。他们对世界充满着好奇，迫切希望获得新的信息、了解新的知识，成为社会认同的一员。学习求知是青少年一种自然的需求。越轨青少年自身具有不良的心理品质，形成不良心理定式，对社会丑恶的现象与违法犯罪相关的信息有浓厚的学习兴趣。

一是直接学习。他们在街头巷尾的玩耍中看到了违法犯罪的实地"表演"，如扒窃、赌博、斗殴、调戏妇女、破坏公物等，或在不良同龄伙伴的交往中了解了各种违法犯罪的具体情节、手段。这些东西与他们的情趣相吻合，深深印在头脑中并进一步恶化为其知识结构。他们由此得到"这样刺激、好玩""这样能搞到钱""这样干我也能"等不良认识，产生学习模仿的兴趣和跃跃欲试的心态。这种消极信息储存在他们的头脑中，一旦遇到相似的情境就会在头脑中再现，成为仿效犯罪的样板。

二是间接学习。从不良亚文化中学习，如影视作品中暴力、色情的情节，书刊中对犯罪的详细描述等。负面信息主要以暴力、色情的形式出现，具有感官的刺激性。当然，大多数青少年不会全盘接受，对信息会进行筛选，对赤裸裸的暴力、色情信息会拒绝，但越轨青少年则会主动接受并学习、模仿。"参照群体"（Refrence Group）这一概念最早由美国社会学家海曼（Hyman）于1942年提出。他所指的参照群体是，个体用以表示在确定自己地位时与之进行对比的人类群体。该定义强调了行为者为与他人比较且能为解决问题而使用的参照点，显示了参照群体的比较性特点。后来，凯利（Kelly）丰富并发展了海曼的观点，他除了承认参照群体的比较性特点，还提出了参照群体的规范性影响。而墨顿则对参照群体做了进一步的区分，分为"个体所在群体"和"外群体"两种类型。如果个体把自己所在的群体作为参照群体，那么个体就会用所在群体的标准作为自我评价的基础，并遵守所在群体的规范。如果个体把外群体作为参照群体，那么个体就会用特定的外群体的标准作为自我评价的基础，而将外群体作为引导自己思想与行动的榜样。这两种类型即现代意义上的参照群体——"人们对自己本身的价值、目标、理想、行为进行评价时进行规范性指导的群体"。

相关研究已经证明，目前对青少年影响最大的是暴力亚文化与色情亚文化。那些采用暴力行为的青少年实施暴力是希望通过暴力手段使他人屈服，从而让自己获得某种心理和物质的满足。虽然青少年的暴力行为并非由单一的因素决定，但大众传播媒介的影响与之有强烈的相关性。从1969年开始，美国影视及行为科学顾问委员会就曾耗费巨资对影视与青少年的暴力行为之间的关系进行了为期10年的跟踪研究，研究对象涉及世界几十个民族中的十多万青少年。研究证明，影视暴力对青少年行为有着潜移默化的作用，使他们在与人相处时易出现非友善的攻击性行为。研究还指出，青少年喜欢的影视节目与其闹事行为有关，三年级男孩对暴力节目的偏爱与他10年后的犯罪行为有着正相关关系。因此，幼年时所观看的暴力镜头，对青少年攻击行为的产生有很大影响。大量的犯罪调查和个案研究还发现，在实施暴力犯罪的青少年中，很大一部分的犯罪技术和犯罪手段来自大众媒介所传播的信息。一般来说，正常的青少年在接受某一特定的信息时，其注意力大部分集中在对信息内容和意义的了解上，而具有暴力犯罪倾向者则会对其中涉及攻击性行为的情节、手段、作案工具和作案技术特别敏感与感兴趣，以至于留下特别记忆，并在实施犯罪的过程中重复类似的情节。对影视节目的分析表明，暴力行为通常是被容忍的，甚至是以英雄行为出现的。即使在部分节目中实施暴力者是反面人物，但对他们的惩罚也显得过于软弱，暴力者比不使用暴力者生活得更好，只在剧终时他们才受到惩罚。节目没有反映出"犯罪的代价是法律的严惩"这一主题，实施暴力者反而成了趾高气昂或不败的英雄。这类节目非常容易导致青少年暴力行为的习得，因为及时的奖励无疑对行为是一种有效的强化，而拖沓的惩罚却会使铤而走险者认为这类行为值得一试（张胜康，1998）。暴力网络游戏正随着互联网的普及而推广，它通过色彩艳丽的图片、悦耳的音响、活泼的三维动画等多种现代化手段的演绎，使未成年人在参与的过程中，多重感官同时获得感知刺激，犹如身临其境。他们在一次次暴力砍杀、射杀中，不承担任何责任，不受任何制裁，反而会得到加分、升级等鼓励和重奖，这对未成年人的消极影响不言自明。

二 青少年问题的实证研究

南京市未成年人犯罪相关因素之比较研究，使用多段抽样方法，先从南京市13个区县的341所中学中抽出50个学校，然后再在被抽中的50所中学中抽未成年人个人。正常组样本取自南京各区的小学、初中和高中，共432人；犯罪组样本取自南京几个区的少管所，共99人（见表9-3）。

表9-3 南京市2001~2005年的未成年犯罪情况统计①

单位：人

年份	起诉未成年人总数	涉及罪名						
		盗窃	抢劫	聚众斗殴	寻衅滋事	强奸	故意伤害	其他
2001~2005	1048	381	436	88	72	5	14	44

未成年犯罪类型相对集中，以盗窃、抢劫、聚众斗殴、寻衅滋事、强奸、故意伤害为主。这六类犯罪占到未成年人犯罪总数的94%。在以上几类犯罪中，侵财性的盗窃和抢劫犯罪占未成年犯罪的73%，成为未成年人犯罪的主要类型。聚众斗殴和寻衅滋事案件也呈逐年增长趋势。

1. 个人因素

有关未成年人犯罪的个人因素方面，最主要的就是未成年人的心理和生理因素。心理因素是指对未成年人犯罪行为能发生直接影响或与其他因素发生交互影响而促成未成年人犯罪行为的心理变项，诸如人格特质、自我概念、心理需求、情绪、压力、生活适应、智力等；而生理因素是指未成年人的身体健康情形。在这里生理因素与心理因素是交互作用的，如不良的情绪会造成压力过大，从而导致身体承受能力或免疫力减弱，引起健康状况的恶化。以下分别针对几项未成年人生理、心理发展的变项，对未成年人犯罪研究状况进行分析。

人格特质是一个重要的审视未成年人犯罪原因的心理因素，其主要内涵包括抑郁性、感情易变性、自卑感、神经质、客观性、协调性、攻击性、活动性、领导性、社会外向性、思考反省性等因素。从南京市的一般未成年人与犯罪未成年人的对比性数据可以看出，在抑郁性、焦虑、自卑、不安、自制力、攻击性等方面，犯罪未成年人都要显著高于一般未成年人；而犯罪未成年人在信心与自我强度方面则显著低于一般未成年人（这从健康状况主观感受测量表中也有所反映）。

---

① 表9-3~表9-25为2005年度南京市共青团调查研究课题，由张曙教授组织的南京理工大学社会工作系学生完成调查并撰写报告。

总的来看，自制力较差的犯罪未成年人占到近 2/3，其中自制力非常差的就有 34.3%，而一般未成年人符合这一状况的是 5.7%。63.6% 的犯罪未成年人认为自己很容易被激怒，一般未成年人则只有 20%；74.7% 的犯罪未成年人回答说当别人对自己大吼大叫时，会立即回骂，一般未成年人则只有 33.9%。这些数据一方面说明犯罪未成年人的攻击性倾向明显高于一般未成年人，但是，从一般未成年人回答上述问题时所显示的百分比来看，一般未成年人的人格特质依然存在许多问题，例如，高达 33.9% 的中学生说当别人对自己大吼大叫时，会立即回骂（见表 9 - 4）。这个调查数据证实，当前未成年人犯罪存在偶发性因素，与未成年人个体人格特质等方面存在一定的缺陷且有很高的攻击性相关。因此，加强未成年人健康心理、人格特质的培养和塑造，对未成年人犯罪预防工作将会发挥十分重要的作用。目前我国中小学在这方面的教育是十分缺失的。

表 9 - 4　未成年人攻击性特质的表现比较

单位：人，%

相关事件	符合程度	一般未成年人		犯罪未成年人	
		人数	比重	人数	比重
我很容易被激怒 而骂人、打人	非常符合	26	5.7	34	34.3
	有点符合	66	14.3	29	29.3
	不太符合	188	40.9	24	24.2
	很不符合	180	39.1	12	12.1
当别人对我大吼大叫 时，我会马上回骂他	非常符合	46	10.0	32	32.3
	有点符合	110	23.9	42	42.4
	不太符合	187	40.6	15	15.2
	很不符合	118	25.6	10	10.1

表 9 - 5 中呈现的数据很清晰地表明了犯罪未成年人的自我评价远低于一般未成年人。差距最明显的是在对自己的综合评价上，37.8% 的犯罪未成年人希望自己是另一个人而不是现在的自己，比一般未成年人高出 23.5 个百分点。其他各项如别人对自己的重视程度、性格、健康状况等也存在显著差异，差距基本上在 10 个百分点以上。

表 9 - 5　未成年人的自我评价分析

单位：人，%

变　　量	一般未成年人		犯罪未成年人		差距
	人数	比重	人数	比重	
我希望自己是另一个人，而不是现在的我	66	14.3	37	37.8	23.5
我经常感到别人对我毫不重视	51	11.0	27	27.6	16.6
我很不满意我的性格	78	16.9	32	33.0	16.1
我很不满意我的健康状况	60	13.0	26	26.8	13.8
碰到一位陌生人，我常常感到他比我强	40	8.7	20	20.8	12.1
我好像在各处都不能起作用	22	4.8	16	16.5	11.7
我觉得自己是别人的负担	18	3.9	12	12.4	8.5

　　国内外有些学者主张未成年人犯罪源于"情绪"问题，强调个人的"情绪"的心理因素是未成年人犯罪行为的主要原因之一。主要观点是：但凡情绪冲突、情绪控制无法及时调试的个人，都容易发生偏差的行为或犯罪行为（Weber，1985）。

　　从前面几点的分析来看，犯罪未成年人的忧郁程度和焦虑情绪均较一般未成年人要高，从表 9 - 6 的数据来看，犯罪未成年人的情绪控制力和自我克制力均较一般未成年人要差。只有不到 11.3% 的一般未成年人无法很好控制自己的行为，而犯罪未成年人则基本上有 30% 以上的人无法控制住自己的行为，尤其是在做事没耐心、受不了诱惑、行事常凭一时冲动这三个方面表现得尤为突出，基本上有超过 40% 的犯罪未成年人非常符合这些描述；而这三项与一般未成年人的差距也最为明显，分别相差 32.1 个百分点、34.8 个百分点、29.8 个百分点。这些都是值得注意的焦点。而且，这也是在预防未成年人犯罪时需要探究的问题，例如，如何训练犯罪未成年人控制自己的情绪、训练他们的自我克制能力和坚韧的意志力成为矫治工作中的一个重要问题。

表 9 - 6　未成年人自制力的表现（非常符合的人数比例）

单位：%

变　量	一般未成年人	犯罪未成年人	差距
旁人邀我去玩，即使作业没做完，我也会去玩	4.6	39.4	34.8
我很没耐心	11.3	43.4	32.1
我做事常常凭一时冲动	10.6	40.4	29.8
我会迫不及待得到我想要得到的东西	11.1	39.4	28.3
老师规定不能做的事，我还是会忍不住地去做 *	3.9	31.3	27.4
写作业时，我会被身边的事物分心而不做了	9.1	34.3	25.2
我会受到好玩的事情所吸引，而忘了做自己应该做的事	6.5	27.3	20.8
为了和大家一样，我不敢表达出自己真正的情感	11.3	30.3	19.0
我不管别人怎么想，我自己高兴就好	10.4	29.3	18.9
别人的死活与我无关，我只在乎自己 **	2.8	10.1	7.3

　* 这一项目在未成年人自制力测量方面的数据显示，一般未成年人与犯罪未成年人的差距是最为明显的，除了"非常符合"这一选项分别是 3.9% 和 31.3% 外，"有点符合"这一选项两者的比例分别是 18.2% 和 45.5%，也显示出非常显著的差异。

　** 这一项目虽然在"非常符合"这一选项上的比例差异不是很大，但是在"有点符合"的选项上仍可以看出明显的差别：一般未成年人与犯罪未成年人所选比例分别是 8% 和 22%。可见犯罪未成年人为了满足自己的欲望或达到自己的目的较少顾及他人感受与安全。

从表 9 - 7 中明显可以看出犯罪未成年人的身体状况要差于一般未成年人，平均算来犯罪未成年人出现感到身体虚弱、注意力不集中等五类现象的比例高于一般未成年人 15.2 个百分点，其中犯罪未成年人更容易担心过度，即更容易对生活中发生的事件产生焦虑的情绪，使得他们经常性地失眠和难以入睡，也导致他们的注意力难以集中。这三项不仅在犯罪未成年人这一群体中所占比例较高，在和一般未成年人进行比较时也表现出较为显著的差别，分别高出 19.7 个百分点、16.4 个百分点和 17.6 个百分点。

表 9 - 7　未成年人经常出现的五种身体不健康情况的比较

单位：人，%

身体状况	一般未成年人		犯罪未成年人	
	人数	比重	人数	比重
身体虚弱	15	3.2	16	16.2

续表

身体状况	一般未成年人		犯罪未成年人	
	人数	比重	人数	比重
注意力不集中	55	11.9	29	29.5
失眠、不易入睡	42	9.1	25	25.5
担心过度	63	13.6	33	33.3
不想活了	13	2.8	11	11.3

有关健康状况的自我感受，一般未成年人的自我报告明显要好于犯罪未成年人。尤其是表 9-8 中的前面 6 项，犯罪未成年人经常出现这些感受的比例远远高于一般未成年人，差距都在 20 个百分点以上。有 1/3 以上的犯罪未成年人经常性地觉得很烦躁、心情不好，自我感觉不轻松、不舒服，而且比以前更容易发脾气，也会经常性地往坏处想。其实这些都是与未成年人实际的健康状况相关的，它们也是相互影响的。正是因为犯罪未成年人本身身体健康状况较差，所以他们的自我感觉很糟糕，心理健康受到影响，自我控制能力降低，极易产生偏差行为，而这些反过来又使身体实际的健康状况进一步恶化，从而使两者呈现较高的相关性。从表 9-8 中可以看出犯罪未成年人的健康状况总体而言低于一般未成年人，尤其是对身体的担忧和对生活的焦虑，让他们总是睡不好，而这又导致他们白天精神疲惫，无法集中注意力，对生活丧失信心。这里，虽然犯罪未成年人厌世情绪所占比例不是很高，但也需引起我们注意。有资料表明，这类未成年人更容易产生自暴自弃的想法，甚至引发更大的伤害犯罪。

表 9-8　未成年人对于自己身体状况的主观感受（时常/总是有这种感受）

单位：%

主观感受	一般未成年人			犯罪未成年人			差距
	比重		总计	比重		总计	
	时常	总是		时常	总是		
我觉得对什么事都失去兴趣	2.8	1.1	3.9	12.1	16.2	28.3	24.4
我觉得很烦	17.5	7.9	25.4	26.3	22.2	48.5	23.1
我觉得心情不好	13.7	1.7	15.4	23.2	15.2	38.4	23.0

续表

主观感受	一般未成年人			犯罪未成年人			差距
	比重		总计	比重		总计	
	时常	总是		时常	总是		
我觉得自己很没用	3.9	2.4	6.3	15.2	12.1	27.3	23.0
我觉得比以前容易发脾气	11.8	2.6	14.4	18.6	16.5	35.1	20.7
我觉得不轻松、不舒服	12.4	3.1	15.5	16.5	19.6	36.1	20.6
我觉得身体疲劳虚弱、无力	7.5	1.8	9.3	15.2	11.1	26.3	17.0
我觉得做事时无法专心	11.5	2.4	13.9	14.3	15.3	29.6	15.7
我觉得比较会往坏处想	11.8	3.9	15.7	12.4	18.6	31.0	15.3
我觉得胸口闷闷的	4.2	2.6	6.8	10.3	10.3	20.6	13.6
我睡不好	8.9	3.9	12.8	8.2	13.2	21.4	8.6
我觉得想不开，甚至想死	2.0	0.4	2.4	6.1	4.0	10.1	7.7

2. 家庭因素

家庭是社会最基本的团体。个人的成长、价值观念的养成以及行为模式的建立，均受到家庭的影响。良好的亲子关系，可以帮助子女的人际适应与社会发展；和谐的家庭气氛，有助于子女健全人格的形成与未来的婚姻适应，家庭是影响未成年人行为的最重要因素。但是如果家庭没有办法给未成年人提供这些功能，未成年人就容易产生攻击、反社会、暴力等偏差行为。我们从家庭规模与结构、家庭社会经济地位、管教态度和教养方式、家庭关系几个方面分别加以论述。

（1）家庭规模与结构

当其他条件相等，家庭内孩子的人数越多，孩子发生偏差行为的可能性就愈高。因为孩子多，监督教养就相对比较难，父母的精力被分散到多个孩子身上，孩子也因此较容易与其他少年聚在一起，从外部学习不良行为的可能性就会提高。而本研究的调查数据也正验证了这一假设。

从表9-9中我们可以明显地看出，犯罪未成年人非家中独生子女的比例远远高于一般未成年人家庭，有一半以上的犯罪未成年人都有兄弟姐妹。与独生子女未成年人相比，非独生子女未成年人往往缺乏父母的支持，常常感觉不到父母的爱、重视和接纳，因此会造成与父母关系的疏远。

表9－9　一般未成年人与犯罪未成年人是否为家中独生子女比较

单位：人，%

变量		未成年人（N＝432）		犯罪未成年人（N＝99）	
		人数	比重	人数	比重
是否独生子女	是	327	70.6	45	45.9
	否	136	29.4	53	54.1

调查的其他数据也显示，40%左右的犯罪未成年人属于单亲家庭，父母离异或去世的情况较多，而一般未成年人家庭90%以上是父母全在（见表9－10）。也就是说，父母离异与丧亲对未成年人的成长有深刻影响，如果处理不好，很容易导致未成年人出现失范行为。

表9－10　未成年人平时的"同居人"

单位：人，%

变量	未成年人（N＝432）		犯罪未成年人（N＝99）	
	人数	比重	人数	比重
与父母同住	418	90.5	52	52.5
与父母一方同住	33	7.1	26	26.3
与祖父母、姐妹等同住者	11	2.4	21	21.2

（2）家庭社会经济地位

研究中发现，家庭的社会经济地位与未成年人犯罪存在负相关，也就是说，社会经济地位越低，家长与未成年人的沟通关系相对比较差，家庭成员间关系较为紧张，犯罪率就越高。调查中比较了一般未成年人和犯罪未成年人的家庭社会经济地位背景，得出以下几点发现。

①在总的比较上而言，犯罪未成年人家庭的社会经济地位要显著低于一般未成年人家庭（见表9－11）。

②在有关父母就业状况和受教育程度方面，犯罪未成年人父母就业状况比一般未成年人父母就业状况差（见表9－12）。从访谈结果看，犯罪未成年人的父母的职业大多从事体力劳动，文化程度普遍处于初中以下。

③一般未成年人有16.2%的人认为父母不在家的时间越来越多，而犯罪未成年人有49.5%的人认为父母不在家的时间越来越多（见表9－13）。

表 9 – 11　家庭经济状况

单位：人，%

变量	一般未成年人（$N = 452$）		犯罪未成年人（$N = 99$）	
	人数	比重	人数	比重
很富裕	5	0.9	3	3.0
比较富裕	190	41.0	29	29.3
刚刚温饱	235	50.8	52	52.5
比较困难	18	3.9	10	10.1
非常困难	5	1.1	5	5.1

表 9 – 12　父母就业状况

单位：人，%

变量	一般未成年人（$N = 452$）		犯罪未成年人（$N = 99$）	
	人数	比重	人数	比重
爸爸或妈妈失业	101	21.8	38	38.4

表 9 – 13　父母不在家的时间越来越多

单位：人，%

变量	一般未成年人（$N = 463$）		犯罪未成年人（$N = 99$）	
	人数	比重	人数	比重
父母不在家的时间越来越多	75	16.2	49	49.5

（3）管教态度和教养方式

行为正常的未成年人比那些行为偏差的未成年人更多地受到父母的监督，也更容易同父母讨论自己碰到的问题，行为正常的未成年人所受到父母亲的管教通常是适度而有益的。与之相反，行为偏差的未成年人却很少能得到父母亲妥当的管教，父母对他们的管教不是过严就是过松，在家中受到虐待的未成年人，遇事易使用暴力。

调查数据显示，一般未成年人对父亲和母亲对自己的关心和爱护的肯定程度高于犯罪未成年人，愿意与父母在一起相处的比例也要高于犯罪未成年人（见表 9 – 14）。

表 9 - 14   未成年人父母正向教养方式

单位：%

	一般未成年人		犯罪未成年人	
	父亲	母亲	父亲	母亲
他（她）很关心我的学习	54.9	62.3	39.2	47.3
他（她）教我做人的道理	72.0	69.3	55.7	53.8
他（她）总是耐心地听我讲我的事	39.8	51.1	22.7	27.5
他（她）总是鼓励我	50.8	52.8	38.1	41.8
我受到挫折时，总可以从他（她）那里得到安慰	42.7	48.7	34.0	38.5
我喜欢和他（她）在一起	54.9	58.5	42.3	44.0

从表 9 - 15 我们可以看到，与一般未成年人家庭相比较，犯罪未成年人家庭倾向于冷漠、疏离、敌对或是过分严格或放纵，在很大程度上属于放任型或溺爱型家庭，而这些将导致孩子出现无助、孤独、冲动、不稳定状态，使他们易于发生偏差行为。犯罪未成年人家庭父母对子女的溺爱状况超过一般未成年人组；犯罪未成年人的父亲经常处罚孩子；犯罪未成年人的父亲比较严格；犯罪未成年人的母亲比较宽松；犯罪未成年人的父母较少夸赞孩子。同时通过整合其他访谈资料我们看到，犯罪未成年人的父亲常以处罚来威胁孩子，但当孩子做错事的时候，犯罪未成年人的父母则很少震怒或严厉责备。

表 9 - 15   未成年人父母负向教养方式

单位：%

	一般未成年人		犯罪未成年人	
	父亲	母亲	父亲	母亲
不管我提出什么样的要求，他（她）总能满足我	12.8	9.8	28.9	22
我嫌他（她）烦	4.8	7	20.8	20.9
他（她）总是干涉我交朋友的事	7.8	7.6	27.1	27.5
他（她）很虚伪，经常说一套做一套，言行不一致	2	1.7	13.4	9.9
他（她）经常责备我	3.9	4.3	15.5	12.1
他（她）经常打我	1.3	2.4	14.4	4.4

续表

	一般未成年人		犯罪未成年人	
	父亲	母亲	父亲	母亲
他（她）不理解我	4.1	3.5	14.1	13.2
我很怕他（她）	12.3	5.9	22.7	9.9
他（她）不会和我商量一些有关我的事	2.2	1.7	14.4	13.2

　　测量数据也反映出父母亲在家庭中自身行为和教养方式的不一致，总体来说，未成年人对母亲的行为满意度高于父亲，这可能与我国传统的"男主外、女主内"的家庭分工有关，母亲担负着教育、培养孩子的主要责任。但父亲在孩子心理健康方面的作用绝不是可有可无的，要重视父亲在教养孩子方面的作用，父亲要多担当教育孩子的任务，更多地参与其中，促进子女的心理健康。如果父母教育态度不一致，会使孩子在行为的选择上无所适从，出现选择矛盾，行为偏离正常状态，产生行为问题。因此，父母应采取一致的教育态度，使孩子有行为选择的标准，减少行为问题的发生。另外要多和子女沟通，在教养方式的选择上，不要用打骂手段，而是要更多地树立自身的权威性，让子女对自己有信赖感，同时要注意了解子女内心的想法，及时与他们沟通。

　　（4）家庭关系

　　家庭关系包含婚姻关系、亲子关系、手足关系以及整体的家庭气氛等。这些关系形成了一个家庭动力系统，对家庭成员的影响很大，其影响力可能超过了前面所论述的几点。家庭和睦、亲子关系和谐被证明是未成年人健康成长的重要因素。父母关系对子女有深刻的影响，同时家庭破损对子女的影响程度又取决于父母对子女的支持程度、家庭内部矛盾的大小以及家庭的贫困程度等相关因素。如果父母对子女的支持程度高（包括情感支持）、家庭关系好，那么，家庭结构的不健全对子女的影响就不会很大。家庭对未成年人的成长至关重要，即使那些结交了不良朋友的未成年人，如果他们与家庭关系密切，也不容易产生偏差行为，良好的家庭关系能降低未成年人偏差和犯罪行为的可能性。

　　从表9-16中我们可以看到犯罪未成年人家庭的和睦程度远低于一般未成年人家庭。犯罪未成年人的父母关系远没有一般未成年人父母和谐，而且他们的父母对子女的关注程度也不如一般未成年人父母，可以说，犯罪未成年人得不到父母有效的支持，缺乏感情的培养导致与父母关系疏远。因此他们和父母在一起共度休闲的时间较一般未成年人要少。在访谈中也发现他们绝大多数喜欢外出而不喜欢待在家里，即使留在家里他们也选择独处而不与家人待在一起。

表 9 - 16　未成年人部分家庭和睦情况

单位：人，%

	一般未成年人		犯罪未成年人	
	人数	比重	人数	比重
有兄弟姐妹离家出走或逃家	8	1.8	15	15.5
（独生子女）	246	56.6	20	20.6
父母离婚或分居	23	5.1	39	39.4
父母越来越常吵架了	27	5.9	38	38.4
爸妈不在家的间越来越多	75	16.5	49	49.5
我离家出走了	12	2.6	65	65.7
我和父母越来越经常地吵架	46	10.1	41	41.4

综观未成年人犯罪的家庭因素，大致可归纳为以下几点。①与正常未成年人相比较，行为失范的未成年人往往缺乏父母的支持，与父母的关系疏远，常常感觉得不到父母的爱、重视和接纳，子女对父亲的疏远则更容易导致行为失范。②虽然有些未成年人同不良的未成年人交往密切，但只要他们同父母保持密切的关系，就不至于走上犯罪的道路，相反，有些未成年人虽然很少与不良的未成年人交往，但是，如果他们同父母关系疏远，走上犯罪道路的可能性依旧很大。③虽然朋友对未成年人行为影响很大，但未成年人对朋友的选择常取决于和父母的关系，如果家庭成员之间能保持正常的沟通和密切的往来，未成年人犯罪的可能性则很小。④父母对未成年人的管教和要求缺乏一致性，对子女缺乏感情，或对子女的期望程度很低，这些因素都可能使未成年人形成反社会的攻击性性格，导致行为失范。⑤如果父母能有效地监督子女的行为，参与他们的课外活动或娱乐活动，对子女在学校的学习抱有较高的期望，那么，子女犯罪的可能性将会大幅度降低。⑥如果一个家庭充满矛盾，家庭成员之间缺乏和谐的关系，

子女就有可能犯罪。⑦家庭经济贫困、家庭收入过低、家庭结构不健全会对子女的发展产生副作用。然而，家庭结构对子女的影响也可能因家庭成员关系的改善而减少，家庭成员间的关系往往比家庭结构更重要。当然，双亲家庭比单亲家庭更容易给子女恰当的指导。

3. 学校因素

除家庭因素外，学校因素也是未成年人偏差或犯罪行为探讨的主题。事实上，大部分的人在家庭中都已经受到充分的社会化，所以不至于会发生犯罪行为；至于那些未在家庭中接受充分社会化者，则经过其他的社会化机构学习自我控制，就现代社会而言，学校是最主要的负责机构。学校介于家庭与社会之间，负有教育及社会控制责任。犯罪学者林胥认为孩子愈附着于（或喜欢）学校，愈不可能从事偏差行为。个人对学校的附着或喜欢程度，取决于个人在学校的表现、能力与智商。孩子不附着于学校而轻易从事犯罪行为，是因为在学校的功课和表现不佳，不能符合学校的期望，对学习兴趣和对学校附着程度的降低会相对地提高犯罪的可能性。反之，在学校表现良好，有足够能力来解决学业上的困难，对学习有兴趣，对未来前途有较高期望的未成年人，越不愿意冒险从事偏差行为。

表 9 - 17　犯罪未成年人入狱前的文化水平和身份

单位：人，%

变量		犯罪未成年人	
		人数	比重
文化水平	没有读过书	8	8.1
	小学	13	13.1
	初中	67	67.7
	高中	11	11.1
入狱前的身份	学生	29	29.3
	无业人员	59	59.6
	就业人员	11	11.1

一般而言，与家庭相比较，学校在进行个人社会化上有其优势：一个老师可以同时监督许多学生，比家庭更能有效督导；老师比父母更有能力确认孩子的偏差行为；学校维持秩序与纪律，有利于控制学生偏差行为；

学校有惩罚学生不良自我控制行为的权力及方法。就上述观点而言，学校应该与家庭一样，是一个有效的社会化机构。但是事实上，学校有时并未能发挥社会化功能，教导学生控制自己的行为。

> 我是初二从学校退学的，因为成绩不好，也就不想读了。其实从小到大我的学习都不怎么好，因为我都比较贪玩，不喜欢读书，每天只想着出去玩，在学校的时候就经常逃课上网或者去迪厅，其实这些事老师都知道，但他们从来不管我，我也乐得轻松。

> 以前我在八中上学，我的成绩并不好，只是中下游，为了这个父母也去学校找过老师，但都没什么用。在那里的时候我经常逃学、调皮捣蛋，而且几乎天天都去网吧上网，每次都要几个小时甚至是一夜，上网一般是聊天、打游戏（传奇）。这些老师都知道，但是他们从来不管我，也不会主动去找我父母沟通。

> 老师要求我们比较少。反正我们就是念也念不好，没办法。基本上，老师知道我听也听不懂，所以只要我上课时不玩球、不讲话，睡觉都没有关系。

> 老师对我们这种差生会爱理不理，上课时放同学自习，只要有交作业，成绩自然就会过。我觉得大家都是学生，就算学习成绩不好，老师也该尽力教导，不该有这种态度。

从这些访谈中我们可以看到，很多老师并没有很强的责任感，教书育人并不是他们奉为宗旨的理念，当学生出现偏差行为时，他们并不是很在意，更别说要进行教育或训导了。他们没有意识到当学生有违反校规或品行不良的行为出现时，可能是犯罪行为的早期征兆，应该加以预防辅导，而不是记过了事，甚至给这些开始只是成绩欠佳或学校表现不好的学生贴上标签，预言了学生的偏差行为及犯罪行为。这就很容易导致学生的自暴自弃。

调查数据显示，在犯罪未成年人入狱前或者说退学前，有69.7%的人表示自己的在班上的名次不断下降，而一般未成年人组只有19.4%的学生表示自己目前存在这种状况。在这期间，他们均感受到老师的冷漠和敌意，由于长期无法达成学校主流价值所认定的目标，这些未成年人均充满挫折感。更关键的是，他们大部分认定学校似乎并不以他们为教育对象。很多人说，学校是为了适应良好的学生而存在的，老师只为听得懂的学生上课，学校并不特别在意他们是否快乐，也不关心他们是否学到东西。在他们的认知里，他们的存在似乎显得多余，没有意义。然而，让人痛心的是，不管是在学校特立独行、调皮捣蛋，还是逃课在外游荡、拉帮结伙，这些学生最后都不可避免地走上"离开学校"的路。有些学校视他们为问题学生，要求这些未成年人"不要来学校"或者干脆强行退学。无论是学生自愿离校，还是被勒令退学，其结果是将"学校在教育上遇到的麻烦或失败"推给了社会。

4. 朋辈因素

未成年人阶段介于儿童与成人之间，其角色是模糊不清的，不同于儿童的无知或成年人的成熟，未成年人阶段正处于学习社会规范的时期。儿童时期的社会规范是通过他人加以约束，成人则是将社会规范内化为自我约束的准则，而未成年人则处于转变阶段即由他律转向自律的时期。学习新的角色规范正是此阶段未成年人的重要发展目标。未成年人阶段正面临自我认同混淆危机，对未成年人而言，寻求认同支持是重要的，而未成年人阶段亦开始学习独立与家庭脱离，为寻求自我认同的肯定，同辈群体便成为最佳的仿效对象与获得认同的来源。同辈群体是未成年人在这一时期最主要的参考团体。由于朋辈是未成年人一同参与活动的主要对象，同伴彼此之间会通过参与活动产生相互影响。同辈群体对未成年人成长发展的影响既有积极的一面，又有消极的一面。

首先，两组未成年人的交往对象有着本质区别，对于一般未成年人而言，其朋友主要是自己的同学，[1] 而犯罪未成年人则只有 1/3 左右的朋友在学校，其他的都是社会青年，而其中无业青年（也就是我们平常所说的社会闲散青年）占 40.8%（见表 9 - 18）。在被问及是否加入帮派时，一般未成年人组声称加入帮派的比例只占 7.8%，而犯罪未成年人组则高达 48.5%（见表 9 - 19）。

---

[1] 虽然由于一般未成年人的样本都是取自学校，对样本的信度有一定的影响，但是就平常观察而言，一般未成年人在这个年龄阶段基本上属于在校学生，所以所收集的数据还是有很大的参考价值的。

表9-18 未成年人的交友状况列表

单位：人，%

| 朋友身份 | 一般未成年人（N = 432） | | 犯罪未成年人（N = 99） | |
| | 人均朋友 7~8 人 | | 人均朋友 5 人 | |
	人数	比重	人数	比重
在校学生	444	98.0	35	35.7
在业青年	3	0.7	23	23.5
无业青年	6	1.3	40	40.8

表9-19 是否加入帮派

单位：人，%

| | 一般未成年人（N = 463） | | 犯罪未成年人（N = 99） | |
	人数	比重	人数	比重
有	35	7.8	48	48.5
没有	412	92.2	51	51.5
缺失	16	3.5	0	0

同时，再观察两组未成年人对朋友的评价，我们发现一般未成年人的同辈群体无论是在情感上还是在行为上对他们的支持度都要高于犯罪未成年人，而且他们对自己同辈群体的归属感也更强烈。表9-20就显示了两组未成年人对自己朋友的相关评价。对于这些评价而言，一般未成年人选择"非常符合"和"比较符合"选项的比例都比犯罪未成年人要高，这里为了突出比较，只显示出了"非常符合"这一选项的比例和人数。

表9-20 未成年人对自己朋友的评价比较

单位：人，%

| 评价项目 | 一般未成年人 | | 犯罪未成年人 | |
	人数	比重	人数	比重
和他（们）在一起，我觉得安全有依靠	130	28.3	18	18.4
我烦恼时，能从他（们）那里得到安慰	275	59.9	38	38.8
他（们）真诚地理解我、关心我	236	51.4	27	27.6
和他（们）在一起时，我觉得我是他们中的一分子	329	71.8	45	45.9

评价项目	一般未成年人		犯罪未成年人	
	人数	比重	人数	比重
他（们）认为我是个很不错的朋友	321	69.9	46	46.9

很大一部分犯罪未成年人认为自己的朋友不能很好地理解自己，所以很多时候他们也不会和别人分享自己的秘密和心事，而是选择独自消化或压抑。

从表9-21中可以很清晰地看到，对于一般未成年人，他们的朋友有3/4以上的人从来没有抽烟或喝酒的行为，而几乎所有的犯罪未成年人的同伴都或多或少地存在这样的对他们的年龄而言并不合适的行为，甚至有将近一半（43.3%）的犯罪未成年人的所有朋友都存在这样的偏差行为，数量和比例都非常惊人。

表9-21　未成年人的交往群体存在的偏差行为状况

单位：人，%

抽烟或喝酒	未成年人		犯罪未成年人	
	人数	比重	人数	比重
没有	350	75.9	3	3.1
有一些	68	14.8	23	23.7
有一半	7	1.5	6	6.2
大多数	10	2.2	20	20.6
全部	4	0.9	42	43.3
不知道	22	4.8	3	3.1

从表9-22中我们可以更清晰地看到，对于一般未成年人，他们的交往群体中只有很少一部分同伴存在打架、逃课、逃家、勒索他人等八项偏差行为，一般不超过20%。而犯罪未成年人则正好与此相反，他们的同伴群体出现偏差行为的比率是一般未成年人的3~7倍。其中，"勒索他人"这一项差距是最高的，犯罪未成年人交往同伴中存在这样行为的比例是一般未成年人交往同伴的7.45倍，然后依次是发生性行为、偷东西、逃家、打架、故意破坏他人财物、逃课和使用药物，分别是一般未成年人交往同伴的7倍、6.23倍、6倍、4.21倍、3.3倍、3.2倍和2.47倍。

表 9 – 22　未成年人交往群体中偏差行为状况（没有发生）

单位：人，%

	未成年人		犯罪未成年人	
	人数	比重	人数	比重
打架	365	79.2	12	12.5
逃课	342	74.0	16	16.7
发生性行为	408	88.5	19	19.6
逃家	404	87.6	25	26.0
勒索他人	421	91.3	34	35.8
故意破坏他人财物	372	80.7	35	36.5
偷东西	421	91.3	44	45.8
使用药物	403	87.2	67	68.4

5. 一般社会因素

（1）不宜休闲活动场所

从表 9 – 23 中我们可以看出，一般未成年人很少出入不良场所，而犯罪未成年人出入这些场所的则占了绝大多数，有 73.2%。其中一部分人更是经常性地流连于此，这部分人占到了总人数的 1/3。因为这些场所对他们而言非常新奇，在那里可以寻找到更多的刺激。

表 9 – 23　未成年人出入舞厅、夜总会、YES 吧、HIGH 吧等场所情况*

单位：人，%

出入频率	一般未成年人		犯罪未成年人	
	人数	比重	人数	比重
0 次	451	97.8	26	26.8
1~2 次	4	0.9	18	18.6
3~5 次	2	0.4	10	10.3
6~10 次	3	0.7	10	10.3
10 次以上	1	0.2	33	34.0

　* YES 吧、HIGH 吧是近几年出现的"新兴事物"，在这些场所，名义上仍是一般的夜总会或酒吧，但实际上里面充斥着毒品如摇头丸、K 粉之类的违禁品，以及一些色情表演。

（2）网络

有关部门调查显示，我国 2005 年有 9400 万网民，其中 18 岁以下的未
成年人就占到 16.4%。我国网络成瘾的未成年人高达 250 万人。就调查而
言，一般未成年人与犯罪未成年人相比，不管是上网的时间还是强度，两
者都有着显著的区别。从表 9 - 24 中我们可以看到很多问题。

表 9 - 24　未成年人上网时间、强度和地点一览

单位：人，%

变量		一般未成年人（N = 432）		犯罪未成年人（N = 99）	
		人数	比重	人数	比重
上网次数	每天至少一次	12	2.6	54	54.5
	每个礼拜两三次	40	7.6	13	13.1
	每个礼拜一次	73	15.9	8	8.1
	很少	213	46.3	15	15.2
	从来没有	122	26.5	9	9.1
上网时间	不到 1 小时	159	36.6	7	7.1
	1 ~ 2 小时	128	29.5	28	28.6
	2 ~ 3 小时	37	8.5	15	15.3
	3 ~ 5 小时	17	3.9	13	13.3
	5 小时以上	10	2.3	27	27.6
	不适用	83	19.1	8	8.2
上网地点	家里	115	26.4	7	7.2
	学校	110	25.3	1	0.1
	网吧	79	18.2	82	84.5
	补习班	2	0.5	0	0
	别人家	33	7.6	0	0
	其他	12	2.8	3	3.1
	不适用	84	19.3	4	4.1

从上网次数上看，犯罪未成年人接触网络的时间明显高于一般未成年
人，他们每天至少上网一次的人数占总体的 54.5%，而一般未成年人只有
2.6%。从每次上网时间来看，一般未成年人控制较好，每次上网在 2 小时

以内的占到 66.1%；而犯罪未成年人几乎都是长时间泡在网上，每次在 2 小时以上的占到 64.3%。在上网地点的选择上，犯罪未成年人中 84.5% 的人选择网吧；而一般未成年人一半以上选择家里或学校（如加上不上网的人数这一比例达到 71%）。也就是说，犯罪未成年人中有很大一部分已经上网成瘾，这与他们上网所从事的活动是相关的。对于父母是否知道自己上网，从结果上看，无论是一般未成年人还是犯罪未成年人，其父母大部分知道其在上网，但犯罪未成年人的父母不知情的比例略高于一般未成年人（19.4% 对 6.2%）。但对于子女上网究竟从事什么活动，犯罪未成年人的父母了解程度就比较低了，也就是说，父母知情与否和未成年人网络使用控制没有显著的相关。但是，就我们观察而言，一般未成年人的父母对于子女上网还是有所引导，而且因为他们大部分是在家和学校上网，所以对于网络的使用，家庭和学校还是起到一定的制约作用的。

从上网内容上看，一般未成年人选择更多的依次是：搜索资料、聊天交友和教育学习等。而犯罪未成年人选择最多的依次是：玩网络游戏，聊天交友和浏览生活、嗜好、休闲等信息。可见，一般未成年人上网的目的性较强，主要是把网络作为一种学习或通信工具来使用。而犯罪未成年人则是把上网当作日常生活的一部分，利用网络有益资源的较少。

表 9 - 25 中差距可观的数据明白地显示出，一般未成年人很少有人会通宵上网，而犯罪未成年人平常上网打游戏的强度则很大，差不多有一半以上的人经常性地通宵达旦地上网打游戏，甚至只有 19.6% 的人没有包过夜。平常，一些在校的未成年人为了上网甚至会逃课逃学。上网成了未成年人犯罪的直接诱因或间接因素。网吧不许可未成年人进入与不准通宵营业等规定并没有落实，监管不力是一方面，利益驱动是另一方面。网吧老板为了盈利，牺牲了未成年人。

表 9 - 25 未成年人包夜上网打游戏情况统计

单位：人，%

包夜上网打游戏	一般未成年人		犯罪未成年人	
	人数	比重	人数	比重
0 次	443	96.1	19	19.6
1～2 次	12	2.6	23	23.7

包夜上网打游戏	一般未成年人		犯罪未成年人	
	人数	比重	人数	比重
3～5 次	4	0.9	10	10.3
6～10 次	1	0.2	5	5.2
10 次以上	1	0.2	40	41.2

第四节　青少年犯罪的预防

预防青少年犯罪是全社会的事情。全社会的每一部分,大到政府、社区,小到团体、学校、家庭,还有传播媒介,所有社会化的执行单位,都有责任相互配合、共同行动,针对青少年违法犯罪的特点和趋势,不断加大防范力度,建立一个科学有效的全方位预防网络,锲而不舍地做好青少年违法犯罪预防工作。

一　宏观预防

政府预防。这类预防主要是通过政府立法和采取一些行政措施来实现。由政府出面来改善和净化不利于青少年成长的社会环境,保护青少年健康成长。政府预防是青少年犯罪预防的指挥系统,决定着青少年犯罪预防系统的质量与运转情况。西方国家就制定有《少年福利法》,对不能得到家庭温暖的无辜青少年给予精神或财力上的救助,对不履行监护责任的监护人予以处罚;还有《少年事件处理法》,规定对青少年犯罪处理的司法制度等。我国《未成年人保护法》的出台,也为保障青少年身心的健康发展、净化滋生青少年违法犯罪的不良环境、保护青少年的合法权利,明确了各方的具体责任。政府对出版物中有关暴力、色情的内容也做了相关的规定。对营业性舞厅等不适宜青少年进入的场所也做了行政性规定。2010 年 8 月 6日,中央综治委预防青少年违法犯罪工作领导小组、中央社会治安综合治理委员会办公室联合发布了《关于开展重点青少年群体教育帮助和预防犯罪工作试点的通知》,将闲散青少年群体、有不良行为或严重不良行为的青少年群体、流浪乞讨青少年群体、服刑在教人员未成年子女群体、农村留守儿童群体列为开展教育帮助和预防犯罪试点的五类重点青少年群体。五类重点青少年群体中，有四类（闲散青少年群体、流浪乞讨青少年群体、服刑在教人员未成年子女群体、农村留守儿童）均属于不同程度游离于传统社会控制机制（如家庭、学校、就业单位），因而处于社会控制薄弱状态的群体。重点青少年试点的重心其实也正在于建立一种能够对这类处于社会控制薄弱状态青少年的有效控制机制。

二 中观预防

社区预防。社区在预防青少年犯罪过程中起着不可替代的作用。社区是社会的具体活动场所，社区预防的总和就是社会预防。社区的教育管理是衔接整个青少年预防犯罪系统的接合部。国际上预防青少年犯罪的战略，经历了从单纯依赖青少年刑事司法体系控制犯罪和对违法犯罪青少年进行矫治、改造、预防重新犯罪，转变到积极运用社会资源、社区力量和居民参与的超前性预防与少年司法制度相结合的双重预防犯罪体系的新阶段。社区是青少年离开家庭和学校后活动较多的场所。社区工作者的积极主动工作，能将青少年违法犯罪扼杀在摇篮中，防止小犯法，杜绝大犯罪，达到减少和消灭社区内犯罪的目的。在社区中，由于成员具有相互熟悉的特点，对青少年的违法犯罪的苗头可以及时发现，提早与这些青少年接触，及时交流，帮助他们在越轨的初级阶段止步。社区成为沟通家长与学校、青少年之间的关系纽带。社区有大量的帮助和教育青少年的天然资源，例如，离退休的年长者，其中不乏有经验丰富的教师、干部和热心社会事业的志愿人员。他们是教育青少年最宝贵的资源。现在，我国不少的城市社区都组织起了青少年教育与保护委员会，以及社区学校、社区帮教青少年组织，对失足青少年进行专门帮助。社区的专门社会工作人员，有专业的教育知识和专门的教育手段，可以承担起教育青少年的任务，协调学生与家长、学生与教师之间的关系，对他们身上的缺点可有针对性地进行教育和帮助。在教育的同时为青少年进行职业培训，可使他们有在社会上立足的一技之长。特别重要的是，社区是接受劳动教养、劳动改造释放的青少年回归社会的主要场所，它能够协调社区内各种青少年矫治力量和少年犯罪预防措施，并提供一定服务，如抑制逃学、干预家庭危机、辅导就业等，以预防犯罪。

我国也可以学习国外成功经验，在预防青少年犯罪方面建立一些社区性组织，如团体之家、减瘾之家、治疗之家、寄宿学校、训练营地以及寄养家庭等。重视利用社区资源，开展以社会为基础的矫治，推行青少年罪犯改造后重返社会的训练措施。（1）工作释放。在以社区为基础的劳动教养机构、拘留所、监狱中实施。主要内容是允许犯人白天工作，晚上返回监所，以缓和犯人从监狱生活到社会生活的过渡，为犯人获释后就业做准备，并且使犯人获得一定经济来源，帮助青少年犯人保持与家庭、社会的联系。（2）学习释放。允许青少年犯白天上学，晚上返回监所。（3）重返社会训练。这是以社区为基础的矫治措施，一般是为监狱中服刑到最后60～120天的青少年提供释放前服务，如治疗、消除释放前紧张情绪，帮助犯人寻找工作、适应家庭生活、迎接社会生活挑战。（4）以社区为基础的帮助方案。是为缓和犯人从监狱到社会的过渡阶段的压力而设计的各种方案，以帮助释放人员，为他们提供职业测验、咨询和适应训练、技能训练、在职训练与教育、就业安置等服务。重返社会训练将矫治机构的工作交由社会分担，利用社区力量、资源，使青少年犯重新适应社会生活，消除犯罪隐患，减少他们重新犯罪的机会。

2001年5月，石家庄市长安区人民检察院受港澳地区"社会服务令"启发，出台《关于实施"社会服务令"暂行规定》，对符合不起诉条件的未成年犯罪嫌疑人，由检察机关下达"社会服务令"，推荐到社会公益性机构，由检察机关聘用的辅导员对其进行思想感化教育，并在规定时间内从事有益的无薪工作，对社会做出一定补偿。检察机关根据其社会服务期间的工作表现和思想转变情况，决定是否对其做出不起诉处理来代替检控（崔丽，2001）。这一措施逐步在全国推行。

三　微观预防

学校预防。学校对青少年的教育是本职工作和义不容辞的职责。学校教育特别是中小学教育应该从应试教育向素质教育转轨。学校的思想教育工作应该有针对性，在法制教育、道德教育、理想教育、人生观教育中要有具体形象的情景与事件，不能只是从概念来到概念去。这要求学校的教师更新教育观念，掌握科学的育人知识和技巧。掌握青少年的心理特征，帮助有问题的学生克服心理障碍，及时帮助他们纠正观念偏差和行为偏差，使其在一个教育公平的环境下健康成长。学校教育上的不公平是对成绩较差的学生的歧视，这伤害了许多原来可以教育好的学生的感情，给他们的成长带来了消极的影响。在教育方法上应该加强与家长的沟通和联系，双向互动，形成合力。尤其要关心困难家庭、单亲家庭、有问题家庭的学生，给予他们学习上的帮助、心理上的安慰、精神上的鼓励、生活上的照顾，减少家庭的不良影响带来的消极后果，保护学生的健康成长。同时要保持良好健康的学校周边环境，使学生有安全感，减少学校周围和不良环境对学生的影响与感染。

家庭预防。许多青少年违法犯罪和家庭的生活、教育、影响有关，越轨的道路就是由家庭开始走向社会的。家长在孩子生活中、思想上起的作用是不可替代的。家长的榜样作用是最重要的，所以家长的身教更重于言教。家庭的文明水平对青少年违法犯罪具有预防和矫治作用。在家庭教育中对孩子的法制教育是不可少的，对社会中的违法犯罪现象家长要给孩子分析与解释，让他们树立基本的是非观念。家庭的和睦美满也是孩子健康成长的重要条件，父母与子女之间要建立平等的朋友关系，只有在平等的关系中，父母与子女才能真正互相理解、互相沟通。父母对子女的爱，物质层次上的关心是重要的，但更重要的是对子女健康人格和道德修养的培养。

本章要点：

1. 青少年问题的定义与种类

2. 不良青少年问题的种类

3. 我国的青少年犯罪状况

4. 青少年犯罪的轨迹

5. 青少年问题产生的原因

6. 青少年犯罪的预防

关键术语：

不良青少年　青少年犯罪

推荐阅读文献：

埃里克森，1998，《同一性：未成年人与危机》，杭州：浙江教育出版社。

陈如，2013，《未成年人犯罪与社会治理》，北京：人民出版社。

贾洛川，2006，《中国未成年违法犯罪人员矫正制度研究》，北京：中国人民公安大学出版社。

莫洪宪，2005，《中国青少年犯罪问题及对策研究》，长沙：湖南人民出版社。

吴再德，1990，《青少年越轨与教育》，北京：中国政法大学出版社。

雍自元，2006，《青少年犯罪研究》，合肥：安徽人民出版社。

第四编

弱势群体社会问题

第十章　残疾人问题

我国残疾人事业基础还比较薄弱，仍然滞后于经济社会发展；残疾人社会保障和服务政策措施还不够完善，稳定的制度性保障还需要进一步推进；残疾人总体生活状况与社会平均水平存在较大差距，在基本生活、医疗、康复、教育、就业、社会参与等方面存在许多困难；农村残疾人的社会保障与服务亟待改善；残疾儿童在接受教育、抢救性康复等方面仍面临一些问题。歧视残疾人、侵害残疾人权益的现象仍时有发生。发展残疾人事业、改善残疾人状况，促进残疾人事业与经济社会协调发展，使残疾人实现小康生活，是一项紧迫而艰巨的任务。

第一节　我国残疾人事业的发展概况

不同的残疾人定义会导致对残疾人群体的不同界定，在一种界定中被看作残疾的人而在另一种界定中或许就是健全的人。对残疾的定义可以有不同的角度，有的从身体或心理的畸形或损失来定义残疾，有的从临床的症状来定义残疾，还有的从日常活动的功能限制来定义残疾。因世界各国的残疾标准差异较大，所以各国报告的残疾发病率差别也很大。不同专业领域对残疾的看法有时也存在相当大的分歧，不同的需求也可能导致对残疾的不同定义。在我国，残疾人是指生理功能、解剖结构、心理状态的异常或丧失，部分或全部失去以正常方式从事活动的能力，在社会生活的某些领域中不便于发挥正常作用的人。我国的残疾包括听力语言残疾、肢体残疾、智力残疾、精神病残疾和综合残疾（有两种或多种残疾）五大类。

机构链接：中国残疾人联合会

图为残疾人联合会会徽

图片来源：http://www.cdpf.org.cn/clgk/clgk.htm。

中国残疾人联合会是由中国各类残疾人代表和残疾人工作者组成的全国性残疾人事业团体，简称中国残联。1988 年 3 月 11 日在北京正式成立。它是在中国盲人聋哑人协会（1953 年成立）和中国残疾人福利基金会（1984 年成立）的基础上组建而成的。中国残联的宗旨是：适应社会主义现代化建设的需要，发展残疾人事业；动员社会发扬社会主义人道主义精神，理解、尊重、关心、帮助残疾人，促进残疾人平等参与社会生活；鼓励残疾人坚持爱国主义和乐观主义，自尊、自信、自强、自立，为社会贡献力量。

参见张露《中国残疾人联合会概述》，新华网，http://www.ha.xinhuanet.com/misc/2010 - 06/18/content_20097296.htm。

一　残疾人问题的两重性

自有人类以来，就有残疾人，无论是哪个时代、哪个国家，都存在残疾人，残疾人问题是任何一个社会都无法回避的问题。残疾首先是一个生理问题。导致残疾的原因有两个方面，一是先天性的，如遗传性疾病或地方性疾病，或者其他偶然性因素（如母亲孕期服药不当等）导致的出生后器官缺损或心智不健全；二是后天性的，如战争、工伤、患病、自然灾害，以及意外事件等均可导致残疾。任何一个国家都存在先天残疾和后天残疾的人口，但发达国家和发展中国家人口致残的主要原因是有差别的。一般说来，疾病和营养不良是发展中国家人口致残的主要原因，而在发达国家中，车祸、吸毒以及其他社会问题，如犯罪、高离婚率、工作生活上的高压力等原因导致的残疾占着相当高的比例。随着社会的发展，工业经济越来越发达，工业经济的副产品——环境污染正日益成为人类健康的头号杀手。联合国发布的一项环境与健康研究报告称，水污染和空气不洁等环境污染每年要夺走 1100 万儿童的生命，而由此致残的人则更多（严正、李增伟，1998）。致残的原因是多种多样的，有些因素在一定程度上可以加以干预和控制，但要彻底消除致残的因素则是不可能的，因此，残疾人的产生和存在都不可避免。

残疾人问题是一个生理问题，更是一个社会问题。残疾人是社会成员的一部分，理应与其他社会成员一样享有平等参与社会生活的权利，享有平等分享社会发展成果的权利。但是，世界各国的调查结果均表明，残疾人大多生活在社会的底层，他们生活贫困、受教育水平低、工作无保障。无论是在发达国家还是在发展中国家，残疾人问题都已成为不可回避的社会问题。一方面，残疾人自身具有一定的生理或心理功能缺陷，这给他们以正常方式参与社会活动带来了一定的不便和障碍；另一方面，许多社会不同程度地存在漠视残疾人的特殊要求、歧视残疾人、将残疾人隔绝在社会主流生活之外的现象。这两方面相结合，使残疾人问题越来越成为世界各国普遍关注的重大社会问题。而且残疾人问题作为一个社会问题牵涉社会各个方面，如就业、教育、医疗、法律、社会保障等，相应地，残疾人问题的解决也是一个系统工程，需要动员社会各方面的力量，需要各个领域协调配合、共同努力。因此，残疾人问题既是一个生理问题，又是一个社会问题，而且从社会进步、社会发展的角度来看，我们应当更为关注残疾人问题的社会意义。为残疾人创造平等参与社会生活和分享社会文明发展成果的条件，不仅是残疾人及其家属的迫切要求，也是国家和全体社会成员的责任，更是社会进步和人类文明发展的重要标志之一。

二 我国残疾人事业的发展

现代文明社会的残疾人观日益深入人心，人道主义思想得到进一步弘扬；社会各界广泛开展形式多样的扶残助残活动，助残志愿者队伍不断扩大，为满足残疾人基本生活需求和平等参与社会生活解决了大量实际困难；城市道路、建筑物和信息无障碍建设全面推进，为残疾人走出家门、共享社会物质文化成果和公共服务提供了便利、拓展了空间；新闻媒体积极宣传残疾人事业，进一步营造了关爱残疾人的舆论氛围；全社会依法维护残疾人权益的意识不断增强，发展残疾人事业的法治环境进一步改善，为残疾人服务的综合能力明显增强；地方政府和公共服务机构更加重视改善残疾人生活，积极为残疾人服务，不断为残疾人创造"平等·参与·共享"

的条件。《中国残疾人事业"十二五"发展纲要》认为，《中国残疾人事业"十一五"发展纲要（2006年–2010年）》各项任务指标全面完成，残疾人状况得到明显改善，政府和社会为残疾人服务的能力进一步提升。实施一批重点康复工程，1037.9万残疾人得到不同程度的康复。残疾人特殊教育学校达到1704所，在校残疾学生总数为42.6万，残疾儿童少年义务教育入学水平明显提高；残疾人职业培训机构达到4704个，376.5万人次残疾人接受职业教育和培训。残疾人就业服务机构达到3019个，城镇新就业残疾人179.7万人次；扶持618.4万人次农村残疾人摆脱贫困；城乡残疾人接受各种形式的社会救助分别达到1623.7万人次和4237.6万人次。残疾人法律服务机构达到3231个，为57.9万人次残疾人提供法律服务和法律援助。创建100个全国无障碍建设示范城市，城市无障碍环境显著改善。基层残疾人组织得到加强，残疾人综合服务设施网络初步建立，为残疾人服务的条件得到改善。广大残疾人积极投身改革开放和社会主义现代化建设伟大实践，自强不息，顽强拼搏，在经济社会发展中发挥了重要作用（中国残疾人联合会，2011）。

第二节 残疾人问题的现状与根源

虽然我国残疾人事业近年来有了很大的发展，与过去相比，残疾人总体状况有了相当程度的改善，但由于这一群体特殊的生理心理状况、不发达的社会经济条件、落后的思想观念等，残疾人在生存和发展中遇到的困难和麻烦远远比健全人更多、更严重。而且，由于近年来各种经济、社会因素变化既大又快，而残疾人保障却没有跟上步伐，残疾人问题有更加严重的趋势。

一 我国残疾人现状

2006年4~5月，我国政府对全国残疾人进行了第二次全面的抽样调查，根据调查数据推算，全国各类残疾人的总数为8296万。2006年4月1日我国残疾人占全国总人口的比例为6.34%。各类残疾人的人数及各占残疾人总人数的比重分别是：视力残疾1233万人，占14.86%；听力残疾2004万人，占24.16%；言语残疾127万人，占1.53%；肢体残疾2412万人，占 29.07%；智力残疾 554 万人，占 6.68%；精神残疾 614 万人，占 7.40%；多重残疾 1352 万人，占 16.30%（第二次全国残疾人抽样调查领导小组、中华人民共和国国家统计局，2006）。2006 年的抽样调查结果与 1987 年第一次全国残疾人抽样调查比较，我国残疾人口总量增加，残疾人比例上升，残疾类别结构变动。如果按照国际通用标准，残疾人口一般占国家总人口的 10%。由于标准宽松，经济发达国家的残疾人一般占 12%，美国高达 20%。我国统计的残疾人口约占总人口的 6.34%，这是因为我国政府审定的"残疾标准"严格，而且统计的残疾人类别不全。若按国际通用标准全面调查，我国的残疾人口当在 1 亿人以上。而且由于遗传、疾病、事故等难以避免，我国的残疾人口每年以一定的速度增长，涉及约 1/5 的家庭。如此庞大的残疾人及其家属的存在使残疾人问题成为涉及面很广的社会问题，如果处理不好必然会影响社会的正常运行与发展。

目前，残疾人所面临的实际问题，主要有以下几个方面。

1. 就业问题

20 世纪 80 年代以来，残疾人的就业有了很大进展，到 2012 年，残疾人就业工作在保持就业局势稳定的基础上取得新进展。全国城镇实际在业残疾人达 444.8 万人；1770.3 万农村残疾人实现稳定就业，其中 1389.9 万人从事农业生产劳动。全国残疾人职业培训基地达到 5271 个，其中残联兴办 1927 个，依托社会机构兴办 3344 个，29.9 万人次城镇残疾人接受了职业培训。盲人按摩事业稳定发展，按摩机构迅速增长。2012 年度培训盲人保健按摩人员 16514 名、盲人医疗按摩人员 4925 名；保健按摩机构达到 12887 个，医疗按摩机构达到 848 个；在专业技术职务资格评审中，分别有 551 人和 1655 人通过医疗按摩人员中级和初级职称评审（中国残疾人联合会，2012a）。但相对于健全人来说，他们的就业水平仍然很低，许多残疾人找不到合适的工作岗位，生活在贫困之中。第一次全国残疾人抽样调查发现，中国 15 岁以上的残疾人中，有劳动能力的占残疾人总数的 27.42%，有部分劳动能力的占 42.99%，即残疾人中绝大部分是有劳动能力的（周文林，1993）。第二次全国残疾人抽样调查发现，15 岁以上的残疾人中，有劳动能力的占残疾人总数的 31.02%，男性为 39.20%，女性为 22.46%（第二次全国残疾人抽样调查领导小组、中华人民共和国国家统计局，2006）。残疾人的就业率远低于健全人的，而且残疾人的就业稳定性和职业效应与健全人相比都要差。社会福利企业是集中安置有劳动能力的残疾人就业的特殊性经济组织。其福利特征表现为安置残疾人的人数按政府规定占企业生产人员总数的一定比例，通常是35%以上；国家对这类经济组织酌情减免产品税、营业税、增值税等，所减免的税金全部作为企业发展基金和集体福利基金；企业的利润主要用于扩大再生产、职工的集体福利设施和奖金；有条件地提取少部分用于社会福利事业。由于残疾人总体上劳动效率较低，随着市场经济体制逐步确立，市场竞争日益加剧，许多福利企业亏损面加大，亏损程度加深，生存困难，而依靠这些福利企业生存的残疾人处境也更为不利。1996年全国共有福利企业5.9万个，到1999年全国福利企业剩下4.46万个，而到了2005年全国福利企业只剩下3.12万个（国家统计局，2006）。某市目前有福利企业39家，共安置就业人员4061人，其中有1705名残疾职工，占41.98%。残疾职工劳动报酬2894万元，人均每月劳动报酬达到2208.8元（包括五项社会保险），超过全市最低保障工资528.8元（佚名，2013）。

残疾人就业的稳定性差，许多残疾人从事的是一些临时性的、替补性的工作，企业一旦裁减人员，首先遭殃的往往是残疾人。其次，残疾人对新工作的适应性一般比健全人差，这导致残疾人的就业面较窄，加大了残疾人就业的难度。即使是有学历、有专长、有技术的残疾人，在就业时往往也很少能找到满意的工作，只能退而求其次。不少残疾职工工作环境差、工资低，他们却很少抱怨，即使合法权益受到侵犯也很少举报，唯恐失去来之不易的工作。在政府的积极推动下，2012年，残疾人就业工作在保持就业局势稳定的基础上取得新进展。城镇新增32.9万残疾人就业，其中，集中就业残疾人10.2万人，按比例安排残疾人就业8万人，公益性岗位就业1.8万人，个体就业及其他形式灵活就业12.3万人，辅助性就业0.7万人（中国残疾人联合会，2012a）。

2. 贫困问题

贫困问题是与就业难问题紧密相连的，相当数量的残疾人因不能顺利就业而陷入贫困。在1994年一项研究发现：我国残疾人中，通过劳动就业，经济自立和生活得以自我保障者只有30.2%，依靠国家和集体供养、救济或补助者只占2.7%，其余67.1%由父母兄弟姐妹等亲属扶养，大多数生活相当贫苦。残疾人中贫困人口比例远远高于健全人中贫困人口的比例（陈显容、周永生，1994）。在我国的贫困人口中，残疾人及其家属占了很大的一部分。残疾人家庭一般负担重，残疾人对环境变化的适应过程比健全人要困难，所以即使一时脱了贫，也很有可能由于环境等的变化而重新返贫。要解决中国的贫困问题，就不能不正视残疾人这一占贫困人口大多数的群体。据第二次全国残疾人抽样调查，在 16 岁以上的残疾人中，未参加保险的人数占 66.34%。残疾人参加低保和接受救助的比例分别为 7.16% 和 11.20%（陈功等，2009）。政府为帮助残疾人摆脱贫困做了多种工作，在 2012 年，贫困残疾人生产生活状况得到进一步改善。229.9 万贫困残疾人得到扶持，其中 137.3 万人通过扶贫开发实际脱贫，接受实用技术培训的残疾人达到 86.1 万人次。康复扶贫贴息贷款扶持 5.5 万农村残疾人，6.4 万个单位和 41.3 万个人对贫困残疾人开展结对帮扶。残疾人扶持基地达到 5226 个，安置 10.2 万残疾人就业，扶持带动 25.8 万残疾人。完成 13.2 万户农村贫困残疾人危房改造，各地投入危房资金 11.9 亿元，15.7 万残疾人受益。基层党组织助残扶贫项目帮扶 9.4 万名农村贫困残疾人。万村千乡市场工程助残扶贫项目安置 5968 名贫困残疾人就业，帮扶贫困残疾人创办 2059 个村级农村店（中国残疾人联合会，2012b）。

3. 教育问题

我国的特殊教育事业自 20 世纪 80 年代以来有了很大的发展，但是与普通教育发展的情况相比较，特殊教育的发展仍然相当缓慢，水平也较低。多数残疾人因受残疾影响，思维能力或行动能力减退，生理上和心理上都难以接受普通教育。而在我国特殊教育落后的情况下，多数残疾人失去或主动放弃了入学机会，致使我国残疾人的总体文化水平与健全人相比存在相当大的差距。截止到 2005 年底，视力、听力、智力三类残疾儿童少年义务教育入学率达到 80%，特教学校发展到 1662 所，在校生达到 56 万人，其中盲生 6.3 万人，聋生 18 万人，弱智生 31.9 万人（中国残疾人联合会，2007）。根据第二次全国残疾人抽样调查数据，6 岁以上的残疾人中，四成以上的不识字。具有高中学历的只占残疾人的 3.77%。在 6～14 岁儿童中，在普通教育学校普通班上学的占 85.02%，在特殊学校学习的占 7.64%，在普通教育特殊班学习的占 1.94%，采用其他形式学习的占 5.40%（陈功等，2009）。截止到 2012 年底，全国有未入学适龄残疾儿童少年 9.1 万人（中国残疾人联合会，2012b）。但同一时期，全国适龄儿童入学率已超过 99%，可见，与健全儿童相比，残疾儿童的入学率仍然很低。残疾儿童入学率低并不是因为残疾儿童无法适应学习，据调查，全国 6～14 岁学龄残疾儿童有学习能力的占 89.7%。残疾人受教育难的一个重要原因是上不起学，残疾人家庭经济一般比较困难，特殊教育学校不仅少，而且集中在少数城市，绝大多数残疾儿童由于家境贫寒或地处偏僻山村而失去了受教育的机会。而另一方面，有些特教学校却常年招不满学生。残疾人受教育难还与社会的歧视与排斥有很大关系。在中等以上教育中，残疾人与健全人的差距更大。1984 年以前，我国残疾人几乎进不了中等以上学校的门；1984 年以后，修改了体检标准，但还是有一些生活能自理、符合报考专业标准、达到分数线的残疾学生被校方拒之门外。现在，残疾人高等教育取得新进展，2012 年全国有 7229 名残疾人被普通高等院校录取，1134 名残疾人进入特殊教育学院学习（中国残疾人联合会，2012b）。但就残疾人与健全人的比例来说，这个数字明显偏低。不能接受教育使残疾人更难获得知识和专业技能，更加大了残疾人就业的难度，也使残疾人适应社会、参与社会更加困难。长期缺乏教育，将使残疾人难以摆脱依赖他人、依赖社会的状况。在这种情况下，根本谈不上残疾人的自身发展。

4. 康复问题

康复对残疾人来说，具有特殊的重要意义。许多残疾人经过康复治疗，可以恢复受损的功能或者改善功能缺损状况，可以说，康复是残疾人重获生存和发展能力、回归社会的最为有效的途径。但在现阶段，残疾人的康复需求远远不能满足。1987 年全国抽样调查显示，50% 左右的残疾人最主要的要求是希望获得康复治疗和必要的辅助器械。而据 1992 年全国 11 个省的抽样调查，97% 的残疾人需要辅助器械和特殊用品，却有近 90% 的人得不到（赵竹良，1994）。我国第一次残疾人抽样调查发现，有 490 万人因患白内障而失明，绝大多数生活在贫困落后的山村，由于贫穷和交通不便，难以摘除白内障而复明。几年来我国手术复明的几十万白内障患者大多由家人付钱，而需要治疗的残疾人家庭一般较困难，无力承担手术费用。我国有 1770 万聋哑人，并以每年 2 万～4 万的数目在增加。其实"十聋九哑"往往是听力受损，而声带并没有问题，如能够及时进行语言训练，几乎每一个聋儿都可以学会说话，恢复与他人交流沟通的能力。至今已有许多国家使绝大多数聋儿恢复了语言功能，而我国在这方面则比较落后。我国有智残儿 600 万人，绝大多数由于没有得到早期的干预和治疗而难以减轻智残程度和提高智商。我国有 124 万小儿麻痹后遗症患者，尽管我国小儿麻痹后遗症矫治手术居世界领先地位，效率在 98% 上下，但许多患者因贫困无法得到及时有效的治疗（陈显容、周永生，1994）。更为严重的是，我国的重精神病人，有许多得不到住院治疗，全国的医学院设立精神医学系的寥寥无几。这样，不仅精神病患者得不到有效的治疗，而且引发了精神病人犯罪等社会问题。2012 年，政府通过实施一批重点康复工程，使 760.2 万残疾人得到不同程度的康复。在 889 个市辖区和 1905 个县（市）开展了社区康复工作，累计已建社区康复站的社区总数有 20.5 万个，配备 35.3 万名社区康复协调员。完成白内障复明手术 79.6 万例，为 33.4 万名贫困白内障患者免费施行复明手术。为 11.7 万名低视力患者配用助视器，培训低视力儿童家长 3.7 万名，有效开展家庭康复训练。对 12.0 万名盲人进行定向行走训练。推进听力语言康复机构基层服务网络，建立基层听力语言康复机构 1011 个。年度新收训聋儿 2.0 万名，在训聋儿 3.2 万名；培训聋儿家长 3.9 万名；资助 4000 名聋儿免费植入人工耳蜗，资助 4500 名聋儿免费配戴助听器；开展彩票公益金成年听力残疾人（助听器）康复项目，为 2 万名（含 2011 年度）贫困成年听力残疾人免费验配助听器，各级康复机构共为 3.5 万名成年听力残疾人提供技术服务。在 2586 个市县开展精神病防治康复工作，对 593.6 万重性精神病患者进行综合防治康复，监护率达到 75.6%，显好率达到 67.2%。对 44.4 万贫困精神病患者进行医疗救助。全国共对 35.7 万肢体残疾者实施康复训练；实施救助项目资助 3.0 万名脑瘫儿童进行机构康复训练，全国共对 14.0 万名智力残疾人进行康复训练；为残疾人减免费用供应辅助器具 114.5 万件，其中装配假肢 3.9 万例、矫形器 4.0 万例，验配助视器 10.5 万件（中国残疾人联合会，2012a）。

5. 婚姻家庭问题

家庭不仅是人的生物特性与社会特性相结合的产物，而且家庭本身有着其他组织或群体不能替代的功能。很重要的一点，家庭还具有保护功能，能增强个体抵御风险的能力、提高个体适应社会的能力。当个体遇到困难、遭受伤害时，可以从家庭成员那里获得物质、精神、体力等方面的帮助，家庭成员可以互相扶持、互相照护，这大大提高了个人的承受能力。从这一点来说，残疾人比健全人更需要家庭的帮助，但是，残疾人在婚姻方面遇到了极大的困难。第二次全国残疾人抽样调查显示，在 15 岁以上残疾人口中，未婚的占 12.41%，未婚人口约是同龄非残疾人的三倍（陈功等，2009）。2005 年，中国残疾人联合会基金资助的残疾人婚姻家庭情况调查课题组在青海省的调查中发现，有 21% 的适婚年龄残疾人没有结婚；残疾人较该地区非残疾人未婚比例高、平均结婚年龄晚。同时绝大部分残疾人在缔结婚姻方面态度非常现实，结婚的主要目的是找到生活伴侣，能有个人相互扶持，共度一生（夏吟兰，2006）。残疾人婚恋难，是多方面原因造成的，主要的有以下几方面：第一，残疾损害了他们的生理机能与活动能力，可能在客观上造成残疾人组建家庭的困难；第二，残疾人文化素质普遍较低，人际交往的范围一般也比较狭窄，这在一定程度上加大了残疾人婚恋成家的难度；第三，残疾人一般经济状况较差，有的没有经济来源，使之缺乏建立家庭的经济、物质基础；第四，社会的歧视与偏见也给残疾人与健全人组建家庭设置了不少的障碍；第五，许多残疾人因残疾造成心理压力，没有信心和勇气追求爱情和婚姻，自己为自己设置了婚恋成家的障碍。由于诸种因素的共同作用，残疾人婚姻家庭问题的解决远较健全人复杂和困难。同时，残疾人一般不愿以残疾人为配偶，希望通过与健全人的婚姻而获得照顾，而健全人更少有人愿意接受残疾配偶。总之，残疾人不能顺利地通过婚姻组织自己的家庭，使婚姻的保护功能大大减弱，也使残疾人适应社会更为艰难。

6. 社会活动困难问题

随着社会发展和人民生活水平的提高，残疾人要求与健全人一样全面参与社会生活的意识越来越强烈。残疾人参与社会活动的能力与程度是残疾人适应社会、回归社会的重要标志。但是，残疾人往往缺乏平等参与社会生活的机会。一方面社会上存在偏见和歧视，认为残疾人行动有障碍，不适合参与社会活动，而把残疾人拒之门外；另一方面，物质条件和环境条件也成为阻碍残疾人参与社会活动的重要因素。如肢体残疾人参加社会活动，往往缺少最基本的环境设施，因此经常被各种公共场所的台阶拒之门外。据北京建筑设计院对 80 名肢残人的抽样调查，有 56% 的人难进商场，43% 的人难进医院，44% 的人难进公园，52% 的人难进图书馆，75% 的人难进展览馆，23% 的人难进公共厕所（周治斌，1990）。为残疾人设置的公共设施往往也得不到很好的维护，在许多地方，盲道被占用，轮椅通道被堵塞，这些在健全人眼里无足轻重的事，却成为残疾人参与社会生活的障碍。

残疾人遇到的问题是多方面的，这些问题相互之间有着相当密切的关联。教育、就业、贫困等问题有着内在的必然联系，它们互相牵制、互相影响，形成恶性循环：越是贫困，就越是不能够受教育，不能支付康复费用；越是文化素质低下，越是就业困难，而就业无门进一步加重了残疾人的贫困。可见，以上所述的残疾人所面临的几种困境不是孤立的，同样，要使残疾人的状况得到根本改善，也必须有全面、系统的观点，任何头痛医头、脚痛医脚的行为都不会有长期稳定的效果。

二 残疾人问题的现实根源

1991 年 5 月 15 日起施行的《中华人民共和国残疾人保障法》，本着扶助、参与、共享的宗旨，为残疾人权益的保障进一步提供了法律依据。这些法律、法规一方面规定了残疾人享有与其他公民平等的政治、经济、文化和其他社会权利，并保护其不受侵害；另一方面规定了采取辅助方法和扶助措施，发展残疾人事业，促进残疾人在事实上平等参与社会生活、共享社会物质文化成果。然而，从我们对残疾人现状的分析中，可以看到，法律赋予残疾人的平等公民权利在现实生活中并没有得到实现。我国残疾人事业起点低、底子薄，这是历史原因造成的，除此之外，残疾人问题越来越突出，还与很多社会性的因素有关。

社会对残疾人的态度问题是残疾人平等参与社会生活和获得合法权益的最大障碍。一方面，长久以来，在人们的观念中，"残"总是与"废"紧密联系在一起的。一个人只要身体存在残疾，就会被他人认为是无能的、需要同情和救济的，是家庭与社会的拖累和包袱。这样的思维定式一方面使得社会上的很多人只看到残疾人生理有缺陷的一面，而看不到残疾人作为一个社会成员的独立的人格和社会价值，残疾人因此被人为地排挤在社会主流生活之外。更为严重的是，这种思维定式还有一种累积效应。对残疾人的歧视和偏见严重影响现实生活中残疾人潜能的开发和社会价值的实现。残疾人普遍缺乏正常、完整的社会化过程，社会化不充分使残疾人不能及时地将社会的价值观念、行为规范、生活技能、社会角色等内化，造成残疾人与社会形成隔绝的状态。另一方面，由于得不到社会提供的平等参与社会生活的物质和精神条件，残疾人的整体素质普遍低下，从而形成了沟通和参与社会的障碍。反过来，残疾人参与社会的困难更进一步强化残疾就等于残废和无能的思维定式，而这种意识的强化无疑会进一步加大残疾人参与社会的难度，形成恶性循环。可以说，残疾人平等参与社会的物质障碍经过努力并不难以消除，而来自社会的偏见和歧视才是最大的障碍。

近年来，残疾人问题日益凸显，这与一系列社会结构性因素的转变密切相关。

1. 经济结构的转轨

改革开放以来，中国的社会结构发生了重大变化。计划经济体制向市场经济体制转变，资源配置由过去的计划配置逐步转为市场配置，配置手段由行政命令向市场竞争转变，劳动用工制度也由过去的由政府负责安排劳动就业转变为各单位自主招工。到 20 世纪末，我国市场经济体制已基本建立。社会经济体制的改革解放和发展了生产力，使得社会经济充满活力，国家实力提高，社会财富也大大增加，这些变化就长远来讲，无疑是有利于残疾人事业发展的。然而残疾人作为社会弱势群体，在经济转轨和社会转型的过程中，受到的冲击比其他社会群体更大。残疾人由于自身的资源如资金、能力、权力等缺乏，在自由竞争的市场中经常处于相当不利的地位。过去可以靠国家安排就业的残疾人现在在激烈的市场竞争中大多数无能为力，即使有"各单位按比例安置残疾人"的国家政策规定，也无法扭转残疾人就业更为困难的状况。多数福利企业也由于技术落后、资金缺乏、产品单一老化、劳动生产率不高等因素在激烈的市场竞争中风雨飘摇，许多企业停产半停产，使得依赖这些企业生存的残疾人处境进一步恶化。市场竞争还具有"马太效应"，弱者仅靠自身的努力往往难以改变劣势，残疾人群体也是这样。而在转型过程中，社会保障体制正破旧立新，还相当不完善，不能达到有效保障弱势群体的作用。因此，在经济转轨的过程中，残疾人的处境更加艰难，状况进一步恶化。

2. 人口结构的转变

我国人口老化的速度极快，残疾人中有相当一部分是老龄人口。过去，一对夫妇有多个子女，在父母年老、有残疾时，可以有多名家庭成员予以帮助与照料；而随着生育率的下降，只有一两名子女的父母，在由于一些老年病致残后很难从子女处得到全面的照护。我国有 67.1% 的残疾人靠家属供养，而随着家庭规模的缩小、家庭人口的减少，残疾人依靠家属供养的困难越来越大。目前，60 岁以下残疾人有 3000 万人（陈功等，2009），到 21 世纪 20 年代，其中半数将达 60 岁，对于靠家庭供养的残疾人来说，此时先前抚养他们的父母已过世，而后来者多为人口出生率下降后出生的青少年。在这种情况下，第三代人的赡养任务将十分艰巨，如以三代人为例，考虑到我国人口平均寿命的延长，第三代的一个人可能要同时照顾六位老人，而全面的社会养老保险在短期内无法建立，因此在 21 世纪残疾人的生存有可能更加困难。杜鹏对第二次全国残疾人抽样调查的相关数据进行分析发现，残疾率随年龄增加而提高。全国 60～64 岁老年人的残疾率为 12.35%，而 85 岁及以上老年人的残疾率超过 52%，即半数以上的 85 岁老人身患残疾，其残疾率是 60～64 岁老年人的 4 倍以上（杜鹏、杨慧，2008）。随着人口年龄增长而出现的残疾人口，也将形成新的压力。

3. 产业结构的转变

随着社会的发展，生产力水平越来越高，现代化进程的推进使知识、科技成为第一生产力。未来是知识经济的时代、科技创造价值的时代，这是社会发展的必然趋势。这种趋势对残疾人而言，长期的影响可能会通过社会的发展来改善残疾人的状况；但就短期而言，将对残疾人群体产生相当消极的影响，进一步加剧残疾人的困境。一方面，知识、科学技术逐渐成为越来越多人谋生的工具。知识经济时代的来临对劳动者素质的要求越来越高，而我国残疾人就整体状况而言，素质较低，远远无法适应时代的要求，高科技产业的兴起更是将越来越多的残疾人拒之门外。另一方面，现代化是一个机械化、自动化的过程，劳动密集型的产业在整个经济生活中所占的比重越来越小，生产的机械化、自动化一方面解放了人，另一方面又抛弃了人。随着科技进一步运用于生产，大批的劳动力将被排挤出就业部门，首当其冲的就是残疾人，而残疾人再就业的难度比健全人更大。可见，生产结构上的变化无疑会在短期内加大残疾人问题的严重程度。

社会的偏见与歧视同现实中的一些社会结构性因素的转变相互作用，使得残疾人的处境更为艰难。残疾人的产生是不可避免的，残疾人的存在本身并不构成社会问题，而他们在社会生活中所遇到的诸多困难和不便则是问题的核心。所以，把残疾人问题作为一个社会问题来看待，就应当更为关注引发这个社会问题的诸多社会原因，而不是残疾人个体的生理状况。

第三节　解决残疾人问题的途径

残疾人问题面广量大，错综复杂，残疾人的现实状况是评价一个社会文明程度和发展状况的重要标志。目前，改善残疾人的生存状况，有许多方面的工作要做。

一　确立新的残疾人观

用什么样的观点来看待残疾人，是制定各项残疾人政策、开展各项残疾人工作的基础，也是决定对残疾人态度的最根本的因素。旧的残疾人观把残疾人单纯看作怜悯的对象，有的认为残疾人无所作为，是"废人"，是社会和家庭的负担；还有的认为残疾人是社会的"二等公民"，只能靠社会的施舍和恩赐来生活。种种对残疾人的歧视和偏见不仅给残疾人及其家属带来了精神上的巨大伤害，而且人为地在残疾人和主流社会之间制造了屏障。在这样的社会氛围下，即使有再多的保障残疾人的法规、条例，残疾人境况的改善仍然不容乐观。

在全社会倡导树立正确的残疾人观，是推进残疾人事业不可或缺的一环。我国残疾人问题专家奚从清教授把新的残疾人观概括为以下几方面内容（奚从清，2000）。

①残疾人是人类发展进程中不可避免要付出的一种社会代价。

②残疾人有人的尊严和权利，有参与社会生活的愿望和能力，他们同样是社会财富的创造者。

③全社会都应当理解、尊重、关心、帮助残疾人，保护残疾人的合法权益。

④解决残疾人问题，做好残疾人工作，推进残疾人事业，必须大力发扬社会主义人道主义精神。

⑤残疾人工作者必须全心全意为人民服务，恪守"人道、廉洁"的职业道德。

⑥如同民族解放、妇女解放一样，残疾人的解放已成为国际社会面临的紧迫而艰巨的任务。

⑦残疾人参与社会生活，有赖于社会的帮助，也取决于自身的素质与

奋斗。

树立新的残疾人观，是社会发展的客观要求，是推进残疾人工作的重要前提。只有用新的残疾人观来指导残疾人问题的解决，才有可能实现残疾人真正、全面地回归社会生活。

二 健全保障残疾人权益的法规体系

法律法规是保障权益的根本依据，但我国残疾人权益保障的法规体系远远谈不上健全。我国于 1990 年通过了《残疾人保障法》，于 1991 年开始实施，这部法的颁布、施行初步奠定了我国残疾人保障事业的法律基础，为残疾人权益保障提供了根本的依据。但是，《残疾人保障法》的有效性和权威性并未充分显现出来，一方面是由于长期以来，我国残疾人社会保障的许多工作是依靠行政手段、社会舆论和社会道德的力量来推行的，较少依靠法律；另一方面，《残疾人保障法》是保障残疾人权益的根本性法律，关注的是残疾人保障的原则性问题，而操作性的规定很少，这就造成《残疾人保障法》在实施中存在诸多困难。因此，虽然有《残疾人保障法》的维护，但对于社会上一些侵害残疾人权益的行为，有相当大一部分无法可依或有法难依。在处理残疾人生活、教育、医疗、康复、参与社会活动等问题上，往往依据的不是法律，而是人道主义精神和社会舆论约束；可这样的处理方式不但没有任何强制力，反而会带来极大的不确定性，使残疾人的一些特殊问题不能够得到正常、稳定的解决。因此，制定和完善保护残疾人权益的法律法规体系，建立一套适合国情的专门的残疾人法制体系，是规范处理残疾人问题、推进残疾人事业发展所不可或缺的。

政策链接：我国有关残疾人教育的法律、法规

（1）《中华人民共和国宪法》第 2 章第 45 条："国家和社会帮助安排盲、聋、哑和其他有残疾的公民的劳动、生活和教育。"

（2）《中华人民共和国教育法》第 9、37 条："中华人民共和国公民有受教育的权利和义务。公民不分民族、种族、性别、职业、财产状况、宗教信仰等，依法享有平等的受教育机会。""国家、社会对符合入学条件、家庭经济困难的儿童、少年、青年，提供各种形式的资助。

（3）《中华人民共和国残疾人保障法》第21、29条："国家保障残疾人享有平等接受教育的权利。""政府有关部门应当组织合扶持盲文、手语的研究和应用，特殊教育教材的编写和出版，特殊教育教学用具及其他辅助用品的研制、生产和供应。"

（4）《中华人民共和国义务教育法》中，专门涉及特殊教育有5处，具体内容见本书教育部分第九条。

（5）《中华人民共和国职业教育法》第7、15、32条："……国家采取措施……扶持残疾人职业教育的发展。""残疾人职业教育除由残疾人教育机构实施外，各级各类职业学校和职业培训机构及其他教育机构应当按照国家有关规定接纳残疾学生。""职业学校、职业培训机构可以对接受中等、高等职业学校教育和职业培训的学生适当收取学费，对经济困难的学生和残疾学生应当酌情减免。"

（6）《残疾人教育条例》则从学前教育、义务教育、职业教育、普通高级中等以上教育及成人教育等方面对残疾人教育做出规定。

参见中国残疾人联合会网站，http://www.cdpf.org.cn/2008old/bszn/content/2011 – 03/10/content_30296302.htm。

三 建立健全残疾人社会保障体系

残疾人的社会保障从具体内容上看，可以分为残疾人的生活保障、就业保障、医疗保障、教育保障、社交服务保障等方面。

1. 残疾人生活保障

残疾人群体是一个困苦的社会群体，处于贫困线以下的人口中一多半是残疾人及其家属，有的残疾人生活极为艰难，甚至食不果腹。对于那些丧失劳动能力的、无依无靠、无生活来源的残疾人，国家和社会应当负担起更多的责任，供养并保障他们的基本生活。因此，应当测定和制定科学的生活贫困线标准，将生活在最低生活保障线以下的包括残疾人在内的贫困者纳入社会保障的安全网，使他们能够维持最基本的生活；在此基础上，还应当考虑到残疾人的特殊情况和需求，对残疾人的生活状况要定期地进行调查了解，适时地予以帮助。同时，最低生活保障线也应当随着社会经济的发展状况予以适时调整，以保证贫困者不会由于物价等种种因素的变动而无法维持最基本的生活。当然，救济并不是解决贫困的好方法，残疾人的社会救济应当与残疾人的就业、教育、医疗等结合起来，只有这样才能从根本上解决贫困问题。到 2012 年，残疾人参加新型农村和城镇居民社会养老保险工作的覆盖面更加广泛，已有 325.3 万城镇残疾人参加了城镇居民社会养老保险，参保率为 58.4%。在 60 岁以下的参保残疾人中有 62.8 万重度残疾人，其中 59.2 万人得到了政府的参保扶助，有 47.7 万非重度残疾人也享受了全额或部分代缴的优惠政策。领取养老金待遇的人数达到 133.7 万。新型农村社会养老保险方面，共有 1333.8 万残疾人参加了新型农村社会养老保险，参保率为 63.8%。在 60 周岁以下的参保残疾人中有重度残疾人 236.6 万，其中 224.6 万人得到了政府的参保扶助（全部代缴 188.2 万人，部分代缴 36.4 万人），有 150.0 万非重度残疾人也享受了全额或部分代缴的优惠政策。享受养老金待遇的人数达到 507.4 万。城镇残疾职工参加社会保险人数达到 280.9 万，城镇残疾居民参加基本医疗保险的人数达到 498.6 万，城乡 1070.5 万残疾人纳入最低生活保障范围；城镇集中供养残疾人和农村五保供养残疾人分别达到 12.2 万人和 68.5 万人；261.3 万城乡残疾人获得其他救助救济，239.1 万和 36.3 万符合条件的城乡残疾人分别享受了稳定的生活补贴和护理补贴（中国残疾人联合会，2012b）。我国中东部的一些省份，近几年对残疾人的特惠补贴等探索频出，比如上海、江苏、安徽等地，探索实施了多项对残疾人康复、护理的津贴或者补贴措施。

2. 残疾人就业保障

劳动就业是保障残疾人生活的最为根本、最为有效的途径。如果有劳动能力的残疾人能够顺利就业，就个人来说，可以获得比较稳定的收入，生活有了保障，可以缓解家庭生活困难；而对国家来说，也可以大大减轻国家和社会的压力。因此，国家和社会为有一定劳动能力的残疾人提供劳动就业的机会使他们能够自食其力，是一件对残疾人个人、残疾人家庭和社会都有益的事。目前，我国解决残疾人就业问题主要有两种途径：一是集中安置残疾人到社会福利企业就业，二是要求企事业单位按单位人数的一定比例安排残疾人就业。社会福利企业是民政部门或社区以安置有劳动能力的残疾人为目的而办的特殊企业，根据残疾人职工比例享有税收等方面的政策优惠。创办和发展福利企业曾经是解决残疾人就业问题的主要途径。现在已有许多国家如美国、日本、印度等通过立法，规定了社会单位按员工人数的一定比例安排残疾人就业，如不安排或安排不到法定比例，则应缴纳一定数量的残疾人劳动就业基金。通过这种方式来解决残疾人就业问题收到了良好的效果。《中国残疾人保障法》和《中国残疾人事业"八五"计划纲要》都已就社会各单位，包括机关团体、企事业单位、城乡集体经济组织按一定比例吸收残疾人劳动就业做出了明确规定。与集中安置相比较，分散就业具有一些明显的优点。①各企事业单位按一定比例安排残疾人，不影响它们在市场中的公平竞争；同时，已就业残疾人的失业风险被分散到各单位中去，避免了福利企业的兴衰影响到群体残疾人就业的状况。②残疾人可以在各行各业、广泛多样的职业中找到符合自身要求、有能力从事的工作岗位，选择的余地更大；而对各企事业单位来说，找到一两个残疾人有能力从事的工作岗位也并不是一件难事。③企业是一个小社会，残疾人分散在各单位中就业，可以增加与健全人交往的机会，跳出残疾人自身的小圈子，这对增强残疾人与其他人的互动和了解，使残疾人更好地适应社会、融入社会、回归主流社会生活相当重要，也极为有效。④残疾人按比例分散就业，一方面可以动员社会力量，比较快地解决残疾人的贫困问题，另一方面也减轻了国家和残疾人家庭的负担，还大大地减少了对福利企业的投资和减免税的负担，可腾出更多资金用于其他残疾人事业的发展。就业方式的多样化，拓展了残疾人就业空间，使残疾人就业规模迅速扩大。

3. 残疾人医疗保障

残疾人医疗保障包括医疗保健和康复两个方面。残疾人对医疗保健的需求可以说比健全人更为迫切，而康复医疗对残疾人具有更为重要的意义，很多残疾可以通过康复医疗得到矫治或减轻残疾程度。自1988年以来，全国残疾人三项康复（白内障复明、小儿麻痹后遗症矫治、聋儿听力语言训练）工作取得了显著的成绩，有许多残疾人通过康复医疗恢复了机能。但是，康复医疗仍然任重道远，尤其是在广大的农村地区，康复医疗仍进展缓慢，有大量的残疾人由于经济能力不足等不能够得到及时的矫治。因此，应当继续大力推广三项康复、安装假肢等工作，并提供一定的资金援助，使普通的康复医疗能够遍及城市和乡村。

4. 残疾人教育保障

发展残疾人教育事业是提高整个残疾人群体素质的必由之路，也是解决残疾人就业等重大问题的前提和基础；只有在残疾人教育问题上获得大的突破和进展，才谈得上残疾人的真正自强和自立。残疾人群体是一个内部存在很大异质性的群体，由于残疾种类和残疾程度的差异，他们的教育需求也呈现极大的差异性。从构成上来说，残疾人教育体系可以分为普通教育、特殊教育、职业教育、成人教育等几大块。对那些有正常学习能力的残疾儿童和青少年，社会要切实保障他们享受九年义务教育的权利，确保他们不会因身体缺陷而失学。在特殊教育方面，我国虽然有了很大的发展，但离满足广大残疾儿童和青少年的求学需求还很远，各类盲聋哑学校、培智学校和普通学校的特教班数量少且集中，教育手段落后，师资严重缺乏。因此，加大对特教事业的投入，加强师资队伍的建设刻不容缓。职业教育是使残疾人较快地掌握一技之长的可行之路，应大力发展各种符合残疾人特点的职业教育。发展残疾人教育事业可以动员社会的力量，号召社会组织和个人来关心和帮助特教事业，多方办学，多方筹资，让更多的残疾儿童和青少年享受到受教育的权利。

5. 残疾人社交服务保障

要保障残疾人社会交往的权利，首先要创造无障碍社会环境。无障碍环境设计并不复杂，花费也不大，给残疾人带来的好处和方便却是巨大的。一方面要通过立法来推行无障碍设计，另一方面要加大宣传力度，使社会公众知道、接受、爱护无障碍设施，营造残疾人自由参与社会活动的硬件环境。残疾人生活服务也不应忽视，残疾人生活服务可以依托社区，在日常生活的许多方面为生活在社区中的残疾人提供便利。我国出台了《全国残联系统康复人才培养规划》，以加强人才队伍建设。2012 年残疾人社会保障状况保持平稳。残疾人托养服务工作稳步推进，残疾人寄宿制托养服务机构达到 3903 个，其中事业单位 1107 个，民办非企业 1366 个，其他性质的 1430 个，托养残疾人 11.3 万人。残疾人日间照料机构达到 3372 个，为7.4 万名残疾人提供托养服务。接受居家托养服务的残疾人达到 56.0 万人（中国残疾人联合会，2012b）。

残疾人问题是一个复杂的社会问题，这个问题不是靠一朝一夕的努力就可以解决的，但只要我们以正确的态度来认识和对待残疾人，通过综合治理，残疾人事业一定能够得到长足的发展，残疾人的明天一定会更美好！

四 社区工作方法的运用

1. 运用社区工作方法，营造支持残疾人的社会环境

社区康复的基本点是社区支持、社区参与，社区工作者要推动尊重形成残疾人、帮助残疾人的社会风气。社会工作者必须协助残疾人及其家庭同社区保持紧密联系，动员和组织各种社区资源，支持残疾人康复，最终帮助社区中的残疾人克服生活障碍，增强社会生活适应能力。具体措施主要有：依托社区居民委员会，建立健全各种社区残疾人协会；社会工作人员与其他工作者（包括民政人员、医护人员、心理学治疗人员等）密切配合，使残疾人能充分发挥自身潜能，能自主生活并充分参与社会活动；密切联系残疾人，反映其呼声，维护其合法权益，倡导自尊、自信、自强、自立精神，带领残疾人参与社区康复和社区建设；帮助残疾人树立康复信心，尊重他们的意愿和要求，调动残疾人自身的潜能和参与的积极性；通过社区宣传、社区教育，普及有关预防残疾的知识和技术，从根本上减少残疾的发生。

2. 应用个案工作方法

在社区康复工作过程中，社会工作者必须与作为康复对象的残疾人面谈，确切掌握其愿望和需要，收集各种社会及心理资料，如生活方式、家庭状况、经济条件、社会处境等，并评估其在重返社会生活中需要解决的问题，帮助残疾人补偿自身缺陷或身心功能衰退的缺陷；对残疾人的亲属应做同样的商洽和辅导工作；同时，协助残疾人建立社区支援网络，以解决生活问题。

3. 可应用小组工作的方法开展

社会工作者将残疾人置于适宜的环境中，透过团体成员的相互反映，加上社会工作者的鼓励、支持与指导，使残疾人对残障与康复有深切的了解，并尽快恢复对生活的信心；同时，帮助残疾人打破以前的孤独、消沉、苦闷，重新建立良好的人际关系与积极的人生观。在社区康复中，社会工作者同样也可以将那些具有相同困难、处境、背景或经历的康复对象组织起来，寻找适宜解决问题的方式或方法。小组工作能使成员在心理、社交、技能、物质等多方面得到互相支持，同时也能通过分享共同经历，扩大信息资讯交流范围，加强康复的信心。另外，小组工作也能使原有的康复者变成辅导者，从而增强他们的自信心、提高他们的自我形象、形成积极的共同信念，最终获得良好的康复效果。

本章要点：

    1. 我国残疾人事业的发展

    2. 我国残疾人问题的现状

    3. 我国残疾人问题的现实根源

    4. 解决残疾人问题的途径

关键术语：

    残疾人　新残疾人观

推荐阅读文献：

迈克尔·奥利弗等，1990，《残疾人社会工作》，高巍、尹明译，北京：华夏出版社。

坦妮娅·拜伦、佩妮·阿玛蕾娜主编，2009，《残疾与全纳发展》，中国残疾人联合会国际部译，北京：华夏出版社。

蔡禾、周林刚等，2008，《关注弱势：城市残疾人群体研究》，北京：社会科学文献出版社。

程凯、郑晓瑛等，2008，《第二次全国残疾人抽样调查数据分析报告》，北京：华夏出版社。

李惜雯等，1996，《中国残疾人口研究》，北京：华夏出版社。

朱丽叶·C. 罗斯曼，2008，《残疾人社会工作》，曾守锤、张坤等译，上海：华东理工大学出版社。

吕学静、赵萌萌，2012，《典型国家残疾人社会福利制度比较研究》，北京：首都经济贸易大学出版社。

杰里·L. 马萧，2005，《官僚的正义：以社会保障中对残疾人权利主张的处理为例》，何伟文、毕竞悦译，北京：北京大学出版社。

梅运彬，2010，《老年残疾人及其社会支持研究：以北京市为例》，武汉：武汉理工大学出版社。

民政部社会福利司，2006，《2006 年中国社会福利报告》，北京：社会科学文献出版社。

宋卓平，2002，《残疾人权益保障研究》，广州：广东人民出版社。

奚从清等主编，1993，《残疾人社会学》，北京：华夏出版社。

奚从清、沈庚方主编，1990，《残疾人工作概论》，杭州：杭州大学出版社。

谢琼主编，2013，《国际视角下的残疾人事业》，北京：人民出版社。

郑功成，2011，《中国残疾人事业发展报告》，北京：人民出版社。

张琪、吴江等，2004，《中国残疾人就业与保障问题研究》，北京：中国劳动社会保障出版社。

中国残疾人联合会组联部、国际部，2006，《温馨家园》，北京：华夏出版社。

中国残疾人联合会维权部，2007，《国外残疾人立法选编》，北京：华夏出版社。

中国残疾人联合会，2008，《中共中央国务院关于促进残疾人事业发展的意见》，北京：华夏出版社。

中国残疾人事业大事编年 1949~2008 编写组，2008，《中国残疾人事业大事编年：1949~2008》，北京：华夏出版社。

第十一章　失业问题

　　失业是现代工业社会以来一直备受各国政府关注的一个重大现实问题，以至于当今世界绝大多数国家政府把降低失业率、实现充分就业作为政府的主要职能之一，甚至作为政府的首要职能。当前我国正面临一个就业高峰，同时必然出现一个失业高峰，必须把扩大就业作为我国当前和今后长时期重大而艰巨的任务。失业与就业是一个问题的两面，失业的减少就是就业的增加，失业率的降低也就是就业率的提高。减少失业，增加就业，对于我国社会的稳定，国民经济持续快速和健康发展，实现效率优先、兼顾公平的收入分配政策，最终实现共同富裕有着极其重要的意义。长期以来，我们认为承认失业有损社会主义的优越性，认为"失业是工人阶级的灾难，是资本主义制度固有的产物"。对于社会主义社会中劳动力与生产资料无法结合的现象，我们称之为"待业"，即"等待分配或安置"。我国经济体制由计划经济向市场经济转轨过程中，大量的下岗待工人员的存在表明，失业已是一个不争的事实。事实上马克思已经指出："工人人口本身在生产出资本积累的同时，也以日益扩大的规模生产出使他们自身成为相对过剩人口的手段。"（马克思，1972f：692）如果撇开生产关系的层次，从生产力角度来看，它反映了随着劳动生产率和资本有机构成的提高，必然会产生相对过剩人口，因此我们认为失业不是资本主义制度固有的产物，而是市场经济的产物，社会主义也存在失业。1993年中共中央通过《中共中央关于建立社会主义市场经济体制若干问题的决定》，第一次在中央文件中公开使用"失业"一词，表明党和政府开始正视失业问题。

事件链接：欧洲 23 国联合大罢工

2012 年 11 月 14 日，欧洲 23 个国家的工会组织成员走上街头，抗议政府紧缩政策。有媒体称，这将是欧洲大陆近年来最大规模的罢工行动，德国左翼党称这是欧洲示威运动的"里程碑"。相关人士分析指出，本次罢工具有转折意义，虽然不会改变紧缩的大方向，但欧洲领导人今后将不得不更多考虑失业和社会保障问题。大罢工是欧洲工会联盟倡议举行的。欧洲工会联盟由 36 个国家的 85 个工会团体组成，会员人数6000 万。欧洲工会联盟决定，将 11 月 14 日定为"欧洲团结和行动日"，并呼吁工会采取联合行动，敦促欧洲国家领导人真正解决就业恶化问题。英国《卫报》称此次罢工人数将达到数百万人规模。美国 CNBC 网站称，这是欧洲史上最大规模的罢工行动。

参见《欧洲 23 国联合大罢工》，观察者网，http://www.guancha.cn/europe/2012_11_15_109588.shtml。

第一节 失业问题概述

失业不仅仅是一个经济问题，也是一个社会问题。凯恩斯在《就业、利息和货币通论》中写道，"我们生活于其中的经济社会的显著弊端是：第一，它不能提供充分就业；第二，它以无原则的和不公正的方式来对财富和收入加以分配"。美国经济学家斯蒂格利茨（Joseph E. Stiglitz）认为："失业对于个人来说常常是一场悲剧，对社区来说则是造成紊乱和紧张的一个原因，对社会整体而言，则是生产资源的浪费。"从整个经济看，失业在经济上的最大代价就是实际国民生产总值的减少。从社会学上来看，失业制造了一个庞大的城市贫困群体。职业是城市生活中人口的收入来源，一旦失业，生活的收入来源也就中断，社会地位悬空，失业者群体便成为社会群体序列等级阶梯中的下层人群。特别是当失业者是一个家庭中主要的或唯一的收入来源时，失业的问题尤其严重，会导致一个家庭的贫困。而这种状况具有连带性：当失业者丧失劳动岗位，会给失业者本人与家庭带来严重的不安全感，带来严重的心理挫折感。不仅如此，业缘人际关系纽带的断裂，家庭失去基本的经济来源，会引发一系列附带的问题，如家庭关系本身的失和，矛盾增多；子女的自卑感与人际交往的困难；由于在经济地位上的弱势，在社会初级关系中地位上处于劣势，在熟人面前抬不起头。如果失业问题不能及时地解决，长期处于贫困之中，失业者会对政府产生埋怨心理甚至反社会心态，引起人与人之间的利益矛盾和冲突。失业导致贫困与严重的心理压力，成为引发其他许多社会问题的一个矛盾源泉，也成为政治结构、经济结构、社会结构的薄弱带，以及最易出现断裂的地方。失业问题处理不好会引起当地社会的动荡，是社会风险最重要的矛盾源。

一 失业的定义

按照西方经济学的解释，失业就是想工作而没有工作。萨缪尔森（Paul Samuelson）和诺德豪斯（William Nordhaus）合著的《经济学》中对失业者的定义是，那些没有就业，但积极地寻找工作或等待返回工作岗位的人。更确切地说，如果一个没有工作，并且在最近四周曾经专门去找过工作的人，从工作中被解雇而又正等待恢复工作的人，或者正等下月去报到上班的人，那么这个人就是失业者（萨缪尔森、诺德豪斯，1999：453～454）。这个定义与国际劳工组织的定义基本相似。国际劳工组织对失业者的界定是：一定年龄以上参考时间内没有工作，目前可以工作正在寻找工作的人。由此我们认为失业主体必须具备三个条件：①有劳动能力；②愿意就业；③现在没有工作。由有无劳动能力可以将总人口分为：劳动年龄人口和非劳动年龄人口。根据世界大多数国家的规定：16～65周岁的人口称为劳动年龄人口。由是否愿意就业可将劳动年龄人口分为劳动力人口和不在劳动力（not in labour force）人口。由现在有无工作可将劳动力人口分为就业人口和失业人口。

目前国内对失业者的解释，主要是依据1994年国家统计局对失业者的界定。失业者是指在规定的年龄内，具有劳动能力，在调查期内无业并以某种方式寻找工作的人员（盖锐等，2009：223）。失业人员包括：①16岁以上各类学校毕业或肄业的学生中，初步寻找工作但尚未找到工作者；②企业宣布破产后尚未找到工作的人员；③被企业终止、解除合同或辞退后，尚未找到工作的人员；④辞去原单位工作后，尚未找到工作的人员；⑤符合失业定义的其他人员。从以上对失业者的定义来看，国内对失业者的定义基本上符合国际劳工组织对失业者的界定。由以上对失业者的解释，我们可以将失业简单定义为：具有劳动能力的人，一段时间内曾经以各种方式努力寻找工作，但未找到工作的一种状态。

二　失业指标体系

失业最重要的指标是失业人数和失业率。失业率＝失业人口/劳动力人口。就业和失业人口的总和构成劳动力人口，不同国家和地区对失业和就业人口的界定不同。

就业和失业的指标体系应该由三个层次的指标构成（袁志刚，1997：19）。

第一层次的指标是对一个国家总人口中适合劳动的人口进行界定。世界大多数国家把16~65周岁的人口定义为劳动年龄人口，而我国规定男性16~60周岁，女性16~55周岁为劳动年龄人口，对于从事行政领导工作、科学技术和文化学术工作的人员，退休年龄另有规定。因而，对于从事行政领导工作、科学技术和文化学术工作的人员，男性超过60周岁，女性超过55周岁未退休者也应计入劳动年龄人口。第二层次的指标是将劳动年龄人口进一步划分为劳动力人口和不在劳动力人口。第三层次指标是将劳动力人口划分为就业人口和失业人口。失业统计指标三个层次可以表述为：

总人口＝劳动年龄人口＋非劳动年龄人口；

劳动年龄人口＝劳动力人口＋不在劳动力人口；

劳动力人口＝就业人口＋失业人口；

失业率＝失业人口/劳动力人口×100％。

诺贝尔经济学奖得主詹姆斯·莫瑞斯认为：比较满意的失业率水平为5%左右，如果低于5%的话，我们可以理解为充分就业（莫瑞斯，1999）。然而面对低于4%的失业率，我国政府还一直要求降低失业率，以维持社会稳定。如果用西方发达国家的标准来衡量，我国目前的失业率不算高，可为什么我国的就业压力巨大呢？首先，我国政府向社会公布的失业率，是城镇登记失业率，不反映农村的失业问题，它只反映我国一部分失业问题。而西方国家公布的失业率是既包括城镇又包括农村的全社会失业率。其次，所谓登记失业，是指非农业户口，在一定劳动年龄内，有劳动能力、要求就业而无业，并在当地就业服务机构进行求职登记的人员，如果无业，但没登记，就统计不进去。西方国家公布的失业率是调查失业率，而调查失业率的真实性高于登记失业率。再次，我国失业统计的年龄上限过低。我国规定，失业登记的年龄范围是男 16~50 岁，女 16~45 岁，而职工退休年龄规定为男 60 岁，女 55 岁。国外通常对失业者只规定年龄下限，退休以后继续寻找工作但找不到工作的，仍计算为失业人口。最后，我国把下岗与失业区分开来，下岗不算失业，下岗人员不进入失业统计。

三 失业的种类

市场经济国家一般把失业划分为五种类型（劳动部劳动科学研究所劳动法及社会保险研究室，1991：114~115）。

（1）摩擦性失业。摩擦性失业是由于求职劳动者与需要提供的岗位之间存在时间滞差而形成的失业。西方经济学家指出，在劳动市场上，往往由于劳动者缺乏就业机会方面的知识，或由于缺乏迅速移动所必须具备的先决条件，就业岗位与寻求就业者不能及时相遇所造成的失业。

（2）季节性失业。季节性失业是由于某些行业受气候变化、社会风俗或购买习惯等因素的影响，生产对劳动力的需求出现季节性的波动而形成的失业。

（3）技术性失业。技术性失业是使用新机器设备和材料，采用新的生产工艺和新的生产管理方式，导致社会局部生产节省劳动力而形成的失业。不过对这种失业，西方经济学界后来存在不同的意见和争论。不少经济学家推崇所谓"自动吸收理论"。根据该理论，被新技术排挤的工人会迅速被其他企业、部门吸收，在新的岗位上重新就业。

（4）结构性失业。结构性失业是由于国民经济产业结构的变化及其生产形式和规模的变化，劳动力结构不能与之相适应而导致的失业。这种失业具体表现为，某些产业、部门迅速崛起、快速发展，而另一些产业、部门日趋衰落、逐步缩小，而劳动者因自身素质不高、技能不足而不能顺利地从"夕阳产业"转向"朝阳产业"。

（5）周期性失业。周期性失业是由周期性经济危机对就业产生的影响而形成的失业。这种失业是资本主义经济所有失业类型中最为严重的一种，它是与经济运行周期波动相联系的失业，在经济跌入萧条时期，社会需求锐减，生产普遍停滞或下降，导致对劳动力需求减少而引起失业。

我国经济体制正在由传统的计划经济体制向市场经济体制过渡,市场经济国家存在的失业形式不同程度地也在我国出现。但由于我国城乡就业分割的体制,城乡一体的劳动力市场没有建立,就业体制还具有二元结构的特征与计划体制运行的惯性,这些都决定了我国的失业类型具有其特殊性。

(1)下岗。1998年劳动和社会保障部、经贸部等六个部门,对国有企业下岗职工做出明确界定,国有企业下岗职工是指实行劳动合同制以后参加工作且合同期未满的合同制职工,因企业生产经营不善等而下岗,但尚未与企业解除劳动关系,没有在社会上找到其他工作的人员。"下岗"一词是特定历史时期的一个创造性称谓,是我国在经济体制转型时期的一大特色。当初是为缓解国企大范围裁员带来的冲击,给予被裁人员三年的失业缓冲期,即所谓下岗(待在企业再就业服务中心,其间每月发放一定的基本生活保障费,并代缴养老、失业、医疗三项保险);如三年内仍未实现再就业,则自动转为失业。下岗是特指国有企业职工脱离原工作岗位的描述,只反映离开工作岗位,至于离开工作岗位后如何则不是下岗的范畴。下岗后,可能出现多种状态:退出就业(不在劳动力人口)、再就业、不完全就业(或就业不足)、失业(谢思全,2000)。下岗作为国有企业改革中的特有现象,在一定意义上讲就是失业的一种形式。随着改革的深入,我国逐步推动下岗职工直接进入劳动力市场就业,使下岗、失业人员逐渐从再就业服务中心或就业服务中心淡化出来,实行下岗和失业的并轨。随着我国于2002年底彻底关闭了企业再就业服务中心,完成下岗和失业的并轨,"下岗"一词也成为历史。

(2)农村剩余劳动力。农村剩余劳动力是指可以从农业部门抽走而不至于影响农业产量的多余劳动人口,即发展中国家传统农业部门边际生产率为零的剩余劳动力。改革开放以后,家庭联产承包责任制的实施,调动了农民群众的生产积极性,农民家庭成为农村生产经营的主体,劳动生产率的提高,使农村剩余劳动力凸显。乡镇企业的发展,解决1亿多的农村剩余劳动力,但没有从根本上解决农村剩余劳动力问题。城市劳动就业制度的改革,为农村剩余劳动力向城市流动开辟了更广阔的途径,引发了大规模的劳动力跨区域流动,形成大规模的"民工潮"。我国的农村剩余劳动力不是完全意义上的失业者,它具有半员性特点,即农忙时回家,农闲时外出，家里还保存着土地等生产资料，不至于找不到工作时没有任何经济来源。农村流动人口目前大约为2.3亿人（李晓宏，2012）。这一部分人口由于流动性大，很难统计在城市找到工作的人有多少，找不到工作处于无业状态的人有多少，处于半失业状态的人有多少。

四　我国失业状况

然而，目前我国究竟有多高的失业率？国家统计局公布了2006年底我国登记失业率为4.1%，我国城镇登记失业人数为672.2万。但是在我国经济持续较快发展的同时，失业人数不断增长，如2008年末全国城镇登记失业人数为886万，2009年末全国城镇登记失业人数为921万，2010年末全国城镇登记失业人数为908万（见表11-1）。对于一个人口13亿人的大国来讲这个数字并不是很大，4.1%的失业率甚至可以归入充分就业的范围，因为在任何经济条件下，总存在一部分摩擦性失业和自愿失业人员，这部分失业人员的存在给我们的就业带来了良性循环，推动了人力资源的合理配置。但是，目前国家公布的失业率只统计了城镇失业情况，并没有包括现在农村的2.4亿富余劳动力。如果把2.4亿农村富余劳动力算入，我国失业率就要更高。国务院前任总理温家宝在2010年3月出席中国发展高层论坛上说："我知道美国有200万失业人口，这让政府十分焦急，中国就业人口的压力是2亿人而不是200万人。"（新华社，2010）2亿人可能包含流动人口中的失业人员。有财经记者这样推算："截至2011年末中国流动人口2.3亿，城镇户籍居民6.9亿，如果仍按照2亿失业人口计算，失业人数占全部城镇生活人口的21.7%。但是，失业率是以劳动力人口为分母，因此，真实失业率水平显著高于21.7%。即便假定2亿失业人口存在一定水分，保守计算中国城镇失业率也接近20%。"（张达，2013）这一推算的错误在于将进城的2.4亿流动人口大部分推定为失业人口，显然是不科学的。流动人口中有相当部分是找到工作的，只是以零工、散工为主。在我国除了登记失业率较为准确外，实际的失业率还难以准确统计。

失业问题成为城市居民最大的职业安全问题。2000～2006年，就业和社会保障一直是居民最为关注的社会问题。如据国家发展计划委员会宏观经济研究课题组关于"影响中国社会稳定的主要因素"调查，认为失业下岗的有65.9%，居不稳定因素的第二位；而零点调查公司对全国十大城市调查，市民最关心的社会问题是下岗及就业问题和社会保障，分居第一位、第二位（汝信等，2002：24、45）。而高级干部则认为，解决失业下岗问题在 2011 年是各项工作中进展最小的（19 项工作中居倒数第二位）（汝信等，2002：31）。从 2007 年开始，它的关注度下降到第六位，2008 年下降到第五位，2009 年上升到第三位，2010 年、2011 年下降到第四位，2012 年为第六位，2013 年为第五位。失业问题始终是居民关注的前六位的社会问题。

下面我们将以三个口径分别来考察中国城镇的失业状况。

1. 城镇登记失业率

1993 年中国进入一次失业高峰，城镇登记失业人口持续上升，从 1993 年的 420.1 万人上升到 2006 年的 835 万人。城镇登记失业率从 1992 年的 2.3% 上升到 2006 年的 4.1%。到 2013 年，登记失业率稳定在 4.1%（见表 11 - 1）。

表 11 - 1　1993 ~ 2013 年城镇失业人数和登记失业率

单位：万人，%

年份	失业人数	失业率
1993	420	2.6
1994	476	2.8
1995	520	2.9
1996	553	3.0
1997	570	3.1
1998	571	3.1
1999	672	3.1
2000	595	3.1
2001	681	3.6
2002	770	4.0
2003	800	4.3
2004	827	4.2
2005	839	4.2
2006	847	4.1
2007	830	4.0
2008	886	4.2

续表

年份	失业人数	失业率
2009	921	4.3
2010	908	4.1
2011	922	4.1
2012	917	4.1
2013	926	4.1

资料来源:《2001~2007年中华人民共和国国民经济和社会发展统计公报》,http://www.stats.gov.cn;《2008~2013年人力资源和社会保障事业发展统计公报》,http://www.mohrss.gov.cn/SYrlzyhshbzb/zwgk/szrs/。

此外,我国还有抽样失业率。它是指在进行统计或调查中,发现失业的实际状况,要比登记失业率高。这是因为,不少失业人员身体不好、年纪大了、家庭条件不错、不想工作了等,没有继续寻找工作的意愿,或者找不到工作,并没有到政府部门去登记。因此,这部分实际的失业者在登记失业率之外。在我国的许多统计与研究中,抽样失业率通常比登记失业率要高2个百分点。

2. 城镇下岗职工人数

城镇下岗职工人数迅速增加(见表11-2),城镇实际失业人口和实际失业率大幅度上升。国有企业职工下岗始于20世纪80年代后期,到90年代,企业进入市场后,在转换经营机制、调整产业结构过程中,因企业"关、停、并、转"导致大批职工下岗。1993年下岗职工为300万人,到1997年猛增到1151万人,相当于1993年的3.8倍,平均每年增长高达40%,2003年虽然有所下降,但是绝对数是十分大的。

表11-2 1993~2003年下岗职工人数

单位:万人

年份	1993	1994	1995	1996	1997	1998
下岗人数	300	360	564	891	1151	890
年份	1999	2000	2001	2002	2003	
下岗人数	652	657	515	410	440	

资料来源:《1993~2003年中华人民共和国国民经济和社会发展统计公报》,http://www.stats.gov.cn(2004年起无统计数据)。

据劳动和社会保障部公布的资料，到 2006 年 6 月底，中国国有企业累计下岗职工已经达到 2611 万人，其中 91% 进入各企业自办的再就业中心（张俊才、田阔川，2006），依靠政府和企业发放的基本生活费维持生活，实现再就业则困难重重。

3. 城镇隐性失业率

我国城镇隐性失业率极高。隐性失业主要包括两部分：一是企业的冗员；二是未达到法定退休年龄而被迫提前退休者。这些职工未公开失业，也未明确下岗，而是以隐蔽失业的形式存在。所谓隐蔽失业就是指名义就业超过实际需要又未公开显现的部分。我国城镇的冗员主要在国有企业，国家科学技术委员会根据对 1000 家国有企业抽样调查的数据估算，国有企业无效工时为 30% ~50%，另据中国社科院经济研究所的抽样调查，无效工时为 30% ~40%。因而以工作时间标准计算，我国国有企业职工冗员率约为 40%。若按效率标准估算，1995 年全国工业普查资料反映，国有企业职工全员劳动生产率比市场约束型的私营企业、股份制企业和三资企业的全员劳动生产率平均值低 39%，资金利税低 33.03%，资产报酬率低 31%，成本费用利润率低 45.35%，净资产收益率低 70.91%。据此推算，国有企业现有职工冗员率为 40% 左右（程连升、刘学敏，2000）。政府有关部门一般认为我国国有企业冗员率为 20% ~30%，若以 25% 计算国有企业冗员率已经是最保守的比例，按这一比例计算，1997 年、1998 年国有企业富余人员应该分别是 2691.5 万人和 2202.3 万人（1997 年国有企业职工人数为 10766 万，1998 年为 8809 万）（国家统计局编，1999：35）。消化冗员的一种措施，就是让职工在不到退休年龄时提前退休，我国城镇劳动力被迫提前退休的，一般估计其人数相当于退休人员的 15%（厉以宁、董辅礽、韩志国，1999：256）。1997 年和 1998 年国有企业提前退休人员分别高达 468 万人和 383 万人（程连升、刘学敏，2000）。随着市场机制的发育，经济体制改革深化，国有企业冗员被逐步排放出来，提前退休也作为一种过渡性现象而减少，这也加速了我国失业人员的增多。2007 年国有企业职工有 6424 万人，如果按其中的 17.5%（15% ~20%）为富余劳动力计算，则隐性失业者约为 1124 万人。如果用 5 年时间完成将国有企业中的隐性失业转化成显性失业的任务，那么每年要增加 224.84 万的失业人口（杨艳琳、娄飞鹏等，2010：83）。随着市场竞争机制的充分发展，隐性失业现象也将成为历史。

自 2008 年起，我国颁布的《中华人民共和国劳动合同法》《中华人民共和国就业促进法》《中华人民共和国劳动争议调解仲裁法》《中华人民共和国劳动合同法实施条例》等劳动法律法规相继实施，为劳动就业权利保护提供了更好的法律环境，失业者也得到了法律的保护。

五 失业的原因

1. 我国人口基数庞大

与西方发达国家相比，我国人口自然增长率仍然过高，以目前人口自然增长率计算，每年净增人口 1400 万左右，总量压力是每年城镇需要安排就业人数达到 2500 万，而市场可以提供的岗位只有一半左右。长期积累的人口压力带给我国巨大的劳动力供给量。据测算，2000 年，我国 15~64 岁的国际劳动年龄人口达 8.8 亿人，2020 年将达到顶峰，达 9.96 亿人，2050 年仍将维持在 8.9 亿人左右（胡鞍钢等，2002：100~108），这表明我国就业压力具有持续性特征。

2. 农业人口向非农人口的转移

这种转移就要求城市能为农业人口提供大量的就业机会。据测算，我国农村人口约占世界农村人口的 1/4，我国农业劳动力则占世界农业劳动力的 1/3，而我国可耕地面积只占世界的 7%，这表明我国农村劳动力存在巨大的剩余空间。乡镇企业的发展解决了近 1 亿农村剩余劳动力，乡镇企业结构的调整，使其吸引劳动力的能力在逐渐降低。近年来个体、私营经济和小城镇建设迅速发展也解决了一部分农村剩余劳动力。目前，流入城市的农村劳动力大约为 2.3 亿人，这对城市就业造成巨大的压力。

3. 产业结构调整

一个国家在由农业国向工业国的转变过程中，产业结构变动表现为：第一产业比重逐渐下降，第二、第三产业比重逐渐上升。在工业化的初期，大量劳动力涌入第二产业，在工业化后期，第三产业劳动力规模迅速扩张，就业人数逐渐超过第二产业。而资本结构与技术结构的变动，主要体现在资本有机构成的进一步提高，它对解决我国就业产生十分不利的影响。过去以劳动密集型产业为主，如轻纺工业、加工业等能吸纳较多劳动力，现在新兴产业集中于资本密集型、技术密集型行业，虽然投入同样的资金，吸纳的劳动力却减少了，"奥肯定律"① 失效，就业弹性系数②变小。

第二节　青年就业问题

在失业的人群中，青年人的失业问题日益凸显。青年人的失业问题解决不好，不仅影响到青年人的一生，更影响社会秩序的稳定。

一　青年就业问题显现

在就业问题上，发达国家以青年失业问题为主。2005 年 10 月 27 日，两名居住在法国巴黎东北部克利希苏尔瓦郊区的年轻人不幸触电身亡，引发了巴黎"二战"以来最大的一起骚乱（新华社，2005）。法国媒体指出，这次发生骚乱的巴黎周边地区主要聚居着非洲与阿拉伯移民，他们大多居住在 20 世纪六七十年代建造的房子里。高人口密度、移民众多、高失业率使这些地区逐渐成为贫困、犯罪、吸毒、被遗忘者与被损害者的代名词。尤其是在政府提供的公共住宅区，15～25 岁青年人的失业率甚至高达 40%。城区与郊区的相对隔绝也让法国政府推行的文化融合遭到"地缘文化"障碍。这些移民和他们在法国出生的下一代抱怨饱受警察骚扰，并且在就业、置业机会上受到排斥。

青年就业是世界性的难题，据国际劳工组织预测，2013 年全球失业人口将突破 2 亿人，青年失业率高达 12%。其中失业率最高的分别为希腊（2013 年 2 月为 64.2%）、西班牙（55.9%）、意大利（38.4%）和葡萄牙（38.3%）。面对如此严峻的青年失业问题，如不采取强有力的措施加以缓解，恐将引发社会动荡等严重后果。2013 年 2 月 28 日，欧盟理事会通过"青年保障计划"（张俊才、田阔川，2013）。根据计划，欧盟所有 25 岁以下的失业或毕业后待业的青年人都将获得高质量就业机会或再教育机会。该计划规定各成员国在青年人失业或学生离校 4 个月之内，必须向其提供就业、继续教

---

① 美国著名经济学家阿瑟·奥肯（Arthur Okun）于 1962 年提出的著名的"奥肯定律"。该定律论证了失业率与国民生产总值增长率二者呈反方向变化的关系，即高增长率使失业率降低，低增长率则会提高失业率。

② 就业弹性系数是就业人数增长率与 GDP 增长率的比值，即 GDP 增长 1 个百分点带动就业增长的百分点，系数越大，吸收劳动力的能力就越强，反之则越弱。

育、学徒或培训机会。我国的失业问题，最早在 20 世纪 70 年代末 80 年代初，出现了知识青年下乡返城后的"待业"问题。90 年代中期，企业用工制度的改革，导致大规模的失业与下岗现象，同时农民工大规模流入城市，青年失业问题被掩盖了。2005 年 5 月，全国青年联合会及劳动和社会保障部联合进行的《中国首次青年就业状况调查报告》问世（陈娟，2005）。该调查显示，15～29 岁的中国青年总体失业率为 9%，高于中国目前 6.1% 左右的社会平均失业率。72% 的失业青年长期失业（指失业一年以上）。报告指出，数量庞大的中国劳动力人口对就业造成了巨大压力。中国每年新增劳动人口在 2000 万人左右。由于教育容量有限，每年需要就业的新增劳动人口为 1000 万～1600 万人。青年缺乏工作经验，在劳动力市场上竞争力不强。在劳动力市场供大于求的情况下，青年就业问题愈发突出，表现为高于平均水平的失业率。

二　高校毕业生就业问题突出

我国从业人口中具有各类大专以上学历的人员仅占 5%，而工业发达国家则为 25%～30%，因此，我国还需要大力发展高等教育，以培养更多的高学历、高素质劳动者。从总量上来说，我国目前还不至于出现大学生失业。问题是，大学毕业生供给增长的速度远高于经济增长，越来越多的大学生在寻找工作。劳动力市场需要一定的时间逐步消化大学毕业生在短期内的超量供给。"文革"后高考刚刚恢复招生时，每年招生只有 30 万～40 万人，到现在，每年招生人数都是 700 万人左右，是过去的 20 倍。这样。毕业的大学生自然多了，2014 年的毕业生达 727 万人。大学生由稀缺到充裕，由人才变成了普通的劳动力商品。现在一年招博士生、硕士生就有三四十万人，与 20 世纪 70 年代末的大学生人数相当。从这个意义上讲，高等教育文凭的含金量降低了。物以稀为贵，物以多为贱，文凭的价值被数量所稀释。大学生应面对现实、放宽心态、放低姿态，彻底摒弃"唯文凭论"，不要把自己视为天之骄子，而要把自己看成普通人才。

在我国，就业从来不是个人的事情，而是一个家庭甚至是一个家族的事情。一个人就业往往要动用所有亲朋好友的关系网络，运用所有的社会资源。随着社会的发展，特别是市场化的深入，职业流动频繁，家庭的作用在降低，个人能力的作用在上升。能力更强的学生有更多选择，能力稍差的学生选择相对就少。特别是在初次就业中，家庭关系的确起一定作用，但随着多次择业，家庭关系的作用会变小。从整个社会来看，随着市场开放力度加大，劳动力自由流动，就业者的先赋角色作用下降，自致角色作用加大，个人能力的作用在工作一段时间以后会凸显出来。更好的工作表现、更大的工作业绩，会取代文凭和家庭背景，成为评价就业者的主要依据。从社会发展的总体趋势来看，起决定作用的还是社会与市场本身的竞争筛选机制。因此，我们没有必要对所谓"唯身份论"上纲上线，过度地关注是平民子弟还是富二代、官二代。大学普及化、招生扩大化的客观社会功能，是要在全社会创造一个公平的起点。不管出身哪个阶层，不论贫富贵贱，只要受过高等教育，掌握了一样的本领，就是站在同一条起跑线上，拥有选择职业的平等权利。所以从总体上讲，文凭的含金量降低了，但是人人都得到了接受高等教育的机会，这是社会公平进步的一种表现。

三　正确选择职业

在我国青年的择业潮流中，20世纪六七十年代的时尚是参军，我们叫走"绿路"。到80年代，中国青年的职业选择开始多元化，那时刚刚毕业的"老三届"（特指1966年、1967年、1968年毕业的高中生、初中生）就有多种选择，有的从政，走"红路"；有的经商，走"黄路"；有的搞学术，走"黑路"（博士、硕士服都是黑的）；有的出国，走"蓝路"。创业是社会发展到一定阶段出现的一种新的时尚。创业、自谋出路需要更大的勇气、能力，现在还比较少，将来可能逐步成为一种潮流和常态。现在创业的少数同学，经过社会的磨炼，慢慢积累经验，成熟起来，以后就能做更大的事业。

选择一种职业就意味着选择一种人生。对于年轻的大学生来讲，什么样的工作才是一份好工作？是适合自己的、感兴趣的、高薪的、轻松的、稳定的、可以实现自我价值的，还是可以谋生的？这取决于个人的人生观与价值观，以及个人的能力。最好的工作，应该是能将个人兴趣、理想与社会需要相结合，能够体现价值、实现价值的工作。刚刚毕业的大学生，大多处于理想化的状态，缺乏实际的工作经验、成熟的职业经历，不了解社会，很容易将工作理想化。因此，必须先想清楚两个问题："我到底要什么？""我能够做什么？"当现实与理想的目标不一致的时候，要尽快调整自我，克服急躁、恐慌的心态。大学生的就业策略应该是先生存，后发展。打好了基础，才能够有条件去追求自己的兴趣，实现理想。一次到位、一业定终身的想法是不现实的，而应该多次选择。只有在职业经历的磨炼中，才能慢慢了解"我要什么，我适合做什么"。到农村去、到边疆去、到祖国最需要的地方去，这是计划分配时代的口号，即使到了市场化择业的现在，也是可以考虑的选择。基层、边疆、农村是最需要人才的地方，也是大学生能够发挥作用的地方。但现实中，人才高度集中于大城市、发达地区，产生过剩，而边远、落后地区恰恰需要人才又没有人去。从国家理性来讲，大学生到人才紧缺的地方去，才是社会之福。2013 年 6 月 8 日，李克强到河北师范大学了解大学生就业情况，叮嘱毕业生：基层最能锻炼人，能使人更快地成长起来，基层的经验，无论以后走到什么岗位都将是一笔宝贵的财富，只有经历基层锻炼，才会成长为社会的有用之才。

在全面深化改革背景下谈大学生就业，离不开高校教育改革，因为高校是大学生走入社会的前站，高校教育是大学生就业能力培养、就业观念形成的关键一环。高校教育应该有所作为，最大限度地提升大学生在人才资源中的优势。前一段时间，中国高校出现了一种办学误区，即高等教育"大跃进"，形成了一股升格的风气，中专升大专、大专升大学、教育型的大学升研究型的大学，但其教育质量并没有随之提高，师资队伍也没有跟上。从社会需要及学校实力来讲，研究型大学只能是少数，而研究型人才只能在博士、硕士阶段培养，人才也只是少数。高校应该从学生的就业角度出发，培养更多适合市场需要的人才。最近教育部要求 600 所本科院校转型从事职业教育，就是从就业角度出发，对过去办学方向偏差的一种调整。

青年中出现的大学本科以上学历人才的失业并不是就业机会不够造成的，而是他们的素质结构、操作技能不适应市场需求，在择业上存在观念认识上的问题等造成的。有的大学生宁愿等待，也不愿到与自己期望差距较大的部门、单位、地方工作。这些学生在选择就业部门时，大都定位在外资企业、国有大企业和政府机关，对工作条件的期望值较高。

就业竞争十分激烈，创业也不失为一个好的选择。全国高等学校学生信息咨询与就业指导中心副主任张继栋表示，根据有关调查，我国毕业生创业的比例大约为 2%。2014 年，高校毕业生达到 727 万人。若按照这个比例计算，2014 年大学生创业人数将达到 14.5 万（实际约为 21 万人）。与发达国家 10% 以上的创业率相比，我国大学生创业率较低。大学生创业率低与我国国情有关。改革前，包括改革后的相当一段时间，大学生就业是国家统一包分配的。20 世纪 90 年代开始双轨，一部分国家包分配，另一部分自己选择，于是劳动力市场开始出现了。到了 21 世纪，大学生就业实现完全市场化。所谓毕业"找工作"，就是寻找一个既有的职业岗位，而不是去创业。绝大部分人在找工作，创业只是少数人的事情。客观来讲，创业比找一份现成的工作难得多。创业需要资金、房屋、雇员、业务关系等，而这并不是一个人或一个家庭就具备的。创业还需要眼光、胆量，要有承受风险的能力、不怕吃苦的精神，而目前的学校教育并不教授、培训这些知识与能力。人人创业本身是一种误区。

大学生就业问题凸显，政府非常重视。可以说，目前没有哪个群体的就业问题比大学生的更让政府重视。从 2009 年开始，国务院每年都要就大学生就业问题召开常务会议。现在全社会已经采取很多切实可行的措施，其中主要有四个方面。第一，鼓励和引导大学生到城乡基层、到中西部地区去。这里面又分成两类：一类是服务项目，另一类是就业项目。服务项目包括大学生村官计划、"三支一扶"计划、教师特岗计划、西部志愿者计划，应适当地扩大这些项目的范围，完善有关的待遇政策。另一类是就业项目，在社区、乡镇开辟一些公共服务和社会管理的岗位来吸纳一部分大学生到基层就业。第二，鼓励中小企业、非公有制企业更多地吸纳大学生。只要这些企业吸纳符合条件的大学毕业生，就给予相应的扶持优惠政策。第三，允许高校的一些科研项目和科研单位的一些科研项目，吸纳一部分大学毕业生，包括研究生，做项目的研究助理，来延缓一部分大学生的就业时间。在他们工作期间，可以签订服务协议，给予相应的报酬，可以用科研费来列支。第四，鼓励大学毕业生自主创业。现在大学生创业的比例非常低，应通过一系列的优惠政策，包括税收、场地安排、创业环境和条件等，支持鼓励大学生自主创业，并在贷款上予以支持。但是由于宣传不到位等，很多大学生并不了解也没有去争取利用这些优惠政策。

第三节　失业的理论解释

失业与就业，是一种经济活动，经济学的理论对失业做了大量的解释。

同时失业是现代社会中许多人遇到的一种麻烦，演化成为一种社会问题，所以社会学也介入进来，从不同的视角予以解释。

一 失业的经济学解释

在经济学的解释中，有两种对立的理论：一是马克思主义的失业理论，二是西方经济学理论。然而这两种理论对我国失业现况的解释力并不强。有学者研究发现，马克思从来没有正面答复过社会主义能不能消灭失业这个问题。社会主义能够消灭失业的观点，实际上是传统理论对马克思一个预言的误解。马克思曾经沉浸在他构想的未来社会理想中，提出一个乐观的预言："如果明天把劳动普遍限制在合理的程度，并且把工人阶级的各个阶层再按年龄和性别进行适当安排，那末，要依照现有的规模继续进行国民生产，目前的工人人口是绝对不够的。"（马克思，1972f：697）马克思的失业理论的主旨，是对资本主义社会存在严重失业现实的批判。而所谓工人人口是绝对不够的未来理想社会，只是马克思在批判存在严重失业问题的资本主义社会的基础上设想的一个应该是怎样的理想，而不是要为如何消灭失业的现实操作设计具体的方案，更不是对社会主义社会有没有失业做出的回答。传统理论错就错在，只断章取义地裁剪马克思的词句，而完全忽视了马克思研究资本主义失业的用意和失业现象本身的自然历史性（李保民，2005）。

西方失业理论是一般市场经济的失业理论，对研究社会主义市场经济条件下的失业问题有重大局限。一般市场经济指的就是资本主义市场经济。按照它的本质要求，资本的权利是社会的中心权利，资本的利益是社会的最高利益，劳动者是就业还是失业，完全服从于资本实现利益的需要。而社会主义原则却是要以劳动者为社会利益主体，要实现劳动人民的利益。因此，社会主义市场经济面临如何实现市场经济原则与社会主义原则兼容及如何既倚重资本发展经济又明确保障和实现劳动者劳动就业权益的难题。中国的失业是在一种完全不同于西方成熟与完善的劳动力市场和社会保障制度下产生的，这对以资本主义市场经济条件下的西方失业理论来说有些文不对题。西方失业理论对解决资本主义国家的失业问题尚面临严重挑战，对解决我国的失业问题更是无法寄予厚望。

我国的经济学者根据本国的特征，对失业的解释做出了努力。胡鞍钢认为，中国失业人口激增的原因，要从人口学、结构变动、市场转轨和工业化技术路线四个背景来分析，具体包括：我国正处在劳动年龄人口不断上升时期，形成持久的巨大就业压力；我国正处在大规模产业结构调整阶段，下岗职工激增是持续性、长期性的结构性失业；我国正处在市场经济转型阶段，国有经济占总就业人口比重迅速下降，而非国有经济还无法吸纳全部国有企业下岗职工，必然导致真实失业率上升；我国经济增长正经历迅速的资本深化过程，特别是国有工业企业资本密集程度迅速增高，不仅不吸收新增劳动力，还要不断排斥大量富余人员（杨宜勇，2000：284~285）。袁志刚则将我国失业的成因归结为：二元经济中的农村失业，转制过程中企业的隐性失业转化为公开失业，经济发展过程中结构性调整所带来的失业，城市中的自愿失业和农村劳动力的转移，乡镇企业、私人企业和三资企业的发展而导致的失业以及宏观经济的周期性波动所带来的失业（袁志刚，1994）。冯煜认为，对于中国而言，既有诸如经济波动、人口增长、产业结构变动、科技进步等影响失业的一般因素，还有一些特殊的政策因素，如经济体制转型、就业观念等。她还利用1979~1996年的统计数据或统计调整数据精确地确定了这些因素各自对失业的影响程度（冯煜，2002：78~142）。经济学家提出人口或劳动力总量过剩说、体制转轨失业说、制度性失业说、结构性失业说、周期性失业说、产业结构变动说等理论来解释失业。

二 社会学研究失业的相关理论

1. 社会分层与社会流动理论

经典的马克思的阶级分析理论、韦伯的社会分层理论，还有现代的社会分层理论（如以怀特为代表的阶级学派、以戴蒙为代表的职业学派、以布迪厄为代表的消费学派），认为失业人员是社会的底层。在市场经济下社会分层的结果，一方面显示出正功能，瓦解了计划体制下相对封闭的阶级结构、社会身份决定社会地位的不公平现象，最大限度地激发了个体的积极性，创造了大量的社会财富，推动了社会的发展。另一方面，负功能也十分明显，直接分化出的社会下层，如社会学者们提出的贫困阶层、弱势群体、损益群体、下层社会、底层社会就是对这种分层后果的不同的简称。由于市场竞争机制的作用，其优势积累与劣势凝固的"马太效应"十分明显。在市场竞争中，强者具有权力、资金、能力、关系等资源，一旦第一步领先，便步步领先，处于优势积累的地位，而且这种优势具有"滚雪球"的放大效应。处于市场中的竞争优胜者，不仅经济资源向他们身上集中，而且政治资源与社会资源也开始向他们身上集中。而对弱者而言，权力、金钱、关系、能力都属于稀缺的资源，他们改变处境的机会也很少。一步落后，往往步步落后，在经济资源贫乏的同时，也丧失了政治资源与社会声望，甚至话语权，难以追赶上优胜者，始终处于竞争中的弱势地位，他们仅仅依靠自己的力量是无法摆脱困境的。"马太效应"是市场经济运行机制正负功能的集中体现，说明了市场运行机制的本质是自发地倾向于效率，承认鼓励强者，自发地不承认和排斥弱者。但是，通过个人努力和社会支持，弱势群体也可以实现向上流动。

2. 社会冲突理论

韦伯、齐美尔、科塞、达伦多夫等学者都为冲突理论做出了重大的贡献。冲突就是不同的个体或群体双方或多方的行动方向、目标不一致，并且相互对抗的一种社会互动形式。由于冲突的主体较为复杂，有个体与个体之间的冲突，有群体与群体之间的冲突，也有个体与群体之间的冲突。而社会冲突一般情况下是指规模较大的群体之间的力量对抗。这里的群体有两个含义：一是某个具体的组织，二是准群体（具有某些相似性的、未认识到自身利益的、没有统一的行动目标的、没有组织起来的群众）发展而来的利益群体（具有某些相似属性、认识到自身利益的、有接近目标的、行动起来的群众）。韦伯在《阶级、地位和政党》中认为导致阶级冲突的主要因素有两个：一是底层社会群体成员拒绝接受既存关系模式；二是底层社会群体成员在政治上组织起来的程度（特纳，2001：165）。失业群体由于在社会阶层结构中地位低下，是社会阶层结构的薄弱环节，容易引起对社会的不满甚至在行为上产生反抗。

有一些微观理论也被用来解释失业群体。

3. 相对剥夺感理论

1945 年美国社会学家斯托弗（Samuel Stouffer）提出"相对剥夺感"（Relative Deprivation）概念，即指与某个参照群体进行比较时，发现自己处于劣势时所产生的一种挫折感。在一个地区内，如果有多个群体存在，那些生存能力和适应能力明显优于其他群体的，作为榜样的可能性就较高；

同理，一个社会如果有一个职业层序或阶级层序的话，位置较高的职业群体或阶级，通常会成为其他职业群体或阶级的参照群体。格尔（T. Gurr）将相对剥夺感分为三种类型：递减型相对剥夺感，指如果一个社会中人们的价值预期没有变化，但社会提供某种资源的价值能力降低了，就会产生递减型相对剥夺感；欲望型相对剥夺感，指如果社会能提供的价值总量未变化，但人们的价值期望变强了，就会产生欲望型相对剥夺感；发展型相对剥夺感，指当一个社会的价值能力和人们的价值期望均在提高，但社会的价值能力由于某种原因而有所跌落，从而导致价值期望和价值能力之间的落差扩大时，就会产生发展型相对剥夺感（Gurr，1970）。应该指出，在相对剥夺感背后隐藏的是利益因素，即这些人的利益受到损害而引起不满，导致相对剥夺感的产生。失业群体的相对剥夺感是一种递减型相对剥夺感。处于社会底层的如农民、农民工、工人、失业人员等阶层，他们处于经济、政治、文化方面的劣势地位，面对地位较高的其他阶层有强烈的差别感和相对剥夺感。

4. 市场能力理论

比较明确提出和使用"市场能力"概念的是著名社会学家吉登斯，他针对发达国家的阶级结构提出了"市场能力"（Market Abilities）概念，他认为"市场能力"的大小取决于个人具有的以及可能在市场上提供的稀缺资源价值的大小，个人拥有的被社会认同的"技能"——包括教育证书，是影响"市场能力"的主要因素。吉登斯认为有三种类型的市场能力：①拥有生产资料；②拥有教育与技术文凭；③拥有体力。这三种类型的"市场能力"处于不同层次，其中较高的教育和技术文凭是较强市场能力的表征。市场能力可以促进个人向上层社会流动。市场经济在这个意义上是一种能力竞争经济，即市场竞争是一种能力竞争（韩庆祥，2003：100~102）。我国学者李斌将国内外关于"市场能力"的理论与中国的实际情况相结合，对"市场能力"进行了界定："市场能力"是指个人具有参与市场交换的实际本领，或者个人能够提供的参与市场交换的稀缺资源的价值量。个人拥有的知识、技能包括教育证书，是影响"市场能力"的主要因素，个人"市场能力"的高低决定个人从市场中获得"回报"的多少（李斌，2004）。

5. 社会排斥理论

社会排斥（Social Exclusion）作为一个概念是 20 世纪末在国际社会流

行起来的，追溯其"历史"起源，一般认为是法国人首先提出来的。勒内·勒努瓦（Rene Lenoir）在他 1974 年出版的一本书里首先提出了"社会性排斥"（Socially Excluded）这一概念，大意是指在法国社会中还有一些个人或群体未能被传统的社会保障体系所覆盖（杨伟民，2004：121）。也有人认为，"社会排斥"概念的前身是"社会剥夺"（Social Deprivation）。早在 20 世纪五六十年代，从事贫困问题研究的学者们所钟爱的词汇之一便是"社会剥夺"。他们认为，社会剥夺是指"社会上大多数人认为或风俗习惯认为应该享有的食物、基本设施、服务与活动的缺乏与不足"，"人们常常因社会剥夺，而不能享有作为一个社会成员应该享有的生活条件"。之后，"社会剥夺"作为一个有丰富内涵的词而被广泛采用。随着社会剥夺的概念内涵由物质层面向社会文化层面演进，20 世纪 90 年代，它进一步发展为社会排斥理论。英国政府的"社会排斥办公室"（Social Exclusion Unit）指出："社会排斥作为一个简洁的术语，指的是某些人们或地区遇到诸如失业、技能缺乏、收入低下、住房困难、罪案高发环境、丧失健康以及家庭破裂等等交织在一起的综合性问题时所发生的现象。"（转引自王思斌，2002：38）在社会排斥理论中，有两个重要的观点：一是自我生成论，二是劳动过程创造论。自我生成论强调社会排斥的主观因素，认为社会排斥是社会下层人员自身的行为和态度造成的，弱势阶层对自身弱势地位的认知及面对困难时所做出的行为选择，是造成自己被社会排斥的主观因素。例如在下岗失业群体中，普遍存在安于现状的"等、靠、要"思想，在行为选择上则是被动、消极，这些被认为是下岗失业人员被社会排斥的主要原因。劳动过程创造论认为，当代社会的科学技术变化增加了经济部门内的人际交往和信息交换，强化员工的参与趋势，但同时对不属于该群体的"场外人"，又形成一种强烈的社会排斥趋势。劳动过程是导致社会两极分化的主要原因。当前我国劳动力市场处于一种劳动力相对过剩的状态，低素质、缺乏专业技术的劳动力过剩，而精于技术、懂管理的高级人才却处于稀缺状况。

社会排斥是一个多维度的概念，可以用来描述和概括失业者因失业而处的多种不利状况。社会排斥是一个积累性的过程，遭受某一维度的社会排斥可能引发另一维度的社会排斥，以社会排斥为概念工具可以揭示出失业者是否以及如何因失业而处于其他的不利境地。社会排斥概念强调施动者的作用，以社会排斥为概念工具可以使我们关注是谁将失业者排斥出社会各个领域。因此，以社会排斥为概念工具，有利于对失业及其后果进行全面和动态的描述，有利于建立有关失业与社会排斥其他维度之间关系及其联系过程或机制的理论，有利于有的放矢地制定相应的社会政策。我国失业群体遭受的社会排斥最重要的表现为被排斥出劳动力市场。对于失业者中的大部分人来说，他们根本没有可能回到社会的主导产业中去，在目前的体制下，也根本没有可能再回到原来的就业体制中去。另外，朝阳产业也不会向他们提供多少就业机会。因此，这就意味着目前的下岗失业者，在劳动力市场这一根本性的社会排斥作用下，他们回归主流社会的希望十分渺茫。市场能力与社会排斥之间有着非常直接的关系，在强调能力本位的市场经济社会中，市场能力低下必然遭到劳动力市场的排斥，由此会出现下岗失业现象。

6. 社会网络支持理论

社会网络是指个体间社会关系构成的相对稳定的体系。个人的社会支持网络是由初级群体的关系所组成的。社会资本理论的核心观点是，如果人们善于利用社会网络，也可以获得社会资源。社会资源不是个人拥有的东西，而是个人通过直接或间接的社会联系而从他人那里汲取的资源。社会网络在人们的社会生活中恰好具有正式组织缺少的功能。人的需要是具有多样性的，它无法只依靠人们的经济关系获得。人们的经济交往只是满足人的生理所需的物质资源，而其他方面所需的资源要依靠社会网络来获得，社会网络可以为人提供多方面的社会支持。社会网络是资源分配的一种重要途径，有的学者直接称其为社会资源或社会资本。社会网络对于失业群体的社会支持是全方位的，如就业支持、生活救济、心理支持等。但每个失业者的社会网络是不同的，支持程度也是不同的。

第四节　解决失业问题的对策

解决失业问题必须有新思路，我们认为解决就业问题的基本思路在于政府，具体执行在于社区，形成政府、社区、个人三者相结合的社会整合机制来解决失业问题。

一　政府

鉴于当前我国失业问题的严重性、复杂性以及解决这个问题的重要性和紧迫性，政府已把解决失业问题列入宏观调控目标。为了解决失业问题，我国政府应从以下几方面入手。

1. 解决失业的根本出路在于经济增长

如果单从就业的角度看，经济增长越高，能吸收的就业人员就会越多，但宏观经济受多方面因素的制约，从世界各国的经济来看，经济发展到一定程度后，经济很难保持较高水平的增长。保持适度的经济增长能有效地解决大部分新增劳动力的就业问题。其中，调整产业结构，发展劳动密集型的第三产业，如商业零售、物业管理、交通运输、信息咨询、社区服务、家政服务等投资少、见效快、就业潜力大的第三产业，可吸纳更多的劳动力。

2. 积极发展非公有制经济

曾经作为就业主渠道的国有企业、集体企业，对解决失业已经没有多大的空间，近几年来，95%以上的新增就业机会主要靠非公有制经济的发展。我国就业率最高的是私营企业，其次是有限责任公司，再次是个体户，它们占全部新增就业的80%。发展自由职业、微型企业和中小企业是提高就业率的重要出路。中小企业目前已占我国全部企业数的99%，它们为城镇提供了75%的就业机会。今后要在巩固公有制经济主体地位的同时大力发展非公有制经济，引导失业人员兴办各种形式的合作经济、股份制经济或从事个体私营经济。

3. 建立健全劳动力市场

这是政府解决失业问题的当务之急，为劳动力合理流动提供保障，也是建立社会主义市场经济的前提和基础。没有劳动力的合理流动也就没有合理的成本核算体系。除此之外，还要进一步完善就业服务体系。就业服务作为劳动力市场主客体联系的纽带，起到了提供职业培训、职业介绍和建立劳动服务企业的作用。

4. 完善社会保障制度

政府的注意力应从过去经济政策、经济制度方面，转向社会政策与社会制度的建立与完善。政府应通过一系列的措施，逐步完善社会保障制度，使其真正起到"社会减震器"的作用，促进经济改革和经济发展，维护社会稳定。

5. 加大对教育的投入

这有利于提高全体社会成员的文化素质，全面提高我国劳动力的就业能力。政府应通过实施农村义务教育免费、落实农民工子女享受城市教育权利、为失业人员和进城的农民工职业培训等措施，提高他们的市场竞争能力，促进就业。

二 社区

社区是指聚居在一定地域中人群的生活共同体。随着经济体制改革的深入，单位承担的各种社会功能逐步地移向社区，社区成为连接政府与个人的桥梁，在解决失业方面也发挥着重要作用。随着下岗、失业人员逐渐从再就业服务中心或就业服务中心转移出来，我国对失业人员的管理将全部纳入社区管理，社区在解决失业方面就显得尤为重要。作为具体的基层社会组织，社区更容易了解其居民状况、贴近失业者，能够给予失业者及时的关心和帮助，并有利于其就业。社区对失业者的管理，有利于下岗、失业人员分散化，化整为零，减少社会风险，维护社会稳定。社区的主要工作有以下几方面。

1. 改变失业管理措施

我国政府的劳动和社会保障部门在社区均建立了管理站，负责对其辖区的失业状况进行登记、造册和建档，对失业人员的培训情况、寻找工作情况以及二次失业情况进行登记，为失业人员提供就业信息、就业咨询并推荐就业。当前社区普遍实现街道劳动管理服务站和县区职业介绍所信息联网，收集有关用工和求职信息，并在每周固定时间及时公布有关信息。社区要为供求双方提供就业服务，办理中介手续。社区还应负责对失业人员的就业培训，并开展就业指导。

2. 组建劳动服务公司

社区是个小社会，也蕴含大量的劳动力需求，这是组建劳动服务公司、实行生产自救的重要根据。社区的家政服务就有广阔的市场。社区可将失业人员组织起来，成立家政服务队，专门负责社区内部的搬家、维修、清洁、照顾老人和接送小孩等业务；同时还可以对外承揽业务，不断扩大就业范围，增加就业机会。

3. 提供必要的社会支持

社区的基层组织、民间组织也应注意到对失业人员的心理支持。社会支持有必要向个人传递三个信息：第一，让人感到被关心；第二，让人觉得受尊敬和有价值；第三，让人感到属于一个组织，并有归属感。我国有些城市建立了心理咨询服务机构，帮助失业人员调整认识偏差与消极心态，树立正确的就业观与积极健康的心态。

三 个人

市场经济就是竞争经济，没有良好的素质，没有一定的知识和技能，即使实现就业，迟早也会在激烈的竞争中被市场无情地淘汰，即使进入劳动力市场的就业者也必须清醒地认识到这一点。只有靠实力，不断提高素质和转变观念，才能应对挑战，抓住机遇。因此每个就业者必须学会储备知识，一方面要充分利用国家提供的国民教育的机会，不断提高自身的素质和技能；另一方面要利用各种机会，参加培训，或自学，或去深造。只有挖掘自身潜力和储备技能，才能抓住更多的就业机会，使就业之路越走越宽。特别是失业人员更应认识储备知识和技能的重要性。在职人员也应有危机感，不断更新知识和提高技能，只有这样，才能适应社会的发展。

转变就业观念也是实现就业的关键，当前要实现就业观念的转变。一要破除"等、靠、要"思想，自主就业。世上没有救世主，"安置"是计划经济的产物，市场经济条件下的就业将逐步市场化，除对转业军人实行安置外，普通就业者均需面临市场竞争就业。二要破除"等级"和"爱面子"思想，实行反串就业。就业本无贵贱之分，但各种差别的存在以及城市世俗文化的影响，使一部分人虚荣心根深蒂固，总认为自己高人一等，应该干"体面"的工作，往往将自己的就业之门堵死，结果落得并不体面的尴尬局面。在市场经济条件下应该破除地域观念、所有制观念和城乡观念，应面对现实，有岗位就应努力争取。三要避免因循守旧，要创造就业。就业者要密切关注社会的发展、行业的兴衰，以创造就业。

本章要点：

1. 失业的定义

2. 失业的指标体系

3. 我国的失业状况

4. 失业的结构性原因

5. 失业的理论解释

6. 解决失业问题的对策

关键术语：

失业　摩擦性失业　技术性失业　结构性失业　下岗　农村剩余劳动力　隐性失业

推荐阅读文献：

安立仁，2011，《中国经济增长与失业问题研究》，北京：中国经济出版社。

胡鞍钢等，2002，《扩大就业与挑战失业》，北京：中国劳动社会保障出版社。

李实、佐藤宏，2004，《经济转型的代价：中国城市失业、贫困、收入差距的经验分析》，北京：中国财政经济出版社。

刘帆，2011，《中国高校毕业生失业研究：劳动力市场分割的视角》，北京：知识产权出版社。

马川，2012，《人口老龄化背景下的青年失业研究》，北京：法律出版社。

钱再见，2006，《失业弱势群体及其社会支持研究》，南京：南京师范大学出版社。

汝信等，2002，《2002 年中国社会形势分析与预测》，北京：社会科学文献出版社。（可参考每年的社会蓝皮书中的就业部分）

保罗·萨缪尔森、威廉·诺德豪斯，1999，《经济学》，萧琛等译，北京：华夏出版社。

沈立人，2006，《中国失业者》，北京：民主与建设出版社。

史及伟、杜辉，2006，《中国式充分就业与适度失业率控制研究》，北京：人民出版社。

孙立，2005，《转型中国之隐性失业分析与治理》，北京：中国经济出版社。

孙立平、郭于华，2010，《制度实践与目标群体：下岗失业社会保障制度实际运作的研究》，北京：社会科学文献出版社。

沈水根，2013，《中国城镇职工失业保险问题研究》，北京：中国书籍出版社。

谭永生，2011，《中国高校毕业生失业问题及其治理》，北京：中国劳动社会保障出版社。

王霆，2012，《我国高校毕业生结构性失业问题及对策研究：以提升大学生就业能力为视角》，北京：中国政法大学出版社。

安塞尔·M. 夏普、查尔斯·A. 雷吉斯特、保罗·W. 格兰姆斯，2000，《社会问题经济学》，郭庆旺等译，北京：中国人民大学出版社。

乔恩·谢泼斯、哈文·沃斯，1987，《美国社会问题》，乔寿宁等译，太原：山西人民出版社。

杨宜勇，2000，《就业理论与失业治理》，北京：中国经济出版社。

曾群，2006，《青年失业与社会排斥风险——一项关于社会融合的社会政策研究》，上海：学林出版社。

曾湘泉等，2006，《面向市场的中国就业与失业测量研究》，北京：中国人民大学出版社。

张敏杰，2003，《中国弱势群体研究》，长春：长春出版社。

第十二章 贫困问题

贫困是人类社会有史以来挥之不去、难以摆脱的苦难，是现代文明社会的伤痕。世界银行《2002/2001 年世界发展报告》中说，在 21 世纪初，贫困仍然是一个全球性的重大问题；在世界 60 亿人口中，有 28 亿人每天靠不足 2 美元来维持生计，其中 12 亿人每天仅靠不足 1 美元来生活（王桂敏、金明玉，2006：38）。消除贫困是世界各国的基本国策，也是我国政府面临的一项长期而艰巨的历史重任。

第一节 贫困的概念与状况

贫困是一个极为复杂的概念，它涉及经济、社会、历史、文化、心理、生理等多方面的问题，在不同的时间或不同的地域也有着不同的表现。人们往往从不同的角度去认识贫困。

一 贫困的概念与类型

1901 年，朗特里（S. Rowntree）出版了一本贫困研究的专著——《贫困：关于乡村生活的研究》，他在这本书中对贫困含义的阐述是较早的贫困定义（吴理财，2001）。他认为："如果一个家庭的总收入不足以维持家庭人口最基本的生存活动要求，那么，这个家庭就基本上陷入了贫困之中。"此后，贫困研究日趋深入，关于贫困的定义也越来越多。从 20 世纪 80 年代后期到 90 年代末，阿玛蒂亚·森（Amartya Sen）在他发表的一系列论文中阐述了他的"能力贫困"的概念：贫困是指对人类基本能力和权利的剥夺，而不仅仅是收入缺乏（刘尧，2002）。在他看来，贫困的真正含义是贫困人口创造收入的能力和机会的贫困。

贫困是一个历史的、地域的综合概念，随着时间和空间以及人们的思想观念的变化而变化。世界银行在《1990年世界发展报告》中对贫困下的定义是：贫困是指缺少达到最低生活水准的能力（马俊贤，2001）。世界银行在2008年将国际贫困标准从每天生活费1美元提升至1.25美元。世界银行《2000年世界发展报告》将贫困定义为：物质匮乏，低水平的教育和健康，还包括风险和面临风险时的脆弱性和无助性等。迪帕·纳拉扬等人从穷人的视角定义贫困，认为贫困不仅仅是物质的缺乏，缺乏权力和发言权也是他们定义贫困的核心因子（迪帕·纳拉扬，2001：69）。不难看出，贫困的定义走过了一个从狭义向广义不断扩展的过程。早期的贫困定义将视野局限于物质生活，强调物质和收入的绝对数量；而新近的贫困定义则把个人能力和社会公平也纳入其中，更倾向于运用相对指标来度量贫困。

1. 绝对贫困与相对贫困

由墨顿和尼斯贝特在20世纪60年代提出后被广泛运用的绝对贫困和相对贫困概念为：绝对贫困，也称生存贫困，是指缺乏维持生存所必需的最低生活标准的能力，这些维持生存所需的基本条件包括食品、住房和衣着消费等；相对贫困则是指一个人或家庭的收入低于社会平均收入水平达一定程度时的生活状况（黄文平、卢新波，2002）。绝对贫困采用贫困线作为其衡量标准，贫困线就是购买基本的必需品或维持最低限度生活所需的最低收入水平，在这个水平之下，就谓之绝对贫困。这里的基本必需品一般包括人体最低热量所需摄取的食品，以及最简单的衣物、住房等。世界银行确定的绝对贫困线标准是：每人每天的食品提供2150千卡热量，食品支出占总支出的比例农村为63%，城市为61%。我国政府确定农村绝对贫困线的标准是：每人每天的食品提供2150千卡热量，食品支出占总支出的60%（李纪恒，1997：17）。

相对贫困是指在同一时期，由于不同地区之间、各个社会阶层之间、各阶层内部不同成员之间的收入差距而产生的低于社会认定的某种水平的状况。相对贫困的出发点是人们之间收入的比较和差距，它本质上已经与分配不公、生活质量下降及其引起的精神痛苦等各种因素联系起来，拓宽了贫困概念的内容。显然，相对贫困的衡量方法不同于绝对贫困的衡量方法，更多地强调了在一定区域范围内人的生存质量和水平的相互比较。如某些国家把低于平均收入40%或50%的人口归为相对贫困人口，有些国家则把 5% 的低收入者视为相对贫困状态，世界银行的专家认为，收入低于社会平均收入 1/3 的人口可被视为相对贫困人口（李纪恒，1997：17）。美国是世界上最富裕的国家之一，但也存在贫困问题。美国经济学家加尔布雷斯（J. K. Galbrath）在其著名的《丰裕社会》一书中指出，20 世纪五六十年代的经济繁荣使人们对贫富悬殊问题不像以前那样关切，但事实上，美国的贫富差距仍然很大。据他统计，1955 年，占全美国人口 10% 的最低收入家庭和单身者的实际收入只占全国总收入的 1%（余劲松，2003：49），而占全国人口 10% 的最高收入家庭则占全国总收入的 27%。也就是说，最高收入者的平均收入是最低者的 27 倍。迈克尔·哈灵顿（Michael Harring-ton）的《另一个美国》更是引起人们的广泛关注，据哈灵顿估计，在 20 世纪 60 年代，美国的贫困人口已超过 4000 万人（徐振东，2004）。

2. 客观贫困与主观贫困

在分析贫困问题时，我们常常会发现这样一种现象，尽管按照某种贫困标准可以认定某些人处于贫困状况，但往往由于某些因素的影响，这些人本身并不认为他们自己处于贫困状态。相反，按照某种贫困标准划分，某些人并不处于贫困状态，同样由于一些因素的影响，这些人却认为他们自己处于贫困状态。这种情况就涉及客观贫困与主观贫困的概念。所谓客观贫困，是指按照某种划分贫困的标准，某些人所处的贫困状态。民政部长李立国介绍，据初步统计，2013 年中国城市低保救助 1096 万户，2061 万人，全年支出资金 724.5 亿元；农村低保救助 2925 万户，5382 万人，支出资金 841.9 亿元；救助农村五保供养对象 538 万人，支出五保供养资金 174.3 亿元；救助城市"三无"人员 90 万人；实施医疗救助 1 亿多人次，支出资金 260 亿元；实施临时救助 3937 万户次，支出资金 93.4 亿元；紧急转移受灾群众 1200 万人次，救助受灾群众 8000 万人次（民政部，2014）。这就是我国存在的客观贫困。

主观贫困是指某些人根据他们自己的主观判断，认定他们自己处于贫困状态。客观贫困与主观贫困概念的出现，一方面与贫困标准的确定往往具有一定的模糊性有关，但更主要的是与人们的观念意识、社会文化、历史传统、个人经历等因素有关。当然，这些因素常常是交织在一起的，影响人们对贫困的判定。客观贫困与主观贫困对我们分析和解决贫困问题是非常有用的概念，特别是在我们探讨解决贫困问题的途径和实际措施时是非常重要的。事实上，人们能否脱贫或脱贫的速度和质量如何，在很大程度上与其主观意识有关。

3. 区域贫困与个体贫困

如果按照某种划分贫困的标准，某区域被认定处于贫困状态，则称该区域为贫困区域。1986 年，国家首次划出 273 个国家贫困县；1994 年，国家启动"八七扶贫攻坚计划"，这个名单扩大为 592 个；2001 年，国家的所有扶贫政策文件中不再出现"贫困县"和"贫困村"的名字，取而代之的是国家扶贫开发"重点县"和"重点村"；2011 年，国家确定 14 个集中连片特困区，特困区涵盖的贫困县达到 679 个。如果按照某种划分贫困的标准，某个人被认定处于贫困状态，则称其为个体贫困。区域贫困与个体贫困在多数情况下是联系在一起的，区域贫困一定包含个体贫困的发生，而个体贫困则未必伴随着区域贫困的发生。区域贫困和个体贫困概念对我们确定解决贫困的重点和安排解决贫困的步骤具有重要意义，我们在不同的时期，制定扶贫的政策和措施时，应该根据工作的需要优先考虑这两个因素。

4. 长期贫困与暂时贫困

如果某种贫困状态存在了很长的时间，或经过长时期仍不能摆脱，那么称这种贫困状态为长期贫困。长期贫困包括两个方面：一是贫困人群在贫困与脱离贫困之间的波动；二是贫困的长期性，即"长期贫困"（Chronic Poverty，也可译作"慢性贫困"）（何晓琦，2004）。有一种相对集中的意见是，"长期贫困"是指个体经历了 5 年及 5 年以上的确切的能力剥夺。个体可以指个人，也可以指一个家庭或家族。也有研究认为 90% 的长期贫困者都经历了 4 年贫困时期（Hulme，2003）。而暂时贫困是指自然灾害、疾病或其他突发性事件造成的贫困。长期贫困与暂时贫困是两个相对的概念，也是我们处理和解决贫困问题时应该考虑的问题，对我们有区别地或分轻重缓急地采取有效的扶贫措施具有一定的意义。某些暂时贫困如果处理不当，也会发展成为长期贫困。

二 贫困线的测定方法

贫困线是对贫困的度量。由于贫困线的确定直接与贫困面的大小和贫困的性质、程度等密切相关，因此，它是认识贫困的客观指标。贫困线的主要功能是："第一匡算功能，测算不同社会团体的贫困发生率，准确地确定和瞄准贫困群体，以帮助政府和有关组织为那些最需要帮助的穷人提供直接援助；第二评价功能，用于评价政府所采取的政策对贫困的影响、扶贫的效果和作用；第三分析功能，分析贫困的成因，归结贫困的类型，为政府分类指导，因地制宜制定扶贫政策提供依据；第四比较功能，衡量不同时期贫困发生率的变化，把握贫困动态，预测贫困趋势，以便寻找最有效的减缓和消除贫困的途径。"（王荣党，2006）确定贫困线是一项极其复杂的工作，国际上有许多测定贫困线的方法，通行的做法是将相对贫困线定为社会平均收入的1/3。

国际上常用的确定贫困线的方法主要有以下几种（王荣党，2006）。

（1）市场菜篮法。市场菜篮法又称标准预算法，它首先要求确定一张生活必需品的清单，内容包括类和数量，然后根据市场价格来计算拥有这些生活必需品需要多少现金，以此确定的现金金额就是贫困线，即最低生活保障线。我国的农村贫困线的计算采取的是该方法。

（2）恩格尔系数法。恩格尔系数是指人们全年的食品支出与消费性支出的比例。该定律指出随着收入的增加，食品与收入之比值将下降，因此，绝对的最小值可以由此值给出。国际粮农组织提出了一个数据，恩格尔系数在60%以上的属于贫困，所以用这个数据求出的消费支出即贫困线。

采用恩格尔系数划分贫富的标准是：

$E > 0.60$ 为贫困

$0.50 < E \leqslant 0.60$ 为温饱

$0.40 < E \leqslant 0.50$ 为小康

$0.20 < E \leqslant 0.40$ 为富裕

$E \leqslant 0.20$ 为最富有

恩格尔系数比较多地被用于家庭贫富的测定，它也可用于个人特别是一个区域总体水平的划分。

（3）马丁法。这是由世界银行组织贫困问题专家马丁·布雷林先生提出的计算贫困线的方法。他认为贫困线由食品贫困线和非食品贫困线两部分组成。首先，根据维持人体正常生存所需的食品营养量，结合低收入家庭的食品消费价格，计算出贫困人口的食品贫困线。然后，在此基础上，利用回归分析方法，找出那些用于食品方面的消费刚好等于食品贫困线的家庭，计算他们的非食品支出，作为贫困户的非食品贫困线，用食品贫困线加上非食品贫困线，就可得出贫困线。

我国现行的农村贫困线，是国家统计局农调总队在 1986 年对全国 617 万户农村居民进行收支调查和 1984 年的历史资料的基础上，采用马丁法计算得出的，并选择农民人均纯收入作为标识贫困线的指标。农村贫困线的计算步骤如下。

（1）根据营养部门专家的意见选择最低热量摄入量。最低热量摄入量是指维持人的正常生活所必需的热量摄入量的底限。根据营养学会专家们的测算，我国居民中维持正常生活的热量日摄入量应为 2400 大卡，其最低限度应为 2000 大卡，考虑到农村居民中主要从事体力劳动的实际情况，选 2100 大卡作为最低热量摄入量比较合适。

（2）选择合理的基本食品消费项目和数量。根据 1984 年全国农村住户调查资料，去掉食品消费中烟、酒、糖果和糕点等有害性和享受性消费项目，保留 12 类必需的食品消费项目，再按每人每天摄入热量 2100 大卡计算，其基本食品消费项目和数量（每人每年）为：粮食 220 千克、蔬菜 100 千克、植物油 2.45 千克、动物油 1.36 千克、猪肉 87 千克、牛羊肉 0.54 千克、牛羊奶 0.75 千克、家禽 0.74 千克、蛋类 13 千克、鱼虾 0.96 千克、食糖 1 千克、水果 3 千克。

（3）凡是出售的产品按出售价格计算，凡是购买的产品按买价计算，对于农民自产自用的产品，则按国家牌价计算。依次计算出来的 12 种基本食品消费的混合平均价格（每千克），1984 年农民人均最低消费金额为 119.73 元。

（4）用最低食品费用支出除以基本食品支出所得商即为贫困线。根据对 1984 年全国农村居民中的消费结构以及恩格尔系数在我国农村的适用性分析，基本食品支出占总的生活消费支出的比重定为 60% 比较合适。1984 年农村居民中的贫困线 119.73 元除以 60%，为 199.6 元（以后我们使用的农村贫困线 200 元就源于此）。

1984 年农村居民中贫困线确定后，再根据农村物价指数的变化，计算出 1985 年以后各年的贫困线，即 1985 年为 200 元，1990 年为 268 元，到 2005 年的贫困线划定为 683 元。2008 年，中国绝对贫困线标准为人均纯收入 785 元以下，低收入贫困线标准为人均纯收入 786～1067 元。扶贫对象共计 4320 万人，占全部农村人口 4.6%。中国国际扶贫中心公布的报告显示，在目前仍采用国内自定义贫困线的 86 个国家里，贫困发生率最低的是中国，2009 年为 4.2%，大大低于 86 国平均水平的 37.4%。中国新贫困线 1196 元启用后，贫困人口从 2008 年的 1479 万人增至 4300 多万人；但如果按联合国标准算，这个数字应是 1.5 亿人。2011 年 11 月 29 日，中央扶贫开发工作会议在北京召开，中央决定将农民人均纯收入 2300 元作为新的国家扶贫标准。新的国家扶贫标准大致相当于每日 1 美元。按此标准，全国贫困人口数量和覆盖面由 2010 年的 2688 万人扩大至 1.28 亿人，占农村总人口的 13.4%，占全国总人口的近 1/10。2300 元跟国际上每天 1 美元的标准差不多。但考虑到人民币可能被低估，以购买力评价来跟国际比较的话，2300 元的标准实际上略高于国际标准。国际上也只有少数几个最不发达国家采用每天 1 美元的标准，大部分国家采用了每天 2 美元的标准。2300 元新贫困线超过了每天 1 美元的批准，是一个很大的进步，但还是低于每天 2 美元的标准。如果按照每天 2 美元的标准，中国贫困人口会达到 2.35 亿人。①

数据链接：我国农村贫困线标准的变迁

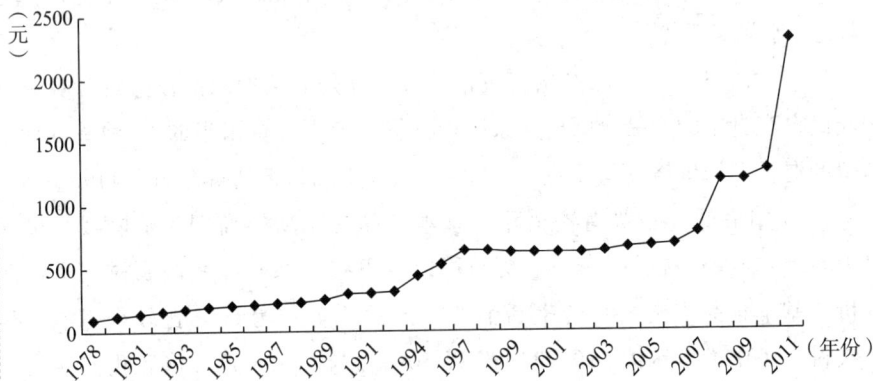

注：①2007 年及以前农村贫困人口数据是按农村绝对贫困标准测算的农村绝对贫困状况；②2008～2010 年，原农村低收入人口纳入贫困人口统计，数据与 2008 年前不可比；③2011 年，国家将农村扶贫标准提高

---

① 数据依据民政部历年统计公报与中国国际扶贫中心历年公布的报告组合而成。

到年人均纯收入 2300 元，按照新标准，2011 年末农村扶贫对象为 12238 万人。

参见国家统计局住户调查办公室《中国住户调查年鉴（2012）》。

我国农村区域贫困线的确定经历了四个阶段。

（1）启动线，即政府有组织的扶贫工作的开始阶段所确定的贫困线。农业部 1981 年首次确定了中国用来划定贫困县的第一条收入线即使用人均集体分配收入 40 元和 50 元来划分 1977～1979 年的穷县和穷队。当时这一标准相当于按照统销价计算的 150 千克小麦或 200 千克水稻的价格。1986 年国家划定贫困县的标准是 1985 年农民年人均纯收入 150 元以下的县（老革命根据地县和少数民族自治县则为 200 元），或者是 1984～1986 年 3 年平均人均纯收入低于 300 元的牧区旗（县）或低于 200 元的半牧区旗（县）。当时一共确定了 331 个国定贫困县。

（2）攻坚线，"八七扶贫攻坚计划"阶段确定的贫困线。1994 年，国家制定"八七"扶贫攻坚计划，对国家扶持的贫困县进行了较大的调整。调整的标准是"四进七出"，即 1992 年全县农业人口人均纯收入低于 400 元的列入国家贫困县，1992 年全县农业人口人均纯收入超过 700 元的县退出贫困县行列，当时一共确定了 592 个国定贫困县。

（3）世纪线，21 世纪扶贫阶段使用的贫困线。这一阶段的标准基本延续了"八七扶贫攻坚计划"阶段的标准，但进行了适当的调整，同时在称谓上也有所改变，国定贫困县改称为"国家扶贫工作重点县"，还是 592 个。

（4）重点线。2011 年，国家确定 14 个集中连片特困区，特困区涵盖的贫困县达到 679 个。

贫困问题首先表现为一种经济发展问题。从世界范围来看，贫困与经济发展之间存在三种模式：一是经济不发展而导致的贫困，这是许多落后国家或地区普遍存在的现象；二是"富裕中的贫困"，这是许多发达国家普遍存在的贫困问题；三是经济高速发展中的贫困，这是许多发展中国家的城市中普遍存在的现象。我国现阶段的贫困，在农村是经济不发展带来的贫困，在城市是在经济高速发展之中产生的贫困。图 12－1、表 12－1 是民政部发布的 2004～2012 年的我国最贫困人口享受社会救助的基本情况。

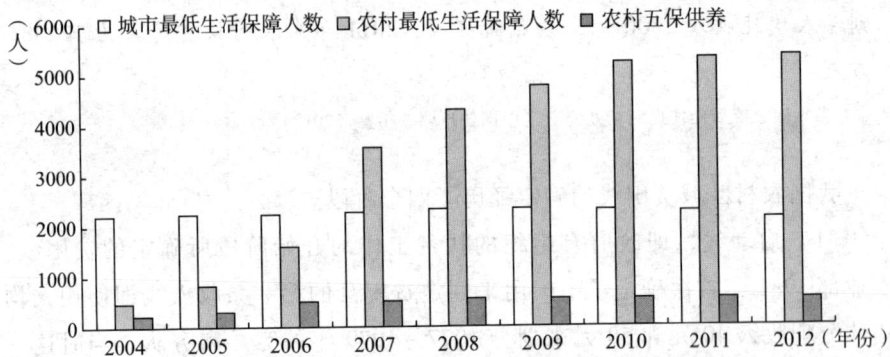

图 12-1　2004～2012 年我国最贫困人口享受社会救助情况

表 12-1　2005～2012 年我国最贫困人口享受社会救助情况

单位：万人

指标	2005	2006	2007	2008	2009	2010	2011	2012
城市最低生活保障人数	2234.2	2240.1	2272.1	2334.8	2345.6	2310.5	2276.8	2143.5
农村最低生活保障人数	825.0	1593.1	3566.3	4305.5	4760.0	5214.0	5305.7	5344.5
农村五保供养	300.0	503.3	531.3	548.6	553.4	556.3	551.0	545.6

资料来源：民政部：《2012 年社会服务发展统计公报》，http：//cws. mca. gov. cn/article/tjbg/2013 06/20130600474746. shtml。

三　农村贫困群体的状况

农村是我国反贫困的主战场。2001 年颁布的《中国农村扶贫开发纲要（2001—2010 年）》是 21 世纪指导我国农村反贫困的纲领性文件（王荣党，2006）。改革开放以来，中国的农村反贫困实践取得了举世瞩目的成绩。我国农村的绝对贫困人口数量从 1978 年的 2.5 亿人下降到 2005 年的 2365 万人，贫困发生率也相应地从 30.7% 下降到 2.5%。中国是全球唯一提前实现了联合国千年发展目标中使贫困人口减半目标的国家，对人类反贫困事业做出了重要贡献（张秀兰、徐月宾、王韦华，2007）。按照年人均纯收入 2300 元（2010 年不变价）的农村扶贫标准计算，2013 年农村贫困人口为 8249 万人，比上年减少 1650 万人（国家统计局，2014）。如果根据国际贫困线，每人每日支出不足 1 美元为贫困，按照世界银行最近的估计，中国约有1.35亿人还处在国际贫困线以下，相当于总人口的1/10。这些贫困人口是中国今后要建成小康社会，达到总体小康水平的关键人群。

我国在反贫困方面创造了举世瞩目的成就。世界银行的研究报告称赞中国"在减少绝对贫困方面，创造了令人难忘的纪录"，"所取得的成绩比其他发展中国家更大"。然而值得注意的是，农村贫困群体所面临的问题还较为严重。一是返贫率较高。我国解决贫困地区的温饱问题，主要是食不果腹、衣不蔽体、房不挡风雨的"三不"问题，因而脱贫的标准相当低；生产条件没有得到根本的改善，因而抵御灾害能力很差；加上缺乏社会保障机制，一遇天灾人祸，部分刚解决温饱的农户就会重新返贫。目前返贫率为15%～20%。返贫的农户通常是自身的素质、能力较低的人。二是特困的顽固性。经过多年的努力，比较容易脱贫的地区和农户大都已摆脱了贫困，现在还剩下的4800万低收入人口，大部分居住在耕地匮乏、水源困难的石山地区以及地处边陲、交通不便的深山区、大山区和荒漠地区，自然条件恶劣，且其中多为社会发育程度较低的少数民族地区。要使他们脱贫致富，工作相当艰巨。

四　城镇贫困群体的基本状况

长期以来，我国的贫困问题被看作农村现象，国家对城市居民采取了一系列福利措施和倾斜政策，城市社会救济的对象只是很少数的一部分人，在20世纪80年代中期也不过只占到城市总人口的1%。90年代以来，随着市场竞争日益激烈，一批城市新贫民开始出现，使城市贫困问题日益严重。

在计划经济体制下，我国城市贫困人口规模一直处于较低水平，20世纪80年代的城市贫困发生率基本稳定在0.2%的低水平，但从90年代初开始，随着市场经济的逐步确立，城市下岗、失业人员的增加，城市贫困人口迅速增长，2004年城市贫困发生率达6%～8%，高于同期农村贫困发生率。对于城镇居民中的贫困人口数量的估计，基本上可以通过城镇居民最低生活保障制度覆盖的人数统计出来，城镇居民最低生活保障制度是从1997年建立的，当时进入此范围的不超过200万人，2001年底增至1170万人。2004年底，有2200.8万城镇居民进入低保，这一数据维持了近10年，到2013年下降为2061万人。在20世纪80年代，我国城市贫困人口多为无劳动能力、无法定供养人和无其他收入来源的"三无"人员，主要是个人或家庭的原因致贫。随着改革的逐步深入，城市贫困人口结构呈现多元化趋势，主要表现为："三无"人员逐步减少，更多的是下岗、离岗、失业、退休人员，以及涌入城市的农民工，也包括各种病、残及其他因个人生存能力和劳动能力障碍所导致的贫困者，过高的赡养系数所形成的贫困家庭，意外灾害和意外事故形成的贫困者以及市场竞争中的失败者等。从贫困的人员结构来看，如2005年第三季度，城市低保人数共有2185.61万，974.78万户，其中在职人员119.40万人，下岗人员418.73万人，退休人员63.11万人，失业人员399.22万人，"三无"人员94.58万人，其他人员1098.58万人（汝信等，2006：166）。而事实上，由于低保标准偏低，门槛过高，城市贫困人口的规模实际被低估了。如果考虑一些未被纳入保障范围和未被观察的贫困人员，全国城市中的实际贫困规模为3000万人左右，约占城镇总人口的8%。民政部关于全国低保对象的数据是根据各个城市低保对象调查的数据测算的，而各个城市的低保对象一般是根据维持基本生活的最低需求测算的。2013年第二季度，全国低保标准（县级）的全国平均值是351.99元（民政部，2013a）。

第二节　城市底层社会群体

"底层社会"是一个模糊不清的概念，目前学界对底层社会包括哪些群体尚无统一定论。与"底层"有关的概念众多，如"底层阶级""弱势群体""底边社会""边缘群体"等。不同的学派和学者对底层群体或底层阶级的定义存在明显的不同。在印度底层研究中，"底层阶级"一词源自葛兰西（Gramsci）《狱中札记》中的"Subaltern Class"。在葛兰西眼里，底层阶级是作为一种革命力量存在的，在很大程度上指马克思所指的无产阶级。20世纪80年代的印度底层研究学派沿用"Subaltern"概念，并提出与"精英"相对应的"庶民"（Subaltern）。查特吉（Partha Chtterjee）认为底层是"处于从属地位的下层的总称"（查特吉，2001）。底层研究学派的"底层"概念强调与"支配""霸权"等概念相对应的政治、文化内涵。

一　关于底层群体的研究

在社会分层研究中，底层群体主要是指处于社会分层结构底部的群体。

瑞典经济学家冈纳·缪尔达尔（Gunnar Myrdal）在《对富裕的挑战》书中首次指出，"底层阶级"是"由永久性失业、无就业能力者，低度就业者组成的弱势群体，他们越来越无望地脱离这个国家的主流生活"（Myrdal，1962）。贫困是底层阶级的一个重要特征。邓肯（G. J. Duncan）、路格列斯（Patricia Ruggles）等强调了持续贫困在底层阶级定义中的重要性。有些学者从个人行为角度来定义底层阶级，侧重以辍学、失业、未婚先育、酗酒、吸毒和街头罪犯等不良生活方式与"越轨行为"特征来界定那些生存在主流社会之外的人（肯·奥莱塔，1991；Jencks，1991；Gans，1996）。美国人类学家刘易斯（Oscar Lewis）则将"贫困文化"应用于美国底层阶级研究。威尔逊（Wilson W. J.）从地理空间的角度来定义底层阶级，他指出内城区底层阶级是指居住在城市黑人社区中最贫穷的那一部分人（威尔逊，2007）。底层社会概念强调的是整个底层社会的一种状况，底层社会群体强调的是底层社会的主体。

在我国，与底层群体相近的概念有弱势群体、贫困群体等。弱势群体主要从权力的视角，强调群体在政治权力中的低地位、无话语权，当然它与经济上的低地位是密切相关的。贫困群体主要从经济视角强调经济地位最低的群体。而底层群体是一个综合性的视角，一般是指基本不占有政治资源、经济资源和文化资源的群体。《当代中国社会阶层研究报告》认为底层群体主要是指生活处于贫困状态，并缺乏就业保障的工人、农民和无业、失业、半失业者（陆学艺，2002）。尽管当前中国社会确实存在一个庞大的底层群体，要指明其明确的构成却是一项艰巨的任务。除了进入城市的农民工、城市中下岗失业者之外，乞丐、小偷、拾荒者、娼妓等特殊人群也属于底层社会群体。我们按照主流的学术传统，将社会底层群体分为经济底层与越轨底层两大类。而低保群体是底层群体的最主要部分，包括城市居民中的经济底层与越轨底层两类人群。

低保群体是指享受城乡低保救助的贫困群体，或称最低生活保障对象。在农村以贫困线为准绳，在城市以最低保障线为标准。国务院于1999年正式实施《城市居民最低生活保障条例》，截至2012年5月，我国共有11073399户城市最低生活保障家庭，21599164个城市低保对象，其中江苏省共有低保户197335户，低保对象394234人（民政部，2012b）。城市低保对象主要为"凡共同生活的家庭成员人均收入低于当地城市居民最低生活保障标准"的城市居民。低保群体一般由"三无"人员（无生活来源、无劳动能力、无法定抚养义务人员）、失业人员、残疾人员、重病者和孤寡老人构成，也包括一些生活困难的"两劳"释放人员、吸毒人员。可见"低保群体"涵盖大部分社会底层人员。然而，"低保群体"这个概念不完全等同于"底层群体"。第一，低保群体设置了一个标准线（农村为贫困线，城市为最低生活保障线），处于这条线以下的即是低保对象；而底层群体却没有客观的标准线来衡量。第二，低保群体是社会救助对象，在城市的救助前提是要有城市居民的户籍，如此才能被我国救济制度所承认并接纳；而在城市生活的一些底层群体如乞丐、拾荒者等边缘群体，因为没有城市户籍而得不到体制的救助。他们在生活上也处于贫困状态，但救济制度目前没有覆盖他们。此外还有一大批低保临界群体，这一群体得不到任何救助，生活并不比低保群体好多少。第三，低保群体主要是从经济收入来衡量，标准是单一的。而底层群体不仅仅指经济上的底层，还包含政治、社会、文化等因素。底层群体这一概念比低保群体内涵更广。

　　以下数据源于笔者主持的"江苏省底层社会群体的矛盾疏导机制"研究项目的问卷调查，调查于 2011 年 4~5 月在江苏省的三个城市进行。问卷调查采取的是配额抽样，首先按照江苏的经济发展程度，抽取了经济发达的苏州、经济较发达的南通和经济欠发达的淮安三个城市，在每个城市调查 200 名，共 600 名。再从三个城市中按照不同收入水平的原则每市各抽取了三个街道，然后再从各个街道中根据经济情况好中差抽取三个社区，最后从不同的社区中抽取符合要求的被调查对象。本研究的样本主要是低保户，为无收入或无稳定收入者以及低收入者。问卷采取结构式访问的方式进行。最后实际获得有效样本 601 份，其中女性占 37.4%，男性占 62.6%。样本群体的构成以 40 岁以上的中年人为主，年龄为 40~60 岁的占了 75.3%，60 岁以上的占 15%，40 岁以下的仅占 9.7%。此外，在南京、苏州、南通、淮安四市共访谈了低保户 134 人。

二　城市低保群体的生存特征

城市低保群体具有以下较为鲜明的特征。

1. 素质特征

人力资本低下，受教育程度低，缺乏工作技能与工作经验。样本总体上文化程度偏低，文盲占 17.1%，小学占 22.8%，初中占 39.6%，高中占 15.8%，高中以上学历仅占 4.7%。他们普遍缺乏技术，在仅有的 15.6% 有工作的调查对象（包括不稳定工作）中，他们所从事的工作主要为临时性的操作工、纺织工、门卫、保安、仓库管理、清洁工，这些工种技术含量低，工资水平也低。人力资本低下是城市低保群体的素质特征。

2. 自然生理特征

家庭主要成员身体状况差，或残疾、有病、年龄大而无劳动能力。无劳动能力或低劳动能力是城市低保群体的特征。家庭就业人口比重小，家庭负担重。有 36.3% 的调查对象认为由于自己的身体状况不好，不能找到理想工作，29.4% 的人认为自己是因为年龄大找不到理想工作，有 13.3% 的人认为是因为缺乏工作技能，还有 16.1% 的人认为是因为自己学历太低。调查中发现不少调查对象或者其家庭成员处于残疾、重病状态，根本没有劳动能力，每月有固定的医药费支出，生存状态堪忧。也有一些有劳动能力的人，但因家庭成员有患病的，需要他们照料病人的日常生活，没有时间和精力找一份稳定的工作。这是低保群体的自然生理特征。

3. 职业特征

大部分低保人员长期没有工作，或者工作稳定性差，收入水平低，与劳动市场的联系脆弱。一份稳定的工作是城市居民赖以谋生的基础条件，调查中只有 5.5% 的调查对象有稳定的工作，10.1% 的处于不稳定的工作状态，46.7% 的处于失业中，还有 33.9% 的调查对象从来没有工作过，3.8% 的已经退休。其中失业三年以上的占 91.0%。无稳定职业与稳定收入，是其生活陷入困境的根本因素。低保收入只能勉强维持其生存。调查数据显示，与江苏省城镇居民的收入情况相比，城市低保群体的收入偏低。江苏省城镇住户的抽样调查显示，2010 年全省城镇居民年人均可支配收入为 22944 元（江苏省统计局，2010），而调查对象年人均可支配收入为 4038.57 元，家庭的一年低保收入为 12281.89 元，而平均年支出为 1.2 万元。可见，低保收入刚好能维持基本生活需要。低保家庭平均成员为 2.67 人，有收入的成员平均为 1.27 人，超过半数的家庭成员没有收入，要依靠其他家庭成员来养活。这是城市低保群体的职业特征。

4. 经济特征

生活贫困，消费能力弱，长期依赖社会救助，大部分处于绝对贫困状态。2010 年全省城镇居民人均消费支出全年为 14357 元（江苏省统计局，2010），而样本家庭每个月平均支出为 1032.87 元，全年大约支出 1.2 万元。相比之下，低保群体的消费支出远远低于社会的平均水平。调查家庭每个月平均结余 54.25 元，储蓄能力极弱。由于收入来源有限，许多家庭被迫节衣缩食，用于衣食住行上的基本开支很低，仅维持生存而已。在食品消费方面，有 32.8% 的人平均一周也吃不上一次荤菜（肉、鸡、鱼等），有 37.3% 的人一周能够吃上一次荤菜，20% 的人一周能够吃上两次荤菜，不到 10% 的人一周能吃到三次及以上荤菜。在衣着方面，超过 70% 的样本一年都没有买过新衣服，仅有 25.8% 的样本在一年中买过新衣服。严格说来，城市低保群体根本谈不上"消费"，绝大部分的穿旧衣服，或者靠亲戚朋友送衣服。对于生活必需品之外的物品，有 61.8% 的人认为超过 50 元就不会买，有 25.3% 的人认为超过 100 元不会买。对于非生活所需的物品，低保群体能省就省，能不买就不买。可见城市低保群体的消费水平低，生活质量差，仅维持基本的生存需要。恩格尔系数表明，用于购买食物的支出在总支出中占的比例越高，生活水平越差。调查数据显示，样本群体的恩格尔系数平均为 0.663。有 66.9% 的调查对象家庭处于绝对贫困状态，处于温饱状态的占 16.8%，小康的占 6.2%，富裕的占 10.1%。低保群体为何还有 16.3% 的人处于小康或富裕状态呢？这是因为出现了恩格尔定律测不准效应。对于低保群体而言，有很大一部分患有慢性病、精神病等，医药费成为每月的必要开支，还有的要保证孩子受教育的费用，而这一部分支出未被计算在食品消费支出中。"小康""富裕"仅仅是数据上的，而不是实际生活中的。在所调查的 602 个低保户中，有 59.4% 的家庭是自有住房，17.1% 的住房是政府提供的廉租房，11.9% 的借住在亲友的住处，7.2% 的住在私人出租房中，4.3% 的住在单位宿舍，还有极少数的人流离失所。这是城市低保群体的经济特征。

5. 心理特征

承受的心理压力较大，存在各种担忧与焦虑，感受到社会偏见与歧视。调查数据显示，有 26.4% 的被调查者对目前的生活感到满意，选择"一般"的占 35.7%，不大满意的占 17.9%，不满意的占 20%。健康不仅指身体状况良好，也包括具有良好的社会心态。低保群体时常会有无助感（多选），有 47.8% 的样本表示经常有孤独无助的感觉，70.6% 的人表示会为钱而发愁，67.0%的人感到生活压力很大，54.3%的表示会因担忧而失眠，29.9%的人表示对自己失去信心，33.3%的人觉得不能克服困难，也有35.2%的人认为自己是一个没用的人。可见，低保群体的心理负担很大。城市低保群体作为改革开放中利益受损群体，他们大多有挫败感，觉得被社会排斥，有56.9%的人认为自己在工作和生活中被人瞧不起，其中有28.4%认为这种情况很明显。当问及"被谁瞧不起"时（多选），被调查者认为被"社会上很多人"瞧不起的占72.6%，认为被"同社区的人"瞧不起的占35.4%，认为被"亲戚"看不起的占17.1%，认为被同事或老乡看不起的分别占9.1%和5.9%。当被人看不起时，有1.5%的人会反抗，有9.4%的人会感到愤怒，有14.1%的人会感到自卑，还有38.2%的人无所谓，有36.8%的人会自我安慰。这是低保群体的心理特征。

6. 社交特征

生活圈子较封闭，社会交往资源贫乏，外部支持性资源少。低保群体人际交往圈子狭小，交往的人跟自己的处境相差不大。数据显示，96%的调查对象政治面貌为群众，党员仅占2.3%，他们所交往的亲戚朋友年收入大多在5万元以下，没有行政职务，文化程度也集中在初中及以下。春节拜年是人际交往的有效指标。春节期间样本中（多选）有75.9%拜访亲戚，有27.7%的人拜访邻居，有21.7%的人拜访好朋友，其他的如拜访领导、同学、同事的比例较低。这说明他们的社交圈仅限于初级群体，社会关系资源有限。当遇到经济困难的时候，城市低保群体想找人帮忙也找不到，自己的亲戚朋友也"穷得揭不开锅"。由于人际交往需要一定的花费，且自身的社会地位低下，过年走亲访友这样的习俗也逐渐被冷落。拜年的频度不高，其中最多的是亲属，平均为3.95个/户，其次为邻居，平均有1.48个/户，再次为好朋友，平均为0.85个/户。当问及"如果有机会是否愿意主动和生活境况好的人打交道"时，仅有40.5%的人表示愿意，有32.3%的调查对象态度一般，还有27.2%的表示不愿意。有过半的样本其社会交往对象跟自己境况差不多或者更差，他们不会主动和生活境况更好的人交往。社会孤立与自我孤立是底层群体在社交方式上的鲜明特征。

并不是说每一个陷入城市底层的家庭都同时具有上述特征，而是大部分家庭具备了几个或者全部特征。

三 他们为何陷入困境

在问及"是什么原因导致自己处于这一阶层"时（多选），低保群体在回答自己陷入困境的原因时，选择最多的为家庭突遭变故，有36.4%，遭遇的重大变故主要是家人或自己患病；第二为个人能力低，有34.5%；第三为受教育程度低，有32.4%；第四为自己或家人失业下岗，有29.3%。

调查发现，近5年来是否有对家庭造成影响的遭遇或变故，有34.6%的人选择慢性病，34.5%的人选择生大病。家庭突遭变故尤其是重大疾病成为城市家庭陷入底层的重要原因，不少家庭因重大疾病失去了劳动能力或机会，长期在贫困的泥潭中挣扎；慢性病或突发性重大疾病的治疗费用对一个低保家庭来说是一笔庞大支出。调查数据显示，治疗费用平均为33901.77元。对于一个要靠政府救助的低保家庭来说，高额的医疗费用无疑是"雪上加霜"。仅有35.5%的调查对象表示治疗费用由家庭支付，32.2%的向亲戚朋友借贷，15.9%的靠医疗保险，12.6%的靠政府补贴。城市低保家庭收入水平低，消费水平低，营养不良状况非常普遍，使得低保群体患病概率要高于居民的平均水平，有许多家庭更是因病致贫，因贫致病。疾病成为城市家庭陷入底层的一个重要原因。

在劳动力市场中，文化程度、年龄、技术、经历等个体人力资本因素是竞争能力的主要因素，而低保群体恰恰在这方面处于弱势，他们自己也认识到，正是因为"受教育程度低"与"个人能力低"，他们基本上被排除在正式部门和正式就业岗位之外，失业或就业不充分进一步使他们陷入贫困。低保群体陷入底层的自身原因，有文化程度和专业技能较低、身体健康状况差、年龄加大、家庭负担重等因素，所以，他们在严酷的市场竞争中处于弱势地位。市场竞争中职业岗位的门槛日益提高，让他们没有能力竞争一个有较高收入的职业岗位，无法获得较丰厚的收入。

当前他们面临的主要困难有：家庭内部问题（多选），有70.2%选择家庭经济困难，37.4%选择家人身体健康问题，26.5%的选择子女前途问题，22.6%的选择家庭收支不平衡问题，10.9%的选择老人赡养问题。可见经济困难成为低保群体面对的主要问题。在低保群体家庭所面临外部问题中，第一位为看病难、贵问题，达62.7%；第二位为物价问题，达58.6%；第三位为被人看不起，达23.3%；第四位为房价高问题，达20.6%。

四　他们如何对待困境

在遇到权益被侵犯而维护权益的过程中，有 95.8% 的人得到过政府的帮助。这些帮助（多选）主要集中在最低生活保障（94.4%）、医疗（44.7%）、社会救济与救助（27.2%）、教育（9.0%）、养老保障（7.1%）、就业扶助（6.8%）和其他（1.8%），诸如住房补贴、廉租房、残疾补助、居家服务、环境治理等方面。在向政府求助过程中，存在的问题主要有：不知道该找哪个部门（35.5%）、解决时间过长（15.6%）、相关部门互相推诿（13.5%）和困难不被受理（10.8%）。存在对执行救济制度的工作人员官僚作风的不满与对救济水平过低的不满。总体而言，对政府方面的帮助，有 45.3% 的人比较满意，33.9% 的人非常满意。对政府方面的帮助，近 80% 的低保群体比较满意。我们没有发现在低保群体中存在一种"反抗的逻辑"。城市底层群体在利益诉求方面，其渠道是多样而畅通的，他们有着自身的利益表达途径和维权方式，其结果只是他们对矛盾解决的满意度不同。

他们利益受损的解决途径，分别为：自己找上门（32.4%），找当地政府（24.6%），找同事、邻居、亲属或好友帮忙（14.1%），找工作单位领导（11.1%），忍受、最多发点牢骚（4.0%），找工会、共青团、妇联等半官方团体（3.0%），找民间组织、教会等非官方团体（1.0%），采取集体行动反抗（0.3%），通过媒体曝光（0.3%），求助网络如微博、论坛等（0%），找学者帮助（0%），寻找弱小的替罪羊报复（0%），其他（4.5%），缺失（4.7%）。他们的维权方式在法律允许的范围，维权的路径多元化，维权的手段以理性、和平为主。城市底层群体的维权是利用自身的资源，谋求个体具体利益的过程。边缘性的社会地位，以及匮乏的社会资源，使他们在维权抗议的过程中能够利用的资源很少，在时间和空间上没有同一性，以致他们的维权抗议不具有转化为组织力量的可能性。并且城市底层群体极强的忍耐力和一定程度的宿命论，导致他们在面临矛盾和问题时，更多的时候选择了忍耐和沉默，更是大大降低了城市底层群体发生群体性事件的可能性。总而言之，城市底层群体成员对生存矛盾的反映态度包括大多数底层成员对生存矛盾的忍耐、部分底层群体成员对自身受损利益的维护以及极少数底层群体成员对生存矛盾的有条件的反抗。

底层社会的向上流动对社会稳定具有重大的意义。在调查中，有45.0%的调查对象认为自己的社会经济地位和三年前差不多，27.67%的人认为稍微上升，11.0%的人认为下降较大，10.5%的人认为稍微下降，5.83%认为上升较大。绝大多数城市低保群体想摆脱底层状态，改变自己的境遇。据调查，有41.5%的被访者表示非常想改变自己现在的社会经济地位，33.2%比较想改变，13.3%一般，6.2%不太想，5.8%没想过。可见，低保群体中大多数人有改变其经济社会地位的愿望，那他们有多大的机会能实现这种愿望呢？调查数据显示，有39.7%的调查对象认为在未来三年要改变自己的社会经济地位比较难，35.2%的人认为非常难，15.0%的人认为可以预见但要努力，8.5%的人说不清，只有1.7%的人认为容易改变自己的社会经济地位。他们有改变的想法但信心不足。他们有着极强的忍耐性，即使期望的目标全然无望，他们也不愿意放弃。有学者将这种情况称为"底层化意识"，不仅指社会底层实际所处的社会地位，也指他们在意识上觉得难以通过自己的努力改变其社会底层地位（王春光，2006）。尽管城市底层群体成员都在努力地改变自身的环境，但是这一主观意愿和现实能力之间存在巨大的脱节。这就使他们不得不适应环境以求得生存。对于城市底层群体来说，他们所面临的生存窘境，必然对他们的生活方式、思维习惯乃至价值观念产生基本的影响。种种迹象显示，当前我国城市底层群体仅仅呈现刘易斯贫困亚文化中的某些特质、文化丛，并没有形成系统的贫困亚文化或底层亚文化。当前我国城市底层群体属于刘易斯所区别的"一般穷人"，城市底层群体对自身底层境遇，是在无力改变的前提下，为了适应环境而做出的一种无奈选择和对自己不能改变命运时的一种合理的、心安理得的解释。这就是他们的生存逻辑。

五 城市社会底层群体产生、传递的机制及其消解

城市社会底层群体产生与传递机制是指有利于城市社会底层群体产生与延续的各种因素的耦合与有机联系的一种运作模式。通过对该群体具有普遍性的特征的概括，我们发现了具有普遍性的因素。发展经济学揭示了"贫困恶性循环"怪圈，即"低工资—低教育—低劳动生产率—高劳动淘汰率—低工资"。笔者在调查中发现，在"贫困恶性循环"怪圈下还有诸多附属的怪圈。

一是人力资本怪圈。生理素质、文化素质低是低保群体的基本素质特征。所以，人力资本低、体力差、年龄大的人无法找到稳定的、高收入的工作，只能够在临时性的、低收入的就业市场中徘徊，或者无法找到工作。总之，人力资本越低，陷入贫困的可能性就越大。

二是贫病交加怪圈。因贫致病，因病致贫，互为因果，在贫病恶性循环中不能自拔。由于收入低，生活质量差，低保群体患病率非常高；同样由于经济上的拮据，低保群体往往会有病不医，或者买点药应付一下，结果小病拖成了大病。长期的疾病使他们失去了摆脱贫困的基本的身体条件，难以再工作，进而导致他们长期在贫困的泥潭中挣扎。一旦他们陷入"贫、病"交加的恶性循环，就很难再脱离困境。

三是低保怪圈。他们依靠"吃低保"过日子，尽管低保提供的经济资源是有限的，但是稳定的，且无须支付代价。长期依赖低保的结果是，消磨了他们的竞争意识，弱化了他们的竞争能力。由于竞争力弱而害怕进入高竞争强度的就业市场，或由于担心失去低保而不愿意就业，救济制度的潜在的、负面的功能产生了。他们日益依赖低保救济制度的保护。

四是人际交往的怪圈。贫困导致他们经济、社会地位的全面下降，也导致他们在社会交往中产生主动的自我孤立与被动的社会孤立。由于经济拮据而降低交往成本，由于担心歧视而减少社交圈子，多与底层同质性强的群体交往，没有新的资源可以利用，这不利于他们摆脱贫困；在城市低保群体的社会支持网络中，基层社区中的街道、居委会对他们的支持作用最为明显。这是他们的社会特质。

五是贫困与教育的怪圈。低保群体要想通过自己的努力实现向上流动，是一件困难的事情。他们把希望寄托在子女身上，希望子女考上大学，找份好工作，不要继续自己的老路。只要子女有希望，他们就不会绝望。但事实上社会底层群体正日趋定型，通过教育实现向上流动的机会也在不断减少。"布劳－邓肯模型"为底层的复制问题提供了一个精致的参考框架，这个模型揭示了父母的教育和职业地位对子女后来的经济和社会地位的影响较大。也就是说，底层家庭内部条件对其子女摆脱底层实现社会流动起着制约作用，其子女沦为底层的可能性也较大。父母对子女教育投资的不足是导致下一代继续陷入底层的重要原因之一。城市底层家庭的父母每天为生存而担忧，根本没有时间和精力再对子女进行教育，他们也没有多少经济能力可以让孩子去报各种兴趣班、培训班等，其有限的知识水平也无法为他们子女的学校教育进行补充。家庭背景、社区环境、学校环境的差异，会转化成学校考试成绩的差别。低收入家庭中的孩子，由于上述各种差异对学习渐渐失去了兴趣，大部分人进入中等专业技术学校而不能进入大学继续深造，依然在底层的劳动力市场中徘徊。

诸多怪圈叠加、耦合在一起，构建了一种低保群体产生与传递的机制，这抑或是整个社会底层群体的产生与传递机制。因此，底层群体如何突破上述怪圈从而实现合理的向上流动，就成为需要研究和解决的重大理论问题与社会政策问题。

第三节　关于贫困的理论探讨

贫困现象伴随着人类生活。进入工业化社会以后，人们开始从不同的视角对贫困问题做出各种解释，试图解开贫困之谜。

一　贫困的环境解释

长期以来，人们总是将贫困看作自然环境的产物，姜德华等侧重从自然资源角度概括贫困的分布和特征，总结了山区资源不合理开发利用与自然生态恶性循环的过程。这项贫困研究量化了贫困地区发展基础的差异，根据自然条件、社会经济条件指标，把 664 个贫困县归纳为 6 个集中连片的区域类型：黄土高原丘陵沟壑贫困区、东西部接壤地带贫困区、西南喀斯特山区贫困区、东部丘陵山区贫困区、青藏高原贫困区、蒙新干旱区贫困区。这为当时计划经济部门因地制宜、分类指导、制定扶贫规划提供了基础数据。1994 年郭来喜、姜德华根据贫困状况的变化，重新评定贫困地区的环境类型，把当时 592 个贫困县划分为三大类型：中部山地高原环境脆弱贫困带、西部沙漠高寒山原环境恶劣贫困区、东部平原山丘环境危急贫困区（郭来喜、姜德华，1994）。这项研究完成了对中国区域性贫困的分类和描述，首次量化了贫困分布的异质性。从社会学角度来看，它对于贫困类型和影响因素之间的分析比较零散，更多的是类型学而不是发生学意义上的描述勾绘，此后数量众多的专题性研究为贫困性质的判别提供了依据。区域性贫困（资源制约型贫困）原因分析概括起来有两类观点：一类认为贫困是对自然资源开发利用不足使然，资金缺乏、交通、通信、能源等基础设施严重落后导致贫困；另一类观点是把贫困归咎于资源状况先天性恶劣，土地资源和其他自然资源不足、资源结构不合理导致贫困，这类地区通常是生态脆弱地区，对它的过度开发或直接弃任不管，都有可能引起环境的恶化。在生产力水平较为低下的传统社会里，这些因素对人们的生活、生产乃至他们的命运，的确具有现代人无法想象的影响。在这种社会里，物质的限制对落后的贫民来说几乎是根本性的，改变他们的贫困、落后，从物质着手，也就合乎他们的愿望与要求了。所以，在这样的社会里，"环境决定论"对于贫困者来说也许是一个真理，因为当他们在环境面前束手无策的时候，他们的贫困又决定了他们与环境之间的狭隘关系，从而限制了他们的发展。对于他们来说，与其说是环境决定了他们的贫困，还不如说是贫困决定了他们的环境。

贫困是物质生活的匮乏，对贫困的主流解释仍然是经济学的解释，其认为土地、资本乃至技术等资源的匮乏是阻碍发展、导致贫困的罪魁祸首。因而，他们从不同方面对贫困进行了物质的考察或经济、技术的分析。关于贫困成因的西方经济学观点，被介绍和评述的主要有马尔萨斯（T. R. Malthus）的土地报酬递减论、纳克斯（R. Nurkse）的贫困恶性循环论、莱本斯坦（H. Leibonstein）的临界最小努力理论、舒尔茨（T. W. Schultz）关于人力资本和贫穷的观点等。由于资本主义国家的贫困现象主要集中在城市，因而他们的解释主要是对城市贫困群体的解释。明确的数量指标、精确的数据分析，有利于政府机构的政策行为，以及对反贫困过程及其效果的监测和评估。但是仅仅停留在对贫困做定量化的经济学描述，不可能使人们对贫困真相有全面的认知，因为它在强调贫困的经济学意义、注重贫困的经济行为分析的同时，往往忽视了贫困主体的特性及其生存的社会环境。在这种背景下，社会学者从社会结构与文化的视角做出了自己的解释。

二 贫困的社会学解释

贫困是各个国家无法回避的社会问题，无论是不发达国家还是发达国家，贫困作为一个影响社会稳定的重大问题而始终存在。西方社会学者对贫困存在的原因进行了诸多的探讨。

1. 结构贫困论①

（1）制度造成贫困。马克思认为，在资本主义制度下，贫困的根本原因在于生产资料的不平等占有。资本家占有生产资料，工人除了劳动力，一无所有，这就形成了资本家对工人的剥削，形成了支配和被支配、压迫和被压迫的生产关系。在这种生产方式下，生产资料所有者能够通过无偿占有工人创造的剩余价值使工人贫困化。随着资本的增长，工人阶级的贫困会进一步加剧，因为，资本增长得愈迅速，工人阶级的就业手段即生活资料就相对地缩减得愈厉害，工人将面临愈严重的失业贫困。因此，在马克思看来，只有彻底改变资本主义的生产关系，才能最终解决贫困问题。

（2）社会政策造成贫困。社会政策导致的不平等是造成贫困的原因之一。英国有圈地运动造成数以百万无家可归者的贫穷，美国有种族歧视政策下的有色人种的穷困潦倒。政策本身的不公平、政策价值导向的偏差或政策操作的扭曲，都将引起不平等进而导致贫困。奥科克（P. Alcock）指出，从政策决定问题的意义上来看，贫困的界定通常取决于应对贫困的各项政策（Alcock，1993：4）。政策可以确定穷人标签的指向，即谁是穷人，谁将成为穷人；政策可能再造贫困，即解救贫困的政策因执行失误再造了贫困或政策本身就不是平等之策，"因为政策行为随时准备或时刻能够左右社会结构"（Alcock，1993：13）。类似的论述也体现在文森特（Vincent）对 20 世纪英国贫困史的讨论中，他说，贫困和政策的相互作用决定了穷人在社会分层结构中的地位。穷人是由那些反映贫困的经济政策创造和再创造的。而马克格拉杰（Mac Gregor）则从政策失误导向不平等，而后产生贫困的角度说明自己的观点：如果政策是政治家决策的产物，贫困就相当于一个政策概念（周怡，2002）。这启示我们，在制定反贫困的政策中，尽量要考虑政策的不周全而给穷人带来的不公平与新的贫困问题。

（3）利益冲突形成贫困。冲突学派认为，群体间利益的争夺是遭遇不平等和贫困现象的根源，不平等和贫困是社会各群体之间在利益分配过程中争夺有限资源的结果。每一个不同群体在任何一种生存与发展的竞争中都倾向于为自己争夺更多的利益，但是由于各个群体所拥有的权力和占有

---

① 本部分内容参见周怡《贫困解释：结构解释与文化解释的对垒》一文。

的资源不平等，也由于能够给予争夺的资源总有短缺，利益争夺的结果必然是不同群体间利益的不平等分割，进而使部分群体处于相对贫困状态。伦斯基（G. E. Lenski）在他的《权力与特权：社会分层的理论》一书中说，贫困者之所以陷入贫困，主要是因为他们所拥有的资源很少。具体而言，穷人在经济领域里缺乏资本和技术等生产要素，因而难以获得较多的经济收入。在政治领域里他们缺乏政治活动的参与能力和机会，因此不可能对决策、投票等产生实际的影响。在社会生活中，穷人无力于影响教育、传媒和社区组织，他们普遍受到社会的歧视和排斥。总之，是权力结构的不平等、不合理，迫使社会部分成员"失能"而陷入贫困，甚至长期处于贫困中。其结果往往进一步强化了社会对他们的排斥和偏见，加剧了社会矛盾（Lenski，1966）。

（4）贫困是社会的需要。功能论者的信念是：但凡某种社会事实屡禁不止，就一定有它不能不如此的社会功能。不平等或贫困现象就是如此。功能主义贫困观的基本视角是，贫困乃社会功能之需要。其中，最具代表的为美国学者甘斯（Herbert J. Gans）有关贫困的诸多论述，他主张，社会不平等是由社会发展的价值目标和功能需要共同决定的。这种理论首先假定社会中各种职位在实现社会价值目标中的重要程度是不同的，同时假定个人的天赋和努力程度也不同，社会为了有效地达到其主要的价值目标，就需要一些天赋优秀的人去担当较为重要的角色。为了吸引天赋高者去占领这些更重要的社会位置，并使其充分发挥才能，就必须赋予这些位置较高的报酬。同样，那些对实现社会主导价值目标的重要程度不高的职位，社会所提供的报酬就较低。甘斯还估价了贫困所具备的社会正功能，即对社会整体的运行和发展起到某种积极作用。譬如，穷人可以去承担社会中较为低下、肮脏的工作；穷人为劳动市场提供廉价的劳动力，也间接调动了职业者的劳动积极性；穷人的消费，延长了一些商品的经济使用寿命；穷人可以成为社会变迁和经济增长的代价；等等（Gans，1979）。

2. 文化贫困论

20 世纪 60 年代初，一批经典的论及贫困文化的书籍相继问世。其中，通过墨西哥、意大利和美国等不同社会的经验资料，共同构筑起贫困文化的概念架构，对当时激烈展开的有关城市底层阶级的讨论，实现了一次解释框架的转向，这就是，从结构解释转向文化解释。

（1）贫困文化概念。刘易斯在《贫困文化：墨西哥五个家庭实录》中，首先提出了"贫困文化"的概念。他指出，"贫困文化"是一个特定的概念模型的标签，是一个拥有自己的结构与理性的社会亚文化。它表达着在既定的历史和社会脉络中，穷人所共享的有别于主流文化的一种生活方式，也表达着在阶层化、高度个人化的社会里，穷人对其边缘地位的适应或反应（Lewis，1966，转引自周怡，2002）。贫困亚文化的存在，一方面是穷人在社会强加的价值规范下无法获得成功，而采取的种种应对挫折和失望的不得已选择。另一方面，也有相当一部分穷人，他们完全心甘情愿地生活于自己的文化圈。无论是哪一种存在，刘易斯以为：一旦穷人具有了阶级意识，或者积极组织起来，或者能够以国际化的观点看世界的时候，他们就不再有贫困文化了，尽管他们可能还是穷人（Lewis，1966，转引自周怡，2002）。从这层意义上看，贫困亚文化可能是主流文化中的暂时现象。但是，刘易斯在他的另一表述中又偏偏强调了文化价值的中心地位，他说：贫困文化一旦形成，就必然倾向于永恒，棚户区的孩子到六七岁时，通常已经吸收贫困亚文化的基本态度和价值观念。因此，他们在心理上，不准备接受那些可能改变他们生活的种种变迁的条件或改善的机会（Lewis，1966，转引自周怡，2002）。刘易斯的贫困文化研究主要是基于城市贫民区（或下层社会，Underclass）的实证分析之上，至于乡村型的社区贫困是否完全如此，还有待进一步研究。但是，他的研究引起人们对贫困问题的重新思考，至少它给我们提供了一个独特的研究视角、分析方法。

（2）哈灵顿的贫困传递。哈灵顿在《另一个美国》中说道，在美国，穷人是一种文化、一种制度和一种生活方式。他们的家庭结构不同于社会的其他群体，没有父亲、较少的婚姻关系、早孕且有混乱的性关系，大多数穷人的孩子不懂得需要稳定、正常的爱情关系。哈灵顿强调贫困文化的永久性格，他说，"存在两种说法：穷人沦陷在一个堕落的怪圈中，或穷人生活在贫困文化中"，不管是哪类说法，他们都是一个稳定的、不思也不可能变迁的群体。他们一旦投入卑微父母的怀抱，进入一个落后的国家或社区，选择一个错误的工作场所，融入一个被歧视的种族，或误入一个伦理环境，就只能成为那种环境中赞美的道德和意志的"楷模"。他们中的大多数从此再没有机会走出那个的另类群体（Harrington，1962：23）。在哈灵顿的话语里含有严重的贫困代际传递之观念。

（3）没有选择的穷人。布迪厄（Pierre Bourdieu）的新作《世界的贫困》是他研究穷人的实录。穷人的窘迫往往源于他们没有选择，而没有选择的主要原因之一是穷人在市场竞争中缺乏必要的文化资本。布迪厄的文化资本概念指由人们长期内化的禀性和才能构成的生存心态，由合法化的制度所确认的各种学衔、学位，以及那些已经物化的文化财产。根据不同的指代，布迪厄在分析不同阶级出身的儿童受教育机会和就业不平等状况后指出：权力决定着教育制度，决定着文化资本的分配和再生产。现实中，无论怎样的社会，当教育制度被视为争夺和维持统治阶级地位的重要工具时，文化资本潜在的不平等分配将是必然的。作为社会下层的穷人，历来只可能成为教育制度的牺牲品；而那些掌管制度的精英阶层定会具有高等教育背景，因为他们把持着支配文化资源的权力（Swartz，1997：288）。也就是说，作为制度化形式的文化资本明显具有代际传递特征。"原本缺乏文化教育的穷人，其孩子的受教育程度亦将是低下的。教育程度相对低下的历史，使他们积淀或内化了的适应主流社会的才能也相当贫瘠，或其内化的禀性迥异于社会主流文化，因而他们的生存心态、他们所能建构或鉴赏的文化财产都绝非主流社会能够认同和接受的。于是我们说，穷人在文化资本的层面上都是匮乏而不入主流的，他们贫困因为他们自己别无选择。"（周怡，2002）

反贫困需要改变贫困者的文化。贫困文化实际上是对贫困的一种适应（吴理财，2001）。贫困者总是希望按照自己的理解去生活、发展，他们总是向往着一种与他们自己的目标和价值观相一致的发展方式。如果我们无视贫困者的思想、发展观，只是盲目地引进先进技术和现代制度，如果这些人自身还缺乏一种赋予这些制度真实生命力的广泛的现代心理基础，如果执行和运用这些现代制度和技术的人，还没有从心理、思想、态度和行为方式上进行转变，失败和畸形发展是不可避免的。

3. 情境适应理论

穷人并不愿意有贫穷的生活方式，也不愿意保持贫穷亚文化，那是穷人为了适应环境的一种无奈选择。这是他们的生存理性。如果环境改变，他们可以有新的选择，而放弃贫困文化。许多穷困阶层的年轻人正在努力改变环境。面对结构的变迁及新的结构机会时，几乎每个人都有一个调整、适应的问题。对于每个人来说，他们都不得不首先适应环境以求得生存；

对于长期生活于贫困中的人们来说，他们所面对的贫困事实，必然对他们的生活方式、思维习惯乃至价值观念产生基本的影响。贫困的环境对人们的人格及心态所造成的影响的表现之一，便是人们对贫困的麻木。改变贫困的环境是改变贫困的基本问题。

4. 社会排斥理论

现代意义上的社会排斥概念起源于 20 世纪六七十年代的法国。被排斥者（lesexclus）在当时指被排斥于社会保险制度之外的人。80 年代后，由于长期失业和新贫穷在法国成为严重的社会问题，当时的社会民主党政府用社会排斥来指称这些社会问题及其导致的社会后果——社会联系（Social Bond）不稳定性的增加或社会团结程度的降低，比如家庭破碎、社会孤立（Social Isolation）、阶级团结瓦解、排外（种族歧视）以及城郊地区的败落（Gore，1995）。社会排斥在法国主要指个人与社会整体之间关系的断裂。从 90 年代起，社会排斥成为欧盟社会政策的焦点。为了整合各成员国在意识形态方面的差异，欧洲委员会采用折中的办法将社会排斥定义为对基于公民资格的权利，主要是社会权利的否认，或者这些权利未充分实现（Room，1995）。在英国学术界，社会排斥指个人未能充分参与主流社会或当时社会认为必要的活动。社会排斥概念具有以上特征，使其成为一个有力的概念工具，它可以描述脆弱群体（Vulnerable Group）所遭受的多重不利境遇，揭示出将他们排斥出社会的推动者和施动者以及其中的机制和过程（曾群，2004）。社会排斥的主要内容与类型有以下五种。①经济排斥是指个人、家庭和地方社区未能有效参与生产、交换和消费等经济活动。经济排斥主要有三个指标：劳动力市场排斥、收入贫穷和消费市场排斥。劳动力市场排斥指两种情况：失业或被排斥出劳动力市场及劳动力市场内部排斥。②政治排斥是指个人和团体被排斥出政治决策过程，这些个人和团体缺乏权力，没有代表他们利益的声音。③社会关系排斥或社会孤立是指个人被排斥出家庭和社会关系，是指交往人数和频率下降，社会网络分割和社会支持减弱。④文化排斥，是指失去根据社会认可的和占主导地位的行为、生活发展方向及价值观模式而生活的可能性。⑤福利制度排斥是指个人和团体不具有公民资格而无法享有社会权利，或者即便具有公民资格也被排斥出某些国家福利制度，包括被排斥出社会救助制度。

每一种解释都给我们提供了一种视角，但每一种视角只重视了贫困原因的一个方面而忽视了另一个方面。贫困是一种综合的社会现象，我们必须借鉴各种理论进行解释，而不能片面地强调一种理论而忽视了其他的理论。文化决定论、环境决定论、生物决定论或经济决定论都是片面的。

三 我国学者的贡献[①]

1. 素质贫困论

20 世纪 80 年代中期，王小强、白南风认为中国的贫困地区存在令人震惊的富饶的自然资源和严重的贫穷的矛盾现实。贫困的本质，不是资源的匮乏，不是产值的低下，也不是发展速度慢和收入少，而是人的素质（指人从事商品生产和经营的素质）差（王小强、白南风，1986：56）。他们把人的素质量化为进取心量表进行测量，贫困的特征被描述为：创业冲动微弱，易于满足；风险承受能力较低，不能抵御较大困难和挫折，不愿冒险；生产与生活中的独立性、主动性较差，有较重的依赖思想和听天由命的观念；难以打破传统和习惯，不愿接受新的生产、生活方式以及大多数新事物、新现象；追求新经历、新体验的精神较差，安于现状，乐于守成。这项研究借鉴了贫困文化论的思路，超越了以往仅仅在经济要素范围内谈论贫困的局限，并根据中国的现实发展格局讨论了贫困地区社会经济关系调整问题。与英格尔斯共同的观点是，不发达国家应当改变人的行为方式和思想观念，提高个人现代性，以适应工业化进程的要求。显然它在某种程度上是对刘易斯贫困文化论和个体主义贫困观的综合。这一观点引起了讨论：既然穷人懒、素质差，那么扶贫是扶懒、保护落后，扶贫牺牲了效率，对这部分贫困人口进行开发性扶持，不可能产生好的效果，因此扶贫本身的合理性值得怀疑。这与西方对福利政策养懒人的观点有相似性。

2. 系统贫困观

把贫困归咎于自然生态条件、资金、技术或者人口素质的观点不具有完全的说服力，因为从贫困经济运行的不同侧面固然可以寻求出不同原因，但是各个单独侧面原因都无法完整地概括贫困的综合成因。人们开始倾向于把贫困看成诸多因素系统运行的结果。借鉴系统论的词，贫困的根源是由"陷阱－隔离－均衡"所构成的一个低层次的、低效率的、无序的、稳

[①] 参见沈红，2000，《中国贫困研究的社会学评述》，《社会学研究》第 2 期。

定型的区域经济社会运转体系，这个体系规定着贫困延续的轨迹（罗必良，
1991：98~99）。所谓区域性贫困陷阱就是各反馈回路相互耦合形成的网络
系统，它们共同作用的结果就是使贫困成为区域的持久性状态（康晓光，
1995：110~119）。借用生态学术语，这种相互关联的贫困机制被概括成选
择性亲和，用以描述各种贫困因素的逻辑一致性与相互支持的动机性影响。
区域性贫困或不发达本质在于该区域社会在能动机制、资源基础与求变能
力之间欠缺性因素的选择性亲和的互动作用下，未能参与整个外部区域的
经济全面增长与社会持久进步过程，从发展的内在关系来看，三者之间需
要构成一定的相互适应关系（夏英，1995：18~20）。

3. 贫困发生学

沈红等基于不同贫困类型农户调查数据，讨论贫困地区不同收入家庭
的短缺要素配置、人力资本运行、家庭内部代际交换对贫困的影响，以及
贫困地区的环境承载容量与发展空间的内部线索。研究表明，贫困者每一
种行为方式中，都存在一定的合理依据，但同时这种行为又对他们的贫困
产生了直接影响，贫困小农经济行为的合理性要用家庭生活预期、社会生
活的合理性来解释，贫困者行为理性体现在：每一个环节上的行为理性积
淀，客观上却导致小农总体行为的非理性，结果，每一种改善贫困、防御
风险的行为最终却导致贫困化。这项研究对此提出了一个解释力较强的新
认识（周彬彬，1993）。

第四节　反贫困的措施

贫困问题的减少或者消灭，是各国政府设法要解决的问题，也是学者
费心考虑的问题，更是深陷贫困中的人们日夜的期盼。

一　反贫困措施的理论

"反贫困"（Anti-Poverty）这一术语，首先是由冈纳·缪尔达尔引入学
术研究之中的。缪尔达尔的《世界贫困的挑战》（*The Challenge of World
Poverty*）这部专著有一个很醒目的副标题："世界反贫困大纲"（*A World
Anti—Poverty Program in Outline*）。缪尔达尔从治理贫困的政策层面上提出了
"反贫困"这一概念，这对后来人们使用这一概念产生了极大的影响。目

前，在国内外学术研究和政策实践中反贫困概念有以下几种表述。①Poverty Reduction，其含义是减少贫困，强调反贫困的过程性。②Poverty Alleviation，其含义为减轻、缓和贫困的手段。③Support Poverty，其含义是扶持贫困，简称扶贫，主要是从政策实践的角度，研究和落实政府或民间的反贫计划与项目。这在中国解决农村贫困的工作中得到广泛运用。④Poverty Eradication，其含义为根除、消灭贫困，强调反贫困的目的性。在反贫困过程中，一些暂时性的贫困、绝对性贫困可能被消除，但从总体上说，消除贫困绝非轻而易举，把贫困从人类社会中完全消除掉几乎不存在实现的可能性。我们发现当今社会，在绝对贫困存在的同时，相对贫困还在大量滋生，脱贫与返贫仍在世界各国交替进行，消除贫困只能说是人类社会一个长远的、坚持不懈的战略目标。因此，国际社会在具体谈到反贫困时，更多地使用"缓解贫困"这一概念，而慎重使用"消除贫困"这一概念。

以上几种概念不仅表达了人们对反贫困的不同理解，还表达了反贫困的阶段性和过程性。缓解贫困的因素、减少贫困的程度直至最终消除贫困，正好反映了人类社会贫困人口脱贫的逻辑顺序和渐进过程（黄承伟，2002：17）。第二次世界大战后，关于发展中国家贫困问题的研究，是贫困理论发展的一个新的领域和突出点。在此之前，贫困理论都是以西方国家的贫困为研究对象，战后，发展中国家的贫困成为贫困研究的主要对象。理论界从经济发展战略的角度对发展中国家贫困的原因以及消除贫困的途径展开了广泛的讨论，形成了不同的理论体系和学派，构建了不同的发展中国家的反贫困战略。联合国开发计划署驻华代表处组织编写的《中国人类发展报告——人类发展与扶贫，1997》一文中盛赞中国"在消除贫困和推进本国人民的人类发展方面，取得了杰出的成就"。

反贫困至少包含如下三层内涵。①从制度、规范的角度，保障贫困人口的基本生活水平，使其能够生存下去，在中国就是建立和完善一个规范运作的贫困居民最低生活保障制度，这是反贫困的底线。②从体制和政策上，缩小贫富差距，促进收入分配的公平性，降低贫困人口在转型期遭遇的社会剥夺性，谋求经济社会稳定、和谐与持续发展。③提高贫困人口的生存与发展能力，矫正对贫困人口的社会排斥或社会歧视，保证其就业、迁徙、居住、医疗和受教育等应有的权利，维护贫困者的人格尊严，促进贫困阶层融入主流社会，避免他们的疏离化、边缘化，充分张扬反贫困的人文关怀精神。

反贫困战略及政策的选择因时、因地有一定区别。但无论什么战略，各国追求反贫困资源效益最大化与总体贫困程度最小化的目标一致。国外学者总结出三种扶贫资源分配方式。一是完全瞄准方式，即确定谁有资格获得扶贫资源，该方式信息成本高，而且难以获取完全信息。二是不瞄准方式，即将扶贫资源直接分发给贫困家庭，该方式可以降低信息成本，但是会带来反贫困资源的巨大流失和低效益。三是介于这两种做法之间的部分瞄准方式，即把反贫困资源交给具有某种社会经济特征的群体来分配，分配规则是将反贫困资源分成若干份，将第一份资源配置给减贫效果最显著的子群体，对每一份反贫困资源重复上述步骤，直至所有反贫困资源耗尽。

1. 国际反贫困的战略

（1）人力资本投资

西方经济学家认为，人力资本是体现在劳动者身上的、以劳动者的数量和质量表示的非物质资本（刘易斯，1989：156）。因此，提高贫困人口的劳动力素质无疑是反贫困的一大目标，而且是根本性的目标。这不仅是社会生产发展的需要所决定的，而且由于在现代生产的条件下，低素质的劳动力是过剩的，已无用武之地。劳动者的劳力卖不出去，就没有了求生之路，贫困就是必然的了。那么，怎样提高素质呢？这就需要投资。通过教育及生产技能培训的人力投资既能提高劳动力素质，又能被现代生产部门所吸收。这样，贫困者才可能拥有属于自己的资本——人力资本，这是贫困者赖以发展和摆脱贫困的根本要素。

（2）减少贫困的经济增长方式

虽然反贫困的实现最终有赖于经济增长，但经济增长并不一定就能减缓贫困，不适当的经济增长甚至还可能扩大和加重贫困，因为社会总量的增加可能仅属于少部分人所有。换句话说，贫者愈贫，富者愈富，这也是一种增长方式。这样的增长方式对发展中国家当然不可取，因为发展中国家的经济增长是以摆脱贫困为发展目标的。因此，既有一定的市场效率，又有相对公平的收入分配，这样的经济发展模式必然成为整个发展中国家的发展道路（萨缪尔森、诺德豪斯，1999：341）。

（3）人口控制、资源与环境保护

人口控制之所以成为反贫困的一大目标，是因为绝大多数发展中国家在过去几十年中人口出生率居高不下，这使得人口数量成倍增加，人口压迫生产力的境况日趋严重，有限的耕地和资源超负荷地承载着人口增长的种种负担。所以，西方学者说南半球（指贫困的国家）的处境不幸被马尔萨斯言中。[①] 第三世界的贫穷当然与负荷沉重的人口压力密切相关，现在的问题是怎样减轻压力和最终摆脱负担。一方面必须发展生产力和加大人力投资，尽可能地吸收过剩劳动力；另一方面必须有效地控制人口的增长。不然，经济增长的效率就会耗散在过速增长的人口负担之中。在控制人口增长的同时，还必须保持或再生资源，必须恢复已被破坏的生态环境。这与人口控制同等重要，因为这是人类赖以生存的载体，是生产发展的原生条件。正因为人口压力过重使资源枯竭、环境恶化而造成种种发展障碍，因此必须控制人口增长和保护资源、环境，不然就可能真的陷入马尔萨斯所设想的困境中。

（4）社会稳定与可持续发展

无论是一定程度地缩小贫困范围，还是从总体发展水平超越贫困线，都需要一个稳定持续的社会经济发展过程。因此，维护社会的稳定和经济秩序是反贫困的基本前提。社会动荡是不可能发展生产的，混乱的经济秩序只能对不法者有利。无论是前一种社会环境还是后一种经济状况，对于贫困者都是雪上加霜，将导致更严重的贫困。在各国的发展史上都有这样的经验教训。在发展中国家，社会稳定是一个至关重要的发展条件，其本身就是可持续发展的社会保障（邓小平，1993：116）。应该看到，可持续发展的其他支持条件在发展中国家都有待创造和改善，例如前面所述的资源与环境支持条件，必须控制人口增长以减缓压力。此外，技术进步也是持续发展的动力，这就需要大力发展教育和科学技术。

2. 我国政治家论贫困[②]

我国政治家一致对贫困问题高度重视，提出了诸多战略举措。第一，中国反贫困必须走社会主义道路。毛泽东指出："中国也只有进到社会主义时代才是真正幸福的时代。"（毛泽东，1991：683）因为"资本主义道路，也可增产，但时间要长，而且是痛苦的道路。我们不搞资本主义，这是定

---

① 指人口按几何级数增长，物质按算术级数增长。

② 本部分内容参见郑丽箫《毛泽东邓小平江泽民的反贫困战略思想比较》一文。

了的"（毛泽东，1999：299）。只有社会主义才能高速发展生产力，解决国计民生问题，只有社会主义能够救中国。第二，解决中国的贫困问题首要的是解决吃饭问题。毛泽东同志在早年的《湘江评论》创刊宣言中就响亮提出"世界什么问题最大？吃饭问题最大"的说法。他认为手里有粮，才能心里不慌，脚踏实地，喜气洋洋。新中国成立后，他又多次强调在我国由于人口多，"吃饭是第一件大事"（毛泽东，1999：49）。第三，反贫困的手段与途径是解放和发展生产力。面对新中国"一穷二白"的国情，毛泽东强调要发展生产力，提出"社会主义革命的目的是为了解放生产力"（毛泽东，1999：1）。邓小平认为，中国之所以落后，是因为生产力不发达，提出"搞社会主义，一定要使生产力发达，贫穷不是社会主义"（邓小平，1993：225）实践证明，改革开放30多年，是我国经济社会发展最快，贫困人口减少最多的历史时期。江泽民指出，我们党领导人民搞革命，搞社会主义，就是为了解放和发展生产力，使人民富起来。在新时期，他又提出了"三个代表"重要思想，为新时期的反贫困指明了方向。第四，反贫困必须坚持长期作战的思想。由于中国历史上经历了两千多年的封建帝制，近代又饱受帝国主义的欺凌和压迫，新中国成立初期，国贫民穷的现象十分严重。对此，毛泽东明确指出："中国的人口多、底子薄，经济落后，要使生产力很大地发展起来，要赶上和超过世界上最先进的资本主义国家，没有一百多年的时间，我看是不行的。"（毛泽东，1999：302）这就表明，中国至少要奋斗很长一段时间才能改变贫困的面貌。邓小平则非常明确地指出，中国在"短期内要摆脱贫困落后状态很不容易"（邓小平，1993：224）。

邓小平总结了毛泽东时代的历史教训，对中国社会的贫困问题有了新的认识，提出消除贫困是社会主义的本质特征，明确提出了制度贫困的新概念。他认为，贫困同社会主义不但没有必然的联系，而且是不相容的。他说："经济长期处于停滞状态总不能叫社会主义。人民生活长期停止在很低的水平总不能叫社会主义。"（邓小平，1994：312）"搞社会主义，一定要使生产力发达，贫穷不是社会主义。我们坚持社会主义，要建设对资本主义具有优越性的社会主义，首先必须摆脱贫穷。"（邓小平，1993：225）鉴于这一认识，邓小平的建设有中国特色社会主义理论是围绕解决贫困问题而提出的，称得上是一套完整的反贫困理论。江泽民认为贫困往往成为一个国家、一个地区政治动荡和社会不稳定的重要根源。因此，贫困既是个经济问题，又是个政治问题。他还指出，消除贫困是中国共产党的根本宗旨，是实现我国人民的最根本人权的途径之一。在继承邓小平反贫困理论的同时，他提出以"三个代表"重要思想进行新时期的反贫困。

二 农村反贫困措施

在长期反贫困的斗争中，我国取得了一些成功经验。第一，制度性扶贫。制度性扶贫不仅仅把帮助贫困人口解决温饱当作一种道义上的责任，而且作为一种经常的、规范的制度性行为，有反贫困的机构、组织、人员和专门经费，有相应的法律、制度和政策，有明确的目标、规划和部署。第二，开发性扶贫。它是通过开发经济资源、自然资源和人力资源，依靠科技进步，发展商品经济，真正提高贫困人口摆脱贫困的能力和贫困地区自我发展的能力，使他们获得脱贫致富、发展经济的机会，进而从根本上解决温饱问题，走上致富之路。第三，集中性扶贫。从分散性扶贫转变为集中性扶贫，就是集中力量解决处于绝对贫困状态的贫困人口的温饱问题。第四，社会性扶贫。社会性扶贫是动员组织全社会力量支持帮助贫困地区的开发建设。第五，开放性扶贫。开放性扶贫就是发展和扩大与国际组织和非政府组织在扶贫开发领域中的合作，利用国际援助支持和推动贫困地区的经济社会发展。

我国反贫困战略有五项指导原则。一是直接面向贫困者的原则。各项政策都必须以贫困者受益为基本出发点，各种扶贫投资要以贫困者为基本投向，把贫困者真正包括进缓解贫困的计划之内。二是分类援助的原则。根据不同的贫困程度、不同的致贫原因，对贫困人口进行分类，进而分别采取行之有效的扶贫措施。三是多种反贫困计划相结合的原则。全国反贫困计划与地方反贫困计划相结合，综合反贫困计划与专项反贫困计划相结合，长期反贫困计划与中短期反贫计划相结合。四是综合治理的原则。扶贫开发是一项系统工程，不仅要有经济计划，还要有社会计划，包括加强和完善社会服务与保障网络，增强贫困者把握致富机会的能力等。五是加强国际合作的原则。贫困是全球性的问题，向贫困开战是世界各国一致的行动，许多国际组织也致力于世界性的反贫困斗争，如国际农业发展基金、世界粮食计划署、联合国开发计划署、联合国儿童基金等。加强国际合作既可以加强各国之间反贫困经验的交流，又可以通过一些国际性的协议，得到各种国际援助。重视并参与国际合作，用好各种国际援助或贷款，加强与外国和国际组织联系，应是中国反贫困工作的重要内容。

从某种意义上说，扶贫"攻坚战"中"最坚固的堡垒"就是使最贫困者脱贫，只有让每一个最贫困者加入消除贫困的进程中，才有可能最终消除绝对贫困。他们之所以贫困是因为他们没有获得发展的机会，一旦获得发展机会，他们就会依靠自己的力量摆脱贫困。对于这一部分人，只要给予少量的贷款，就可产生很好的效果，就能使他们进入生产良性循环，可望在短期内脱贫。GB（孟加拉乡村银行 Grameen Bank 的简称）是当今世界上公认的最大、最成功、效益最好的小额信贷扶贫项目之一，它有着较完备和成熟的运作体制、丰富和有效的管理措施与经验。1994 年，中国社会科学院农村经济发展研究所开展了"扶贫经济合作社"课题研究，引进孟加拉国 GB 扶贫模式，并由 GB 出资，中国社会科学院农发所与当地政府合作，在河北省易县、河南省虞城县、南召县和陕西省的丹凤县进行试点，受益农户有 2000 多户。目前，以孟加拉国 GB 模式为依据的小额信贷扶贫工作已经发展到中西部七八个省区，至少一百个县。

三 城市反贫困措施

我们需要建构一种城市贫困群体生存矛盾的化解机制，即指政府、政策、组织、社工以及社会资源和力量等要素在面对和化解底层群体的生存矛盾时，通过相互作用达到最优化的稳定组合而形成的一种处理问题的运行模式。打破这种形成底层社会的机制，创造有利于底层群体改变地位的社会条件，可以从以下几个方面考虑。

（1）提高城市底层贫困群体的劳动力素质，增加就业机会。职业培训，可以提升底层群体的就业能力，增强他们在劳动力市场上的竞争能力，提高他们的人力资本，缓解他们收入低的压力。一是增强自助的信心。由于部分底层贫困群体长期享受国家低保救济，养成"等、靠、要"的习惯，只愿伸手要救济；或者对自己失去信心，怕失败、怕承担责任、怕面对竞争。社区要帮助他们克服影响就业的消极观念，树立正确的劳动观念。二是对能够就业的底层群体实行免费培训制度。除了在培训中免除学费外，还要提供午餐、交通等费用，帮助其学习应用性强的实用技术。三是对低保户群体中文化程度低、年龄偏大、身体状况较差、无法通过技术培训就业的成员，政府可以设置或购买保洁、保安、交通协管等无须技术的公益性岗位。四是鼓励他们自行选择一些临时性工作，一人身兼多职，多劳多得。在收入不稳定的时候，暂时继续享受救济。对有想法创业，但是缺乏资金、项目、创业经验的创业人员，可以开设低保户创业培训班，建立与提供低保专项创业基金。

（2）完善低保户医疗救助制度。根据2012年国务院《"十二五"期间深化医药卫生体制改革规划暨实施方案》以及《关于开展城乡居民大病保险工作的指导意见》的文件精神（马里，2012），积极完善低保户医疗救助制度。取消对低保对象的医保报销起付线，提高门诊报销比例，免交住院抵押金，住院起付线费用由民政救助部门与定点医疗机构结算（李红梅、白剑峰，2012）。当地政府可以考虑为低保家庭缴纳补充医疗保险费，这样就减轻了底层群体家庭成员患大病的个人负担。各地政府可以考虑建立低保群体的大病基金，有条件的可以帮助其缴纳商业医疗保险费。

（3）建立基本生活消费支持制度。建立、落实每月免收一定数量的水费、电费、煤气费等政策；经认定并公示的低保困难家庭，每人每月可以在当地的慈善超市中免费或低于市价的价格领取购买一定的大米、面粉和食用油等生活必需品。要特别注意低保困难家庭子女上学问题，在九年义务教育阶段，免收学费、杂费、住宿费等一切费用，并提供免费午餐。

（4）社会救助与慈善救助紧密结合。在当前政府压力较大的情况下，鼓励企事业单位向当地社区的贫困群体捐款捐物，作为社会救助资金的一个补充来源，部分地用于低保群体，减轻政府的财政压力。当前日常的社会救助与临时性的慈善救济是两条线，两种救助形式的结合，可以更加有效地帮助生活困难的底层群体解决生存问题。社区可以开展"助医、助学、助老、助孤、助残"的慈善活动，以便救助特定的底层贫困群体。底层群体也可以通过义工等渠道参与慈善事业，尽自己的能力和力量反馈给社会，这样有利于增强他们的社会责任感和社会尊严。

（5）发挥社区的载体作用。社区更容易了解其居民状况，容易贴近底层群体，便于给他们及时的关心和帮助，有利于化整为零、有针对性地提供帮助。特别是对刑释解教人员、社区矫正人员、吸毒人员，可帮助他们顺利回归社会、融入社会，并提供大量的日常性的帮助。基层政府与社区推动成立"草根"帮扶帮教志愿者协会，动员具有专业知识的市民加入志愿者协会，建立由社区爱心居民、公安民警、专业社工、社区医生、心理咨询师、就业援助人员等组成的社会矫治组织、心理辅导组织、促进就业组织、医疗康复组织、法律援助组织、政策咨询组织等各种专业性社会帮扶帮教志愿者组织，对底层群体成员进行帮助。

（6）充分发挥社会工作机构与社会工作者的专业职能。正在兴起的专业社会工作机构与专业社会工作者，有效地弥补了政府公共服务的不足。部分城市底层群体在生活中存在各种矛盾和问题，从已经发生的诸多个体性反抗的恶性案件来看，个体积压的不满心理因找不到组织、找不到人宣泄而最终爆发是一个重要因素，而心理疏导的目的则是建立一个情绪释放的通道。行之有效的方法是社会工作者针对底层群体成员特定的心理问题，给予辅导和增权，指导他们自助和自立。提供个案、小组等专业化服务，帮助底层群体成员解决婚姻问题、亲子关系问题和其他困难。对于底层群体的后代，可以成立成长小组，帮助他们互相接纳、彼此支持，并培养他们积极的生活态度，使其形成健全的人生价值观和良好的人际关系。

城市社会底层群体中的特殊人群，在回归社会的过程中，由于自身能力的缺乏以及社会戒备，部分成员面临与社会脱节、被人歧视、难以就业等问题，而这部分成员恰恰是身体健康、具有劳动能力并且有强烈就业意愿的群体，因此就需要我们加强对这部分特殊人群的再社会化教育，在相关社会政策上做出调整，解决他们的就业生存问题。

底层社会群体的生存矛盾化解机制强调从转变观念开始，注重从各个环节化解城市底层群体中的突出问题。尝试建立生存矛盾的化解机制就在于改善造成城市底层群体生存困境的各种相关要素，通过社会政策的调整、政府的引导以及社区和社会组织的具体操作运行，营造全社会关心帮助底层群体的良好氛围。政府、社区、社会组织、社工机构、慈善组织这几个方面力量的汇合，构成了一个系统性的城市底层群体生存矛盾的化解健康力量。

四 反贫困中社会工作者的任务

在世界范围内，社会工作者都在积极努力地协助贫困者就业。社会工作主要围绕贫困者个人提高素质与能力展开，重点是要提升其人力资本。第一，心理辅导。针对贫困者依赖性强等心理，社工人员要了解其无力、无助、无望的心情，并给予辅导和增权，使他们能够从宿命论中走出，指导他们应该努力的方向，引导他们走向自助和自立。第二，就业辅导。为贫困人员制订适合他们能力的就业辅导计划，指导他们进行职业训练，提供与挖掘就业机会。第三，协调和动员社会资源，帮助他们解决具体困难。提供个案、小组等专业化服务，帮助贫困者解决婚姻问题、亲子关系问题，接受专业化的个案辅导。除对贫困者个人辅导外，社工也常用小组方式为贫困者提供服务。如由贫困者子女参加的成长小组，能够帮助他们互相接纳、彼此支持，并培养他们积极的生活态度，使其形成健全的人生价值观和良好的人际关系。此外以女性为户主的单亲家庭常常也面临许多问题与困难，由此组成的女性小组，可以通过讨论，了解自身的问题与需求，学习各种应对困难的技巧，同时这也有助于缓解其心理压力，增强其生活信念。

本章要点：

1. 贫困的概念与类型

2. 贫困线的测定方法

3. 我国的贫困群体状况

4. 贫困的一些理论解释

5. 反贫困措施的理论

6. 我国的反贫困实践

关键术语：

贫困　绝对贫困　相对贫困　区域贫困　个体贫困　市场菜篮法　恩格尔系数法
马丁法　贫困的环境　结构贫困论　情境适应理论　社会排斥理论　素质贫困论　系统
贫困论　反贫困

推荐阅读文献：

萨比娜·阿尔基尔等，2010，《贫困的缺失维度》，刘民权、韩华为译，北京：科学出版社。

齐格蒙特·鲍曼，2010，《工作、消费、新穷人》，仇子明、李兰译，长春：吉林文史出版社。

陈云，2013，《"失组织"城市贫民的生存行动》，北京：社会科学文献出版社。

蔡昉、万广华主编，2006，《中国转轨时期收入差距与贫困》，北京：社会科学文献出版社。

陈端计，2006，《构建社会主义和谐社会中的中国剩存贫困问题研究》，北京：人民出版社。

程胜利，2007，《经济全球化与当代中国城市贫困》，北京：社会科学文献出版社。

范明林，2012，《城市贫困家庭治理政策研究》，桂林：广西师范大学出版社。

郭雪剑，2007，《三条保障线——中国反贫困的理论与实践》，北京：中国社会出版社。

迈克尔·哈灵顿，2012，《另一个美国》，郑飞北译，北京：中国青年出版社。

李丽，2012，《中国城乡居民家庭贫困脆弱性研究》，北京：经济科学出版社。

梁柠欣，2012，《社区发展与贫困群体生活机遇重构：基于广州与兰州的实证研究》，北京：中央编译出版社。

廖桂蓉，2010，《中国城镇贫困人口的人力资本与反贫困研究》，北京：民族出版社。

哈瑞尔·罗杰斯，2012，《美国的贫困与反贫困》，刘杰译，北京：中国社会科学出版社。

民政部政策研究中心，2006，《中国社会福利与社会进步报告2006》，北京：社会科学文献出版社。

汝信等，2007，《2007年社会形势分析与预测报告》，北京：社会科学文献出版社。

杰弗里·萨克斯，2007，《贫穷的终结：我们时代的经济可能》，邹光译，上海：上海人民出版社。

阿马蒂亚·森，2009，《贫困与饥荒：论权利与剥夺》，王宇、王文玉译，北京：商务印书馆。

沈红，2000，《中国贫困研究的社会学评述》，《社会学研究》第2期。

唐钧等，2003，《中国城市贫困与反贫困报告》，北京：华夏出版社。

谭诗斌，2012，《现代贫困学导论》，武汉：湖北人民出版社。

王碧玉，2006，《中国农村反贫困问题研究》，北京：中国农业出版社。

王桂敏、金明玉，2006，《经济全球化与全球经济问题研究》，沈阳：白山出版社。

王梦奎主编，2013，《反贫困与中国儿童发展》，北京：中国发展出版社。

王兆萍，2007，《转型经济发展中的文化断裂与贫困研究》，北京：中国社会科学出版社。

杨立雄、胡姝，2013，《中国农村贫困线研究》，北京：中国经济出版社。

叶普万，2007，《中国城市贫困问题研究论纲》，北京：中国社会科学出版社。

于秀丽，2009，《排斥与包容：转型期的城市贫困救助政策》，北京：商务印书馆。

周怡，2002，《贫困研究：结构解释与文化解释的对垒》，《社会学研究》第3期。

第十三章　婚姻家庭问题

婚姻家庭的形态从来就与社会经济结构、文化潮流有关。我国的改革开放带来的经济体制转轨与社会结构转型，直接引起了婚姻家庭观念的巨大变化，引发了人们新的婚姻家庭行为。人们对这些新的婚姻家庭的观念与行为有着不同的看法。用计划经济体制时期的婚姻家庭的道德标准来衡量，有的行为完全是离经叛道；而用新的婚姻家庭的道德标准来看，则是观念的进步与行为的开放。

第一节　婚姻家庭问题理论

对于日趋复杂的婚姻家庭问题，国内外学者已经做了大量的研究，也纷纷提出自己的观点和见解。这些研究跨越了学科的界限，为我们提供了多种观察婚姻和家庭问题的视角。

一　婚姻家庭问题

从本质上看，婚姻是指为社会制度所承认的两性之间稳定的关系。所谓婚姻是为社会所认可的，主要是指涉及男女双方关系的制度化安排，一般有如下几个方面的含义。①一对男女配偶的关系是为社会所认可的，即合乎社会习惯法或成文法律；同时，这对配偶关系具有排他性。②同居，并具有建立家庭和生育后代的意向。③有共同的劳务和经济权益。④生儿育女有积蓄，子女有社会公认的家庭财产继承权（彭立荣，1988：128）。婚姻本质即婚姻的根本属性，在于它是依社会风俗和社会法律规范化了的人类个体的两性结合，是人类社会生活中的一种特殊社会关系、社会行为。婚姻家庭生活是人们在一生中的主要生活类型，它不仅事关个人的终身幸福，而且对社会的稳定与发展也产生重大的影响。列宁说："两性关系、家庭问题，绝对不是个人的私事或生活的小节，而是有重大社会意义的事情。"（周达生、戴梅竞，1993：192）家庭是社会的细胞，婚姻家庭变迁是社会变迁的一个缩影。

现代婚姻以爱情为基础，是家庭产生的前提。家庭是以婚姻关系为基础，并由血缘关系或收养关系组成共同生活的社会组织。我们可从关系、制度和文化三个层面来理解婚姻和家庭概念。首先是关系层面。婚姻和家庭指的是一种社会关系的组织形式。婚姻关系在一夫一妻制条件下指的就是夫妻关系；家庭关系则既包括夫妻关系，又包括亲子关系，前者是姻缘关系，后者是血缘关系。其次是制度层面。婚姻和家庭是一套以性禁忌为主的规范系统，它虽然从形式上保证了男女两性的结合，实质上却是对婚姻之外的两性关系实行的约束。婚姻和家庭制度防止婚外性关系的产生，并对婚内双方和每个家庭成员的权利和义务做出明确的规定。再次是文化层面。婚姻和家庭表达了特定的文化内容，包括性观念、生育观念、婚姻观、家庭观、生活方式等。一个家庭的稳定与否，与这三个方面关系的健康与否有直接的关系。婚姻家庭问题是指引起家庭成员矛盾冲突、伤害家庭成员心理与生理、导致婚姻关系不协调及家庭解体的现象。有些问题可能并不完全发生在家庭中，却和家庭的成员有关，并涉及社会道德与秩序，这些问题也可称作婚姻家庭范畴的问题。

随着工业化、城市化进程不断推进，我国的婚姻家庭出现了一些新的发展变化。过去，我国的婚姻家庭是一种高稳定的社会关系形式，婚姻家庭制度对每个在婚个体都有很强的约束力，离婚、违法婚姻、替代婚姻、性罪错等只是小概率事件，所以并不构成众所瞩目的社会问题。但是现在，在对待婚姻家庭问题方面，社会成员的选择越来越呈现价值多元化的特征。传统婚姻的神圣性开始受到怀疑，婚姻家庭因受到多种力量的冲击而变得飘摇不定。

二 我国婚姻和家庭问题的特点

我国的婚姻和家庭问题虽然有与世界各国趋同的发展势头，但是在我国的特定国情下也表现出一定的特殊性。

1. 我国是世界上家庭最多的国家

婚姻和家庭问题中涉及的很多统计数据，从相对数量看在世界范围内处于较低的水平，从绝对数量看却达到了世界之最。2010 年第六次人口普查数据显示：中国大陆 31 个省、自治区、直辖市共有家庭 401517330 户，家庭户人口为 1244608395 人，平均每个家庭户的人口为 3.10 人，比 2000 年第五次全国人口普查的 3.44 人减少 0.34 人（国家统计局，2010）。家庭多，面临的家庭社会问题也多。例如，2012 年全国共有 310 万对夫妻离婚，绝对人数居世界之首。

2. "大概率现象" 和 "大概率价值观"

这是我国学者李银河在《论中国人的 "大概率价值观"》中提到的两个概念。所谓 "大概率现象"，是指人们的行为相当整齐划一，呈现一种 "大多数对极少数" 的不均匀分布。"大概率价值观"，是指社会上的大多数人对同一事物持高度一致的观点和态度。这对少数持不同意见的人会形成一股无形的压力。李银河在研究中发现，中国人在择偶标准、青春期恋爱、浪漫爱情、独身、婚前性行为规范、婚姻支付、自愿不生育、婚外恋、离婚、同性恋等一系列问题上，都存在 "大概率现象" 和 "大概率价值观"。大概率价值观实际上是一种占据主导地位的现象，在对待性道德观念上，传统的对家庭的责任、忠诚、专一，反对婚外性行为、婚前性行为等，都是占有主导性的道德观念。但是，这种大概率的观念与行为在开放的社会中面临巨大的挑战。当下家庭婚姻中的 "小概率现象" 与 "小概念价值观"，出现了日益增多的趋势，社会对此也日益宽容。

3. 我国的婚姻和家庭问题表现出很大的城乡差异和地区差异

这一特点的存在和我国经济文化的城乡间和地区间发展不平衡密切相关。我国农村，由于生产力水平低，生产方式落后，以及人均文化素质偏低，迈向现代化的速度相对迟缓，传统的社会结构、家庭模式、生活方式等仍占了相当大的比重，这些社会结构性因素决定了他们的婚姻家庭的观念与行为模式。例如早婚，1990 年的人口普查表明，276 万 15～19 岁的女性早婚人口中，农村女性占 89.65%，乡镇女性占 3.55%，城市女性占 6.80%；579 万男性早婚人口中，农村男性占 87.81%，小城镇男性占 4.38%，城市男性占 7.81%。早婚现象主要在农村。再如，近亲结婚率，农村为 8.4%，城镇仅为 1.3%（张萍，1993）。一些相对新的非主流模式的性观念、性行为与婚姻模式，如独身、婚前性行为、自愿不生育、婚外恋、离婚、同性恋等现象主要在大城市中流行。

三 婚姻家庭问题的相关理论流派

对于日趋复杂的婚姻家庭问题，国内外学者已经做了大量的研究，也纷纷提出自己的观点和见解。这些研究跨越了学科的界限，为我们提供了多种观察婚姻和家庭问题的视角。

1. 社会学学派

这一派的主流观点是社会变迁理论，认为社会在向工业化和城市化跃迁的过程中，社会生活的方方面面都在经历深刻的变革，家庭作为其中一个小的细胞也必然会经历某些变化。传统的婚姻家庭观念受到挑战与冲击是不可避免的现象。在经济全球化的背景下，人们的工作流动范围广泛，接受了各种不同的生活方式，包括不同的家庭婚姻方式。传播媒介的现代化、网络化，各种对婚姻家庭的观念广为流行。交通工具的便捷，使人际交往范围扩大，交往方式也更加私密化。这使过去是小众的性观念、婚姻观念、家庭观念得到了广泛的传播。例如独身、丁克家庭、未婚同居、开放婚姻的体验者日益众多。随着公共权力从婚姻市场中的撤离，婚姻成为个人领域的私事，人们对自身的婚姻与性行为有了更大的选择自由。

2. 人口学学派

人口学者认为人口期望寿命的不断延长不可避免地导致更多的婚姻问题。这是因为，随着寿命延长，人们在婚姻里停留的时间也相应拉长了。这样，婚姻发生变动的可能性也随之提高。比如，一个 20 岁时选择的最佳配偶，在 10 年、20 年甚至 40 年漫长的婚姻家庭的生命周期中，很难仍是最好的人选。随着婚姻时间的延长，婚姻中双方的摩擦与矛盾会增多，维持婚姻的稳定性便更加地困难。相关学者还认为，在婚姻市场受挤压的情况下，人口性别比影响适婚人口的男女数量对应关系，进而决定人口的结婚率。

3. 经济学学派

这一派最有影响的理论是 1992 年经济学诺贝尔奖获得者加里·S. 贝克尔（Gary S. Becker）的婚姻收益递减论和伊斯特林（R. Easterlin）的收入决定论。前者认为，结婚时间早晚取决于结婚的预期收益，当人们估计结婚将会比独身为自己带来更多的个人福利时，他们就会倾向于早结婚。由于现代婚姻关系远不如传统的婚姻模式能够为婚配的双方提供个人福利，随着结婚的个人所得日趋减少，人们对结婚的愿望也就逐渐减弱了。后者指出，现代婚姻并没有失去对年轻人的吸引力。初婚年龄的大小更多地取决于个人收入的相对水平。当年轻人收入水平提高时，他们没有经济压力，就会倾向于早婚；相反，当经济收入比较有限时，他们就会因为手头拮据不得不推迟结婚。由这一理论引申出，由于离婚成本的降低，离婚也更加便利了。

4. 心理学学派

这个学派侧重于研究婚姻当事人的心理因素作用，认为婚前对婚姻的过高期望、婚后配偶双方相互吸引的资源枯竭和婚外生活的心理诱惑等都可能影响婚姻生活的质量和稳定性。

5. 生理学学派

该理论分析强调，人的初次性行为年龄的前移与人的性成熟提早有关。如在我国，20 世纪 80 年代初女孩的初潮年龄比母亲有了明显的提前，像北京、广州分别提前了 10 个月和 20 个月。目前，我国大城市女孩的初潮年龄约为 12.8 岁。青少年对性的需求也提前了，性行为也更加随意了。

显然，社会学学派和人口学学派属于宏观层次上的分析，它们强调社会环境的性质和变迁与个人婚姻行为的相互关系；其余的学派则主要侧重微观层面上的探讨，即从婚姻主体或当事人本身去探讨当代婚姻家庭问题的成因。

第二节　婚姻家庭问题

改革开放尤其是市场经济的建立带来了社会转型。在这种波澜壮阔的现代化浪潮中，没有一种社会组织或者群体能够独善其身，永恒不变。婚姻家庭作为社会的细胞，自然逃不了变化的命运。

一　婚姻家庭内部问题

1. 离婚

离婚意味着婚姻解体，家庭解组。"离婚自由"的口号由资产阶级在 18

世纪率先提出，它是对封建制度的一种反抗。1792 年法国在《人权宣言》中确认了离婚自由的个人权利。从那以后，离婚的人数缓慢增加。到了最近几十年，离婚率呈现陡涨的趋势，离婚问题已经成为最突出的婚姻家庭问题，它不仅具有世界性，而且带来了一系列后续问题，如单亲家庭、再婚家庭、独身者增多等。

表示一个国家离婚状况的指标主要有两个：粗离婚率，亦称总离婚率，或简称离婚率，为一年中离婚对数与年平均人口数之比，通常以千分数表示，即年平均每千人中离婚对数。计算公式为：（总、粗）离婚率 = 全年离婚对数÷年平均人数×1000‰。结离婚对比率，为一定时期内（通常为一年）离婚对数与结婚对数之比。计算公式为：结离婚对比率 = 某时期离婚对数÷同期结婚对数×100%。

新中国成立至今，中国出现了三次离婚高峰。第一次离婚高峰是 20 世纪 50 年代初新婚姻法颁布后，当时，深入地宣传普法工作使得新婚姻法的"婚姻自由和男女平等"精神深入人心，很多深受包办、强迫和买卖婚姻之害的人纷纷通过法律手段摆脱了不幸的婚姻。在第一次离婚高峰时期，1953 年全国人民法院受理的离婚案件总数最高达到 117 万件，粗离婚率高达 1.99‰。当时，我国生产力总体发展水平和社会基本功能尚不发达，婚姻生活往往成为一种责任和义务，家庭主要是满足生理需要以及传宗接代的场所，离婚的理由主要有三点：一是配偶没有生育能力；二是配偶一方不忠贞有外遇；三是划清政治界限。第二次离婚高峰是 60 年代初三年困难时期，第二次高峰增长的幅度小于第一次，粗离婚率大约为 1‰。第三次离婚高峰是 80 年代初至今。1980 年新婚姻法颁布，初次将"夫妻感情确已破裂"作为判决离婚的法定标准，顺应了婚姻关系的本质要求。中国的离婚数一直稳定在每年 40 万对左右。1983 年以后，这一稳定状态开始有了突破，以每年递增 4 万对以上的速度迅速发展。全国的总离婚率上升到 0.8‰左右，而且从此我国的离婚率逐年上升。1985 年，全国有 45.79 万对夫妻离婚，而 2011 年已达到 287.4 万对，是 1985 年的 6 倍多，年均增长率约为 7.3%。与此同时，离婚率由 1985 年的 0.44‰增长到 2011 年的 2.13‰，即在 2011 年，每 1000 个人中就有约 2.13 对夫妻离婚，27 年间，离婚率增长了约 384%，年均增长约 6.3%。2012 年各级民政部门和婚姻登记机构共依法办理结婚登记 1323.6 万对，比上年增长 1.6%。2012 年共依法办理离婚手续的有 310.4 万对，增长 8.0%，粗离婚率为 2.3‰，比上年增加 0.2 个千分点。其中，民政部门登记离婚 242.3 万对，人民法院办理离婚 68.1 万对（民政部，2012）。

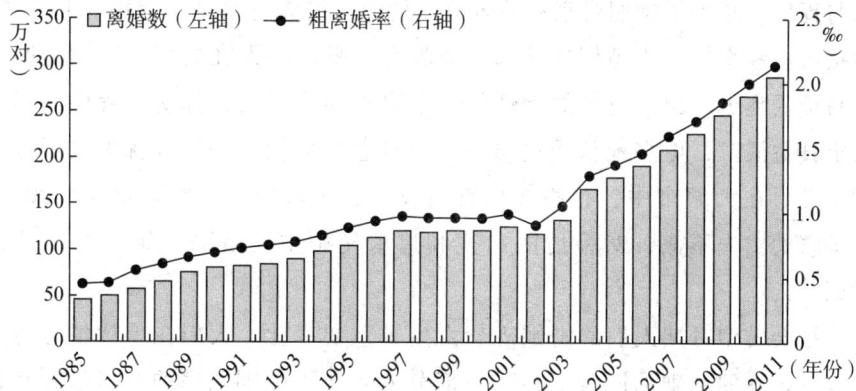

图 13−1　1985～2011 年我国离婚率统计

在都市化和工业化的过程中，人口流动加剧，对需要稳定关系的婚姻家庭形成了冲击。人们为了谋生，不得不远离家庭，异地经商、劳务。人员的流动带来了家庭跨地域流动，也造成了两地分居、单身等现象。流动人口增加，家庭成员聚少离多，交流减少，对彼此的了解变少，摩擦、矛盾、困难得不到及时解决，离婚就不可避免。例如，我国目前有 2.4 亿流动人口，大量农民工进城工作，携带家属的不到 1/3。有的农民工长期在外，组成了"临时夫妻"，导致原有的家庭破裂。

婚姻的性质和基础发生了根本性的变化。各地离婚案件中女性主动提出离婚的通常占到了 70%，个别地区高达 80%。妇女地位的提高与离婚率上升之间存在正相关关系。在经济不发达、生产力水平低下的时期，婚姻是以夫妻经济上和日常事务上的合作来维系的，而不太注重情感上的满足。随着经济的发展，生活水平的提高，人们在满足了物质上的需求后，有了更多情感方面的追求，更加注重婚姻质量。在以"男尊女卑"观念为主导的封建社会里，妇女毫无社会地位、经济地位，而随着社会化大生产的发展，大批妇女开始走进社会，参加工作。劳动就业给了她们经济独立的机会，加上平等的观念，使得妇女们开始争取自己的各项权利，包括婚姻自由的权利。妇女经济独立带来的必然是家庭、社会地位的提高。妇女地位的提高，使她们不再依附于男子而存活，其愿意做出的妥协也随之减少，当女子要求的权利男方不愿给予时，夫妻双方冲突便会加剧。受教育水平对离婚率也有重要的影响。女性受教育水平的上升提高了女性的经济社会参与程度，减少了她们对家庭的依赖。同时，受教育水平也会影响到个体，包括男性和女性关于婚姻的认知，受教育水平高的人在婚姻出现问题时更容易接受离婚。越来越多的女性具备了自立能力之后，择偶过程中的经济需求日益淡薄，更多地从爱情出发，一旦感情破裂，婚姻也就失去了存在的意义。在大城市中，有些文化素质较高、收入较高、能力较强的女性，对平庸的丈夫不满，对爱情的向往和追求使她主动解除"维持会"式的婚姻。

社会转型时期人们的婚姻观念发生了重要变化。人们在承认情感应当是双方婚姻的基础的同时，相当一部分人看轻了婚姻家庭的神圣性，承认婚姻裂变是一种正常的社会现象，社会舆论的宽容使较多的夫妇鼓起勇气迈出离婚的脚步。观念的变化还来自对性的观念的变化，部分人认为性的权利也是人权，自己可以自由处置。在两性禁忌被打破的背景下，男女交往的空间扩大化、随意化。由南海区妇联委托佛山科学技术学院调研撰写的《南海区家庭婚恋观调研报告》，调研历时13个月，调查了南海8镇街近3000名18岁以上不同年龄段、不同行业、不同性别的受访者，报告显示，对婚前性行为和婚前同居愿意接受和尝试的有70%以上，其中45岁以下的占90%左右。此外，40岁以下男性70%以上不反对"一夜情"，但对"包二奶"持谨慎态度，35~40岁的女性30%左右对"一夜情"有倾向意识（邓柱峰、陈家源，2012）。社会交往的网络化，在为人际交往提供的广阔、便捷的途径的同时，也为婚外情提供了方便。大量的交友网站、婚恋网站，或者打着"交友"旗号的色情、"一夜情"、卖淫网站，以及性市场的产生，使对家庭生活与感情需求不满意的人们走上婚外情、婚外性这条道路的可能性增大。婚外情、婚外性是家庭婚姻的大忌，所引发的冲突将有可能导致离婚。

社会竞争压力的加大，使人际互动中的容忍度降低。职业夫妇的精神压力导致他们对婚姻的心理相容点降低，误将离婚视为心灵解脱的唯一或最佳选择。与此同时，现代社会造就了许多以自我为中心的人，他们极其缺少家庭责任感。在离婚者中，1980年后出生的独生子女离婚的比例越来越高，这些年轻人当中，绝大部分是"闪婚"一族，不少人认识两三个月就"闪电式"结婚（蔡民、闫晓光，2006）。年轻的离婚者们或者过于自私，彼此都不愿意付出，更多的是索求；或者是追求完美，婚后发现生活中的众多艰辛，打碎了他们心中完美的愿望，于是，重新寻找生活的目标成了他们离婚的理由。这些都跟他们大多是独生子女的生活背景有关。某些青年夫妇过于看重自我价值，没有适应婚后角色变换及家庭职责重新划分的新环境，忽视对夫妻心理冲突的必要、及时的调适。

离婚率受法律习俗影响。与离婚程序、财产分配制度有关的法律规则直接关系到离婚的成本。我国的婚姻法也进行了改革，由过错离婚制转向无过错离婚制，夫妻中的一方只要单方提出离婚的法定理由（如感情不和、分居、性格不合等），就可以申请离婚，无须配偶同意。许多人认为无过错离婚制降低了离婚成本，导致离婚率上升，但大量的经验研究并不能得出一致的结论。婚姻登记与离婚手续的简化使得婚姻破裂所牵涉的关系简单化，同时，离婚所造成的冲突也大大减少。中国在 2001 年进行了婚姻法的修改，简化了离婚程序，导致离婚率快速上升。

2001 年 4 月 28 日，我国第九届全国人民代表大会常务委员会第二十一次会议通过了《全国人民代表大会常务委员会关于修改〈中华人民共和国婚姻法〉的决定》。这次的《修正案》是在 1980 年《婚姻法》的基础上，根据实践经验和婚姻家庭领域里出现的新情况、新问题，听取了多方意见后修订的。修改后的《婚姻法》增加了夫妻应当互相忠实、互相尊重，禁止有配偶者与他人同居，禁止家庭暴力等规定，肯定了离婚时无过错方有权请求损害赔偿的规定。修改后的《婚姻法》更符合我国当今的国情，反映了广大群众的愿望，是我国婚姻家庭法制建设的一项重要成果。总的来说，中国目前的离婚水平远远低于世界发达国家的离婚水平。据联合国1999 年的统计，中国的离婚率在世界排名为第五十五位，在亚洲低于韩国、新加坡、菲律宾和日本（徐运平、胡健，2001）。我国离婚率的逐年上升，是我国社会生产力发展到现阶段的必然产物，是人们婚姻观发生巨变的一种折射。这与经济越发达、离婚率越高的世界各国的潮流相仿，是一个客观过程。

2. 家庭暴力

联合国在《消除对妇女一切形式歧视公约》中，将对妇女施暴定义为：

对妇女的生理、性和心理造成伤害的任何行为。1993 年 12 月联合国大会正式通过的《消除对妇女的暴力行为宣言》中指出，对妇女的暴力是"对妇女造成或可能造成身心方面或性方面的伤害或痛苦的任何基于社会性别的暴力行为，包括威胁进行这类行为、强迫或任意剥夺自由，而不论其发生在公共生活还是私人生活中"。1995 年联合国第四次世界妇女大会在北京召开，大会通过的《北京行动宣言》，重申了免遭暴力侵害是妇女的一项基本人权。

家庭暴力是全球性的问题，在世界各国虐待妻子的现象都普遍存在。据世界银行调查统计，20 世纪全世界有 25% ~50% 的妇女都承受过其关系亲密者的身体虐待。作为一种野蛮、落后的社会痼疾，它是困扰全球实现男女平等和各个家庭实现和睦稳定的重大障碍。中国社会科学院发布的《1995 ~2005 年：中国性别平等与妇女发展报告》表明，在中国 2.7 亿个家庭中，约有 30% 存在家庭暴力，实施暴力者有 90% 是男性。目前，我国的家庭暴力问题正呈显著的上升趋势。2000 年北京民意调查所统计称，在中国目前的家庭中，33.9% 的家庭存在不同程度的家庭暴力。特别在离异者中，强度较大的暴力事件比例则高达 47.1%。全国妇联的一项最新的抽样调查表明，在被调查的公众中，有 16% 的女性承认被配偶打过，14.4% 的男性承认打过自己的配偶，每年约 40 万个解体家庭中有 25% 源于家庭暴力（牟文余、蒋曼，2013）。

由于社会、经济、历史、文化的发展特征，以及妇女的特点，家庭暴力主要表现为夫对妻的暴力。施暴手段也是多种多样，日趋残忍。家庭暴力不仅严重伤害了妇女的身心健康，也影响到未成年子女的健康成长，极易导致家庭破裂，更严重的是它还会影响到社会的稳定和安定。据有关部门调查，我国女性犯罪率一直是偏低的，如今女性犯罪率有所增加，这与她们在家庭中遭受暴力和虐待有着直接关系。一些妇女"以暴制暴"的报复行为大多是在被逼无奈和无助的情况下采取的。华东政法学院法律系教授张贤钰认为，家庭暴力的形式多种多样，它既指肉体上的伤害，例如殴打、体罚、行凶、残害、捆绑、限制人身自由等行为；也指精神上的折磨，通常表现为以威胁、恐吓、咒骂、讥讽、凌辱人格等方式，造成对方精神上的痛苦，心理上的压抑等。此外，家庭暴力还包括性虐待和婚内强奸。家庭中对妇女的暴力行为是对妇女人身权中人格尊严、生命健康、人身自由等权利的粗暴侵犯与践踏，也是对妇女的心理、精神等方面的严重损害和摧残（王玫，2000）。国内有学者提出"隐性暴力"的概念，如对生女孩的妇女采取产后减少营养供给、减少休息、指桑骂槐等方式间接伤害女性精神和健康。总而言之，对妇女施暴，就是指男性滥用自己的智力、体力和性对妇女造成伤害的任何行为。对妇女施暴，根据暴力行为侵害的对象可分为生理暴力、心理暴力和性暴力三种。生理暴力：杀害、拳打脚踢、使用凶器等对妇女身体上各个部位的伤害甚至威胁生命的行为。心理暴力：以威胁、恐吓、辱骂等方式造成妇女的心理恐惧。性暴力：伤害妇女性器官，强迫与妇女发生性行为、性接触等。近年来，人们又采取以暴力发生的场所来划分暴力的方法，如家庭中的暴力、社区中的暴力及国家的暴力。对妇女施暴侵害了妇女的人身权，威胁了她们的健康和生命安全，对家庭和社会造成了严重的危害。实际上，绝大多数女性会缩小而不夸大她们所遭受的暴力，对许多受虐妇女来说，羞耻感和恐惧感使她们保持沉默，对家人、朋友、同事隐瞒事实真相。进一步考察遭受殴打的女性当时被殴打的伤情状况，按我国有关伤残鉴定的法律标准，虽然有81.2%的被殴打妇女没有任何严重的伤痛，但还是有13.6%的人构成轻微伤，4.3%的人构成轻伤，0.9%的人甚至构成了重伤（张锴，2001）。在被殴打妇女中，她们的年龄主要集中在30～40岁，这个年龄段的被殴打女性占了被殴打女性总数的46.3%（张锴，2001），其他年龄段的比例要小一些。实际上，这个时期的女性在单位中要承受工作的压力，在家庭中要照顾丈夫、赡养老人、抚养子女，她们整天处于一种高度紧张的精神状态之中，无暇顾及丈夫的感受，使得婚姻处于最不稳定的时期，男性对妇女施暴行为发生的可能性也就更大。2011年10月21日，全国妇联、国家统计局发布的第三期中国妇女社会地位调查主要数据显示，83.4%的人知道中国目前有专门保护妇女权益的法律，比10年前提高了9.6个百分点；76.3%的人赞成"在都尽到赡养义务的前提下，女儿应该与儿子平等继承父母财产"；70%以上的女性对歧视现象有明确认识，认为"因性别而不被录用或提拔""同工不同酬""因结婚/怀孕/生育而被解雇""因生女孩被人瞧不起"的现象属于歧视。调查显示，在就业方面遭遇过性别歧视的女性占10.0%，在工作、劳动、学习中，遭遇过性骚扰的女性占7.8%。在整个婚姻生活中曾遭受过配偶侮辱谩骂、殴打、限制人身自由、经济控制、强迫性生活等不同形式家庭暴力的女性占 24.7%，其中，明确表示遭受过配偶殴打的比例为 5.5%，农村和城镇分别为 7.8% 和 3.1%（全国妇联、国家统计局，2011）。

有研究者发现，不仅家庭中男性的文化程度越高，对妇女施暴行为发生的比例越小，而且女性的文化程度越高，被暴力殴打的比例也越小。这可能是随着人们文化水平的提高，人们对婚姻家庭中许多方面的问题，会寻求其他方法来解决，而不必通过暴力的方式。学者们普遍认为，我国的家庭暴力主要具有四个特点：一是行为的隐蔽性；二是时间的连续性；三是后果的严重性；四是手段的多样性。家庭暴力通常发生在家庭这个私生活空间里，隐蔽性很强，真正主动反映到司法机关的较少。从观念上讲，我国固有的传统社会心态，使得社会将家庭视作私人天地，家庭暴力归位于个人私生活，一般不告不理，大事化小，小事化了。因此，很少有人将丈夫的虐待、殴打以及侵犯妇女人身权利与犯罪加以联系。虐妻、殴妻会被看作"家务事"，认为不便"介入"和"干涉"；也有人认为，家庭暴力不是违法犯罪行为，这种行为应当控制，但不应受到行政甚至刑事制裁。因此，当发生家庭暴力时，执法机关甚至当事人均没有意识到需要诉诸法律。而家庭内部，家庭暴力的发生往往与个人隐私紧密相连。受传统观念的影响，认为"家丑不可外扬"，家庭暴力发生后，家庭成员为维护自己及家庭的名声而极力掩盖，无形中给家庭暴力蒙上一层遮羞布，使家庭暴力有很大的隐蔽性，造成家庭暴力事件暴露难、追究难。对家庭暴力宽容的文化氛围的存在，无疑间接地纵容了施暴者，默认了家庭暴力问题的存在。

男女生理上、体力上的差异是客观存在的，但那只是为男性施暴提供了一种可能性，而不是必然的、现实的。从家庭微观角度分析，引发家庭暴力的诱因很多，例如女方生了女孩，男方不满；怀疑妻子有外遇，试图用暴力达到不让妻子与其他男性正常交往的目的；赌博输了钱打妻子发泄或酗酒后发酒疯殴打妻子；双方或一方为下岗或无业人员，生活困难，男方承受不了生活压力，为泄苦闷殴打妻子；等等。

我们把家庭暴力的基本原因归结为以下几个方面。①男权文化和夫权思想的影响。它使得男人对女人的暴力合理化，不仅男人认为打妻子很正常，而且受害的妻子也这样认为。男女在家庭和社会中客观存在地位不平等的现象。大多数家庭中男人有经济基础，有政治权力，丈夫统治妻子，所谓"夫者，妻之天也"。女性由于在经济上的依赖性削弱了她们的权利，使她们不得不服从男人。她们不仅易受暴力伤害，而且不能挑战和抵抗暴力。②社会宽容的助长。家庭暴力长期以来被视为家庭私事，"邻居不劝，居委会不问，单位不管，不出人命执法机关不理"，从而成为"四不管"的真空地带。这种"不管"实际上是对丈夫对妻子的暴力行为的一种默许。不愿介入，惩治过轻实际上是对施暴者的姑息纵容。③社会整体的文化素质偏低。北京婚姻家庭研究会举办的大型婚姻家庭质量调查显示：丈夫是否打过妻子这一点与年龄、受教育程度、职业有关。年轻的、受教育程度低的以及除干部、知识分子以外的人打过妻子的概率更大。另有资料显示：施暴者呈现"四多"的特点，即丈夫虐妻多，30~40岁年龄段多，初中以下文化程度多，工人多（无业人员也占有相当比例）。文化素质低的女性本身在各方面都处于弱势地位，她们的自我意识又不易被唤醒，所以这也是一个难解的悖论。预防和消除家庭暴力是一项长期而复杂的系统工程，它需要全社会的共同努力。只有建立起男女真正平等的婚姻家庭制度、经济制度和法律制度，才能从根本上消除家庭中对妇女的暴力行为。

二 婚姻家庭外的问题

重婚纳妾（包二奶）等行为正在挑战我国的一夫一妻婚姻制度。"包二奶"实际上是新形势下重婚纳妾的一种变相形式，实质上是没有合法婚姻的姘居。早在20世纪80年代初期，一些沿海开放地区重婚、"包二奶"现象就已出现。"二奶"同相好、情妇还是有区别的。相好、情妇多少有点情投意合的意思，有些感情的成分。"包二奶"是属于一种物质的交换或依附，含有强烈的利益成分，纯粹是金钱之下的赤裸裸的肉体关系。广东省高级人民法院透露，2002全年审结因"包二奶"引起的婚姻家庭纠纷多达42000件，有47人因涉及"包二奶"行为构成重婚罪被处罚（陆幸生，2005）。由于法律不够完善，重婚纳妾、姘居、婚外恋等丑恶现象在近几年不但没有得到有效遏制，反而呈现蔓延趋势。据调查统计，广州市妇女向妇联投诉丈夫重婚、姘居或其他婚外性行为的个案，呈逐年上升态势：1998年168宗，1999年246宗，2000年1~9月401宗，比1999年同期上升43.6%（中新社，2000）。据江苏省统计，2000年全省县以上妇联接待离婚投诉4458件，其中因丈夫有第三者、婚外情、"包二奶"等情形的近1500件，占1/3左右。不仅有人包"二奶"，还有人包"三奶""四奶"，甚至更多（范传贵，2000）。这种情况的存在和蔓延，对一夫一妻的婚姻制度形成严峻挑战。一份非官方统计数据显示，中国在 2009 年有 246 万对夫妇离婚，而第三者插足导致的家庭破裂现象更是屡见不鲜，女性因丈夫有第三者提出离婚的占 64.8%，男性因妻子有外遇而离婚的也达到 48.6%（耿洁，2012）。

到底是一些什么样的男人在"包二奶"？他们是怎样生活在一起的？调查统计，有钱者占 50%，夫妻不和者占 15%，有权者占 5%，赶时髦者占 5%，打工者占 10%，另有的 15% 则是一些在城郊接合部发达起来的农民新贵（生活新报，2000）。广州市妇联 2000 年的调查问卷显示，大部分有婚外性行为的人以秘密朋友身份同居。47.9% 的丈夫外遇形式是"地下"情人，35.8% 是"第三者"以朋友身份姘居，只有 16% 是以夫妻名义公开共同生活。受调查者中，近 80% 知道重婚犯法，要判两年以下有期徒刑。偷情者多"暗度陈仓"，钻法律空子。故"包二奶"现象虽普遍，法院判重婚案件却少（中新社，2000）。"二奶"多数是文化程度低、年轻且未婚的外来妹。其中，35 岁以下者占 95%，初中文化者占近 60%。为"二奶"者，多因急于脱贫解困、贪图享受，为爱情的仅占 13%。有 40% 多的"二奶"表示，愿继续无名无分地被人"包下去"（中新社，2000）。调查资料还显示，包了"二奶"，待发妻仍如以前或更好的老公约占 20%，两边都不想放弃的约占 43%。"包二奶"而离家与发妻关系有名无实，甚至连每月数百元家用也免交的丈夫约占一半。这类老公中，有的给"二奶"置楼买车，对儿女的学费却分文不给，另有的包了"二奶"即休掉人老珠黄的妻子（中新社，2000）。

"包二奶"现象盛行带来许多严重的社会问题，其主要表现在四个方面（福联，2000）。①严重违背社会主义伦理道德，败坏社会风气，冲击一夫一妻法律制度。如在包养"二奶"现象严重的东莞市，一些人将"包二奶"当作一种时尚，公开带着"二奶"会朋友，出入各种社交场合，甚至公开姘居。②严重破坏国家计划生育政策，产生大量的社会隐蔽人口。据南海市妇联调查，在 391 宗"包二奶"案件中违法生育的孩子有 188 个，这些孩子大多没有上户口，成为数量可观的隐蔽人口。随着时间的推移，这样的隐蔽人口又将带来入学、就业等更深层次的矛盾，给社会增加负担。③败坏了党风，引发官员以权牟钱，造成腐败现象。广州、深圳、珠海 1999 年公布的 102 宗官员贪污受贿案中，100% 包养有"二奶"。这些官员的贪污受贿，相当一部分是为了寻欢作乐、供养情妇巨额开销。④造成大量家庭破裂、解体，离婚率上升，影响社会稳定。据资料不完全统计，从 1997 年到 1998 年，广东离婚案有 11037 宗，其中半数以上是因有"二奶"或第三者。

我国刑法对重婚罪的规定过于严格，难以调整现实社会中发生的事实重婚行为。我国刑法及司法解释虽然都有重婚罪的规定，但是按照这些规定，构成重婚的法律要件是：当事人需履行婚姻登记手续，当事人需以夫妻名义同居生活。客观现实是，有配偶的人与他人共同生活，几乎没有人再次办理登记手续，对外也不以夫妻名义相称，他们对外以秘书、兄妹、保姆等名义相称的居多，因此能够按照刑法重婚罪定罪量刑的是极少数。刑法规定的重婚罪对"包二奶"而言形同虚设，修改前的婚姻法对上述行为没有法规规定和制裁措施。婚姻法已有保护妇女、儿童和老人的合法权益的条款，在司法审判实践中对无过错方也有一定的照顾。但从实际效果来看，难以达到遏制重婚纳妾、"包二奶"的目的，有重婚行为者根本不在乎少分一点儿财产。多数重婚纳妾、"包二奶"者，都有预谋、有目的地转移、隐匿、消耗夫妻共同财产，等受害一方发现后，为时已晚。离婚时对财产取证又非常困难，有的在离婚时不仅分不到财产，还要分担债务。2000年 4 月全国妇联就修改婚姻法对全国 31 个省、自治区、直辖市的民意抽样调查结果显示，94.2% 的人认为对重婚纳妾、"包二奶"要予以法律制裁；88.5% 的人同意离婚时对故意隐匿家庭财产的一方要以法律制裁，以保护受害方的合法权益（福联，2000）。因此，全国妇联建议，对我国刑法规定的重婚罪做出司法解释，放宽重婚标准，规定以下行为视为重婚：有配偶的人与他人领取结婚证的；有配偶的人与他人举行结婚仪式的；有配偶的人与他人虽未举行结婚仪式，但以夫妻相称、在固定住所共同生活的；有配偶的人与他人虽未以夫妻相称，但有稳定的同居关系、在固定住所共同生活 6 个月以上的。重婚案件告诉才处理，而对于社会影响恶劣、证据充足的重婚案件，应按公诉案件处理。全国妇联的这些建议均被修订后的刑法采纳。

三 非主流的婚姻家庭模式

主流家庭婚姻模式通常是指以缔结婚姻为基础的异性结合，家庭成员以核心家庭、联合家庭为载体，家庭成员共同生活在一起的婚姻家庭模式。

非主流的家庭婚姻模式是指与传统的主流婚姻模式相异的家庭婚姻模式。非主流的婚姻家庭模式，按照传统的婚姻家庭的道德标准来判断，完全是离经叛道，出了问题。但在部分对婚姻家庭持有"先锋型"观点的人看来，是一种婚姻家庭方面的时尚，并不是问题。

1. 大龄未婚和独身浪潮

这里的大龄未婚人口，是指那些过了社会上通行的结婚年龄即"结婚适龄期"而尚未婚配的 28～49 岁的男女，不包括离婚、丧偶人群。我国大龄未婚人口有两个显著的特点：第一，无论是从未婚人口数来看，还是从各个年龄段来看，未婚男性人数都远远多于未婚女性人数；第二，年龄愈大，大龄未婚男女人数相差愈多。另外，男女在文化水平上有很大的差异，未婚男性的文化水平普遍较低，且主要集中在农村地区，而未婚女性的文化水平相对较高，主要集中在城市尤其是大城市，所以这两个群体的婚姻难问题很突出。当代又出现了另一现象，即很多白领男女自愿晚婚或不婚，成为所谓"单身贵族"。他们有较高的经济收入和社会地位，为了有更多的时间和精力工作、学习和享受生活，他们不愿轻易走入婚姻，为家庭所累。现在，这一生活方式已经得到白领层的广泛认同，并形成了一种时尚。美国人口普查局统计数据显示，2009 年，约 40% 的美国成年人呈单身状态（俞韫烨，2010）。我国没有这么多，天津社会科学院的一项调查资料显示，在天津市近 50 万未婚成年人中，女性占了 60% 以上。调查发现，在单身女性中，经济条件优越，既花容月貌又事业有成的女性，占到 70% 以上。另有 20% 事业上很有发展，经济条件也不错，长相平平，不过，她们对婚姻的要求并不比前一类女性低。还有 10% 的女性，她们的条件并不是很出众，但是在恋爱的过程中受到过不少的挫折，看到一些选择不婚的女性，也就"跟风"起来（新华社，2004）。全国妇联中国婚姻家庭研究会、中国社会工作协会婚介行业委员会和百合网联合调查显示，大龄未婚与"择偶错位"有关，一方面是男性择偶期望与女性择偶期望的不对称，另一方面是整个单身人群择偶期望值与现实情况的不吻合。例如，超过 70% 的女性认为，男性应该有房才能结婚，而只有 48.2% 的男性认为自己需要有房才能结婚。虽然有 59.9% 的男性和 62.4% 的女性都认为女性最佳的结婚年龄为 25～27 岁，但是约 30% 的男性希望找 20～24 岁的女性。同时，仍有约 20% 的女性认为自己的"黄金年龄"为 28～30 岁。而事实上，对于这些超过 27 岁的所谓"剩女",只有不到 8% 的男性选择其为理想的结婚对象。统计数据显示,超过 40% 的女性最希望理想伴侣从事的职业是公务员。而在访谈中发现,当这些女性真的与公务员去相亲后却并没有选择公务员。原因是经过实际接触以后,她们发现,大多数公务员并不如想象中那么清闲、稳定、高收入。再如,70% 的女性认为男性必须有房才能结婚,然而在房价持续走高的今天,房子无异于巨额经济财产,事实上很多适龄的男士并不具备有房的"要件"(周宁,2010)。大龄未婚群体中,少部分是主动性地选择了不婚,但大部分人是被动性的,在无法找到适宜对象时选择了不婚。

2. 无子女家庭

所谓无子女家庭,也就是"丁克"家庭。"丁克"一词来源于 DINK(Double Income,No Kids),即双收入无子女家庭。"无子女现象可能会遍及青年和中年夫妇;花甲老人抚育婴儿也是常事了。退休后的家庭可能会成为公认的社会机构。"(托夫勒,1996:204)这一类家庭的数量在 1970 年的时候达到美国全国家庭总数的 37.1%,1990 年达到了 41.7%(Kornblum,1994:513)。我国在一些城市也开始出现"丁克"家庭,复旦大学社会学系一项有关上海家庭的调查课题显示,"丁克"家庭已经达到上海家庭总数的 12.4%(王枫,2002)。据零点调查公司 2002 年 6 月的调查,目前我国的大中城市已出现 60 万个丁克家庭。现在,我国丁克家庭数量稳步上升,丁克成为"白领"阶层的婚姻时尚。丁克现象登陆中国以来,立刻就受到了国人的广泛关注,人们对它褒贬不一:有人认为它是一种对社会传统伦理价值不负责任的反叛,是享乐主义病态人生的反映;有人认为它是注重人生质量的一种积极人生态度的体现。

深圳市社会科学院性别文化研究中心研究员迟书君等对深圳户籍人口的婚姻家庭状况进行了一次大规模调查研究后发现,深圳户籍的家庭仍然属于传统稳定型。单亲家庭和单身家庭只占 0.28%,不要孩子仅由夫妻二人组成的丁克家庭占比却高达 10%(李爱芹,2006),远远高于国内一般城市,并且呈继续上升的势头。传统社会中婚姻只是传宗接代、生儿育女的代名词,家庭的意义只在于使本家族人丁兴旺,崇尚的是四世同堂、儿孙绕膝,"不孝有三,无后为大"是人们一贯倡导的伦理价值观念,现代青年更看重的是生活的质量和自我价值的实现。人们逐渐以开放的、平和的心态来看待和接受别人的生活方式和行为模式,从而整个社会越来越持一种理解的、宽容的态度，而不会去对"丁克"家庭说三道四。社会对家庭的干预减少，家庭生活被认为是个人的私事，而与他人和社会无关，私生活的权利受到尊重，法律道德和社会舆论对个人婚姻家庭生活、生儿育女的干预受到严格的限制，尤其是行政单位不再也无权干预个人私事。国家经济的快速发展，社会保障体系的建立和完善，很好地解决了丁克家庭的后顾之忧。

3. 同性恋伙伴

同性恋是"Homosexuality"的意译，最早是法国医生贝卡尔特（Bekert）于1869年创造的，是指对异性不能做出性反应，却被自己性别相同的人所吸引。沃克（D. Walker）在《牛津法律指南》中写道，同性恋是一个人和另一个同性别人产生的性吸引，导致身体接触和性快感（吴炽煦，2003）。1992年，世界卫生组织（WHO）确认同性恋是属于少数人的自然现象后也将同性恋从心理障碍性变态疾病分类中剔除。根据婚姻法，只有那些严重影响配偶、后代人身保护或婚姻关系中权利义务最基本履行的遗传性疾病、精神病等，才被列为禁止结婚的类别（黄洁，2013）。我国也于2001年4月出版的《中国精神病障碍分类与诊断标准》中重新定义了精神病的诊断标准，提出了同性恋不再属于病态心理，这次修订被认为是中国精神卫生学界同国际接轨的举措之一。同时，在现行《刑法》中也把同性恋行为从违法犯罪的行列中删除。2004年12月，国家卫生部、中国疾病预防控制中心公布的一项调查结果表明，中国的男同性恋超过500万人，这是中国官方首次公布此类数据。我国学者刘达临等于1989~1990年对两万名国人调查发现，中国当代有7.6%的大学生、2.54%的已婚农民有同性恋行为。据调查统计，素质型同性恋约占中国人口的2%，约有3000万人；如果加上有同性恋感情的人，则占中国人口的3%~3.5%，约有4000万人（余放争、杨国纲、余翔等，2005）。男女同性恋人口在人群中占到3%~4%，在中国就是3900万~5200万人（李银河，2006：123）。在《人类男性性行为》和《人类女性性行为》调查报告中，Kinsey指出，绝对型男同性恋者占4%，绝对型女同性恋者占3%；德国的Schnebell在20世纪70年代的调查也发现，绝对型同性恋者占人口总数的3%~4%，这一结果与Kinsey的调查结果基本一致（许毅，2008）。

同性恋有专门指称，男性同性恋称Gay，女性同性恋称Lesbians。男同性恋中有 MC 的简称，M 是 Man 的简称，意即男子气很强的男人，在男同性恋关系中扮演丈夫角色；C 是 Cissy 的简称，意指有女人味的男人，在男同性恋关系中扮演妻子的角色。女同性恋中也有 TP 的简称，T（Tomboy）意指有男性气质的女孩，在女同性恋中扮演丈夫的角色；P（Puregirl）意指有女性气质的女孩，在女同性恋关系中多扮演妻子的角色。19 世纪后期，德国律师卡尔·H. 威尔克斯（Carl H. Wilkes）从自己的成长经历出发，摈弃将同性恋归为道德败坏或堕落的观念，将其视为一种本性。借助胚胎的研究结果，他认为人生来不仅有泾渭分明的两种性别，应该还有介于男女之间的"第三性"，而同性恋就属于这类性别。"第三性"说是人类最早的认为同性恋是人类生理现象的学说。同性恋的"疾病论"和"非病论"都是不同社会时期，对同性恋认识发展过程中不可回避的阶段。传统的社会舆论对同性恋的批评主要有：同性恋多性伴与随意的性行为是淫乱和道德败坏，对青年产生坏影响；同性恋破坏婚姻制度及社会稳定；同性恋传播疾病。新中国成立后，我国对同性恋行为的法律制裁，是受到广大人民群众支持与拥护的（余放争、杨国纲、余翔等，2005）。随着医学的进步，道德观念的发展，社会对同性恋的认识开始回归理性，并逐步宽容。我们没有权利只是因为同性恋者有不同的性偏好和行为就将他们从社会生活中排斥出去。当同性恋者无法得到社会的认同，甚至只能受到来自道德与法律的歧视时，同性恋者所能做的就是将自己伪装成异性恋以掩盖其性倾向，或以婚姻为伪装，或被迫走入地下。恰恰正是这种隐藏的、短暂的性关系，使同性恋之间的性关系变得不健康，甚至成为艾滋病传播的渠道。"由于缺乏法律相应的规制，同性恋者的权益无法得到保护，会造成社会的不稳定因素相对提高。同时不得不与异性结婚的同性恋者并不会因为其合法的婚姻改变自身的性偏好，他们所缔结的婚姻实质上是对婚姻这一神圣制度的侵犯与挑战，这种所谓的婚姻既不是婚姻当事人想要的，也不是法律旨在保护的婚姻，而是对婚姻的亵渎。"（管乐，2006）多数同性恋者在婚姻初期是基于社会压力或自我控制，表现出正常的性取向，与配偶生儿育女。可当婚姻关系持续一段时间后，部分同性恋者就会放松自我控制，出现同性恋行为，致使夫妻双方感情破裂，这就是"同妻"问题。其配偶一方会认为，同性恋一方欺骗自己的感情。1999 年 8 月 23 日，由世界性学会（World Association for Sexuality）组织，有 30 多个国家和地区参加的世界性学大会在中国香港举行，会议通过了《香港性权宣言》，宣称性是每个人人格之不可分割的部分，性权是基本的、共同的人权，并规定了性自由权、性自治权、性完整权、性身体安全权、性私权、性公平权、性快乐权、性表达权、性自由结合权等 11 项性权利（赵合俊，2002）。但是，从性学会这一领域所做出的宣言变成为世界各国和地区所广泛接受，并通过联合国形成具有法律约束力的人权公约，还有相当长的路要走。目前，同性恋权利未被普遍认同并得到保护的原因主要有四点：世界上很多国家对同性恋群体持不同程度的歧视、排斥和厌恶态度；同性恋组织制度化程度低；许多国家政府对同性恋群体存在误解，不支持他们（她们）的行为；同性恋者在组成家庭生儿育女问题上仍存在难以解决的现实问题。法国国民议会2013 年 2 月 12 日投票通过了允许同性恋结婚及收养子女的法案。该法案文本的诞生，经历了左右派议员 10 天共 24 场激烈辩论。由于议员们在此期间共审议了多达 4999 项修正案，这一文本也成为自法兰西第五共和国成立以来讨论时间最长的法案之一。一次民意调查显示，63% 的法国人赞成同性恋结婚，49% 的人赞成他们收养孩子（梁霓霓，2013）。2000 年 2 月，北京市第一中级人民法院在一起涉及同性恋名誉权案件的终审判决中，撤销了一审判决中"同性恋目前在中国被认为是一种性变态行为，不被公众接受"的判词，从司法审判的角度第一次为同性恋"平反"（孟俊、卢玲玲，2012），实现了中国同性恋非病理化。它在中国人正确认识同性恋方面起着不可忽视的引导作用，具有重大的积极意义。

4. 非婚同居家庭

有的人选择不结婚，以同居或住在一起作为一种男女结合的方式。这种形式在美国的年轻人中间比较普遍，到 2000 年，非婚同居者组成的家庭增长了 72%，由 319 万个增至 547 万个（朱国秋，2001）。非婚同居作为一种社会现象，源远流长，但在 20 世纪 60 年代以前，一直受到社会的抑制、道德的非难和法律的禁止。60 年代以后，一些西方国家开始转变其传统的态度，对非婚同居进行法律的规范和调整。90 年代以来，非婚同居现象也在中国增长迅速，而社会公众也开始对同居出现宽容看法。

婚姻登记是两性关系合法化的证明。我们经常说同居，但对同居的理解和看法因文化背景和价值标准的不同而有很大的区别。从字面来看，"同居"一词有四层含义：一是指"同在一处居住"；二是指有婚姻关系的夫妻共同生活；三是指男女双方没有结婚而共同生活；四是指同性的男人或女人共同生活。我们研究的同居，显然不是第一种和第二种意义上的同居。传统意义上的同居是第三种同居：没有正式结婚的一男一女自愿地、持久地、以夫妻的身份共同生活在一起的一种民事行为。这种性质的同居是最普通的也是最接近传统婚姻概念的同居，因为它与婚姻的唯一区别就是婚姻持有一张结婚证书。现代意义的同居与传统婚姻的距离越来越大，大致可以说是两个自然人以性生活为主要内容，而无所谓夫妻身份的共同生活在一起的一种行为。我们在此讨论的是一男一女有婚姻的事实，但没有履行结婚的法律手续的同居。同居者由于有不同的目的，其关系的稳定程度也是不同的。①"准婚姻"同居者，即同居者中大部分人是以婚姻为目的的，由于经济条件、时间、精力等因素的不具备，暂时没有结婚，但共同生活在一起。这些同居者一旦条件成熟，便进入婚姻组成家庭。这种同居形式，双方具有相对稳定的关系，在事实上比较接近婚姻关系。同居者以避孕为前提，在没有履行法定结婚程序下以夫妻名义共同生活。②"试婚"式同居者。这是指没有配偶的男女双方在一定期限内，也是以结婚为目的，但为了避免婚姻的错误结果，进行试验性的同居生活。试婚的双方不仅要有夫妻的名义，还要有夫妻生活的事实，与姘居不同。试婚同居就是在正式婚姻之前增加一个"试验阶段"，双方彼此互为试验对象，"试验"成功就走进婚姻，试验不成功，就分手。③性互助式同居者。青少年从生理上的性成熟到组成婚姻家庭，中间有较长的时间，许多中青年人仅仅出于满足生理的需要，临时组成同居伙伴。在单身农民工中，也出现了大量的"临时夫妻"。由于不是以婚姻为目的，相互之间的情感与容忍度较低，这种同居关系十分不稳定。前两种类型的同居在本质上是一种事实婚姻，即指符合婚姻成立的实质要件的男女双方没有经过登记，以夫妻关系长久、持续地同居生活的一种婚姻形式。但有些同居则是完全属于违法的，非法同居行为大致有以下几种：有配偶者违反婚姻法与他人同居的行为；故意与未满十四周岁少女及女性精神病患者（含痴呆者）同居构成强奸罪等刑事犯罪行为；重婚及与现役军人配偶同居构成重婚罪、破坏军婚罪等刑事犯罪行为；未构成重婚罪的一般刑事违法行为（刘金瑞，2012）。

同居通常的理由是：同居可以增加彼此的了解，避免因为个性、思想等差异导致的婚姻悲剧；同居是因为两情相悦走到一起，重视感情、心灵和性的交融，比婚姻美好、纯洁；同居的当事人有绝对的人身自由，无须向对方解释什么，因此，同居比婚姻更有利于人性的彻底解放；同居关系是以相互尊重和平等的原则为基础建立的两性关系，大男子主义行不通，克服了婚姻中事实上的男女不平等；对住房相对困难、收入较低的人，同居可谓成本低、收益大的选择；同居可以满足彼此的性需要。但不可否认，同居的负功能也是显见的：同居是双方当事人对婚姻不信任的一种事实状态，与相濡以沫的夫妻关系性质是不同的；同居缺少法律的约束和保障，一旦同居关系破裂，在财产等问题上无法保障；同居没有任何法律的约束，男女双方都拿不出为了家庭和谐而改正自己某些缺点的毅力和耐心，因此，双方稍有矛盾，就有可能分道扬镳，这正是露水夫妻的特征；同居为不负任何责任的人找到了最好的托词，为男人喜新厌旧的行为提供了最好的借口。不断变化的需要和感觉以及对新生活的不断追求被认为是无道德感的男人的天性，同居会磨灭人性中最美好的东西，那就是真诚与信任。1992年美国对3300个家庭的调查显示，同居关系演变成婚姻后的最终离婚率比非同居关系发展为婚姻的最终离婚率高出46%。本项调查的实施者的结论是：婚姻解体的风险随同居关系的流行而增大（佚名，2001b）。非婚同居在我国的普遍存在所引发的各种人身关系、财产关系等方面的矛盾纠纷是我们不得不去面对的。因此，借鉴其他国家关于非婚同居方面的法律是非常有必要的。

还有一种特殊形式的同居模式，即老年同居。老年人的再婚问题往往会因为子女的反对和财产的纠纷等问题存在很大的阻力，因此同居生活满足了他们的愿望，既能够相互照应，又能不领结婚证，也就不存在财产继承和子女的负担问题了。但两个人长久居住，往往会产生很多问题，在中国目前没有非婚同居立法规制的前提下，如何有效地保障受侵害一方的权利，是需要我们进一步关注的。广东老年公共事务研究中心、秋光杂志社于2013年的调查显示，因经济方面、亲子关系障碍、外在环境影响和老年人自身的顾虑等，有57.38%的老年人表示不会再婚，一些老年人选择了非婚同居。非婚同居可以解决很多的现实矛盾，又可以使老年人情感依靠相依为伴。子女和社会应该正确看待这种方式，并通过相关制度的完善和多方面引导，使老人可以享受到更加幸福的晚年（李强等，2013）。

5. 开放式婚姻

乔恩·谢泼德和哈文·沃斯指出：开放式婚姻指结合在一起的男女，在不损害各自个性的前提下，互相帮助、互相支持，以取得两人之间以及两人与其他人之间关系的密切发展。允许结合的双方接受他人的友谊，甚至与他人发生性关系。即使开放式婚姻的倡导者本人也承认，这种制度也许只能在少部分人中实行（托夫勒，1996：190~191）。在 20 世纪 70 年代美国盛行一时的性解放运动的背景下产生的开放式婚姻，在近 30 年出现了向传统家庭回归的趋势，提倡健康的爱情、慎重的婚姻与稳定的家庭。但在中国开放式婚姻在一些具有"先锋"观念的人中悄然出现。"白领之间的换妻'性派对'正悄然流行于粤港两地。近日，有圈内人向记者透露了其中一些内幕。据称，这一群体包括律师、商人、推销员、经纪人、行政经理等，大多受过良好教育、有中等以上收入，为填补空虚、追求刺激却不需担心'患病'而选择此种'泛爱'方式。专家称，此举可能因触犯相关法规而被治罪。"（何雪峰，2005）开放式婚姻显然是性观念处于"先锋型"的极少数人的行为，与我国的主流性道德观念是格格不入的。"换妻派对"反映了一种病态的婚姻关系，夫妻共同追求的这种新意刺激，或许能够满足游戏感情的需要，维系一时婚姻稳定，但这种开放式的家庭结构，对双方心理的承受能力提出了极高的要求。

主题链接："裸婚"

"裸婚"（bare marriage family）是 2008 年国内兴起的网络新词语。所谓"裸婚"，就是指男女双方不买车、不买房、不办婚礼，甚至没有婚戒而直接领证结婚的一种结婚方式。"裸婚"的出现，既是现代社会中年轻人承受巨大的经济、社会压力而做出的转变，也是人们的婚姻观念、爱情和生活方式的转变。在年轻人当中，"裸婚"成为"80 后"最新潮的结婚方式。在搜狐网进行的一项名为"新结婚时代，你会裸婚吗？"的调查中，43% 的人表示"会"，47% 的人表示"不会"。"裸婚会幸福吗？"同一调查中，44% 的人认为"裸婚"可以获得幸福，没有物质的爱情更经得起考验；但同样有 44% 的人认为"不会"，连经济基础都没有，无法谈生活。

参见喻懿洁《"裸婚"为何男女有别》一文。

第三节　家庭社会问题产生的社会条件及处置

时代在前进，社会在发展，婚姻家庭领域出现的问题也带有鲜明的时代特征（齐晓安，2009）。许多过去称之为"问题"的现象，在道德宽容的今天已不再是一个社会"问题"，社会舆论也正日渐从它的道德监督者的位置上退下来。而另一些过去少之又少的现象，现在却呈现日益严重和泛滥的趋势。所以，面对今天的婚姻家庭现状，我们一方面要进行观念的更新，跟上时代的潮流；另一方面，要重视某些社会影响较大、危害较深的问题，找出对策，以便进行预防和治疗。

一　婚姻家庭的社会原因

从社会宏观角度分析婚姻家庭原因，国内学者已经做了很多工作，形成的观点有以下几种。

1. 观念变化

过去的婚姻是社会意义大于个人意义，婚姻稳定是社会稳定和家庭幸福的重要衡量标志之一，个人感情从属于社会的需要；而现代，个体在婚姻中的自主权增大，婚姻越来越被认为是个人的私事，人们对待婚姻的态度普遍是"合则聚，不合则离"，好合好散。"白头偕老"已经不是婚姻的终极价值观念。早年人们以离婚为耻，认为离婚是不光彩的事，现在人们对离婚的宽容度大大提高了，社会舆论和当事人单位对夫妻冲突和离婚越来越持不干涉的态度，法院也实施"无过错"的离婚判决，将感情破裂与否作为判决离婚的根据。人们对待感情与生理的需要更加重视，认为个人的幸福胜过婚姻形式。由追求"白头偕老"的婚姻转变为"系列婚"，即一个人在其进入结婚年龄后的不同时期，会与不同的人处于婚姻状态，换句话说，绝大多数人一生将多次离婚又多次结婚（袁亚愚，1991：4）。离婚人数的日益增多或离婚率的不断上升，不仅使离婚成为社会中司空见惯的平常事件，而且改变了千百年来的传统的婚姻模式，婚姻的神圣性在人们心目中地位降低，与异性的交往更加随便。文化水平的提高，使得当代青年更注重自我个性的张扬，他们倾向于实现自己的价值观念，按自己的标准行事，而不愿意被正统的道德观念束缚而压抑自己心理或生理的需要。

2. 社会流动增加

社会主义市场经济带动了整个社会流动，而这种社会流动所形成的大面积的社会交往，势必冲击婚姻家庭。过去离家不易，与他人"老死不相往来"；现代科技的发展，便利的交通、通信、网络等，使得家庭的活动天地大大扩展了，人们的交往频率提高了，交往范围扩大了。出门在外者社会交往面大大增加，面对的诱惑因素很多，这些都增加了他们的越轨机会，婚姻就不那么牢固了。"见一个不一定思迁，见千万个就不能保证不思迁了。"（张兴杰，1998：486）现在住房可以自由租售，解决了男女双方的居住问题；而医学的发达，使避孕成本下降、避孕手段简单，为非婚姻的同居创造了客观上的便利。

3. 理想婚姻与现实的差距

社会整体的物质生活水平提高了，物质与生存的基本要求满足以后，人们将眼界放在较高的精神追求上，人们开始向婚姻寻求更多心理上、精神上的满足，因而他们对婚姻的期望值也大大提高，这与平凡的家庭生活形成落差。为了短期的目标——解决情感与生理的需要，也为了长期的目标——寻找一个理想的、合适的婚姻对象，许多人愿意采取同居形式，降低正式婚姻的巨大成本。一部分在经济上的富裕者通过金钱与财富来交换性需要的行为大量产生。

4. 社会竞争压力

社会的工作节奏与生活节奏加快，职位竞争更激烈，工作上的紧张感更强，要想谋得一份称心如意能发挥自己特长的工作更不容易，特别是年轻人。人们在个人发展和婚姻、养育后代等问题上无法做到很好的平衡。日趋激烈的市场竞争和生存压力，使越来越多的人期望从高额的婚姻成本、哺育后代等重压中解脱出来，于是，越来越多的人选择低成本的、便捷式的同居以及"丁克"家庭等。工业社会的婚姻家庭中的爱情、婚姻、家庭、性、生育在总体上保持一致、互相统一的前提下，出现了大量的分离现象：性与爱的分离、性与婚姻的分离、爱与婚姻的分离及婚姻与爱的分离、婚姻与家庭的分离、生育与婚姻家庭的分离和男女平等及女性与男性的分离（女性解放），而且分离的趋势愈演愈烈。

二 加强对婚姻家庭社会问题的研究

美国学者马丁·怀特（Martin K. Whyte）在《约会、择偶和结婚》一书中提出，美国离婚率的分布在下述几类相互不同的人中存在着明显的差异（古德，1986：224）：①早婚的人的离婚率要高于正常年龄结婚的人的离婚率；②婚前相识较短的人的离婚率要高于相识较长的人的离婚率；③在大学、工作场所及偶然的机遇而相识和结婚的人，其离婚率较高，而在青梅竹马时代便相识和后来结婚的人，其离婚率则最低；④订婚期短或没经订婚就结婚的人的离婚率要高于订婚半年以上才结婚的人的离婚率；⑤家庭社会背景、民族、种族和宗教信仰相异的夫妇的离婚率要高于相同的夫妇的离婚率；⑥家庭和亲友不赞同的婚姻，其离婚率要高于赞同的婚姻。这种具有规律性的命题对青年人的婚姻起指南作用。面对非主流的婚姻家庭模式，无论是在价值判断上还是在理论分析上，我们的研究并不深入。我们无法简单地对非主流的婚姻家庭模式说对错，也无法对非主流的婚嫁家庭模式大量增长做出深入的、有说服力的分析。我国学者需要进行这方面的实证研究，加强对婚姻家庭问题的探讨，化解家庭问题的产生。

三 家庭社会工作对婚姻家庭问题的介入

目前，婚姻家庭的破裂、异化已然构成了一大社会问题，这也是时代的特点之一。因此，社会工作者要进入家庭，应付由此带来的一系列的家庭问题与社会问题。家庭社会工作要针对家庭的形态和结构、家庭生活环境、家庭生命周期以及家庭成员的症状与家庭交往方式之间的关系进行评估，具体介入家庭进行治疗，主要通过改变家庭成员的看法，协调家庭成员的关系，帮助家庭中的弱势成员提高适应能力等办法来进行。

社会工作在协调婚姻家庭关系，增强婚姻家庭关系的调节功能方面可以采取个案工作和团体工作的方法。就团体工作而言，可以针对各种家庭开设有关夫妻关系、性关系、家政以及家庭的教育与培训，向家庭传授增强家庭自我调节功能的知识与技巧。团体工作方法在离婚、家庭暴力等方面具有较大的治疗功能。在个案工作方面，主要是利用结构家庭治疗法以及联合家庭治疗法的技术，实行家庭的心理辅导。这种咨询服务的形式有热线电话、个案面询、团体及家庭治疗等。

家庭社会工作要对青少年进行婚前的婚姻家庭辅导，针对青少年以及婚前的婚姻家庭的教育主要集中在婚前学校、家长学校、家政学校中。这些教育的目的主要是帮助青少年和即将结婚的夫妻对婚姻家庭以及与之相关的内容有比较好的认识，把崇高爱情与道德素质结合起来，把夫妻平等相处的观念与行为结合起来，把坚持一夫一妻制与反对重婚结合起来，把做文明人与建立文明家庭结合起来。要有正确的关于性道德、性心理、性生理、性文化、性犯罪以及性生活评价的知识，树立科学文明的性观念，达致婚姻家庭的和谐与完满（王丹丹，2006）。

应该在社会上建立专门的妇女援助机构，在社会工作者的指导下建立由社区、妇联、新闻机构以及司法部门共同组成的援助网络，及时了解并掌握家庭离异、家庭暴力的情况，为受害妇女提供法律和经济帮助，并可开通专门的热线，设立一些"妇女避难所""心理咨询机构""精神治疗中心"等机构，减轻受害妇女的精神痛苦，使其在暂时逃离家庭后，能获得有效的帮助，身心能得到恢复。

社会工作者要推进保护妇女的立法工作。一方面，社会工作者要在大量调查研究的基础上，推动政府重视并完善对妇女暴力、家庭离异的专门立法，使之具有可操作性。另一方面，要加强对妇女的素质教育，增强其法律意识，提高其反对家庭暴力、家庭离异的能力。

本章要点：

1. 我国婚姻家庭问题的特点

2. 婚姻家庭问题的内容

3. 婚姻家庭问题的社会原因

4. 婚姻家庭问题的处置

关键术语：

婚姻 离婚 家庭暴力 "包二奶" 大龄未婚 "丁克"家庭 同性恋伙伴 非婚同居

推荐阅读文献：

邓伟志、徐新，2006，《家庭社会学导论》，上海：上海大学出版社。

富晓星，2012，《空间、文化、表演：东北 A 市男同性恋群体的人类学观察》，北京：光明日报出版社。

凯旋心理咨询中心，2012，《家庭冷暴力与情感失衡》，北京：外文出版社。

W. 古德，1986，《家庭》，北京：社会科学文献出版社。

刘达临、鲁龙光主编，2005，《中国同性恋研究》，北京：中国社会出版社。

刘晓霞、王丽丽主编，2012，《反家庭暴力研究》，北京：中国政法大学出版社。

梁景和主编，2012，《婚姻·家庭·性别研究》（第一辑），北京：社会科学文献出版社。

吕频主编，2011，《中国反家庭暴力行动报告》，北京：中国社会科学出版社。

李克玉、张静，2010，《婚姻家庭社会学》，北京：新华出版社。

李银河，2006，《李银河说性》，哈尔滨：北方文艺出版社。

李银河，2009，《李银河关于情感的对话》，武汉：武汉出版社。

孟德花，2009，《别居与离婚制度研究》，北京：中国人民公安大学出版社。

大卫·诺克斯、卡洛琳·沙赫特，2009，《情爱关系中的选择：婚姻家庭社会学入门》，金梓等译，北京：北京大学出版社。

潘绥铭，1995，《中国性现状》，北京：光明日报出版社。

阿尔文·托夫勒，2006，《未来的冲击》，蔡伸章译，北京：中信出版社。

邢飞编著，2012，《中国"同妻"生存调查报告》，成都：成都时代出版社。

杨善华、沈崇麟，2000，《城乡家庭——市场经济与非农化背景下的变迁》，杭州：浙江人民出版社。

袁亚愚，1991，《中美城市现代的婚姻与家庭》，成都：四川大学出版社。

周达生、戴梅竞编著，1993，《现代社会病》，上海：上海中医学院出版社。

瞿明安、施传刚主编，2011，《多样性与变迁：婚姻家庭的跨文化研究》，北京：知识产权出版社。

张亚林、曹玉萍主编，2011，《家庭暴力现状及干预》，北京：人民卫生出版社。

张李玺，2006，《角色期望的错位——婚姻冲突与两性关系》，北京：中国社会科学出版社。

朱东武、齐小玉，2011，《城市社区多机构干预家庭暴力的实践》，北京：中国社会科学出版社。

第五编

边缘群体社会问题

第十四章　游民问题

　　流动人口是指离开了常住户籍所在地，跨越了一定的行政辖区范围，在某一地区暂住、滞留、活动，并在一定时间内返回常住地的人口。也就是说，从动态看，流动人口是指实现了人户分离的，在地区之间流动的人口；从静态看，流动人口是某一地区中没有该地常住户口而在该地从事各种活动的人口，或是某一地区中有该地常住户口却不在该地活动、居住的人口。根据流动人口的动因或性质分类：①劳务型流动人口，主要是进入城市去提供各种劳务的人员；②公务型流动人口，从事各种公务、业务活动的人员；③社会型流动人口，指各种因个人的需要（如学习、探亲访友、随迁等）而流动的人员；④游民型人口，流动人口中无正当职业、无稳定收入来源、无固定居所的"三无"人员。① 他们以非制度化的手段甚至非正当手段谋生。我国游民群体以农村贫困落后地区的外出流动人口为主体。这类人员可以分为三类。第一种是农民进入城市后，尽管身体健全，但暂时找不到工作，收入中断，连基本生存也无法维持，因而以拾荒、乞讨为生，以流浪或游荡为暂时的生活方式，这部分人具有过渡性，一旦找到工作可能恢复常态的生活。第二种是一些农村妇女、老年人、儿童甚至残疾人，进入城市后，因无劳动能力，只能以乞讨获取生活来源。这一类行乞者主要以生存为目的，即所谓"真乞丐"。第三种是有劳动能力，无正当就业需求，属于游荡成性、好逸恶劳者，将行乞作为一种职业和生活方式。其中有一些人是以偷窃、敲诈、抢劫为生的流氓无赖，这部分人会对社会

---

① 社会管理中的"三无"人员是指无合法证件、无合法职业、无正当收入的人员，我们认为身份证明并不是决定游民的条件，而固定居所则是决定游民的重要条件，因此我们将无合法证件改为无固定居所。

秩序造成危害。

第一节 游民问题

我国的游民到底有多少？据介绍，2013 年全国 2000 多个救助管理机构，其中 200 多个救助流浪未成年人保护中心共救助流浪、乞讨人员 235 万人次，其中未成年人 15.9 万人次（李立国，2014）。2007～2011 年，全国共救助流浪乞讨人员 892.7 万人次，其中未成年人 80 万人次，基本实现了对城市生活无着流浪乞讨人员的应救尽救（民政部，2012d）。能够得到救助的人是游民中的部分人，真正的游民数据显然要远远大于上述数据。

我国游民的结构是怎样的？据统计，从 2003 年 8 月 1 日到 12 月 31 日，全国共有 218689 人求助，经甄别后实际救助 177693 人，受助率 81.3%。受助人员中，男 128381 人，占 72.2%；女 49312 人，占 27.8%。18 岁以下少年儿童 32344 人，青壮年 101070 人，60 岁以上老年人 44279 人，分别占 18.2%、56.9%、24.9%；痴呆傻 7803 人，占 4.4%；精神病 11137 人，占 6.3%。本省 89705 人，外省 87988 人。受助人员中，主动来站求助的 107930 人，由有关部门或群众引导护送来站的 60166 人，被有关单位或群众丢弃站外的 9597 人，分别占 61.7%、33.9% 和 5.4%（民政部，2004）。这些游民是如何得到帮助的？受助人员中，由救助管理站提供现金或乘车凭证返回的 103947 人，由家属寄路费返回的 8449 人，亲友、单位接回的 12045 人，民政部门接回的 3349 人，护送返乡的 7900 人，自愿离站的 26353 人，终止救助的 5731 人，擅自离站的 2130 人，由地方福利机构或其他机构安置的 609 人（民政部，2004）。

本章关注的是农民工中沦为"三无"的人员，以及乞丐和流浪儿童这三种主要的游民。他们给城市秩序以及整个社会带来了一些负面影响，这些影响已经构成社会问题。

事件链接："孙志刚"事件

2003 年 3 月 17 日晚，在广州某公司任职的湖北青年孙志刚在前往网吧的路上，因缺少暂住证，被当地警察送至广州市"三无"人员（即无身份证、无暂居证、无用工证明的外来人员）收容遣送中转站收容。次日，孙志刚被送往一家收容人员救治站。在救治站，孙志刚受到工作人员以及其他收容人员的野蛮殴打，并于 3 月 20 日死于该救治站。这一事件被称为"孙志刚事件"。2003 年 6 月 27 日，广东省高院对该案做出终审判决：以故意伤害罪，判处被告人乔燕琴（救治站护工）死刑；李海婴（被收容人员）死刑，缓期两年执行；钟辽国（被收容人员）无期徒刑；其他 9 名被告人也分别被判刑。6 月 20 日，国务院总理温家宝签署国务院令，公布《城市生活无着的流浪乞讨人员救助管理办法》，6 月 22 日，经国务院第 12 次常务会议通过的《城市生活无着的流浪乞讨人员救助管理办法》正式公布，并于 2003 年 8 月 1 日起施行。1982 年 5 月 12 日国务院发布的《城市流浪乞讨人员收容遣送办法》同时废止。

一 农民工中的游民

20 世纪 80 年代以后，我国大量农村剩余劳动力外出寻找就业机会，形成了一股汹涌澎湃的民工潮，农民工成为全国流动人口的主体。2013 年国家统计局据抽样调查结果推算，2012 年全国农民工总量达到 26261 万人，比上年增加 983 万人，增长 3.9%。其中，外出农民工 16336 万人，增加 473 万人，增长 3.0%。住户中外出农民工 12961 万人，比上年增加 377 万人，增长 3.0%；举家外出农民工 3375 万人，增加 96 万人，增长 2.9%。本地农民工 9925 万人，增加 510 万人，增长 5.4%（国家统计局，2013）。农民工群体总体上是一个处于城市与农村之间、城市居民与农村农民之间的边缘群体。边缘群体由于缺乏合法性的制度认同和主流文化的接纳，在社会规范不健全、阶层流动受阻和社会歧视性行为等存在的情况下，极易出现游民化。进城的农民可以分为三个层次。第一层次是带资金进入城市的人，他们在城市以经商开店为主，这部分人有经济实力融入城市社会，通过购买商品房获得户口，基本上可以在城市有稳定的生活。第二层次是以打工为生的农民，即真正意义上的农民工，他们有相对稳定的工作，有比农村劳动所挣要高的收入，生存没有问题，只是生活艰苦一些，通过劳动赚"辛苦钱"是他们的目的。这一层次的农民工对城市的经济生活做出了重要的贡献，不构成对城市的威胁。第三层次是农民工中的边缘人，这些农民工拥有的人力资本不高，在市场中没有竞争力，在城市可能会一时无法找到相对稳定的工作，处于失业状态，因而成为无合法职业、无正当收入、无固定居所的"三无"人员，沦为游民；其中部分人好逸恶劳，道德素质不高，根本就不愿意做艰苦的工作，成为居无定所的职业游民，对城市秩序构成一定的威胁。

　　农民工沦为"三无"人员这一数据可以从收容遣送的数量变化看出。据上海市统计，20世纪的80年代，年均收容总量不超过1万人次，1990年收容遣送"三无"人员2.1万人次，1997年收容遣送超过10万人次，占外来人口总量的3.6%（张声华，1998：87）。城市管理部门认为，在收容遣送人员中，真正属于年老体、身体残疾的社会弱者，或者家乡受灾而被迫外出的灾民的份额没有明显增加。增加较多的是具有正常劳动能力但失去正常劳动生活的人员。据某市钟山煤矿收容所介绍，2001年已经收容"三无"人员共16000多人，这批人近80%是青壮年，其中妇女占20%以上，这些人主要是无任何证件、无固定职业、无固定收入、无固定居所的人员，不知道他们的真实身份、真实姓名、真实地方，这批人中，近25%有轻微的越轨行为，有些罪犯也藏匿其中。[①] 这样的收容所在上海市就有三个，一年收容的"三无"人员有4万多人。"三无"人员的特征如下。①他们找到临时性工作，有收入来源时，可以正常生存下去，但找不到工作时，为了生存，有道德观念者往往从事拾荒、乞讨，而无道德观念者则铤而走险，如偷窃工矿企业工地上的原材料、设备，破坏城市的公共设施（如电线、电话、路标、窨井盖、公共厕所的设备），用这些偷窃来的东西换些钱；还会对城市居民的财物造成损失，如偷自行车、居民放在窗外的衣物等。由于他们一无所有，不会有什么顾忌，犯罪成本极低。②通常这些人是小团体活动，他们通常以初级群体为纽带，有的是松散的联系，有的则同出同进。如果其中有不良分子，在其唆使下，极有可能做出越轨的事情。③有的长期滞留于城市，对城市的非正常生活已经相当熟悉，如对什么地方可以睡觉、什么地方可以拿东西、什么地方可以找到活、什么情况下可以与收容人员周旋都有了解。有的干脆主动进收容所，有吃有喝有住。他们不

---

① 2001年8月5日南京电视台新闻节目。

愿意回到贫困的或不尽如人意的家乡。④流浪已经成为他们的生活方式。他们习惯于这种到处漂泊、居无定所的生活，认为自由自在，无拘无束。⑤通常具有反社会的心态。由于他们生活在城市社会的底层，没有能力也没有机会改变目前的生存状况，而城市的繁华生活给他们以强烈的刺激，对他们来说，没有正常的渠道获得收入、达到致富的目标，而只有通过非正常的或非法的途径才能达到这些目标。他们对城市社会是既羡慕又妒忌，对城市人充满敌意。⑥这些人没有什么理性的人生观，抱着过一天算一天、混口饭吃就行、好死不如赖活着的心态。据公安部门公布的材料，在深圳发生的抢劫、杀人、强奸、卖淫、贩毒等恶性刑事案件中，90%以上是农民中的"三无"人员所为。北京的违法犯罪案件中，不少是外来民工所为，甚至有些人有抢劫、偷窃、杀人等严重违法行为。游民团伙犯罪也相当严重，外来人员聚居地成为城市藏污纳垢的场所。"外来人员犯罪案件占北京市犯罪案件的46.2%，有的外来人口聚居区高达70%以上，广州甚至高达80%。"（张春龙，2000）从20世纪90年代末开始，流动人口犯罪问题日益凸显。

对杭州市下城区人民检察院2005～2007年来的案件数据中当前城市外来人口犯罪的现状和特点的分析见表14-1。

表14-1 城市外来人口犯罪的现状

单位：人，件，%。

年份	全年受理人数			流动人口犯罪案件数量			流动人口共同犯罪案件数		流动人口犯罪人数			流动人口犯罪人数		
	总数	流动人口人数	比例	总数	侵财	暴力	件数	比例	高中以上文化	高中以下文化	比例	总数	其中35岁以下	比例
2005	812	675	83.1	354	227	77	149	42.1	675	650	96.2	675	625	92.6
2006	878	696	79.3	388	267	89	150	38.6	696	680	97.7	696	641	92.1
2007	781	627	78.9	326	254	30	138	42.3	627	601	95.9	627	590	94.1

资料来源：马红文、朱临，2008。

国务院发展研究中心的赵树凯1999年5月对北京市火车站818名民工调查发现（赵树凯，2000：218），在90%以上的被访者认为外出工作钱越来越难赚的情况下，仍然有约1/3的人表示即使一个月找不到工作仍然要继续找。更值得重视的是，有10%的人不仅不会主动回家，而且即使被政府管理人员遣送上了返乡的火车仍然要设法中途回来，包括不惜在必要时跳火车。这说明，这是一群有着坚定不移的外出就业意愿的农民，也是一个有着明显"游民化"倾向的群体，如果他们不能被吸收到正当的就业潮流中，其中一些人很可能成为不务正业的游民。不断涌入城市的农民工处于社会边缘，生存压力巨大，这使得他们对未来的预期较为茫然，有被文明社会抛弃的感觉。农民工的这种"游民化"趋向极易产生反社会的行为。

二　游民产生的原因

尽管我们把游民和一般农民工区别开来，但是，无法否认的是，当游民满怀憧憬从农村来到城市淘金的时候，他们和其他人一样都希望踏实工作，赚钱养家。对游民中的大多数人来说，他们并不是甘愿来到城市当游民，而是城市的环境所迫。探讨游民的成因离不开分析城市加诸所有农民工的障碍及其对所有农民工产生的影响。

1. 就业歧视

托达罗（M. P. Todaro）模型揭示农村剩余劳动力从农村流向城市的动机源于对城乡预期收入的估计，即潜在迁入者只有在认为迁移后的预期收入提高的情况下，才会从农业部门向非农业部门转移。因而，农民为获得更高的收入，唯一的途径就是就业。20世纪90年代后期，一些大城市为解决本地居民就业问题，先后采取了对外来人口实施总量控制等限制外地人员就业的措施。据上海一项调查（段成荣，1999），单位用工中，农民工从事本市招不到工作的苦、脏、累、重、险、有毒、有害、高温等工种（即A类工种）的占64%，从事本市不易招到工作的中等工种（B类）的占20%，从事本市能招到工人的一般工种（C类）的仅占16%。可见，外来劳动力仅占据很少部分C类工作，形成了局部的工作竞争和就业替代。近年城市就业日趋严峻，很多单位为保证城市居民就业纷纷清退农民工，一系列限制措施相继出台，使农民工就业前景恶化，一部分农民工找不到工作。一旦出现了就业困难，他们的选择十分有限，要么离开城市，要么在城市流浪。而他们在生存发生困难时，甚至铤而走险，"游民化"趋势逐渐凸显。

2. 制度隔离

城市农民工目前是城市生活中居于边缘地位的弱势群体，尽管他们在城市的经济、社会、文化生活中扮演着重要角色，但是以户籍制度为核心的各种社会保障制度二元化结构没有发生根本性改变，城市的社会制度对农民工的隔离与排斥还没有在根本上取消。农民工远没有享受与城市居民平等的待遇，他们一直被当作一个游离于主流社会之外的特殊群体来对待。和城市居民相比，他们在物质生活条件、工作环境、社会身份、福利待遇、社会交往和生活方式等方面均处于劣势，他们在城市中获得的制度保障远远不够。因此，他们在城市中的发展机遇也远比城市居民少。农民工和城市居民缺乏公平的竞争环境，一旦合法的途径不再提供公平竞争的有效性，则一部分人会采取非制度性手段来达到目的，游民便产生了。这部分人在城市没有归属感，对城市也不会热爱与爱护，在游走城市时，不时会以越轨的方式获取生存所需的财物，形成"自我救济"式的谋生手段。

3. 无认同感

城市是现代文明的大学校，农民工在进城后见识增加，认识水平也提高了，原来认为城乡差别、工农差别、贫富差别天经地义的心理平衡被逐渐打破，开始对这种差别的合理性和合法性产生怀疑，成为冲突产生的中介变量。韦伯在《阶级、地位和政党》中认为导致阶级冲突的主要因素有两个：一是低层社会群体成员拒绝接受既存关系模式；二是低层社会群体成员在政治上组织起来的程度（李培林等，2005：32）。如果双方均认同既存关系的存在且遵从它，则不会发生冲突；如果一方对这种不平等分配关系的合理合法性产生怀疑，则冲突就可能发生。对农民工的个案研究发现，农民工对市民群体有很强烈的不满情绪，心理上有受歧视感，并认为他们与市民的冲突起因在于市民对他们的歧视，责任在市民一方。市民与农民工的冲突类型多样，从冲突领域看，涉及经济、文化、生活等各个方面；从冲突的强度和方式看，主要有心理上的相互抵触、轻微的口角、争吵、挑衅，以及严重的打架、斗殴、违法犯罪；从冲突的规模看，主要是个人间的冲突和小群体间的冲突。关于城市农民工（游民）犯罪率高的原因，有研究认为有以下几点：①城乡二元结构的外在强制力与农民转换身份角色的强烈愿望间的矛盾，诱发部分人物质欲念的迅速膨胀；②期望与现实的差距，导致部分人心态失衡；③传统文化与现实文化的冲突，导致部分人行为失范；④平等意识的产生与相对剥夺感的刺激间的矛盾，引发部分人产生不满和抵抗情绪；⑤主体的低素质与高欲求之间的矛盾，导致部分人手段与目标分离，引发"手段失范型"的越轨犯罪。作为弱势群体的城市游民，其主要特点是贫困，"贫困不会产生犯罪，但是因贫困而不满会奇怪地足以产生犯罪"（谢利，1986：100）。尽管大部分民工认为市民和民工的冲突起因在于市民的歧视，但确实有部分农民工违法犯罪，败坏了民工的声誉，造成市民的不安全感，引发市民对外地人的不信任和防范心理，甚至歧视感。

三　对策及建议

1. 加强政府的就业管理与服务

首先，建立就业信息系统，为流动人口提供劳动力需求信息，可以减少流动人口的盲目性。每年春节前后跨地区流动的农村劳动力中，相当部分是自发组织或自发流动的。将这种自发的流动予以有序的引导，只有政府能做到。要建立规范的农民工的劳动力市场，提供企业的用人信息，减少工人的求职成本。其次，改变其就业限制政策，实行同工同酬，并完善人口就业制度，明确用工条件、程序、责任和义务，规定必要的协议和公证手续，完善证件发放流程，取消收费管理。同时规范劳动力市场，杜绝坑害、诈骗、勒索流动人口的不法现象，保护流动人口的合法权益。建立由政府牵头，以劳动、公安部门为主，计经、工商、民政、计生、建工、交通等部门参与的流动人口协调机构，针对当前流动人口管理中的主观随意性和缺乏统一的政策和规则的状况，实施统一的管理办法，统一指挥管理队伍，指导农民工就业和进行日常管理。

2. 社会关心

社会各界应对民工给予必要的关心，帮助他们解决切身困难，以减少其引起的不良社会后果。如开办"夜校"为农民工提供学习技能和适应城市社会生活的途径；公立学校应接收、解决农民工子女上学难的问题，为社区消除潜在隐患，减少这些子女成为未来游民的可能。另外，必须妥善解决农民工之间的纠纷，防止其产生"准黑社会"团体，通过在农民工中成立工会等组织，加强农民工的内部自律，为他们提供心理支持。加强宣传教育，要利用各种媒体，宣传农村剩余劳动力转移的重大意义及其为城市发展所做出的巨大的贡献，引导市民理解和尊重进城农民，改变原有的歧视思想和行为。同时，对流动农民工尤其是游民进行法制、道德教育，提高他们的素质，倡导农民工合法致富，维护社会安定团结。

3. 组织就业

对"三无"人员现在的主要做法是遣返回原籍，但效果不理想。被送回去后，这些人又跑出来。这需要流入地与流出地的政府合作，对有劳动能力的，应该在就业方面予以引导、帮助，或将他们组织起来，从事建筑、运输等工作，引导他们自食其力。对无劳动能力的，按照政策，应该由当地政府安置。对有越轨行为的，按治安条例或法律处理。

第二节　乞丐问题

乞丐，乞讨之人也。新中国成立前乞丐几乎都是要饭的，习惯上称作"叫花子"，一般都是由于灾荒或战乱等，食不果腹，不得不放下尊严，出外乞讨以求活命。他们主要采取行乞的方式，一般是乞讨食物，也有一部分乞丐兼收破烂杂物，又被称为"拾荒者""逃荒的"。乞丐是一个全球性的问题，世界各国包括西方发达国家如号称"人间天国"的美国，沿街行乞者也不难见到。我国在自然灾害严重的 20 世纪 60 年代曾产生大批以乞讨谋生的农民进入城市的现象，政府将之收容，提供食宿并遣返回乡生产。改革开放后，人民的生活水平有了极大提高，战胜灾害的能力不断加强，流浪乞讨人员的成分也开始发生改变。因生活困难而进城流浪乞讨的比例不断下降，而以致富为目标的乞讨者和游手好闲、好逸恶劳以乞讨流浪为生财之道的人数比例在上升，"职业化"乞丐明显增多。

一　当前我国乞丐的一些特点

2011 年，全国共有生活无着人员救助管理单位 178 个，床位 79 万张，其中救助管理站 1547 个，床位 71 万张。全年救助城市生活无着的流浪乞讨人员 241.0 万人次，其中在站救助 220.5 万人次，不在站救助 20.5 万人次（民政部，2012c）。2010 年的一项调查显示，在流浪乞讨人员中，各个年龄段的人都有。16 岁以下的未成年人所占比例为 17.6%，60 岁以上的占 3.2%，30 岁以下的占 59.2%，16～60 岁的占 79.2%。乞讨人员呈现年轻化特征。调查数据显示，有 18.9% 的被访问人员回答曾经被警察警告、罚款或拘留，有 81.9% 的人回答没有被警察处置过。这一数据表明，有近 1/5 的流浪乞讨人员有违法犯罪经历（卢国显等，2012）。

从乞丐的年龄情况分析，有六七十岁的老人，也有青壮年，还有几岁的小孩，其中以老人和小孩居多。在大中城市中，乞讨现象有季节性变化特征，春暖花开时多，而天寒地冻时少。行乞时间一般从早上九十点钟到晚上六七点钟；从乞丐的乞龄看，有刚入的新手，也有经验丰富的老手；从场所的固定程度看，有在城市内任意流动的，也有固定在一个点乞讨的。尽管乞讨人员形式多样，但他们具有一个共同特征"四无"：一无合法证件，二无正当职业，三无稳定经济来源，四无固定住所。从乞丐的活动场所分析，一般为城市的繁华地段，以车站、码头或高档活动场所居多。但是，据经验，确因生活困难而出外流浪乞讨的人，一般只在本省（本市）邻近地区的县城或较富裕的农村乞讨，很少到大中城市乞讨。而以乞讨为职业或生财之道的，则主要前往经济发达地区的大城市，以旅游胜地、外宾和港澳同胞较为集中的地区为主。我们从已有的调查研究中发现，今天的行乞群体出现了与传统行乞群体不同的特征与趋势。

（1）在行乞主体上，传统的行乞者以农村外出的无劳动能力的老、弱、病、残者为主，确实是由于贫困生活所迫，沦落为乞丐，即"真丐"。今天的行乞者中有劳动能力的青壮年开始增多，即"假丐"增多，行乞者的身份复杂化。由于良莠不分，出现了"值得帮助的人"得不到帮助，"不值得帮助的人"却得到了帮助的现象，滥用了施舍者的同情与资源。

（2）在行乞目的上，传统的行乞者是食不果腹，不得不放下尊严，出外乞讨以求活命。以乞讨食物、衣物等基本生存物品为主，乞讨只为解决生存、温饱（要饭），属于"生存型"。今天的行乞者以乞讨货币为主，基本不要食物、衣物，越来越多的行乞者的目标是"求富型"，以过上小康生活甚至致富为目标。

（3）在行乞的方式上，传统的行乞者是被动地等待别人的施舍，以静候、沿街乞讨为主，依靠自身的悲惨身世、可怜形象获取人们的同情心，处于弱势的地位。今天的行乞方式以主动出击为主，相当部分行乞者采用软磨硬缠、强拉硬拽的方式，"以弱欺强"，强迫施舍，引起施舍者的反感、厌恶，导致人们产生排斥感。

（4）在行乞的组织结构上，传统的行乞者以零散的、自发的、偶然的个体行乞为主，今天在行乞者中，越来越多的行乞者开始组织起来，出现了上下班制，向团伙的、职业化的、持久的方向变化。行乞从弱者不得已而为之的谋生手段转化为某些有劳动能力的人的致富手段。职业乞丐的蔓延，推动了行乞者队伍的壮大。

（5）在行乞者的心态上，传统的行乞者较为自卑、胆怯，心理上感到低人一等。今天的行乞者中，许多人权利意识清楚，自我合理化倾向明显，许多行乞者以弱者的身份"理直气壮"，反客为主，向施舍者的道德同情心施加压力，在伸张自身的权利时影响了他人的权利。

我国于2003年8月实行《城市生活无着的流浪乞讨人员救助管理办法》。原以为这一制度的创新一定会受到流浪乞讨人员的欢迎，担心救助站会"人满为患"。但是，根据民政部统计，全国已建立的777个救助站投入使用的前50天中，救助6.04万人，平均每天每个救助站救助不到2人，真正符合救助条件的不足救助者中的20%（崔红，2003）。部分特大城市的流浪乞讨人员仅占收容总数的5%。绝大多数乞讨者对此并不感兴趣也不领情，出现了行乞者不愿意进入救助站的尴尬局面。这说明绝大多数行乞者乞讨的目的不是求生，而是求富。政府的收容阻断了他们的生财之路，所以他们往往采取回避、抵触、对抗、逃跑等行动对待救助，使救助措施收效甚微。

各地都发现有乞讨群体组织化、乞讨行为企业化、乞讨人员职业化的新趋势。一些社会不良分子有意识地将乞讨人员组织起来，用企业化的经营方式，分工合作，高效率地赚钱。经营者对乞讨时间、地点、路线和施主的心理都有研究，了解行乞的规律。他们利用城市居民对残疾人、儿童、老年人的同情心，专门从乡村贫困地区租借残疾人、畸形儿童，定期将其运送到车站码头、闹市区，利用他们，视其为道具、摇钱树。花样各异的骗术，令善良的人们防不胜防。造假行骗几乎成了职业乞丐的诀窍：以最悲惨的景象在视觉上冲击人们的心灵，极力蹂躏城市居民的同情心以最大限度地骗取金钱。乞讨的组织化与职业化，整合了自发的、零散的乞讨行为，人为地将一些原本并不想行乞的人员有意识地动员、组织起来，人为地推动了乞讨人员的增多和乞讨业的"繁荣"。而职业乞丐致富的"榜样"效应，又极大地刺激了同地区的其他人，于是出现了家庭型、村落型的乞丐团伙。

二　城市乞讨增多的原因

1. 行乞者的因素

历史上由于生活贫困，一些地区形成了外出乞讨的习俗，形成不以乞讨为耻的行乞亚文化。"外流外流,吃穿不愁;一趟外流,样样全有;三年外流,回家盖楼。"这一乞丐顺口溜表明乞讨对有些人来说成为致富的一种方式。不少乞讨者平时务农,农闲时外出乞讨,赚钱贴补家用。乞讨是一种简单的行为方式,不要文化、不要技术、不要准入条件,没有"就业门槛",比起正常的劳动来要轻松,只要放下人格尊严,几乎不要任何成本甚至道具。乞讨的收益与成本之比较大,也是行乞者执着于乞讨生活的一大动因。很多肢体健全、有劳动能力者感到种庄稼太苦,不如讨钱,一伸手就有人给,而且比种地轻松得多。行乞对不愿意付出艰苦劳动的好逸恶劳者是有吸引力的。他们将行乞作为一种职业、一种致富的方式、一种新的赚钱的行业。

2. 社会结构性因素

城市社会在改革中发展速度比农村社会快,城乡之间的差距在不断地拉大,城市居民的收入与农村农民的收入比平均为4:1,城市成为一个强大的利益吸引源泉,对农村的贫困群体产生强大的吸引磁场。城市社会在经济建设迅猛发展中创造了许多就业机会,城市基础设施可以容纳更多的人口,城市有许多富裕者,对贫困者来说,进入城市社会意味着有更多的生存空间与发展机会。而农村许多地区经济发展缓慢,导致贫困者没有多少脱贫的机会,而长期的贫困状态使他们无法忍受。诸多使农村贫困、落后、滞固的因素,成为一种排斥力量,促使贫困者离开农村。随着大批农民进入城市务工,一些不具有劳动能力或不想劳动只想行乞的人,也被民工潮裹挟着流入城市。行乞者进入城市并没有竞争的实力,没有谋生的正当技能,于是只有以人类本能的形象出现,放弃人格的尊严及文明的面具,以自己的低微、悲惨的境况来换取人们的同情作为获取收入的方式。尽管行乞的生活方式也是有成本的,如要露宿街头、风餐雨露、经受严冬酷暑,更要经受人们的歧视;尽管他们处于城市社会的底层,但当行乞者感到在城市无尊严的乞讨生活,要比农村有尊严的贫困生活更诱惑人时,他们选择了流浪乞讨。当前,城乡比较利益的加大是吸引行乞者从农村流向城市的动力源。

农村的老弱病残者和贫困者,即使进入城市,还是无法获得城市安全网的保护。现行的《城市生活无着的流浪乞讨人员救助管理办法》,只是临时性的救助措施,而不是稳定的社会保障网络,不能从根本上解决流浪行乞人员的生存问题。按照规定,他们还将被送回农村家乡,重新回复到原有的贫困状态。尽管《实施细则》要求对流浪人员应该由地方政府安置，但在农村社会保障制度缺席的状况下，农村地方政府并没有能力来安置他们。行乞人员被送回去，然后又出来，只是在空间上不断循环，治标不治本。当行乞者发现，乞讨在经济收入上要高于农村的劳动方式，也高于城市农民工的艰苦劳动方式时，有许多人选择了城市行乞者的生活方式。当他们没有能力改变自身的处境，也无法通过制度安排获得生存保障和发展机会时，他们自发地选择了非制度化的渠道、非常规的手段来谋生。流浪行乞者被美国社会学家墨顿称为"双重失败"者（指既逃避文化目标也逃避制度化手段的人）。但行乞对于行乞者来说，是他们对现实生活的经验总结，是一种非常简单的生存逻辑，是一种生存的理性选择，当然也是一种无奈的选择。

3. 城市行乞条件宽松

①城市居民经济条件的宽裕。近几年城市社会经济发展速度较快，城市居民的生活水平有较大幅度的提高，除了小部分失业人员外，大部分家庭都已步入小康，对于小额的施舍，绝大多数居民有足够的经济承受力。这在客观上给行乞人员提供了较大的生存空间，使流浪乞讨行为有了丰富的经济资源支撑，乞讨到生存所需要的金钱比较容易。诸多经验调查表明，行乞人员每天乞讨到的金钱完全可以与普通农民工一天的劳动所得相比，甚至超过农民工正常的艰苦劳动所得。②城市居民的慈善意识增加。我国经过持续不断的精神文明建设及慈善事业的宣传教育，城市居民人道主义的意识和慈善观念有所提高。传播媒介对城市失业下岗人员、贫困农民、残疾人等困苦状况的报道，引起居民对弱势群体困难生存状况的普遍关注，激发了居民的道德意识与同情感。而重大灾年时的各种慈善活动、平时的公益活动，使城市居民对募捐形式日益熟悉，对慈善事业的认同度增强。当他们在日常生活中直接地遇到乞讨者时，对行乞人员慈悲为怀，对行乞行为较为宽容，自然地产生出道德同情心并发出施舍行为。③城市管理环境的宽松。废止《城市流浪乞讨人员收容遣送办法》而改为《城市生活无着的流浪乞讨人员救助管理办法》，从制度上扭转了非人性化的、强制性的管理方法，转为人性化的、自愿基础上的救助服务。从刚性管理到柔性服务，在保障了流浪乞讨人员权利的同时，没有考虑到流浪乞讨人员群体特征和行乞性质的变化。一方面救助机构的任务标靶与行乞者的需求相去甚远；另一方面在管理上出现了漏洞与盲点。当行乞者过于强调行乞的自由

权利时，城市管理者手足无措，没有可操作性的管理与服务办法让他们离开闹市区，短时间内出现行乞者的"黄金岁月"，行乞者可以长驱直入任何地方，可以阻拦任何行人，以至于侵犯了城市居民的权利、影响了城市的秩序。

任何群体都自发地捕捉着有利于自身的发展机会，追求着自身的最大利益，流浪乞讨群体也不例外。尽管他们处于社会的边缘，他们的知识贫乏，但出于生存本能，一旦出现有利于他们生存与发展的社会条件时，他们就十分敏捷地抓住这一机会，迅速地滋生。当行乞者群体敏感地发现了城市居民与城市管理的变化时，认为城市人是有钱的，也是有同情心的，管理人员不敢管了，要钱比以前容易多了。这些信息自发地在具有潜在行乞心理的群体中传播，激发了潜在的行乞人员，诱使更多的人直接加入行乞群体。这是短时期内城市行乞者急剧增多的城市原因。

三 化解乞丐群体问题

公安部 2010 年"社会治理课题组"在全国五个城市的调查发现了各类组织和人员在流浪乞讨人员管理上发挥的作用（卢国显等，2012）（见表 14 - 2）。

表 14 - 2 各类组织和人员在流浪乞讨人员管理上的作用

单位：%，个

	第 1 位	第 2 位	第 3 位	有效总体
救助管理站	82.2	13.8	4.0	225
公安派出所	43.5	31.5	25.0	124
民政部门的其他慈善机构	41.9	43.2	14.9	148
非政府慈善组织	19.1	23.5	57.4	68
各种宗教组织	23.3	26.7	50.0	30
社区居委会	25.6	38.5	35.9	39
政府其他部门	17.6	16.7	66.7	51
其他企事业单位	4.2	20.8	75.0	224
个人	36.2	14.9	48.9	47

目前，对乞丐群体管理的主要措施是收容遣送。1982 年，国务院颁布的《城市流浪乞讨人员收容遣送办法》及民政部、公安部联合发布的《城市流浪乞讨人员收容遣送办法实施细则（试行）》明确收容遣送工作是对城

市流浪乞讨人员救济、教育和收容遣送的特殊性工作。其主要收容对象包括以下三类人员：家住农村流入城市乞讨的；城市居民中流浪街头乞讨的；其他露宿街头生活无着的。2002年《城市生活无着流浪乞讨人员救助管理办法》颁布，这意味着我国救助模式的大转变，即变收容遣送为救助管理，变制裁式的强制为对弱势人群的服务，机构由较具强制性的收容遣送站变为更具服务性的救助管理站。2005年8月17日在郑州召开的全国救助管理暨流浪儿童救助保护工作会议披露，当时，全国有救助管理站1026个，救助工作方式出现由消极被动管理到积极主动服务的转变，如主动向市民发放救助管理宣传材料，向街头流浪乞讨人员发放救助指引卡，设置救助管理站引导牌，配置流动救助车进行街头救助。承德市救助管理站创造了5人劝导小组工作模式，将劝导类型划分为对救助对象的引导救助型劝导、对普通市民的宣传倡议型劝导和对职业乞丐的劝阻告诫型劝导，这些劝导模式提高了街头劝导救助的针对性和有效性。2003年6月20日，温家宝总理签署了中华人民共和国第381号国务院令，正式公布《城市生活无着的流浪乞讨人员救助管理办法》（以下简称《救助管理办法》）。2003年"孙志刚事件"拉开了社会政策发展历程中的一项重要政策改革。在短短的2个月内，我国废止了运行长达21年的收容遣送制度，取而代之的是新型救助管理制度，将强制性收容遣送理念与模式转变为自愿性救助管理服务，将管理性与救济性的社会治理转变为福利性与人性化的社会服务。10年之前，救助管理机构在我国称为收容遣送站，由民政部门和公安机关共同管理，现在的救助管理站直属民政部门，公安机关不再参与管理。办法实施10年出现了许多未曾预料的功能。

行乞者这一群体生于贫困的乡村，行于繁华的都市，总体上是社会的弱势群体和边缘群体。行乞者作为弱势群体，在我国社会阶层结构中处于政治、经济、社会各个领域层次的末端。他们是"无权利群体""失语者群体"，我们应给予人道主义关怀，采取确切措施保障行乞者群体的基本权利。行乞者作为边缘群体，由于脱离了主流社会及常态的生活，也是"无政治群体""无规范的群体"，我们不能用通常的规范去管理他们。行乞者群体由于其收入和生活方式的不稳定，也是一个容易滋生越轨的群体。如任凭这一群体在城市滋长，无疑对城市的社会秩序与城市形象都有影响。我们要考虑如何消解其大规模的滋长，抑制这一群体给城市社会带来的负功能。行乞群体的滋长与我国社会的贫困问题是密不可分的，这一问题只能在城乡反贫困的战略体系中通盘考虑才能解决。

流浪乞讨人员不愿意接受救助。由于目前乞丐的职业化，乞讨的目的由原来的求生型向现在的求富型转变，政府对乞丐的收容等于断了他们的生财之路，所以他们往往不愿到救助站接受救助，不愿离开城市回家，采取抵触、对抗、逃跑等行动对待救助，对他们进行一般的批评教育收效甚微。乞丐的屡遭屡返现象，反映了目前遣返办法作用的有限性。例如，东北三省冬季天气严寒，气温普遍在零下 20~30 摄氏度，包括流浪乞讨人员在内的露宿人员极易冻伤冻死，但大部分露宿街头人员不愿接受救助，救助管理干部职工在街头劝导时被打、被骂现象时有发生。"河北、山西、河南省一线工作人员反映，在开展严寒天气救助工作中，有近90%的街头露宿人员不愿进入救助管理机构，甚至不愿接受救助，一些地方在工作中甚至遭遇到被人起哄、谩骂、围攻的情况。而目前保护性救助措施无明确法规依据，救助管理机构在极端天气下无权对不愿进入救助管理机构接受救助的露宿人员，尤其是智障精神病人、危重病人和老年人采取保护性救助措施，给冬季严寒救助工作增加极大的难度。"（田兴春，2013）

法定救助对象与实际工作对象脱节。随着社会发展形势的变化，救助管理的工作范围、工作对象以及工作方式都发生了很大变化，现行救助管理办法与实际工作需要严重脱节。上访人员、刑满释放人员、传销受害人员、临时遇困农民工等不属于严格意义上的传统救助对象，救助管理机构对他们进行救助缺乏法律政策依据。目前公安机关处理不了的、其他政府部门管不了的临时遇困人员，都由救助管理机构承接下来。另外，《救助管理办法》未规定不合理求助请求的处置办法，一些求助人员提出给予高档次食宿、大额现金等超出救助政策规定的救助要求，救助管理机构无法有效应对。

以上问题需要在救助的制度层面与方法层面都进行创新。

1. 政府给乞讨者提供劳动机会

应该尽快完善救助制度，使救助站和慈善机构能够有机地结合，建立以政府投入为主、以社会捐助为辅的资金筹措机制。要建立公共劳动形式的社会救助体系，即政府和管理部门要建立一些劳动基地，或提供一些如清扫街道、运送垃圾、环境卫生、公共服务等方面的公共劳动机会，引导、劝导有劳动能力的乞讨人员放弃乞讨、从事此类劳动，获得相应的劳动报酬，维持基本生活。可以将一些长期流浪乞讨人员送往收容机构的生产基地，以遵纪守法、勤劳致富的思想教育为主，并组织他们参加一定量的生产劳动和各种生产技术培训，促使其养成劳动习惯，掌握生产技能，成为自食其力的劳动者。这种边生产边教育边处理的方法，有助于改造流浪乞讨人员的懒惰习气和不劳而获的寄生思想，从根本上解决屡收屡改、屡送屡返的恶性循环。

2. 建立全国性的救助信息管理系统

救助机构要建立信息系统，救助站要为每个入站的救助人员建立个人档案。为了尽快查清受救助人员的真实身份以及其家庭住址等个人资料，各个救助站要利用全国公安户籍网络或其他途径建立信息系统。资源共享，便于对接受救助者的个人资料进行查询，防止专业行乞者钻空子。

3. 救助机构要与行乞人员流出地的基层政府配合

建立农村社会保障制度，对流浪乞讨人员中的孤老、孤儿送乡镇敬老院、福利院、孤儿院供养或带养；对无劳动力的孤儿，按政府规定给予补助，鼓励其亲属收养。救助机构要与当地政府联系，坚持安置后的"回访"制度，每年定期对已安置的外流人员进行回访，并保持联系，掌握动态，帮助解决一些实际问题，以"社会无外流乞讨，无遗弃家庭成员现象，长流人员安置后无反复"为救助机构的目标。

4. 对行乞中的违法犯罪者要进行打击

那些给城市的交通、居民的出行、社会的治安等带来负面影响、强讨恶要、死缠不放、借机行骗的流浪乞讨行为，用治安力量进行阻止；对利用未成年人乞讨的幕后操纵者，对形成恶势力的乞讨团伙，公安机关应依法严厉打击。要尽快制定针对职业行乞者的相关法规，保护一般行乞者与城市居民双方的权利。

5. 启动"义务劝导员"活动

由民政部门、团委组织志愿者，由高校组织社会工作专业的学生，定期到重点街道和重点地段进行宣传，对流浪乞讨人员面对面地告知、劝离，发现一个劝导一个、救助一个，配合救助机构的帮扶救助工作。对流浪乞讨人员上街进行救助，对自愿到救助站求助的乞讨人员，发放印有救助管理站详细地址、乘车路线的救助服务卡；对于老年人、未成年人和行动不便者，直接护送到救助站。在火车站、汽车站、码头等公共场所，建立救助引导牌（如印有救助的条件、救助管理站的地址及求助电话等）。

2003 年 8 月 1 日至 2012 年底，全国共救助生活无着的流浪乞讨人员1564.5 万人次，其中未成年人 135.8 万人次，危重病人、精神病人 64.1万人次，残疾人 103.8 万人次，老年人 165.3 万人次，跨省接送 83.3 万人次（参见表 14 – 3）（民政部，2013c）。

表 14 – 3　2004 ~ 2012 年救助机构基础建设与救助情况

年份	2004	2005	2006	2007	2008	2009	2010	2011	2012
流浪儿童救助保护中心数（个）		40	50	90	88	116	145	241	261
救助管理站（个）	997	1079	1189	1261	1334	1372	1448	1547	1770
流浪儿童救助总数（万人次）		36.0		15.4	15.6	14.5	14.6	17.9	15.2
流浪乞讨人员救助数（万人次）	82	119.6	129.6	154.4	157.3	168.1	171.9	241.0	276.6

资料来源：2004 – 2012 年度社会服务发展统计公报，http：//www. mca. gov. cn/article/zwgk/tjsj/。

第三节　流浪儿童问题

流浪儿童是指 18 岁以下的、离开家人或监护人长期在外游荡且无可靠生存保障并最终陷入困境的人。在亚洲，有 2500 万 ~ 3000 万流浪儿童。许多东南亚国家，如菲律宾、印度尼西亚、泰国、越南等由于高速的经济增长产生了"失控城市"综合征，千百万流浪儿童既是这种社会现象的见证人，也是其牺牲者。

一　流浪儿童的现状及原因

国内外的许多研究成果都显示，流浪儿童在失去家庭保护的情况下极容易发生危险，包括被抢劫、被暴力侵害、被利用为犯罪工具，甚至被骗或自愿做色情交易。另外，流浪儿童也容易为了金钱、娱乐刺激或受环境影响、被他人引诱而产生犯罪行为。流浪儿童大多数是学龄儿童，在失学、辍学的情况下，正常的、健康的学校教育中断，极易受到社会中的不良亚文化影响，不良身心适应状况严重，而其解决问题和就业谋生的能力也得不到适当的培养，成长陷入恶性循环。

流浪儿童外流时间分类研究项目课题组（周德民，2003）调查了1999～2002年上半年长沙市流浪儿童保护教育中心救助保护的来自全国18个省市自治区且资料齐全的98名流浪儿童发现，半年以内的短暂型占50%，等于、超过半年少于一年的中常型有23.5%，等于、超过一年的长流型有33.5%。发现外流时间的长短受外流原因的影响较大，虐待型、失亲型大多外出流浪的时间较长；玩劣型、负气出走型外出时间相对较短；而弃学型、打工型、寻亲型外流时间的长短不明显。究其原因，一是与其家庭缺乏温暖的程度、离家出走的冲动性成分的高低有着很大的关系；二是外流时间的长短与家庭结构存在一定的相关性，流浪时间超过1年的，多为父母双亡家庭、父服刑母出走家庭、重组家庭的儿童。外流时间与实际年龄同应接受的教育年限之间存在较高程度的相关性，儿童外流对其学习有着很大影响，而外流原因对受教育年限的影响较为显著。调查资料显示，小学文化程度的占了80.16%。外流时间小于半年，生活来源为乞讨、捡废品的占46.19%；外流时间超过一年，以偷盗为生活来源的占50%。外流时间越长，越有可能走上越轨歧途。外流时间不同的流浪儿童的特征，更与外流时间长短密切相连，其具体表现在如下四个方面。

（1）对家庭的眷恋程度不同。流浪儿童初次出走之后的一段时间内，对家庭还是有着一定的眷恋之情的。虽然许多流浪儿童认为外流自由自在、好玩、无人管束，但当其生活无着，饥一餐，饱一餐，睡不安稳，被人打，被人欺负时，往往会产生对家庭的眷恋，即便是虐待型流浪儿童，在他们心灵深处亦是如此。随着时间的推移，对流浪生活的适应，这种对原先家庭的眷恋会逐渐淡忘以至消失，甚至对家庭绝情。即使如此，流浪儿童仍旧会憧憬家庭的温暖，只是此时已将其深藏于心底。

（2）对流浪认同的思维定式程度不同。流浪儿童初次离家出走虽然大多带有一定程度的必然性，但其出走动机的产生还是多少表现出偶发性、冲动性、简单性。正是由于这种偶发、冲动、简单的存在，当其平心静气时，亦会感到当时负气出走的不当，由此对家庭产生眷恋，思想上对外流生活持相对否定的态度。随着外流时间的推移、经历的增加，这些心态会逐渐演变成或被取代为外流生活的转移性、镇定性、多因性，此时，流浪儿童的心理空间也就难以有家庭的存在了，对流浪生活也就逐渐予以认同，最终形成一种心理定式。

（3）在社会上站稳脚跟的程度不同。流浪儿童外出之初，对社会充满好奇，社会对其有着诸多的诱惑，然而更多的是深感处处危机，时时凶险，人身、交通、住所、饮食难以保障，此时无法立足。随着流浪日长、阅历加深，由最初的无法立足到后来的立足不稳再到站稳脚跟，他们的适应能力越来越强。生活感到无忧的前三位生活来源是偷盗、乞讨、打工，其中，偷盗、乞讨，无论是现时还是今后，对流浪儿童、社会的负面影响都是显而易见的。

（4）撒谎成为生存策略。许多流浪儿童对陌生人都有撒谎的习惯。这其中有的是因家庭环境不良、家庭教育不当等在离家出走之前就已形成，大多则是因外出流浪期间生活环境逼迫。流浪儿童从生活实践中逐渐体验到，处于险恶的生活境况中，撒谎大都能博得别人的怜悯，消除人们的戒备心理，增强自我保护的能力。因此，撒谎便成了流浪儿童的一种有效的生存手段。随着外流时间的延长，流浪儿童由最初的不会撒谎，到逐渐学会撒谎，最后撒谎成性、高明至极。

（5）受社会不良亚文化、反文化的影响程度不同。流浪儿童把人们在长期共同生活中形成的各种行为规范看成约束个人自由的桎梏，于是在日常生活中力图冲破这一桎梏，随着流浪时间的延长，他们寻找到了自己的流浪同伴，并加入其中，通过有选择地汲取外界的不良信息，形成了一套适合流浪儿童生存的行为范式、副文化，使自己的行为偏离社会所公认的规范。此外，儿童抵御不良影响的能力弱，而流浪儿童心智不成熟，思想空虚、迷茫，极易受到诱惑走上越轨道路。

我国流浪儿童有 100 万～150 万人，并呈快速上升趋势，全国流浪儿童主要流出省份前五位依次为四川、河南、安徽、湖南、山东；流入省份前五位依次为四川、广东、河南、上海、湖南（中国青少年研究中心"流浪儿童问题研究"课题组，2008）。一项对广东省广州、中山和深圳三地154名11～16岁智力正常、无残疾的流浪儿童的研究显示：流浪儿童男女性别比例呈现男多女少趋势，接近2∶1。整体受教育程度偏低，大部分处于小学阶段（61.1%）。流浪儿童离家和受教育程度低主要有四大类原因。一是逃避家庭问题，共占48%，包括"家庭贫困""父母离异""父母关系不和""家庭暴力""在家无人照管""被家人遗弃""与家人关系不和"等。二是主动选择流浪，共占22%，包括"想出去打工赚钱""不想上学""想出去见见世面""出来找亲人"等。三是意外或其他原因，共占10%，包括"迷路走失""被别人引诱、拐卖""违法犯罪"等。四是原因未明，共占20%。通过以上结果可以看出，家庭问题是导致流浪儿童流浪的主要因素，特别是父母离异（占33.3%）。流浪儿童有76.2%来自农村，来自城市的仅占23.8%（张雪琴等，2011）。从现有调查资料来看，流浪儿童现象与家庭状况相关，也与地区有一定关系。虽然城市中也有少年（儿童）离家出走的现象，但流浪儿童群体主要由农村的儿童构成。城市少年儿童离家出走，基本上是中小学生因受网络和社会思潮的影响，或在学习方面遭遇困难（如后进生），受到老师和父母批评而负气出行、结伴出走。在某种意义上，他们不是要出走流浪，而是要用出走来表现自己的反抗和表达自己的情绪。至于来自农村地区的流浪儿童则主要是家庭原因所致，家庭的贫困、父母离异、父母对子女管教方法不妥等将少年儿童排斥到社会上。在很大程度上，儿童外出流浪是家庭状况恶化的外在表征，再加上农村基层组织涣散，不能对有问题的家庭进行合理的干预，于是儿童流浪现象时有发生。在流浪儿童问题上，虽然流浪儿童是行为主体，但他们自身并不是问题的主要成因。尽管每一个儿童外出流浪都有其特殊原因，但是在儿童流浪现象背后，都可以看出制度因素的重要影响。造成儿童离家出外流动的原因主要有以下几点。

农村贫困。在农村贫困地区，有些家庭贫困，无法供养孩子读书，让其自由发展和外出。有些家长携带子女或让子女单独出外务工，盲目外流，以致有些儿童因缺乏谋生手段而流落街头。

歧视的教育。学校教育也不尽如人意，在分数挂帅的教育方法下，一些成绩不好的学生失去信心，教师也失去了耐心，产生厌弃心理，对学生采取歧视性态度，这使学习不好的学生感到自卑，从厌学发展到逃学甚至弃学。

家庭原因。流浪儿童中单亲或重组家庭占较大比例。父母不和或离异，使许多孩子失去家庭温暖，有的因不堪忍受压抑的家庭环境而出走，有的是因为离婚双方把孩子当作累赘而抛向社会，有的家长有犯罪如偷窃、赌博等不良行为，这些都会使儿童心灵受到创伤，对家庭的依恋大打折扣，遇有机会，则出外流浪。有的家庭，父母望子成龙却教育不当，对孩子常常谩骂或拳棍交加，给儿童造成很大的心理创伤，致使其离家出走。根据 2008 年 1～6 月对武汉、上海、贵阳、郑州、大连、兰州、长沙、广州、昆明、济南十大城市的工读学校与救助站的问卷调查，父母的婚姻状况会影响家庭结构的完整，并对儿童成长有着重要影响。本次调查发现，在被调查者的父母婚姻状况中，虽然传统"夫妻同住"的家庭结构占有较大的比例（34.78%），但不完整的各类婚姻状况占了 63.51%。比如，已离婚者约占 23.60%，分居者占 11.96%，丧偶者占 17.00%，再婚者占 10.95%。不仅如此，一半以上被调查者的父母关系处于不良或离异中（李晓凤、蔡瑾，2009）。

传播媒介的诱惑。电视、电影、书刊、网络中不健康与不正确的信息的传播，对少年儿童具有极大的诱惑力，成为他们离家出走的导火线。他们单纯地认为外面的世界很精彩，也很好混。有的人偷拿家中钱财外出，在钱财用尽后无颜见父母，只好流浪街头。有的稚气未脱的孩子，追随大人去城市淘金，可因生存能力弱，不少人食宿无着，成了流浪儿。

流浪儿童主要依靠捡垃圾、乞讨、做廉价工、卖艺卖花等方式维持生活，享受不到义务教育和计划免疫，食宿不讲卫生，导致愚昧、疾病、饥饿成为他们的日常生活状态。流浪儿童过早离开家庭和学校，缺乏明辨是非的能力，幼稚的心灵和生存的本能常常会被坏人利用，沾染不良习气，严重影响其身心健康和生存发展。一些长期流浪的儿童，白天乞讨、捡破烂，夜晚行窃，给社会秩序和社会治安带来不安定因素。社会中雇用非法童工，贩卖流浪儿童或致残、欺凌、强暴流浪儿童的事件屡见不鲜，流浪儿童的基本生存权利迫切要求有效的保障。

主题链接：流浪儿童

公开资料表明，我国流浪儿童已超 15 万人。自 2003 年起，每年都有 1000 多名在广州流浪的儿童接受救助，占据全国总量的 6.8%。此前，广州儿保中心与广州医学院应用心理系合作完成了一项调查报告，该报告显示流浪儿童离家原因有四大类，逃避家庭问题占到 48%。这些家庭问题包括家庭贫困、父母离异、父母关系不和、在家受尽打骂等。

调查显示，排除家庭原因主动选择流浪的孩子并不多，只占总人数的22%，他们离家的目的是"打工赚钱""想出去见见世面"等。而因意外流浪街头的孩子只有一成，包括迷路走失，被别人引诱、拐卖等原因。

流浪儿童这一问题的解决，需要政府、民间组织、学校和家庭的共同努力。

参见潘芝珍、殷航的《近半流浪儿因家庭问题出走》，引自新公益周刊，http：∥epaper. xkb. com. cn／view／817384。

二 流浪儿童的保护政策

作为联合国《儿童权利公约》的缔约国，我国政府一直高度重视流浪儿童救助保护工作，以《中华人民共和国未成年人保护法》和《中华人民共和国预防未成年人犯罪法》作为法律依据，坚持"儿童优先"原则，发展流浪儿童救助保护事业，预防流浪儿童违法犯罪，保护流浪儿童合法权益。在 1995 年《关于转发〈中央社会治安综合治理委员会关于加强流动人口管理工作的意见〉的通知》中，提出"对于在社会上长期流浪，无家可归，缺少正常生活、学习条件和安全保障的少年儿童，要采取保护性的教育措施。可在流浪儿童较多的城市试办流浪儿童保护教育中心"。2003 年实行《救助管理办法》，全国各地陆续建立了一大批流浪儿童救助保护中心。2012 年专门为流浪儿童提供救助保护的专门机构已经达到 261 个。救助站对流浪乞讨人员的救助是一项临时性的社会救助措施，救助的内容主要有：①提供符合食品卫生要求的食物；②提供符合基本条件的住处；③对在站内突发疾病的，及时送医院救治；④帮助与其家属或者所在单位联系；⑤对没有交通费返回其住所地或者所在单位的，提供乘车凭证。对于那些短期救助的孩子，上述服务已经基本能够满足他们的需要。救助机构的主要任务是为流浪儿童提供临时性生存保障，同时开展心理咨询和行为偏差矫治，解决他们的思想问题，并使他们得以尽快返回家庭、回归社会。2004年，民政部制定了《流浪儿童救助教育项目资助办法》，从部本级福利彩票公益金中拿出 3000 万元用于资助流浪儿童救助保护机构建设项目，全年共资助项目 84 个（民政部，2004）。

政府、社会、家庭三者责任的有机结合是现代社会救助制度的共性，也是城市流浪乞讨人员临时性救助必须遵循的原则。所谓政府的责任，主要指政府在新的救助工作中的责任。根据《救助管理办法》及《实施细则》的规定，救助管理站所在地人民政府应承担救助管理站机构设施建设，经费保障，以及对查找不到家庭及其家属同时也查找不到户籍所在地的老年人、未成年人、残疾人妥善安置等责任。受助人员户籍所在地人民政府要承担帮助解决返家受助人员的生产生活困难以及对无家可归的残疾人、未成年人、老年人安置等责任。所谓社会的责任，指社会组织及个人可以采取捐赠、义工等方式支持救助管理站工作，也可探索由社会力量兴办公益性机构救助城市生活无着的流浪乞讨人员。所谓家庭的责任，指家庭及其成员应依法履行赡养、抚养之责，以免造成老年人、未成年人、残疾人生活无着流浪乞讨；对已流浪乞讨的，应予接回。上述三方面责任是密切相连的，各级政府依法履行职责是做好城市生活无着的流浪乞讨人员救助工作的关键。政府不仅是救助的主体，同时对社会、家庭履行责任具有引导、鼓励、督促的责任。

尽快地接触流浪儿童，使他们自愿地接受救助是流浪儿童救助保护的第一个环节。儿童不同于成年人，从儿童成长和社会化的角度来看，对流浪儿童实行带有强制性质的收容显然是不合适的。对流浪儿童的救助不同于一般的求助，因为在这里是机构要主动帮助那些流浪儿童。但是，在某种程度上，在决定是否接受救助的问题上，流浪儿童也会考虑，为什么要接受他人的救助；如果接受救助，接下来的可能后果是什么。这里包含对实施救助者的信任程度的考量。从流浪儿童的一般情况来看，由于他们缺少社会知识，缺少与政府机构（包括救助管理机构）打交道的经验，他们多数并没有认真思考过自己以后的生活问题，再加上他们多数受过不良家庭关系的伤害，所以主动求助的观念并不强。这就引发了如何对待和处理流浪儿童的救助保护问题，如果只是遵照《救助管理办法》的规定，程式化地去处理流浪儿童的救助问题，那么，执行该项政策的机构的行为就主要是为流浪儿童接受救助提供条件和在机构内实施救助。这就是说，如果比较被动地对待流浪儿童的救助，救助机构的工作就更单纯，即变为机构内的帮助、保护和教育问题。联合国《儿童权利公约》是比较"彻底地"从儿童权益、儿童成长和发展的角度来看待有关儿童的行为的，它指出，关于儿童的一切行动，均应以儿童的最大利益为一种首要考虑（第三条第一款）。这里所说的最大利益不但应该包括近期儿童需要的满足，而且要有利于他们的成长和长远发展。这里要考虑的不仅是机构中救助保护儿童的目前行为，而且要考虑他们在离开机构之后的持续性的有助于他们发展的活动（王思斌，2005）。像对流浪成人那样，简单地提供有关机构的救助服务信息并不太适用于儿童，需要采取新的措施以减少儿童在街头流浪的现象。显然，这一由收容遣送制度的改变而出现的救助前的服务空缺，也需要用新的制度化的方法来填补。

原民政部长李立国说对流浪、乞讨人员的救助是一项临时救助措施，主要提供临时的食宿、生活照料和返乡服务。其中流浪、乞讨的未成年人是救助管理工作的重点，要着重做好他们的教育转化、关爱帮扶、回归安置和源头预防工作。各级民政部门这两年先后开展了"接送流浪儿童回家""流浪儿童回校园"活动，都取得了很好的效果。今后，我们要在开展未成年人社会保护试点工作的基础上，把流浪未成年人的社会保护工作、救助管理工作提高到新的水平（国务院新闻办，2014）。

三 流浪儿童的救助工作

在流浪未成年人救助保护方面，2012 年，民政部、中央综治办等八部门在全国联合开展以"保护儿童，告别流浪"为主题的"接送流浪孩子回家"专项行动，加强主动救助，开展教育矫治，强化源头防治，建立预防未成年人流浪长效机制，提高工作实效。2013 年，民政部、教育部等 10 部门开展以"合力保学，快乐成长"为主题的"流浪孩子回校园"专项行动，进一步强化了流浪未成年人教育矫治和源头预防工作，帮助流浪未成年人及困境未成年人顺利回归校园和家庭、融入社会、健康成长。

1. 完善流浪儿童救助的相关法规

自《救助管理办法》实行以来，我国流浪儿童福利发展取得了令世人瞩目的成果，流浪儿童福利政策体系框架基本形成，10 年中，与流浪儿童相关的政策多达 20 个，其中自 2006 年至 2013 年的 8 年中流浪儿童专门性政策有 10 个（见表 14 - 3）。这些政策涉及机构设施建设、人才队伍建设、资金投入、救助网络建设，以及流浪儿童的生存、教育、发展、医疗、司法保护等多种权益保护服务，基本形成了一个相对系统、全面的保护性福利政策体系。

表 14-3 2006~2013 年专门性流浪儿童政策目录

年份	序号	政策名称
2006	1	十九部委联合下发的《关于加强流浪未成年人工作的意见》
	2	民政部出台的《流浪未成年人救助保护机构基本规范》
2007	3	民政部和发改委联合下发《"十一五"流浪未成年人救助保护体系建设规划》
	4	国家发改委和民政部联合下发《关于流浪未成年人救助保护设施建设的指导意见》
2008	5	住建部和国家发改委联合下发《流浪未成年人救助保护中心建设标准》
2009	6	五部委联合下发的《关于进一步加强城市街头流浪乞讨人员救助管理和流浪未成年人解救保护工作的通知》
2011	7	国务院办公厅出台的《关于加强和改进流浪未成年人救助保护工作的意见》
	8	民政部等八部委联合下发《关于在全国开展"接送流浪孩子回家"专项行动的通知》
2012	9	民政部印发《流浪未成年人需求和家庭监护情况评估规范》
2013	10	民政部等十部委联合下发《关于在全国开展"流浪孩子回校园"专项行动的通知》

资料来源：冯元、龚源远，2014。

2. 完善流浪儿童救助保护系统

政府应该抓紧制定有效的救助保护流浪儿童的专门政策法规，切实建立多方共同负责的救助保护流浪儿童的组织系统，建立相对独立的设施，配备合格的工作人员，以切实负起救助保护流浪儿童的责任。针对救助工作中经费困难、部门协调困难和安置困难等一系列问题，要多渠道筹措资金，除国家财政拨款外，应大力吸收社会资助，提高救助水平和加大力度。同时，加强各部门协调，支持救助工作，并设立援助基金，为流浪儿童的寄养和助养提供生活教育费用。民政部以"保护儿童，告别流浪"为主题，联合有关部门在全国开展"接送流浪孩子回家"专项行动。新疆阿克苏市依托社区、村委会、学校等基层组织和单位，建立社会、学校、家庭和民警"四位一体"的帮教小组，加强了对返乡未成年人的教育感化，帮助他们融入当地生活，避免再次流浪。开展县级流浪未成年人救助保护中心建设，2011 年安排部本级福利彩票公益金 570 万元支持全国 114 个县（市）建设流浪未成年人救助保护中心。辽宁建设了 10 个县级流浪未成年人救助保护中心。山东在每个设区的市和百万人口以上的县级市建成 1 处流浪未成年人救助保护中心。①

3. 实施社会工作专业制度

救助机构开始引进专业的儿童社会工作者，用专业的社会工作知识帮助流浪儿童，帮助他们走上健康发展之路。在国际上，对流浪儿童的救助保护工作基本上属于社会工作，在救助保护流浪儿童领域开展社会工作或者将社会工作制度引入该领域是国际经验，也是当今我国救助保护流浪儿童工作的要求。实际上，国际、国内机构的成功经验正是社会工作的有效性的显示。例如，在站的救助、服务和基于保护的教育活动的设计就要同出站后儿童的处境联系起来。儿童救助保护机构要积极地为流浪儿童寻求出路，支持他们回归正常的社会，回归家庭和学校。这些工作方案的设计、服务的提供、服务效果的评估都需要社会工作的专业的知识和技术。

救助保护目标是回归家庭。流浪儿童不是孤儿，而是临时失去监护人，因此救助工作首要目的是为他们找家。家庭是流浪儿童最好的归宿。因此，设立救助保护中心的目的不是替代家庭履行儿童养育的职能，而是在家庭功能失效的情况下临时填补因此而出现的"养育真空"，并努力恢复家庭和流浪儿童之间正常的亲子关系。1992 年以来，民政部先后与联合国儿童基金会、英国救助儿童会开展流浪儿童项目合作，学习国外先进经验，探索适合中国国情的救助保护模式。目前，合作项目执行单位采用的流浪儿童救助保护的形式有以下六种。

（1）"类家庭"救助保护模式。"类家庭"救助保护模式主要在河南省郑州市流浪儿童救助保护中心进行实验。类家庭是指年龄在 8~14 岁的智力正常、身体健康的屡送屡返的或无"家"可归的流浪儿童在社区中建立住所，使他们得到寄养、看护和教育。"类家庭"的目的：对流浪儿童行为与思维方式的改变起到影响和干预。培养流浪儿童独立的生活能力，学会合作、协作精神，养成良好的生活习惯，为今后融入主流社会独立生活做准备。"类家庭"的干预机制：是短期过渡性的，不是永久性的。"类家庭"的规模：每个"类家庭"流浪儿童的数量不超过 10 个，年龄不等，有 2 名辅导员。"类家庭"的运作："类家庭"的儿童必须源于流浪儿童救助保护中心，以本省的流浪儿童为主，经过中心老师的详细询问、落实情况、疏

---

① 全面建立完善流浪未成年人救助保护制等内容，参见 2011 年《中华人民共和国年鉴》。

导教育、双向选择（儿童要自愿到"类家庭"生活），条件具备后，即可进入"类家庭"生活。进入"类家庭"的儿童，可以就近入学，可以安排接受职业技术培训，如送到正规的专业技术培训学校学习，使他们能够掌握一技之长，提高自食其力、自谋生路的能力，为很好地融入主流社会做准备。"类家庭"的管理：由流浪儿童救助保护中心负责，中心的管理人员定期检查、指导工作，随时解决工作中遇到的问题。

（2）"大房子"救助保护模式。"大房子"救助保护模式主要在湖南省长沙市流浪儿童救助保护中心进行实验。"大房子"主要是为7～15岁的孤儿和无家可归的流浪儿童提供一套住所，配备相应的生活设施和专职的保育员，实行开放式管理，根据儿童的特点开展简单的劳动技能培训和文化知识学习。对特殊的儿童可以安置在附近的社区就读。"大房子"的宗旨：为流浪儿童提供一个相对稳定和温暖的庇护场所，接受正规的普及教育和劳动技能培训，使他们的心灵得到净化、感化，帮助他们树立正确的世界观、人生观、价值观，增强他们的自信心，提高他们独立生活的能力，唤起他们回归主流社会的强烈愿望，为他们脱离街头生活、培养健康的心理奠定基础。"大房子"管理：实行全开放式管理。"大房子"紧邻社区，由专职的保育员全日制负责日常生活管理。社会工作者定期来"大房子"对流浪儿童开展心理咨询和各种各样的社工活动。"大房子"的资金支持：源于政府、合作单位、社会捐赠等。

（3）全天候救助点。郑州市流浪儿童救助保护中心在流浪儿童较为集中出没的郑州火车站附近建立了全国第一家流浪儿童"全天候救助点"。流浪儿童"全天候救助点"是完全开放式的，有2名辅导员，它不仅为流浪儿童提供饮食、休息、洗澡等服务，而且有电视、电脑、儿童读物等多项娱乐活动。全天候救助点的建立使流浪儿童得到了及时有效的救助保护。

（4）家庭寄养。民政部于2003年10月29日颁布的《家庭寄养管理暂行办法》规定，儿童家庭寄养是指经过规定的程序，将民政部门监护的儿童委托在家庭中养育的照料模式。寄养儿童是指监护权在县级以上地方人民政府民政部门，被民政部门或者民政部门批准的家庭寄养服务机构委托在符合条件的家庭中养育的、不满十八周岁的、查找不到生父母的弃婴和儿童。郑州市流浪儿童救助保护中心对被遗弃并且无家可归的年龄较小的流浪儿童实施了家庭寄养。目的是利用家庭寄养工作方法，探索流浪儿童回归社会的一条新路。这方面我国的工作还较为薄弱，2004 年时家庭寄养儿童有 5609 人，但到 2011 年降为 3142 人。

（5）职业技能培训。通过对流浪儿童进行职业技术教育和培训，使其掌握一技之长，培养自食其力、自谋职业的能力，为成功融入主流社会做准备。郑州市流浪儿童救助保护中心在这一方面进行了探索，目前已经开展的技能培训有汽车修理、缝纫技术、电脑培训、无线电修理等。

（6）街头流动救助。郑州市流浪儿童救助保护中心针对出现在郑州街头的流浪儿童，与郑州大学社会工作系师生合作，以流动救助车作为载体，利用外展社会工作的专业方法，与流浪儿童进行交流沟通，从而劝导更多的流浪儿童进入中心接受救助，收到了良好的效果（民政部，2006）。

在亚洲，各国儿童救助机构大多数为非政府性质。我国在加强完善流浪儿童救助中心的同时，可鼓励民间非营利性的慈善机构成立相应的救援组织，作为一种有效的补充。政府应加强与这些组织的合作，促进援助活动，如保护、社会动员、研究训练、技术支持和项目支持的展开，在社会上形成一个关心流浪儿童的个体、民间组织和政府组织之间的联系网络。对一些家长管不了且学校不愿管的弃学、逃学、流浪的少年儿童，应当积极发动社会各方面的力量，加强对他们的教育和管理，建立社区监护网络，在这些少年儿童居住的地区，可组织一些有志于青少年教育的退休教师和干部，对缺乏家庭监护条件的流浪儿童实施重点保护，帮助落实监护、教育等工作。

本章要点：

1. 我国游民问题的现状
2. 我国的乞丐问题
3. 我国的流浪儿童问题
4. 我国对流浪儿童的救助工作

关键术语：

游民　乞丐　流浪儿童

推荐阅读文献：

陈微，2007，《当代中国流浪乞讨救助制度研究》，北京：社会科学文献出版社。

郭星华等，2011，《漂泊与寻根：流动人口的社会认同研究》，北京：中国人民大学出版社。

胡虎林，2009，《流动人口法制：现状及其完善》，杭州：浙江大学出版社。

鞠青等，2008，《中国流浪儿童研究报告》，北京：人民出版社。

若兹·库贝洛，2005，《流浪的历史》，曹丹红译，桂林：广西师范大学出版社。

罗柳周，2004，《广州流浪乞讨人员现象的考察与思考》，《社会》第 10 期。

王思斌，2005，《流浪儿童救助保护的能力建设》，《中国青年政治学院学报》第 6 期。

王学泰，2007，《游民文化与中国社会》（增修版），北京：同心出版社。

王学泰，2012，《中国游民》，上海：上海远东出版社。

王毅杰等，2010，《流动儿童与城市社会融合》，北京：社会科学文献出版社。

薛在兴，2005，《社会排斥理论与城市流浪儿童问题研究》，《青年研究》第 10 期。

姚华松，2012，《流动人口的空间透视：以广州为例》，北京：中央编译出版社。

张声华，1998，《上海流动人口的现状和展望》，上海：华东师范大学出版社。

张齐安，2000，《流浪儿童救助保护工作报告》，载时正新主编《中国社会福利与社会进步报告》，北京：社会科学文献出版社。

参考文献

安敏，2000，《信息资讯》，《中国青年研究》第 5 期。

肯·奥莱塔，1991，《美国底层阶级》，聂振雄，蒋伟明译，上海：上海译文出版社。

柏忠言编，1983，《西方社会病》，张蕙兰译，北京：生活·读书·新知三联书店。

北京大学社会学系社会学理论教研室《社会学教程》编写组，1987，《社会学教程》，北京：北京大学出版社。

北京市公安局编，1988，《北京封闭妓院纪实》，北京：中国和平出版社。

北京医学院主编，1980，《精神病学》，北京：人民卫生出版社。

乌尔里希·贝克，2004，《风险社会》，何博闻译，南京：译林出版社。

戴维·波普诺，1987，《社会学》，李强等译，沈阳：辽宁出版社。

布鲁姆等，1991，《社会学》，张杰等译，成都：四川人民出版社。

蔡民、闫晓光，2006，《缺乏忍让宽容"80 后"独生子女成离婚高发人群》，央广网，http://www.cnr.cn/news/200612/t20061211_504348056.shtml。

曹文慧，2005，《构建和谐社会与青少年犯罪预防》，《武警学院学报》第 4 期。

查特吉，2001，《关注底层》，《读书》第 8 期。

朝阳，2014，《东莞背后的中国性工作者现状》，http://mp.weixin.qq.com/s?_biz=MjM5NzU5NDc0MA==&mid=200028364&idx=8&sn=4fc479152c32661be06fce9fbacd8ec2。

车烯竖，1997，《戒毒人员复吸原因及对策》，《青少年犯罪研究》第 7 期。

陈贝帝，2006，《中国吸毒调查》，《天津日报》11 月 8 日。

陈锋等，1991，《中国病态社会史论》，郑州：河南人民出版社。

陈功、林艳、张蕾、宋新明、郑晓瑛，2009，《中国残疾人口的生活状况》，日本贸易振兴机构亚洲经济研究所，http：∥www.ide.go.jp/English/Publish/Download/Jrp/pdf/152_03.pdf。

陈娟，2005，《我国首次公布青年就业状况调查报告》，中国教育在线，http：∥www.eol.cn/article/20050524/3138280.shtml。

陈显容、周永生，1994，《残疾人——困苦的社会群体》，《社会学与社会调查》第 6 期。

陈雨，2013，《新型毒品在中国呈蔓延流行趋势》，国际在线，http：∥gb.cri.cn/42071/2013/06/26/5951s4160392.htm。

陈钟梁，1990，《坚持"三个面向"推进普通教育改革》，《上海教育》第 1、2 期合刊。

程连升、刘学敏，2000，《中国城镇第六次失业高峰及其特征》，《经济研究资料》第 1 期。

崔红，2003，《777 个救助站 50 天救助 6.04 万人》，《北京晨报》10 月 9 日。

崔丽，2003，《保护未成年人措施碰撞现行法律专家呼吁建立未成年人司法制度》，《中国青年报》6 月 18 日。

崔明，2006，《把行为干预和性病诊疗服务有机结合起来降低危害——昆明市对女性工作者（CSW）的综合干预》，《卫生软科学》第 1 期。

杰克·道格拉斯等，1987，《越轨社会学概论》，张宁等译，石家庄：河北人民出版社。

邓小平，1993，《邓小平文选》第 3 卷，北京：人民出版社。

——，1994，《邓小平文选》第 2 卷，北京：人民出版社。

邓柱峰、陈家源，2012，《调查称 40 岁以下男子七成不反对"一夜情"》，《广州日报》5 月 16 日。

埃米尔·迪尔凯姆，1988，《自杀论》，钟旭辉等译，杭州：浙江人民出版社。

第二次全国残疾人抽样调查领导小组、中华人民共和国国家统计局，2006，《2006 年第二次全国残疾人抽样调查主要数据公报》，中国残疾人联合会，http：∥temp.cdpj.cn/dlzt/cydc/sjfb-1.htm。

丁晓平，1995，《中国的"圣·玛丽亚"——来自南京危机干预中心的报告》，《社会》第 1 期。

杜鹏、杨慧，2008，《中国老年残疾人口状况与康复需求》，《首都医科大学学报》第 3 期。

段成荣，1999，《关于当前人口流动和人口流动研究的几个问题》，《人口研究》第 2 期。

范传贵，2011，《婚姻法"新解释"应重视中国现实》，《法制日报》8 月 30 日。

方祥生，2009，《禁毒仍是全球性难题》，光明网，http：//www. gmw. cn/01g-mrb/2009 - 02/20/content_889776. htm。

冯元、龚源远，2014，《中国流浪儿童福利发展状况及其动力研究》，《人口与社会》第 2 期。

冯煜，2002，《中国经济发展中的就业问题及其对策研究》，北京：经济科学出版社。

俸卫东等，2006，《3452 例性服务工作者性传播感染调查分析》，《实用预防医学》第 4 期。

福联，2000，《全国妇联建议婚姻法应遏制重婚纳妾和包二奶行为》，《法制日报》9 月 21 日。

盖格农，约翰，1994，《性社会学——人类性行为》，李银河译，郑州：河南人民出版社。

盖锐等，2009，《社会保障学》，北京：清华大学出版社。

高梅兰等，2000，《"精神疾病时代"的挑战与对策》，《山东医科大学学报》（社会科学版）第 4 期。

高莺，2013，《〈南方周末〉2000～2012 年性工作者媒介形象研究》，苏州大学硕士学位论文。

耿洁，2012，《浅议第三者插足婚姻家庭问题》，《法制与社会》第 22 期。

公安部，2004，《中国吸毒人员持续增加禁毒形势严峻》，新浪网，http：//news. sina. com. cn/c/2004 - 06 - 25/17433523210. shtml。

——，2006，《2006 年中国禁毒报告》，新华网，http：//news. xinhuanet. com. htm。

——，2013，《中国吸毒人数达 222 万》，《京华时报》7 月 3 日。

古德，W. ，1986，《家庭》，魏章玲译，北京：社会科学文献出版社。

管乐，2006，《同性恋法律问题的思考》，《甘肃政法成人教育学院学报》第 1 期。

贵州省人民政府经济研究室，1986，《贫困地区工作手册》（内部资料）。

郭来喜、姜德华，1994，《贫困与环境》，《经济开发论坛》第 5 期。

郭庆兰、张郦，2006，《自杀未遂者的心理分析与护理》，《齐鲁护理杂志》第 6 期。

郭翔，1996，《当前我国青少年犯罪的状况与特点》，《中国青年研究》第 3 期。

郭箴一，1937，《中国妇女问题》，上海：商务印书馆。

国家统计局，1999，《中国统计摘要》，北京：中国统计出版社。

国家统计局，2011，《2010 年第六次全国人口普查主要数据公报（第 1 号）》，中华人民共和国国家统计局，http：∥www. stats. gov. cn/tjsj/tjgb/rkpcgb/qgrkpcgb/201104/t20110428_30327. html。

国家统计局，2013，《2012 年全国农民工监测调查报告》，中华人民共和国国家统计局，http：∥www. stats. gov. cn/tjsj/zxfb/201305/t20130527_12978. html。

国家统计局，2013，《2013 年我国国民经济和社会发展统计公报》，新华网，http：∥www. bj. xinhuanet. com/bjyw/2014 - 02/24/c_119472571_10. htm。

国家统计局编，2006，《2006 年中国统计年鉴》，中华人民共和国国家统计局，http：∥www. stats. gov. cn/tjsj/ndsj/2006/indexch. htm。

国务院新闻办，2014，《社会救助暂行办法》，中国网，http：∥www. china. com. cn/zhibo/2014 - 02/28/content_31616154. htm。

海剑，2006，《E 时代深度焦虑：网络性瘾》，《检察风云》第 21 期。

韩慧琴、曾勇、赵旭东等，2008，《昆明市普通人群精神卫生知识知晓率调查》，《中国健康心理学杂志》第 11 期。

韩庆祥，2003，《建构能力社会——21 世纪中国人的发展图景》，广州：广东教育出版社。

何兰，2014，《国际刑法中毒品犯罪综述》，《法制与经济》第 16 期。

何晓琦，2004，《长期贫困的定义与特征》，《贵州财经大学学报》第 6 期。

何雪峰，2005，《白领玩"换妻游戏"专家称集体淫乱可治罪》，凤凰网，http：∥www. phoenixtv. com/phoenixtv/72627141061115904/20050616/568329. shtml。

洪清瑜、沈樟、陆忠明，2010，《1227 例卖淫嫖娼人员资料分析》，《中国卫生检验杂志》第 11 期。

胡鞍钢等，2002，《扩大就业与挑战失业——中国就业政策评估（1949 – 2001 年）》，北京：中国劳动社会保障出版社。

胡玲、钟明亮，2014，《公安部：中国毒品形势严重　吸毒人员超千万》，凤凰网，http：//news. ifeng. com/a/20140625/40891912_0. shtml#_from_ ralated。

黄诚等，1997，《天津地区城市与农村自杀死亡资料分析》，《中国心理卫生杂志》第 5 期。

黄承伟，2002，《中国反贫困：理论·方法·战略》，北京：中国财政经济出版社。

黄洁，2013，《同性恋诉请离婚面临法律空白》，《法制日报》1 月 11 日。

黄绍伦等编，1992，《社会学新论》，台湾：商务印书馆。

黄文平、卢新波，2002，《贫困问题的经济学解释》，《上海经济研究》第 8 期。

黄盈盈、潘绥铭，2003，《中国东北地区劳动力市场中的女性性工作者》，《社会学研究》第 3 期。

安东尼·吉登斯等，2001，《现代性：吉登斯访谈录》，尹宏毅译，北京：新华出版社。

季建林，2001，《医学心理学》，上海：复旦大学出版社。

江苏省统计局，2010，《2010 年全省城镇居民收支状况简析》，江苏统计局，http：//www. jssb. gov. cn/jstj/fxxx/tjfx/201107/t20110706_115586. htm。

姜德华等编，1989，《中国的贫困地区类型及开发》，北京：旅游教育出版社。

金宗美，1992，《从青少年自杀谈起》，《苏联研究》第 2 期。

景军、吴学雅、张杰，2010，《农村女性的迁移与中国自杀率的下降》，《中国农业大学学报》（社会科学版）第 4 期。

贺兰特·凯查杜里安，1989，《人类性学基础》，李洪宽等译，北京：农村读物出版社。

赖特·凯勒，1987，《社会学》，林义男译，台北：巨流图书公司。

康树华等，1998，《犯罪与犯罪对策论丛　迈向二十一世纪的犯罪预防与控制》，北京：警官教育出版社。

康晓光，1995，《中国贫困与反贫困理论》，南宁：广西人民出版社。

刘易斯·A. 科瑟，1990，《社会学思想名家》，石人译，北京：中国社会科学出版社。

R. M. 克朗，1987，《系统分析和政策科学》，陈东威译，北京：商务印书馆。

C. H. 库利，1999，《人类本性与社会秩序》，包凡一等译，北京：华夏出版社。

保尔·拉法格等，1954，《回忆马克思》，北京：人民出版社。

斯科特·拉什、王武龙，2002，《风险社会与风险文化》，《马克思主义与现实》第 4 期。

赖俊明，2011，《青少年犯罪趋势探析》，《法制与社会》第 20 期。

劳动部劳动科学研究所劳动法及社会保险研究室编，1991，《失业保险的理论与实践》，北京：中国劳动出版社。

雷洪，1999，《社会问题——社会学的一个中层理论》，北京：社会科学文献出版社。

列宁，1965，《列宁选集》第 1 卷，北京：人民出版社。

列宁，1972a，《列宁选集》第 2 卷，北京：人民出版社。

列宁，1972b，《列宁选集》第 24 卷，北京：人民出版社。

列宁，1972c，《列宁选集》第 7 卷，北京：人民出版社。

列宁，1972d，《列宁选集》第 38 卷，北京：人民出版社。

李爱芹，2006，《中国丁克家庭的社会学透视》，《西北人口》第 6 期。

李保民，2005，《中国失业问题研究需要新视角》，《河南师范大学学报》（哲学社会科学版）第 4 期。

李斌，2004，《市场能力与职工住房利益分化》，《南京社会科学》第 11 期。

李东亮等，2006，《2517 例卖淫嫖娼人员性传播感染流行病学调查分析》，《中国艾滋病性病》第 4 期。

李红梅，2013，《我国有重性精神病患者 1600 万》，人民网，http://sn. peo-ple. com. cn/n/2013/0802/c190207 - 19218442. html。

李红梅、白剑峰，2012，《"十二五"医改：公立医院不再以药养医》，《人民日报》3 月 23 日。

李纪恒，1997，《贫困地区发展论》，北京：中共中央党校出版社。

李康熙，2007，《未成年人违法犯罪急剧上升的原因分析——以山东省为例的研究》，《青少年犯罪问题》第 4 期。

李立国，2014，《流浪乞讨未成年人是救助管理工作的重点》，中华人民共和国国务院新闻办公室，http://www.scio.gov.cn/xwfbh/xwbfbh/wqfbh/2014/20140228/zy30558/Document/1365512/1365512.htm。

李培林等，2005，《社会冲突与阶级意识：当代中国社会矛盾问题研究》，北京：社会科学文献出版社。

李培林等，2013，《2014年中国社会形势分析与预测（2014）》，北京：社会科学文献出版社。

李强，1989，《中国大陆的贫富差别》，北京：中国妇女出版社。

李强等，2013，《空巢老人达近八成》，《南方日报》5月31日。

李淑英、李淑霞，2006，《自杀与抑郁症的关系及预防》，《中国社区医师》（综合版）第17期。

李双其，2004，《吸毒原因系统分析——基于对240名吸毒者的全面研究》，《法学文献数据库》1月1日。

李晓凤、蔡瑾，2009，《问题流浪儿童的生存状况与机构救助研究》，《湖北社会科学》第8期。

李晓宏，2012，《2011年中国流动人口近2.3亿 平均年龄约为28岁》，《人民日报》8月9日。

李银河，2006，《李银河说性》，哈尔滨：北方文艺出版社。

李中东，2003，《灾难预备役》，《中国科技财富》第6期。

厉以宁、董辅礽、韩志国主编，1999，《中国经济跨世纪的主题和难题》，北京：经济科学出版社。

联合国：2013年世界毒品报告（中文摘要），杜新忠戒毒网，http://www.jh-ak.com/uploads/soft/201307/2_03160952.pdf。

梁霓霓，2013，《法国民议会通过同性恋婚姻法案》，《新华每日电讯》2月14日。

林宪，1978，《自杀死亡率、自杀企图》，（台北）《当代医学杂志社》第8期。

刘白驹，2000，《精神障碍与犯罪》，北京：社会科学文献出版社。

刘崇顺，1995，《"1994社会热点研讨会"述评》，《社会学研究》第5期。

刘达临，1992，《中国当代性文化——中国两万例"性文明"调查报告》，上海：上海三联书店。

刘金瑞，2012，《"非法同居"的变迁与选择自由》，《法制日报》8 月 18 日。

刘连忠、肖水源，2002，《自杀未遂者的一般特征与自杀行为特征》，《医学
　　与社会》第 4 期。

刘敏，1991，《中国西部毒品蔓延的现状和特点》，《甘肃社会科学》第 5 期。

刘小利，2013，《逾九成吸毒者中小学文化　女性吸毒者比例逐年上升》，
　　《东莞时报》6 月 26 日。

刘尧，2002，《农村知识贫困与农村高等教育》，《清华大学教育研究》第
　　5 期。

刘易斯，阿瑟，1989，《二元经济论》，施炜等译，北京：北京经济学院出
　　版社。

娄银生，2013，《破解精神病人犯案的困局》，《人民法院报》4 月 12 日。

卢国显、王太元、李春勇，2012，《城市流浪乞讨人员的生存状况、社会距
　　离与管理创新思路——基于全国五个城市的调查》，《中国人民公安大
　　学学报》（社会科学版）第 3 期。

艾尔·鲁宾顿、马丁·温伯格编，1988，《社会问题导论——五种理论观
　　点》，陈慧娟译，台北：巨流图书公司。

陆幸生，2005，《苦婚：探访"二奶村"》，《乡镇论坛》第 2 期。

陆学艺，2002，《当代中国社会阶层研究报告》，北京：社会科学文献出版社。

陆学艺主编，1991，《社会学》，北京：知识出版社。

罗必良，1991，《从贫困走向富饶》，重庆：重庆出版社。

尹恩·罗伯逊，1988，《现代西方社会学》，赵明华等译，郑州：河南人民出
　　版社。

罗家洪等，2006，《不同地区吸毒人员艾滋病行为监测流行病学调查研究》，
　　《中国预防医学杂志》第 4 期。

戴维·罗森汉，1975，《在精神病院里的健康人》，《科学杂志》第 1 期。

马红文、朱临，2008，《文化冲突语境下的流动人口犯罪解读》，《黑龙江省
　　政法管理干部学院学报》第 5 期。

马俊贤，2001，《农村贫困线的划分及扶贫对策研究》，《统计研究》第 6 期。

马克思，1957，《马克思恩格斯全集》第 2 卷，北京：人民出版社。

——，1972a，《马克思恩格斯选集》第 1 卷，北京：人民出版社。

——，1972b，《马克思恩格斯选集》第 3 卷，北京：人民出版社。

——，1972c，《马克思恩格斯选集》第4卷，北京：人民出版社。

——，1972d，《马克思恩格斯选集》第18卷，北京：人民出版社。

——，1972e，《马克思恩格斯选集》第21卷，北京：人民出版社。

——，1972f，《马克思恩格斯全集》第23卷，北京：人民出版社。

——，1979，《马克思恩格斯选集》第46卷，北京：人民出版社。

马克思，1975，《资本论》第1卷，北京：人民出版社。

马里，2012，《国家大病医保新政规定实际报销比例不低于50%》，国际在线，http：∥gb. cri. cn/27824/2012/08/30/5005s3831712. htm。

毛泽东，1991，《毛泽东选集》，第2卷，北京：人民出版社。

——，1999，《毛泽东选集》，第6卷，北京：人民出版社。

孟俊、卢玲玲，2012，《昆明一对同性恋者求结婚登记被拒》，云南网，http：∥society. yunnan. cn/html/2012 – 08/14/content_2352840. htm。

赖特·C. 米尔斯，1987，《白领——美国的中产阶级》，杭州：浙江人民出版社。

赖特·C. 米尔斯，2005，《社会学的想象力》，陈强，张永强译，北京：生活·读书·新知三联出版社。

赖特·C. 米尔斯等，1986，《社会学与社会组织》，何维凌、黄晓京译，杭州：浙江人民出版社。

民政部，2004，《救助管理简况》，中华人民共和国民政部，http：∥www. mca. gov. cn/artical/content/WJG_YWJS/2004330122752. html。

——，2006，《流浪儿童救助保护的创新形式》，中华人民共和国民政部，http：∥www. mca. gov. cn/artical/content/WJG_YWJS/200631694009. html。

——，2012a，《2011 年社会服务发展统计公报》，中国新闻网，http：∥www. chinanews. com/gn/2012/06 – 21/3979184. shtml。

——，2012b，《2012 年5 月份全国县以上城镇低保情况》，民政部，http：∥files2. mca. gov. cn/cws/201206/20120621135200275. htm。

——，2012c，《中国基本实现对城市流浪乞讨人员应救尽救》，中国新闻网，http：∥www. chinanews. com/gn/2012/10 – 24/4274160. shtml。

——，2013a，《2013 年第二季度社会服务统计》，民政部，http：∥files2. mca. gov. cn/cws/201311/20131120114958719. htm。

——，2013b，《2012 年社会服务发展统计公报》，中华人民共和国民政部，

http：//www. gov. cn/gzdt/2013－06/19/content_2428923. htm。

民政部，2013c，《〈城市生活无着的流浪乞讨人员救助管理办法〉公布 10 周年》，人民网，http：//politics. people. com. cn/n/2013/0620/c1001－21 903801. html。

——，2014，《中国社会救助事业发展取得显著成效》，中华人民共和国国务院新闻办公室，http：//www. scio. gov. cn/xwfbh/xwbfbh/wqfbh/2014/20140228/zy30558/Document/1365520/1365520. htm。

民政部流浪儿童救助保护中心数据，2004，中华人民共和国民政部，http：//www. mca. gov. cn/artical/content/WJG_YWJS/2004330123020. html。

缪锋，1997，《善待生命自杀现象的心理透视》，《宁德师专学报》第 1 期。

詹姆斯·莫瑞斯，1999，《失业是一种罪恶》，《中国人才》第 11 期。

牟文余、蒋曼，2013，《当代婚姻家庭现状分析及其对策研究——以 80 后夫妻为例》，《学理论》第 15 期。

迪帕·纳拉扬等，2001，《谁倾听我们的声音》，付岩梅等译，北京：中国人民大学出版社。

罗伯特·尼斯贝特等，1961，《当代社会问题》，郭振羽等译，台北："国立"编译馆出版。

潘榕，2003，《刑法要加大控制未成年人毒品犯罪的力度——扩大未成年人毒品犯罪的刑事责任范围》，《青少年犯罪问题》第 4 期。

潘绥铭，1995，《中国性现状》，北京：光明日报出版社。

彭立荣，1988，《婚姻家庭大辞典》，上海：上海社会科学院出版社。

齐晓安，2009，《社会文化变迁对婚姻家庭的影响及趋势》，《人口学刊》第 3 期。

全国妇联、国家统计局，2011，《第三期中国妇女社会地位调查主要数据报告》，中国网，http：//www. china. com. cn/zhibo/zhuanti/ch-xinwen/2011－10/21/content_23687810. htm。

冉志江，1991，《没有炮舰的鸦片战争》，《甘肃社会科学》第 5 期。

汝信等，2002，《2002 年中国社会形势分析与预测》，北京：社会科学文献出版社。

汝信等，2006，《2006 年：中国社会形势分析与预测》，北京：社会科学文献出版社。

保罗·萨缪尔森、威廉·诺德豪斯，1999，《经济学》，萧琛等译，北京：华夏出版社。

伦那德·塞威特兹等，1988，《性犯罪研究》，陈泽广编译，武汉：武汉出版社。

沈红，2000，《中国贫困研究的社会学评述》，《社会学研究》第2期。

沈路涛，2001，《在册"瘾君子"86万》，《时代潮》第2期。

石头河，1992，《卖淫嫖娼忧思录》，《中国社会报》7月14日。

《思茅市多措施并举提高突发性公共事件应急处置能力》，云南禁毒网，http://www.ypncc.gov.cn/pubnews/doc/read/ynxw/149392200.170079590。

宋林飞，1987，《中国社会风险预警系统的设计与运行》，《东南大学学报》（社会科学）第1期。

——，1990，《当代西方社会学》，沈阳：辽宁教育出版社。

——，1997，《西方社会学理论》，南京：南京大学出版社。

苏丹婷等，2005，《对成都中心城区高档娱乐场所女性性工作者的调查》，《现代预防医学》第1期。

苏敏，2004，《自杀列我国青壮年死因首位》，《中国青年报》9月11日。

苏中华等，2005，《470名社区吸毒人员和1185名社区普通居民对毒品和艾滋病的认知态度调查》，《中国药物依赖性杂志》第14期。

孙本文，1947，《社会学原理》（下册），上海：商务印书馆。

孙立平，2004，《转型与断裂：改革以来中国社会结构的变迁》，北京：清华大学出版社。

孙龙等，2012，《江苏省娱乐场所女性性工作者艾滋病相关知识与危险行为的调查分析》，《南京医科大学学报》（自然科学版）第1期。

孙彦杰，2005，《自杀行为与心理社会因素的关系》，《中国现代实用医学杂志》第4期。

孙永发、陈云香、惠文、吴华章，2012，《我国精神卫生专业机构床位配置及其规划研究》，《中国医院管理》第6期。

唐湘岳等，2000，《给精神残疾人更多的爱》，《光明日报》11月10日。

乔纳森·H.特纳，1987，《社会学理论的结构》，吴曲辉等译，杭州：浙江人民出版社。

乔纳森·H.特纳，2001，《社会学理论的结构（上）》，邱泽奇等译，北京：

华夏出版社。

田兴春，2013，《〈城市生活无着的流浪乞讨人员救助管理办法〉公布 10 周年》，人民网，http：∥politics. people. com. cn/n/2013/0620/c1001 - 2190 3801. html。

阿尔文、托夫勒，1996，《未来的冲击》，孟广均等译，北京：新华出版社。

王春光，2006，《警惕农民工"底层化意识"加剧》，《中国党政干部论坛》第 5 期。

王丹丹，2006，《社会工作视野下我国婚姻家庭问题的处遇探析》，《社会工作》第 10 期。

王道斌，2008，《调查显示 26 岁以下未婚女性占流产人数的 7 成以上》，中国网，http：∥www. china. com. cn/info/txt/2008 - 07/30/content_1609588 0. htm。

王枫，2002，《家庭文化观念变化使上海"丁克家庭"占 12.4%》，人民网，http：∥www. people. com. cn/GB/shehui/47/20021106/859827. html。

王桂敏、金明玉，2006，《经济全球化与全球经济问题研究》，沈阳：白山出版社。

王金玲等，1993，《新生卖淫女性构成、身心特征与行为之缘起——389 名新生卖淫女析》，《社会学研究》第 2 期。

王君平，2013，《我国每年 25 万人死于自杀，成青壮年人群首位死因》，本地宝，http：∥gz. bendibao. com/news/2013911/content135354_2. shtml。

王君平，2016，《我国各类精神病患者人数超过 1 亿》，央广网，http：∥news. cnr. cn/native/gd/20161014/t20161014_523196819. shtml。

王俊等，2007，《苏州市 2005 年～2006 年吸毒人员艾滋病哨点监测结果分析》，《江苏预防医学》第 3 期。

王康主编，1988，《社会学词典》，济南：山东人民出版社。

王玫，2000，《禁止一切形式的家庭暴力——"中英维护妇女权益、防止家庭暴力研讨会"综述》，《人民法院报》3 月 15 日。

王荣党，2006，《农村贫困线的测度与优化》，《华东经济管理》第 3 期。

王思斌，2005，《流浪儿童救助保护的能力建设》，《中国青年政治学院学报》第 6 期。

王思斌主编，1998，《社会工作导论》，北京：北京大学出版社。

王思斌主编，2002，《中国社会工作研究》第一辑，北京：社会科学文献出版社。

王小强、白南风，1986，《富饶的贫困：中国落后地区的经济考察》，成都：四川人民出版社。

王振宏主编，2012，《青少年心理发展与教育》，西安：陕西师范大学出版总社有限公司。

王增珍等，2004，《吸毒人员戒毒效果的社会心理影响因素》，《中国药物依赖性杂志》第 11 期。

威廉、威尔逊，2007，《真正的穷人：内城区、底层阶级和公共政策》，成伯清、鲍磊、张戌凡译，上海：上海人民出版社。

卫计委，2012，《卫生部办公厅关于征求中国精神卫生工作规划（2012 – 2015 年）（征求意见稿）意见的通知》，中华人民共和国卫和计划生育委员会，http：//www. moh. gov. cn/zwgkzt/pjbkz1/201206/55015. shtml。

魏春华等，2006，《福州地区吸毒人员滥用毒品的现状调查》，《中国国境卫生检疫杂志》第 1 期。

魏薇、深卫信，2016，《全国严重精神障碍患者　在册人数已达 510 例》，《深圳都市报》10 月 10 日。

翁永振主编，1991，《简明精神病学》，北京：人民卫生出版社。

吴炽煦，2003，《西方国家对同性恋的认识与研究》，《湖北预防医学杂志》第 5 期。

吴娟、张文等，2004，《高校大学生网络成瘾现象矫正措施》，《桂林航天工业学院学报》第 3 期。

吴理财，2001a，《论贫困文化（上）》，《社会》第 8 期。

——，2001b，《"贫困"的经济学分析及其分析的贫困》，《经济评论》第 4 期。

吴再德，1990，《青少年越轨与教育》，北京：中国政法大学出版社。

格雷厄姆·希尔编，2000，《Advanced Psychology Through Diagrams 心理学专业英语基础　图示教程》，耿文秀注释，上海：上海外语教育出版社。

奚从清，2000，《论两种不同的残疾人观》，《浙江大学学报》（人文社会科学版）第 2 期。

夏国美，1998，《卖淫女在想些什么?》，《社会》第 8 期。

夏吟兰，2006，《我国残疾人婚姻家庭权益保障问题研究》，《法商研究》第 6 期。

夏英，1995，《贫困与发展》，北京：人民出版社。

萧勤福等，1989，《五次浪潮》，北京：中国人民大学出版社。

路易斯·谢利，1986，《犯罪与现代化：工业化与城市化对犯罪的影响》，何 秉松译，北京：群众出版社。

乔恩·谢泼德、哈文·沃斯，1987，《美国社会问题》，乔寿宁、刘云霞合译， 太原：山西人民出版社。

谢思全，2000，《下岗、失业和再就业三题》，《南开经济研究》第 3 期。

新华社，2003，《调查显示：中国普通人群对精神卫生知识了解匮乏》，新浪 网，http：//news. sina. com. cn/o/2003 – 10 – ll/0857897141s. shtinl。

——，2004，《天津：大龄未婚六成为女十种职业易单身》，《新华每日电讯》 2 月 10 日。

——，2005，《骚乱升级 巴黎郊区已陷入"内战"？》，汉网，http：//www. cn-han. com/gb/content/2005 – 11/05/content_535534. htm。

——，2010，《温家宝会见出席中国发展高层论坛年会境外代表》，人民网， http：//politics. people. com. cn/GB/11196874. html。

——，2014a，《坚决遏制毒品问题蔓延势头》，《新华日报》6 月 26 日。

——，2014b，《中国警方去年查处卖淫嫖娼违法犯罪案件 4.5 万起》，新华 网，http：//news. xinhuanet. com/legal/2009 – 01/09/content_10630077. htm。

徐国俊，2004，《浅议青少年犯罪的成因、特点及对策》，中国法院网，ht-tp：//www. chinacourt. org/article/detail/2004/05/id/118537. shtml。

徐沪，1993，《中国卖淫嫖娼的现状与对策》，《社会学研究》第 3 期。

徐向群，1999，《吸毒行为及其控制的社会学分析》，《福建公安高等专科学 校学报》第 11 期。

徐运平、胡健，2001，《沉重的话题——关于婚姻法修改系列述评之三》，《妇 女研究》第 1 期。

徐振东，2003，《银行风险管理的内部控制机制》，《现代商业银行导刊》第 8 期。

许教，2008，《男性同性恋的相关问题研究》，博士学位论文，浙江大学。

薛晓源、刘国良，2005，《全球风险世界：现在与未来——德国著名社会学家、风险理论创始人乌尔里希·贝克教授访谈录》，《马克思主义与现实》第 1 期。

杰弗里·亚历山大，2000，《社会学二十讲：二战以来的理论发展》，贾春增等译，北京：华夏出版社。

严念慈、徐艳，2004，《青少年偶像崇拜：社会化视角的解读》，《青年探索》第 3 期。

严正、李增伟，1998，《不应忽视的群体——国际残疾人问题一瞥》，《人民日报》5 月 19 日。

彦欣编，1992，《卖淫嫖娼与社会控制》，北京：朝华出版社。

杨鸿台，1997，《死亡社会学》，上海：上海社会科学院出版社。

杨炯、赵晓，2005，《青少年犯罪统计显示青少年犯罪占犯罪总数 70%》，《华西都市报》6 月 3 日。

杨善华主编，1999，《当代西方社会学理论》，北京：北京大学出版社。

杨伟民，2004，《社会政策导论》，北京：中国人民大学出版社。

杨雪冬，2004，《全球化、风险社会与复合治理》，《马克思主义与现实》第 4 期。

杨艳琳、娄飞鹏等，2010，《中国经济发展中的就业问题》，济南：山东人民出版社。

杨宜勇，2000，《就业理论与失业治理》，北京：中国经济出版社。

杨子慧，1997，《中国城乡人口自杀死亡研究》，《中国人口科学》第 2 期。

姚秀钰，2013，《精神疾病患者攻击行为风险评估的研究》，北京协和医学院博士学位论文。

佚名，1996，《打拐禁娼势头强劲》，《法制日报》9 月 5 日。

佚名，2003，《世界卫生组织：中国性工作者 600 万》，《新明日报》8 月 18 日。

佚名，1997，《吸毒者心理》，《人民公安报》9 月 11 日。

佚名，2000a，《我国吸毒人员八成为青少年》，光明网，http://www.gmw.cn/01shsb/2000 – 03/04/GB/03%5E1272%5E0%5ESH5 – 422. htm。

佚名，2000b，《是谁在包二奶》，《生活新报》9 月 5 日。

佚名，2001a，《社会关爱对控制复吸很重要》，《新华日报》5 月 20 日。

佚名，2001b，《同居试婚分手和离婚一样困难》，人民网，http://www. people. com. cn/GB/shenghuo/76/123/20011015/581915. html。

佚名，2006，《联合国举办防自杀研讨会》，《参考消息》9 月 10 日。

佚名，2011c，《世界预防自杀日宣传材料》，中华心理教育网，http：//www. xinli110. com/education/xsxl/wjgy/201103/211526. html。

佚名，2013，《社会福利企业办公室 2013 年工作总结》，香当网，http：//www. xiangdang. net/fanwen. aspx？ id=155253。

余传霞，2012，《谈建立戒毒回归人员过渡性帮扶救助制度——以 3000 例吸毒人员复吸原因解析为基础》，《中国司法》第 6 期。

余放争、杨国纲、余翔等，2005，《同性恋国内研究概述》，《医学信息》第 12 期。

俞涛，杨丽，2013，《浙江警方发布 2013 年禁毒报告》，http：//www. zj. xinh- uanet. com/newscenter/focus/2013 – 06/26/c_116289209. htm。

俞韫烨，2010，《美国大龄未婚女社会压力大》，《新华每日电讯》3 月 25 日。

袁方主编，1990，《社会学百科辞典》，北京：中国广播电视出版社。

袁亚愚，1991，《中美城市现代的婚姻和家庭》，成都：四川大学出版社。

袁永源，1994，《试论中国的禁毒方针》，载《二十一世纪世界警务发展战略》，北京：中国人民大学出版社。

袁志刚，1994，《失业理论与中国失业问题》，《经济研究》第 9 期。

袁志刚，1997，《失业经济学》，上海：上海人民出版社。

曾群、魏雁滨，2004，《失业与社会排斥：一个分析框架》，《社会学研究》第 3 期。

张潮主编，2013，《学校心理学：学校心理健康教育的理论与应用》，新华出版社。

张春龙，2000，《民工与市民冲突的社会学分析》，《社会》第 2 期。

张达，2013，《中国就业形势有多严峻？》，《网易财经》第 121 期。

张国，2010，《最新数字：全国闲散青少年超过 2800 万》，《中国青年报》11 月 4 日。

张河川、李宁、郭思智，2000，《大学生主要心理问题影响因素和机制》，《中国校医》第 1 期。

张洪成、黄瑛琦，2013，《毒品犯罪法律适用问题研究》，北京：中国政法大学出版社。

张华，2000，《共同关注的青少年犯罪问题——第一届环太平洋地区犯罪与公共政策国际研讨会侧记》，《中国青年研究》第 1 期。

张俊才、田阔川，2006，《我国迎来第三次就业高峰 高失业成主要社会风险》，《中国经济周刊》第 23 期。

张俊才、田阔川，2013，《青年就业是世界性难题 2013 年青年失业率高达 12%》，《人民日报》5 月 18 日。

张俊英，1991，《广州市卖淫嫖娼的调查》，《社会》第 10 期。

张锴，2001，《暴力离你有多远——全国 31 个省市对妇女施暴现状的调查报告》，《妇女研究》第 1 期。

张兰君，1998，《贫困大学生焦虑状况与生活事件关系研究》，《陕西师范大学学报》第 4 期。

张历，1991，《死亡的交易》，桂林：漓江出版社。

张萍，1993，《中国违法婚姻现状分析》，《社会学研究》第 5 期。

张萍编著，1992，《日本卖淫问题与对策》，北京：群众出版社。

张绍民等，2004，《禁毒大视角：中国禁毒历史概况》，北京：中国人民公安大学出版社。

张声华，1998，《上海流动人口的现状和展望》，上海：华东师范大学出版社。

张胜康，1998，《大众媒体与青少年暴力行为》，《青年探索》第 2 期。

张西，2009，《吸戒毒群体现状调查——以北京市戒毒中心戒毒人员为对象》，《中国人民公安大学学报》（社会科学版）第 1 期。

张兴杰主编，1998，《跨世纪的忧患——影响中国稳定发展的主要社会问题》，兰州：兰州大学出版社。

张秀兰、徐月宾、王韦华，2007，《中国农村贫困状况与最低生活保障制度的建立》，《上海行政学院学报》第 3 期。

张雪琴等，2011，《广东三地流浪儿童自我意识现状调查》，《中山大学学报》（医学科学版）第 1 期。

赵秉志主编，1993，《毒品犯罪研究》，北京：中国人民大学出版社。

赵合俊，2002，《性权与人权——从〈人权宣言〉说起》，《环球法律评论》第 1 期。

赵树凯，2000，《沉重的脚步：1999 年的民工流动》，载汝信等主编《2000 年：中国社会形势分析与预测》，北京：社会科学文献出版社。

赵竹良，1994，《现代化进程中的中国残疾人问题》，《社会科学》第 1 期。

郑杭生，2007，《减缩代价与增促进步：社会学及其深层理念（郑杭生卷）》，北京：北京师范大学出版社。

郑建文，1992，《青少年吸毒问题剖析》，《特区理论与实践》第 5 期。

郑丽箫，2004，《毛泽东邓小平江泽民的反贫困战略思想比较》，《江西社会科学》第 8 期。

郑荣昌，1998，《农村妇女自杀年均 17 万》，《新世纪》第 8 期。

中共中央马克思恩格斯列宁斯大林著作编译局，1972，《马克思恩格斯全集》第 3 卷，北京：人民出版社。

中国残疾人联合会，2007，《中国残疾人事业"十五"计划纲要执行情况统计公报》，中国残疾人联合会，http：∥www. cdpf. org. cn/shiye/sj－105. htm。

——，2011，《中国残疾人事业"十二五"发展纲要》，中国残疾人联合会，http：∥www. cdpf. org. cn/index/2011－06/09/content_30340867. htm。

——，2012a，《2010 年末全国残疾人总数及各类、不同残疾等级人数》，中国残疾人联合会，http：∥www. cdpf. org. cn/sytj/content/2012－06/26/content_30399867. htm。

——，2013，《〈2012 年中国残疾人事业发展统计公报〉［残联发（2013）3号]》，中国残疾人联合会，http：∥www. cdpf. org. cn/ggtz/content/2013－03/26/content_30440283_2. htm。

——，2012b，《2012 年中国残疾人事业发展统计公报》，中华人民共和国中央人民政府，www. gov. cn/fwxx/cjr/content_2421000. htm。

中国互联网络信息中心，2013，《2013 年中国互联网发展状况统计报告》，中文互联网数据资讯中心，http：∥www. 199it. com/archives/132769. html。

中国疾病预防控制中心，2012，《精神疾患全球负担以及国家层面的卫生和社会部门进行综合性协调应对的需求》，中国疾病预防控制中心，ht-tp：∥www. chinacdc. cn/gwxx/201206/t20120611_63493. htm。

中国青少年网络协会，2005，《中国青少年网瘾数据报告（2005）》，人民网，http：∥theory. people. com. cn/GB/49157/49166/3882411. html。

——，2010，《中国青少年网瘾报告（2009）》，腾讯网，http：∥edu. qq. com/a/20100201/000119_1. htm。

中国青少年研究中心《流浪儿童问题研究》课题组，2008，《我国城市流浪儿童的基本特征分析》，《中国青年研究》第 6 期。

中国人权研究会编，李君如主编，常健执行主编，2014，《人权蓝皮书　中国人权事业发展报告　No.4（2014）》，北京：社会科学文献出版社。

中国社会科学院经济研究所“肃毒扶贫”课题组，1995，《肃毒扶贫　振兴经济——云南省思茅地区经济社会发展考察报告》，《社会学研究》第 3 期。

中新社，2000，《羊城“包二奶”现象愈演愈烈》，《中国新闻社》11 月 14 日。

——，2012，《联合国：每年近百万人自杀　人数超凶杀及战争总和》，中国新闻网，http：∥www. chinanews. com/gj/2012/09 – 08/4168483. shtml。

《中国法律年鉴》编辑部编，1993，《中国法律年鉴》，北京：法律出版社。

钟国兴等，1993，《社会暗层简析》，《中国社会报》3 月 6 日。

周彬彬，1993，《贫困的分布与特征》，《经济开发论坛》第 2 期。

周达生、戴梅竞编著，1993，《现代社会病》，上海：上海中医学院出版社。

周德民，2003，《流浪儿童外流时间分类研究》，《长沙民政职业技术学院学报》第 3 期。

周宁，《中国“剩男剩女”的婚恋观究竟是啥样？——解读〈2010 中国人婚恋状况调查报告〉》，新华网，http：∥news. xinhuanet. com/society/2010 – 12/15/c_13650287. htm。

周文林，1993，《中国残疾人状况分析》，《社会学研究》第 5 期。

周晓虹，1997，《现代社会心理学》，上海：上海人民出版社。

周怡，2002，《贫困研究：结构解释与文化解释的对垒》，《社会学研究》第 3 期。

周逸梅，2009，《七成孩子网络减压　近半数青少年接触过黄色网站》，《京华时报》5 月 15 日。

周振想，2000，《当前中国青少年吸毒问题研究》，《中国青年政治学院学报》第 1 期。

周治斌，1990，《残疾人的苦衷与社会保障》，《社会学与社会调查》第 6 期。

朱国秋，2001，《美国家庭结构发生变化》，《文汇报》5 月 18 日。

朱力，1994，《社会结构转轨与社会问题突现》，《南京大学学报》第 2 期。

——，1997，《大转型——中国社会问题透视》，银川：宁夏人民出版社。

朱小勇，2009，《调查指5%广东80后曾嫖娼，20%认可一夜情服务》，《信息时报》2月6日。

朱应平，2000，《精神卫生立法刍议》，《法律与医学杂志》第2期。

邹伟，2011，《我国登记滥用合成毒品人员已占吸毒人员总数近三成》，新华网，http：//news. xinhuanet. com/politics/2011 – 01/20/c_121005869. htm。

Alcock, P. , 1993, *Understanding Poverty*, London：The Macmillan Press.

Atteslander, P. , Gransow, B. , & Western, J. S. , 1999, "Conclusions and Implications for Development Policies. ?" *Metal World*, 215 – 224.

Beck U. , 1992, *Risk Society：Towards a New Modernity*, London：Sage Publications.

Becker, H. S. , 1963, *Outsiders：Studies in the Sociologyof Deviance*, New York：Free press of Glencoe.

Blumer, H, 1971, "Social Problems as Collective Behavior", *Social Problems*, 18 (3)：298 – 306.

Braginsky B. , Braginsky D. D, Ring K. , 1969, *Methods of madness：TheMental Hospital as a Last Resort*, New York：Holt Richart and Wiston.

Chambliss, W. J. , 1975, "Toward a Political Economy of Crime", *Theory and Society*, 2：157 – 170.

Clinard, M. B. and Meier, R. F. , 1985, *Sociology of Deviant Behavior*, NelsonEducation.

Clinard, M. B. and Meier, R. F. , 1985, *Sociology of Deviant Behavior*Sixth Edition, New York：NelsonEducation.

Cooley, C. H. , 1909, *Social Organization：A Study of the Larger Mind*, New York：Scriner's.

Durkheim, E, 1951, *Suicide*, J. Spaulding & G. S. Glencoe (trans.), New York：Free Press.

Fuller, R. C. and Myers, R. R. , 1941, "Some Aspects of A Theory of Social Problems", *American Sociological Review*, June：27 – 32.

Fuller, R. C. and Myers, R. R. , 1980, "The Development of Social Problems", *Sociological Review*, 6：320 – 328.

Gans, H. J. , 1979, "Positive Functionof Poverty", *American Journal of Sociol-*

ogy, 78: 275 – 289.

——, 1996, *The War against the Poor: The Underclass and Antipoverty Policy*, New York: Basic Books。

Giddens, Anthony, 1990, *The Consequences of Modernity*, California: Stanford University Press.

Gore, C. , 1995, "Introduction: Markets, Citizenship and Social Exclusion" in Rodgers, Gerry, Gore, Charles & Figueriredo, JoseB. (eds.) *Social Exclusion: Rhetoric, Reality, Responses*, Gneva: ILO/IILS.

Gurr, T. , 1970, *Why Men Rebel*, Princeton: Princeton University Press.

Harrington, M. , 1962, *The Other America: Poverty in The United States*, New-York: The Macmillan Company.

Hulme, D. , 2003, "Conceptualizing Chronic Poverty. ", *World Development*, 31 (3): 403 – 423.

Jenck, C. , 1991, "Is the American Underclass Growing?" Christopher Jencks, C. , Peterson, P. E, *The Urban Underclass.* Washington D. C. : The Brookings Institution。

Kornblum, W. , 1994, *Sociology*, Holt Rinehart and Winston, Inc.

Lemert, E. M. , 1972, *Human Deviance, Social Problem, and Social Control*, 2*nd ed*, Englewood Cliffs: Prentice-Hall.

Lewis, O. , 1966, "The Culture of Poverty. " *Scientific American.*

Merton, R. K. , 1938, "Social Structure and Anomie", *AmericanSociological Review*, 3: 672 – 682.

Myrdal, G. , 1962, *Challenge to Affluence*, New York: Pantheon.

Ogburn, W. F. , 1922, *Social Change with Respect Culture and Original Nature*, B. W. Huebsch.

Parsons, T. , 1958, *The Structure of Social Action.* New York: The Free Press.

Room, G. , 1995, "Poverty and Social Exclusion: The New European Agenda for Policy and Research", In Room, Graham (ed.) *Beyond the Threshold: The Measurement and Analysis of Social Exclusion.* Bristol: The Policy Press.

Rubington, E. and Weinberg, M. S. , 2011, *Social Problems Seven Perspectives, Seventh Edition*, Oxford: Oxford University Press.

Spector, M. B. , & Kitsuse, J. I. , 1987, *Constructing Social Problems*. Aldine de Gruyter.

Sutherland, E. H. , 1939, *Principles of Criminology*, J. B. Lippincott.

Swartz, D. , 1997, *Culture and Power: The Sociology of Pierre Bourdieu*, Chicago: The University of Chicago Press.

Temerlin, M. K. , 1968, "Suggestion Effects in Psychiatric Diagnosis", *Journal of Nervous and Mental Disease*, 147 (4): 349 – 353.

Werber M. R. , 1985, "Emotional Disturbance and Juvenile Delinquency: Everyone's Problem Which Must Be Addressed through Interagency Cooperation", *Agency Cooperation*: 9.

Wilmoth, J. R. and Ball, P. , 1995, "Arguments and Action in the Life of a Social Problem: A Case Study of Overpopulation. 1946 – 1990", *Social Problems*, 42 (3) August.

索　引

人名索引

关键术语索引

后　记

　　2002 年，我主持出版了《社会问题概论》（社会科学文献出版社，2002），这在当时是国内高校中第一本社会问题的教材。2008 年，在这本书的基础上我做了较大的修改，有大半的内容进行了重写，书名改为《当代中国社会问题》，这一版印刷了 10 次。2015 年，我所在的南京大学社会学院要统一出版自己的系列教材，冠名为紫金丛书。因此，我在《当代中国社会问题》的基础上，对相关章节的内容上做了更新，更替、补充了新的数据。为了与院里的其他教材名称相一致，本书更名为《社会问题》。

　　我国的改革开放已经迎来了 38 个年轮。今天的中国社会与 38 年前相比，发生了巨变。一方面，经济体制的改革，使社会成员释放出巨大的能量，中国已经成为世界上第二大经济实体，人民经济生活水平有了大幅度提高。另一方面，利益格局的分化，使社会转型出现了阵痛，社会矛盾、社会冲突、社会问题也大量产生。我们不得不承担改革的代价与社会转型的成本。因而，当前对社会矛盾、社会问题的教学与研究，有着极强的针对性与重要的现实意义，这一工作是进行有效社会治理的前提，也是教育学生与公众正确地、理性地认识社会矛盾、社会问题的基础。令人欣喜的是，已经有越来越多的学者投入对社会问题的研究，并有了大量的学术研究成果问世，对化解社会矛盾与解决社会问题提出了许多理论解释与对策建议，为构建和谐社会做出了应有的贡献。本书不是对所有社会问题的解读，只是出于对社会学、社会工作教学的需要，对与"社会病人"有关的部分社会问题的描述与解释。对其他社会问题的研究，读者如有兴趣可以看我的几本相关著作，一是《转型期的社会失范研究》（社会科学文献出版社，2006），该书以社会失范为理论工具，剖析了我国社会转型中政治、经济、社会领域出现的各种社会问题。二是《走出社会矛盾冲突的漩涡——

中国重大社会性突发事件及其管理》（社会科学文献出版社，2012），以集体行动理论为工具，分析了利益冲突与社会骚乱两大类型的社会矛盾导致的社会问题。三是《我国社会矛盾的特征、趋势与对策》（中国社会科学出版社，待出版），建构了刚性社会矛盾的理论，用直接矛盾冲突与间接矛盾冲突的理论框架，分析了 21 世纪以来我国重大矛盾导致的各种社会问题，如征地拆迁、劳资、环境、干群等矛盾引发的社会问题。

　　我在社会科学文献出版社已经出了五本书，分别是《社会问题概论》（2002 年）、《社会学原理》（2003 年）、《变迁之痛——转型期的社会失范研究》（2006 年）、《当代中国社会问题》（2008 年）、《走出社会矛盾冲突的漩涡》（2012 年），这是第六本了。前五本书我都是与时任总编辑助理的范广伟先生联系的，合作过程相当愉快，但没想到他英年早逝，在此，寄以缅怀之情。在本书的修改过程中，硕士生杨恒宜、博士生袁迎春，在收集文献、校对书稿中做出了贡献，特此致谢！感谢副总编辑童根兴长期以来对本人及丛书出版的支持；也感谢本书的责任编辑佟英磊、孙连芹，他们认真细致的工作，使书稿的文字更加准确。

朱　力

2017 年 5 月 10 日于南京龙江

图书在版编目（CIP）数据

社会问题 / 朱力著. -- 北京：社会科学文献出版
社，2018.3（2023.2 重印）
紫金社会学教程
ISBN 978 - 7 - 5201 - 1001 - 3

Ⅰ.①社…　Ⅱ.①朱…　Ⅲ.①社会问题 - 中国 - 教材
Ⅳ.①D669

中国版本图书馆 CIP 数据核字（2017）第 150058 号

紫金社会学教程
社会问题

著　　者 / 朱　力

出 版 人 / 王利民
项目统筹 / 谢蕊芬
责任编辑 / 佟英磊　孙连芹
责任印制 / 王京美

出　　版 / 社会科学文献出版社·群学出版分社 （010）59366453
　　　　　地址：北京市北三环中路甲 29 号院华龙大厦　邮编：100029
　　　　　网址：www. ssap. com. cn
发　　行 / 社会科学文献出版社 （010）59367028
印　　装 / 三河市尚艺印装有限公司

规　　格 / 开　本：787mm × 1092mm　1/16
　　　　　印　张：28　字　数：450 千字
版　　次 / 2018 年 3 月第 1 版　2023 年 2 月第 4 次印刷
书　　号 / ISBN 978 - 7 - 5201 - 1001 - 3
定　　价 / 59.00 元

读者服务电话：4008918866